라스트 캠페인

■■■■■■ **THE LAST CAMPAIGN** ■■■■■■

ROBERT F. KENNEDY AND 82 DAYS THAT INSPIRED AMERICA

# 라스트 캠페인

미국을 완전히 바꿀 뻔한 82일간의 대통령 선거운동

■■■ 서스턴 클라크 지음 │ 박상현 옮김 ■■■

Black Lives Matter

Thurston Clarke

M

그 옛날 그리스인들이 남긴 말에 귀 기울입시다.

인간의 야만성을 다스리고,

이 세상에서의 삶을 순화시키자는 말 말입니다.

그런 세상을 만드는 데 전념하고,

미국과 미국인을 위해 기도합시다.


_로버트 F. 케네디

1968년 4월 4일 킹 목사 암살 2시간 뒤 인디애나폴리스에서

# 옮긴이의 말

## 미국은 왜 1968년에 멈춰있는가?

번역 의뢰를 받은 후에 나는 '21세기에 들어온 지도 한참 지난 지금 왜 1968년의 사건을 다룬 책을 읽어야 하는가?' 하는 의문이 들었다. 책을 펴들자 그 의문은 아주 쉽게 풀렸다. 책을 읽고 번역하면서 미국이 여전히 1968년에 멈춰있다는 사실을 깨닫게 되었고, 그 깨달음이 부족할지 모른다는 듯 걷잡을 수 없이 진행되는 미국의 상황 역시 이 책을 읽어야 할 이유를 알려주었다. 번역을 마친 2020년, 미국 사회는 수십 년에 한 번 일어날까 싶을 엄청난 변화를 향해 달려가고 있다.

2020년 5월 25일, 미네소타주 미니애폴리스에서 백인 경찰이 위조지폐를 사용한 혐의로 체포한 조지 플로이드를 특별한 이유도 없이 땅에 눕히고 9분 가까이 무릎으로 목을 눌러 죽인 사건이 발생했다. 이 일로 그동안 계속 지적되어온 흑인들에 대한 경찰의 폭력이 유튜브를 타고 전 세계에 알려졌다. 2013년 백인 경찰이 달아나는 17세 흑인소년을 총으로 쏘아 숨지게 한 사건 직후에 일어난 '흑인의 목숨은 중요하다Black Lives Matter' 운동이 다시 전국적으로 확산되고, 지금 이 글을 쓰는 순간에도 미국의 크고 작은 여러 도시에서 대규모 시위가 이어지고 있다.

그 과정에서 그동안 미국사회가 해결하지 않고 묻어두었던 많은 문제가 수면으로 떠 오르고 있다. 남북전쟁 당시 남군 장교들의 동상이 있는 남부 주에서는 동상을 철거하고 있고, 인종차별적인 정책을 내세웠던 대통령들의 동상도 철거되거나 시위대의 표적이 되고 있다. 백인들에게 큰 인기가 있는 미국의 대표적인 자동차 경주 대회인 나스카

NASCAR는 관중이 남부연합기를 들고 오는 것을 금지했다. 마치 미국 사회 전체가 밀린 숙제를 몰아서 하는 듯하다.

도대체 이 숙제는 언제부터 밀렸던 것일까? 미국인들은 일제히 1960년대, 그중에서도 1968년을 가리킨다. 트럼프주의와 코로나19 팬데믹, 흑인 인권탄압이 한 시점에 모여 폭발하는 2020년을 "미국 현대사 최악의 해"라고 말하는 데 주저하지 않는 미국인들은 마틴 루서 킹 목사와 로버트 케네디가 암살당하고, 미국의 거의 모든 도시에서 시위와 폭동이 일어났으며, 심지어 수도 워싱턴 D.C.에 탱크가 진입해야 했던 1968년을 다시 보는 듯하다고 입을 모은다.

1968년은 홍콩독감이 미국을 비롯해 전 세계에 퍼져 400만에 가까운 목숨을 앗아간 해이기도 했다. 2020년처럼 1968년에도 감염병의 최대 피해자는 가난한 흑인이었다. 이런 공통점은 우연의 일치일까? 이 책을 읽기 전이라면 우연이라고 생각할 수 있다. 하지만 이 책을 읽고 마지막 장을 덮는 사람은 "이 모든 것은 필연"이라는 말을 하게 될 거라 장담한다. 당연한 얘기지만 이 책을 통해 가장 많이 인용되는 것은 로버트 케네디의 말인데, 그의 연설에서 가장 많이 등장하는 문제가 미국의 흑인들이 당면한 어려움과 차별이다.

번역하는 내내 느낀 (그리고 독자들도 읽으면서 똑같이 느끼게 될) 안타까움은 1968년에 미국이 이 문제를 해결할 절호의 기회를 맞이했었다는 사실에서 온다. 미국인들이 즐겨 사용하는 표현 중에 "별들이 일렬로 늘어설 때when the stars line up"라는 말이 있다. 서로 다른 궤도를 돌며 움직이는 행성이나 별이 기적처럼 한 줄로 늘어설 때가 있는 것처럼, 1968년의 미국은 1964년에 진보주의의 상승세를 탄 린든 존슨이 민권법을 통과시킨 데 이어 로버트 케네디가 대통령이 되어서 미국을 화해와 통합으로 이끌 엄청난 기회를 만났다.

하지만 로버트 케네디는 형과 마찬가지로 총탄에 쓰러졌고, 훗날 권력 남용의 상징이 된 리처드 닉슨이 대통령에 당선되었다. 기적처럼 찾아온 기회는 사라지고 일렬로 늘어섰던 별이 다시 흩어진 것이다. 1960년대의 진보정치는 서서히 쇠퇴했고 로널드 레이건이 미국을 이끈 1980년대는 미국을 보수 쪽으로 한껏 밀어놓았다. 비록 클린턴과 오바마가 모두 재선에 성공하면서 보수화를 어느 정도 저지했지만, 두 민주당 대통령은 '뉴데모크래트New Democrats'라고 불린 중도 세력이었을 뿐, 로버트 케네디가 1968년에 미국 사회에 던진 숙제를 할 수는 없었다. 두 대통령이 그것을 원하지 않았다기보다 미국 사회가 그럴 권한을 주지 않았기 때문이다.

급기야 2016년에는 트럼프가 당선되었고, 고삐 풀린 백인우월주의 세력이 나치 깃발과 남부연합기를 함께 들고 미국의 거리를 당당하게 활보하는 지경에 이르면서 미국의 시민들이 "더 이상 못참겠다Enough is enough"를 외치며 거리에 뛰쳐나왔다. 경찰에 살해당한 조지 플로이드는 이미 마를 대로 마른 짚더미에 던져진 작은 불씨에 불과하다. 미국 사회가 그만큼 갈증을 느끼고 있었기 때문이다.

미국 거리에 이렇게 많은 사람이 쏟아져나온 것은 1960년대 이후로 처음이다. 그래서 사람들은 기대와 우려를 동시에 하고 있다. 50여 년 만에 별들이 다시 한 줄로 늘어서기 시작했다는 기대감과 그런 기대가 한순간에 사라지는 걸 목격한 1968년의 기시감이 함께 찾아오는 거다. 오늘의 미국이 어떤 결론을 내릴지는 아직 아무도 모른다.

예전에는 진부하게 느껴졌지만 나이가 들수록 동의하게 되는 표현 중 하나가 '역사는 살아있다'는 말이다. 물론 과거에 일어난 일은 바뀌지 않는다. 하지만 과거의 일은 끊임없이 오늘을 사는 우리의 눈으로 다시 해석해야 한다. 1981년에 바라보는 1968년과 2020년에 바라보는 1968년은 전혀 다를 수 있다. 역사란 그렇게 살아 숨 쉬며 변화한다. 오늘 일어나는 사건은 반드시 역사라는 렌즈를 통해 살펴봐야 한다. 미국 도시에 폭동이 일어나고 있다는 사실을 현상 그대로만 본다면이 일의 전모를 파악할 수 없다. 하지만 1968년의 렌즈를 끼고 본다면 많은 혼란의 안개를 뚫고 미국의 상황을 또렷하게 볼 수 있다. 『라스트 캠페인』이 바로 그 렌즈이고, 이 책에 등장하는 1968년은 2020년을 사는 우리의 눈으로 볼 때 특별한 의미가 있다.

2020년 8월
박상현

『라스트 캠페인』은 미국의 역사, 특히 1968년 3월부터 6월까지의 짧은 시기에 일어난 정치적 사건들을 이야기하는 책이다. 이렇게 특정 주제를 다루는 책은 배경 지식이 없이 이해하기 어려운 경우가 많지만 이 책은 그렇지 않다. 가독성이 높아서 마치 다큐멘터리 영화를 보는 것처럼 아주 쉽게 읽힌다. 그럼에도 불구하고 한국의 독자가 이 책을 이해하는 데 도움이 되도록 복잡한 케네디가의 구성원과 호칭, 미국의 대통령 선거제도 등을 옮긴이가 정리했다.

### 케네디가 사람들

로버트 프랜시스 케네디는 케네디 가문의 9명의 자녀 중 7번째로 태어났다. 첫째 형은 아버지의 이름을 물려받은 조지프 P. 케네디 주니어로 제2차 세계대전에 해군으로 복무하다가 작전 중 사망했다. 우리에게 잘 알려진 미국 35대 대통령 존 F. 케네디는 둘째 아들이다.

그 아래로 셋째부터 여섯째까지는 모두 딸이다. 순서대로 로즈메리, 캐슬린, 유니스, 패트리샤인데 첫째 딸인 로즈메리는 20대 초에 정서적으로 불안정하다는 이유로 받은 수술이 문제가 되어 의사 표현을 제대로 하지 못하고 신체적으로도 장애를 갖게 되었고, 정신병원에서 평생을 살다가 2005년에 세상을 떠났다.

셋째딸 유니스는 큰 언니의 모습을 보고 훗날 지적장애인, 발달장애인들을 위한 스페셜 올림픽을 만들었다. 유니스의 딸이 영화배우이자 캘리포니아 주지사였던 아널드 슈워제네거의 전 아내였던 마리아 슈라이버다.

일곱째이자 이 책의 주인공 로버트 밑으로는 여동생 진과 에드워드가 있다. 9남매 중 막내인 에드워드 케네디는 4형제 중에서 40대 이전에 죽지 않은 유일한 인물로, 1962년부터 2009년까지 무려 46년간 상원의원으로 일했고 2008년 미국 대선에서 오바마의 당선에 큰 힘이 되어 준 것으로 유명하다. 2009년 오바마가 대통령이 된 지 몇 달 후 뇌종양으로 세상을 떠났다. 이 책에는 주로 애칭인 테드Ted라는 이름으로 등장한다.

**로버트 F. 케네디의 애칭**

막내 에드워드가 테드로 불렸듯이 20세기에는 미국인들이 본명을 줄여 부르는 애칭을 즐겨 사용했고, 정치인들도 예외가 아니다. 이 책의 저자도 같은 사람의 다양한 애칭들을 사용하는데 미국인에게는 익숙한 이름이지만 한국 독자에게는 혼동을 일으킬 수 있다. 하지만 문맥에 따라서 적절하게 사용된 애칭은 그 이름을 부르는 화자와의 관계와 대화가 일어나는 문맥을 잘 보여주기 때문에 번역에서도 애칭을 가급적 살려두었다. 로버트 케네디의 형인 존 F. 케네디는 존이나 JFK로 불리기도 하지만 잭으로도 불렸다. 로버트 케네디는 로버트, RFK 외에도 바비, 밥 등으로도 불렸고 특히 지지자들이 바비 또는 바비 케네디라는 이름을 많이 사용했다. **이 책에서 '케네디'라고만 표기한 것은 존 F. 케네디가 아니라 로버트 F. 케네디를 지칭한다.** 존 F. 케네디를 '케네디'로 지칭하는 경우에는 반드시 '형 케네디' 또는 '케네디 대통령' 등으로 구분할 수 있게 했다.

**린든 B. 존슨의 재선**

한국의 대통령제도는 미국에서 많은 부분을 가져왔고 우리가 익히 들어서 알기 때문에 큰 설명이 필요 없이 대부분 이해가 되지만, 그런 이유로 오히려 작은 차이점을 놓치거나 오해가 생길 수 있다. 대표적인 것이 린든 B. 존슨의 재선이다.

한국에서는 대통령 유고 시 국무총리가 대통령직을 승계하고 곧바로 대통령 선거 준비에 들어간다. 부통령 제도가 있는 미국에서는 선거일과 임기가 모두 고정되어서 현 대통령이 임기를 채우지 못하면 남은 임기를 부통령이 채우게 된다. 전임자가 남긴 임기가 임기 절반인 2년이 넘지 않으면 온전한 임기로 계산하지 않는다.

이것이 1968년 린든 존슨이 처한 상황이다. 케네디 대통령이 암살당한 것은 1963년 11월이고, 1964년 11월 대선까지 1년 정도가 남았었다. 부통령인 린든 존슨이 대통령직을 인계받아 채운 그 1년은 존슨의 온전한 임기로 계산되지 않기 때문에, 1964년과 1968년 대선에 모두 출마할 수 있었다. 존슨은 1964년에는 승리했지만, 이 책에서 자세하게 설명하듯이 1968년 대선에서는 기권했다. 이 때문에 당시 뉴욕주 상원의원인 로버트 케네디에게 길이 열린 것이다.

### 미국의 대통령 선거

이 책은 로버트 케네디의 경선 과정, 즉 각 주를 돌아다니면서 선거운동을 하고 예비선거를 치르는 과정을 추적한 책이다. 지금은 한국 정당도 내부 경선을 통해 후보를 선발하지만 미국의 대통령 선거 제도, 특히 1968년 선거 제도는 지금과 분명한 차이점이 있고, 이 부분에 관해 많은 독자가 의아해할 수 있다.

책에서는 로버트 케네디를 비롯한 대선 후보가 각 지역의 맹주 격인 당내 보스, 혹은 중진들의 눈치를 보고 지지를 얻어내려 애쓰는 장면이 나온다. 경선에 승리하면 되는데 왜 중진들의 눈치를 보는지 의문이 생긴다면 그것은 미국의 선거제도의 변화 때문이다. 각 주의 예비선거, 즉 표결을 통해 1위를 한 후보가 그 주의 대의원을 가져가는 식의 예비선거는 1972년 이후에 굳어진 제도다. 그 이전까지는 각 주에서 누구를 후보로 지지할 것인지는 그 지역의 당 중진들이 결정했다.

그렇다면 예비선거는 왜 하느냐는 질문이 나올 수 있다. 이 부분이 미국 정치의 특이한 점이다. 예비선거는 사실 인기투표에 지나지 않았다. '내가 이만큼 인기있다'는 것을 중진들에게 보여주기 위한 것이다. 물론 각 주에서 인기를 끌고 있는 후보를 중진들이 거부할 수 있지만, 너무나 분명한 민의를 거부하면 설득력과 영향력을 잃을 것이기 때문에 귀를 기울여야 한다. 하지만 궁극적으로는 경선에서 후보가 모은 표로 당을 대표하는 후보가 되는 것이 아니라, 당내 중진들이 당의 큰 그림을 보고 결정했다. 적어도 1968년의 선거는 그렇게 치루어졌다.

물론 1972년 이후로는 예비선거에서 투표로 결정하지, 과거처럼 당내 중진들의 뒷방("smoke-filled room"이라고 부른다)에서 논의해서 결정하지 않는다. 하지만 여전히 각 주에서 보유한 대의원들에게 어느 후보를 지지하라고 할지를 결정하는 것은 각 주가 결정하는 것이 원칙이다. 가령 인디애나주의 경우 89명의 민주당 대의원이 배정되어 있고, 그중 82명이 예비선거 결과에 따라서 승리한 후보에게 자동으로 배정되지만, 일부는 당내 리더그룹에서 정할 수 있다. 그리고 그 룰은 주마다 다르다.

이를 이해하는 가장 쉬운 방법은 내신성적, 혹은 학점이다. 교사나 교수, 혹은 학교별로 성적산출 방법은 다르지만, 그렇게 해서 학생들에게 부여한 점수는 동일한 효력을 갖는 것처럼, 주별 룰은 달라도 그 주에서 결정한 것을 인정하는 것이다. 아이오와주처럼 코커스caucus를 통해 선출하든, 캘리포니아주처럼 예비선거primary를 통해 선출하든 중요한 것은 그 후보가 받은 대의원 숫자인 것이다.

## 조지프 매카시와 유진 매카시

'매카시'라는 이름은 우리에게 '매카시즘'이라는 단어로 익숙한 이름이다. 이때 매카시는 위스콘신주 출신의 공화당 상원의원 조지프 매카시다. 언뜻 상상하기 힘들지만 1950년대 미국에서 진보파를 공산당원으로 몰아 마녀사냥을 했던 조지프 매카시는 케네디 가문과 가까운 사이였다. 로버트 케네디는 젊은 시절 매카시를 도와 '반미활동위원회'의 자문역으로 일했고, 매카시는 로버트 케네디의 첫째 딸인 캐슬린의 대부Godfather이기도 하다. 두 사람 모두 아일랜드계 가톨릭이었다는 것도 그들의 문화적 동질성을 보여주지만, 존 F. 케네디가 당시 세력을 확장하던 공산주의에 반대한 사실도 한몫했을 것으로 보인다.

이 책에 주로 나오는 미네소타주 출신의 유진 매카시는 베트남 전쟁에 반대하면서 같은 민주당 소속의 현직 대통령 린든 B. 존슨의 재선을 막겠다며 경선에 도전한 사람이다. 유진 매카시 지지자들은 유진 매카시가 먼저 반기를 든 후에 당내 반응이 나쁘지 않은 것을 확인한 후 로버트 케네디가 출마한 사실을 두고 기회주의자라고 비난했다.

한국 독자들이 혼동하기 쉬운 두 사람이라 밝혀두지만, 미국인들도 크게 다르지 않다. 2008년 민주당 전당대회 때 유진 매카시 의원을 추모하면서 이름에 '조지프 매카시'라고 적는 큰 실수를 했기 때문이다. 유진 매카시의 미들네임이 하필 조지프인 것도 이 둘을 헷갈리게 만드는 요인이다.

# 차례

**일러두기**

1. 단행본은 『 』로, 신문·잡지·영화는 〈 〉로 표기했다.

2. 인명과 지명을 비롯한 고유명사의 표기는 국립국어연구원 외래어표기법에 따르되, 이미 굳어진 경우에 한해서는 관용에 따랐다.

# 프롤로그

1968년 미국은 상처 입은 나라였다. 그것은 도덕적인 상처였다. 베트남 전쟁과 3년간 여름 도심에서 벌어진 일련의 폭동은 미국인의 자부심에 상처를 입혔고, 스스로를 어느 나라 국민보다 훌륭하고 명예롭다고 생각해온 믿음에 의문을 제기했다. 미국인들은 1965년 베트남 '캄네'라는 마을에서 부녀자와 아이들이 살아남으려고 도망치는 동안 미국 해병대원이 담배 라이터와 화염방사기로 초가집에 불을 지르는 장면을 TV 뉴스로 보면서, 한때 적국이나 저지를 법한 만행을 미국도 저지를 수 있다는 사실을 깨달았다. 마틴 루서 킹 암살 뒤에 일어난 폭동 중에는 워싱턴 D.C.에서 연기가 피어오르고, 기관총으로 무장한 군인들이 국회의사당을 지키고, 남북전쟁 이후 처음으로 연방군이 미국의 각 도시에서 거리를 순찰하는 모습을 보면서, 미국인들은 '언덕 위의 도시(성서에 등장하는 표현으로 세계의 모범이 되는 나라라는 뜻-옮긴이)'에서 어떻게 이런 일이 벌어질 수 있느냐고 자문했다.

1968년은 대통령 선거가 있는 해였다. 대통령 후보들은 하나같이 베트남 전쟁 승리나 종전 협상을 약속하고, 새로운 사회보장 정책이나 엄격한 법 집행, 혹은 두 가지를 모두를 통해 미국 도시에서 벌어지는 혼란을 해결하겠다고 했다. 하지만 단 한 명의 후보, 로버트 F. 케네디 뉴욕주 상원의원만이 도덕적 상처를 인식하고 그런 상처를 치유하겠다고 약속했다. 로버트 케네디는 3월 16일 출마 선언을 하고 며칠 뒤 "관용이라는 이 나라의 정신"을 내던진 린든 존슨 정부에 책임을 물었다. 그러고는 "국민이 미국의 힘과 관대함, 동정 어린 행동의 원천이 되는 이러한 이상으로 되돌아갈 방법"을 제시하기 위해 대선에 출마한다고 밝혔다.

　민주당 대선 경선을 위한 선거운동 중 로버트 케네디는 미국 정부가 베트남에서 저지른 행위와 국내에서 빈곤층과 사회적 약자를 제대로 배려하지 못한 사실에 대해서 국민 개개인에 책임이 있다고 했다. 미국인은 새 대통령과 새로운 정책에 표를 주는 것만으로는 이런 책임에서 벗어날 수 없으며, 상처를 치유하는 과정에 동참해야 한다는 주장이었다. 로버트 케네디는 1960년 대선 당시 형 존 F. 케네디의 선거운동을 이끌었고, 케네디 정부에서 법무부 장관으로 일했다. 이 때문에 거칠고 분열적인 선거운동으로 당선된 대통령이 숭고한 이상을 내세우기 어렵고, 비도덕적인 선거운동을 한 후에 도덕적으로 상처 입은 나라를 치유하는 일이 불가능하다는 것을 알고 있었다. 로버트 케네디의 선거운동은 국가가 도덕적 위기에 처했을 때 대통령 후보가 어떤 방식으로 선거에 임해야 하는지를 보여주는 본보기 같은 사례였다.

　1968년 이후 '희망'이란 말은 옷깃에 다는 성조기 배지처럼 더 나은 미래가 있을 것이라는 모호한 약속과도 같은, 정치인들이 즐겨 사용하는 미사여구에 불과해졌다. 하지만 로버트 케네디가 제시한 희망은 구체적이었다. 케네디는 도덕성과 품격에 대한 미국인의 희망이 회복될 수 있다고 믿었다. 출마 선언을 하고 82일 후인 6월 5일에 벌어진 로버트 케네디 암살 사건은 단지 또 한 명의 케네디의 죽음이나 장래가 촉망되는 젊은 지도자의 죽음만이 아니라 이런 희망이 사라졌음을 의미했다. 1968년 6월 8일 엔진을 검정 리본으로 장식한 21량짜리 장례 열차가 로버트 케네디의 시신을 싣고 장례식이 진행된 뉴욕시에서 워싱턴 D.C.로 이동했을 때, 미국 대중이 대통령에 당선되지도 않은 시민 한 명의 죽음에 극적일 정도로 슬퍼한 이유가 여기에 있었다.

　과거 링컨 대통령과 루스벨트 대통령의 시신을 실은 장례 열차는 느린 속도로 기찻길 옆에 사람들이 피워놓은 큰 모닥불이나 곡을 연주하는 악단, 혹은 눈물을 흘리는 군중 앞을 지났고, 죽은 대통령을 위한 헌사가 있으면 멈춰서기도 했다. 로버트 케네디의 시신을 실은 열차는 멈추지 않고 정상적인 주행속도로 이동할 예정이었다. 어느 정도 사람들이 모일 것은 예상되었지만 무더운 6월의 토요일 오후에 200만 명이 철길에 몰려들 줄은 누구도 예상하지 못했다. 사람들은 장례 열차를 보려고 습지를 헤치고, 초원을 가로지르고, 울타리 밑을 기어서 기찻길로 다가왔다. 인근 주택의 발코니에 사람들이 가득 모였는가 하면, 공장 지붕에 올라서거나, 고물상·공동묘지·육교와 언덕에 손글씨로 "잘가요. 바비"라고 적은 현수막을 흔들었고, 철로 위에 놓인 동전만 10만 개에 달했다(장례 열차가 밟고 간 후에 납작해진 동전을 기념으로 간직하기 위해서였다―옮긴이). 그렇게 사람들은 360킬로미터에 달하는 슬픔과 절망의 인간 사슬을 만들었다.

열차에 탑승한 승객 1146명 중 한 명이자 정치부 기자인 시어도어 화이트는 "워싱턴으로 향하던 장례 열차가 허드슨강 아래를 지나는 터널에서 빠져나오고 나서야 비로소 로버트 케네디가 어떤 인물이고, 미국인들에게 어떤 존재였는지 이해할 수 있었다"고 기록했다. 열차가 뉴저지주에 들어가자 슬픔에 찬 시민들이 기차역을 가득 메우고 옆 철로까지 쏟아져 나오자 기관사는 열차 속도를 줄여야 했다. 급기야 뉴저지주 엘리자베스에서 북쪽으로 향하던 급행열차가 철로에 서 있던 사람 두 명을 치어죽인 뒤 해당 노선의 열차 운행이 전면 중단되었고, 워싱턴으로 향하던 장례 열차는 속도를 반으로 줄여 운행을 계속했다. 장례 열차에 탑승한 로버트 케네디의 자녀 열 명 중 일부는 식당칸에서 풍선을 갖고 놀고, 그사이 로버트 케네디의 아내인 에셀은 검정 면사포를 머리 위로 넘긴 채 열차 칸을 돌아다니며 조문객에게 인사했다. 승객 중에는 식당칸에서 식사하거나, 바에서 술이 동날 때까지 마시는 사람이 있는가 하면, 꼭 참고 술을 입에 대지 않는 사람도 있었다. 웃는 사람도 있고, 울거나 말없이 앉아 있는 사람도 있었다. 열차에서 갑작스레 하게 된 조문에 괴로워하는 사람이 있는가 하면, 적절하다고 생각하는 사람도 있었다. 열차에 탄 사람들은 하나같이 창밖을 응시했고, 기찻길 옆에 선 사람들의 빠르게 스치는 얼굴에서와 마찬가지로 슬퍼하는 자신의 얼굴을 발견했다.

장례 열차에는 존 F. 케네디가 대통령에 취임한 뒤 미국 정치와 문화를 이끌던 인물이 많이 타고 있었다. 뉴욕 사교계의 명사부터 매사추세츠주 거물 정치인, 연예계 스타와 영향력 있는 언론인, 스포츠 스타, 유명 작가, 건축가, 베트남전 반전 운동가에 이르기까지 존 F. 케네디 정부에서 일했거나, 로버트 케네디가 대통령이 되었다면 정부에서 함께 일했을지도 모를 사람들이었다. 그중에는 흑인 민권운동 지도자 메드가 에버스의 형 찰스 에버스도 있었다. 1963년 메드가 에버스가 암살되자 로버트 케네디의 조문을 받기도 한 찰스 에버스는 이제 "로버트 케네디를 대신할 사람을 어디에서" 찾냐며 그의 죽음을 슬퍼했다. 같은 해 4월 남편을 잃은 뒤 바비의 조문을 받은 마틴 루서 킹의 아내인 코레타 스콧 킹과 재키 케네디도 열차에 타고 있었다. 재키는 백악관 특별보좌관 출신인 아서 슐레진저에게 "이 나라에 증오가 넘쳐나고, 잭보다 바비를 싫어하는 사람이 더 많아서 남편에게 일어난 일"이 로버트 케네디에게도 일어날까 두렵다고 말한 적이 있었다.

승객들이 응시하는 창밖에는 러닝셔츠, 운동복, 제복, 양복을 입은 남자들이 눈물을 흘리고, 거수경례하거나 차렷 자세를 취했고, 안전모를 가슴에 든 이도 있었다. 반바지나 가정용 원피스, 외출용 드레스 차림으로 울거나 무릎을 꿇거나 손으로 얼굴을 가리는 여성도 있었다. 아이를 높이 든 여성은 "저 열차에 로버트 케네디가 타고 있어. 너도 커서 로버트 케네디처럼 훌륭한 사람이 되렴"이라고 말하는 것 같았다. 열차에 탄 승객들은 몰랐겠지만 이날 거리에 나온 사람들은 마틴 루서 킹과 존 F. 케네디가 사망했을 때도 슬퍼한 이들이었다.이 사람들이 눈물을 보인 이유는 로버트 케네디의 죽음과 함께 정확하게 설명하기 힘든 어떤 것이 끝났다고 느꼈기 때문이다. 버려진 공장과 낡은 공동주택, 문 닫힌 가게, 범죄가 들끓는 동네가 장례 열차에 탄 승객들의 눈에 들어왔다. 지금도 이곳을 지나는 사람들은 같은 모습을 보게 되지만, 로버트 케네디가 죽지 않았다면 볼 수 없었을지도 모를 풍경이었다.

일부 승객은 에어컨이 고장 나고 음식이 동이 났어도 "열차가 영원히 서지 않았으면" 좋겠다고 했다. 바비 케네디 때문에 한자리에 모일 일은 이번이 마지막이라는 것을 알아서였다. 열차가 트렌턴역과 뉴브런즈윅역을 지나가는 동안 고등학교 밴드가 나팔로 진혼곡을 연주했을 때, 그리고 필라델피아역과 볼티모어역에 모인 사람들이 로버트 케네디의 애창곡인 '공화국 찬가The Battle Hymn of the Republic'를 불렀을 때 승객들은 눈물을 흘렸다. 경찰 밴드가 미국 국가와 '아름다운 나라 미국America the Beautiful'을 연주했을 때와, 베이스라인을 따라 차렷 자세로 선 어린이 야구단이 야구모자를 가슴에 얹고 묵념 자세로 있는 야구장을 지날 때도 승객들은 눈물을 흘렸다.

성조기를 소장한 사람들은 모두 성조기를 게양하거나 밖으로 들고 나왔다. 공장과 학교 앞에는 조기가 게양됐고, 재향군인회 의장대는 애도의 뜻으로 들고 있던 성조기를 내리는 의식을 했으며, 보이스카우트 단원은 성조기를 흔들었다. 제복을 소장한 사람들은 모두 제복을 입고 있었다. 하얀 장갑을 끼고 금색 수술이 달린 정복 차림의 경찰, 소방차 옆에서 차렷 자세로 선 소방대원, 개리슨모를 쓰고 제2차 세계대전 군복 차림으로 열차를 향해 경례하는 퇴역 군인도 보였다.

1964년 민주당 경선에서 진보적 변화에 반발해서 조지 윌리스 전 앨라배마 주지사를 지지했을 법한 백인 노동자들도 눈에 띄었다. 1968년 11월 본선에서는 다시 윌리스나 공화당의 리처드 닉슨에게 표를 주겠지만, 다수는 나흘 전까지만 해도 로버트 케네디를 지지한 사람들이었다. 이런 백인들이 이날 미국 흑인의 대변자라고 알려진, 그리고 베트남 전쟁이 "크게 잘못된" 전쟁이라고 비난한 정치인을 애도하기 위해 제복을 입고 성조기를 흔들며 예의를 갖췄다. 아서 슐레진저가 케네디 대통령의 특별보좌관이자 로버트 케네디의 하버드대학교 동문인 케니 오도널에게 말했다.

"사람들이 저렇게 모이다니, 놀랍네요."

"그렇죠. 그런데 이제 무슨 소용이 있겠습니까?"

프랑스 일간지 〈프랑수아〉의 아달베르 드 스공자크 기자는 이들을 "백인 소시민"이라고 불렀다. 스공자크는 케네디를 애도하기 위해 나온 이들이 한때 인디애나주 북부 노동자 지역에서 케네디를 반긴 사람들과 같은 부류라는 사실을 깨달았다. 케네디가 암살된 마당에 이 사람들은 아무런 "소용"이 없을지도 모르지만 그들이 추모에 동참한 것은 무언가를 "증명"해주었다. 스공자크는 이날 장례 열차에 관한 기사를 이런 말로 시작했다.

"오늘 로버트 케네디는 선거에서 승리했다."

"오열하는 수녀들"과 "존경심을 보인 아이들"을 본 〈워싱턴포스트〉의 리처드 하우드는 가장 슬퍼한 사람은 흑인이었다며, "한 세기 전 링컨 대통령의 시신을 실은 기차가 시골에서 애도하는 군중 앞을 지나갔을 때만큼 장엄하지는 않았을지 모르지만 누구도 장담할 수 없었다"라는 말로 기사를 끝맺었다.

링컨 대통령 이후 미국 흑인이 백인 정치인을 이만큼 열렬히, 그리고 전적으로 받아들인 적은 없었다. 여러 백인처럼 흑인들도 링컨 대통령 암살 때와 마찬가지로 로버트 케네디 암살로 상처 입은 나라를 치유하고 통합할 수 있는 유일한 지도자가 사라지는 것을 두려워했다. 기차가 볼티모어와 필라델피아를 통과하는 동안 '공화국 찬가'를 부르기 시작한 사람들도 링컨 대통령을 떠올렸을지도 모른다. 알링턴 국립묘지로 향하는 장례행렬이 워싱턴의 링컨 기념관 앞에 잠시 멈췄을 때, 라이터와 성냥불을 켜고 링컨 기념관에 모인 사람들도 '공화국 찬가'를 불렀다. NBC 아나운서인 데이비드 브링클리는 케네디가 "흑인, 백인 모두와 대화할 수 있는 유일한 백인 정치인"이었다며 케네디의 죽음을 링컨의 죽음에 비유했다. 또 다른 기자는 시신을 실은 열차가 TV 화면에 나타나자 링컨 대통령 장례 열차를 묘사한 글을 읽었다.

"사람들, 특히 흑인들이 철로를 따라 줄지어 서 있다. … 사람들은 수 킬로미터에 걸쳐 기찻길 주변에 모닥불을 피웠고, 기차가 모닥불로 이어진 선을 따라 이동했다. … 링컨 대통령의 시신을 실은 기차는 그렇게 워싱턴에 도착했다."

엘리자베스에서 사고가 난 뒤에는 기차가 아주 천천히 이동했기 때문에 승객들은 창밖의 광경을 자세히 볼 수 있었다. 말을 탄 긴 머리 소녀, 노란색 픽업 짐칸에 까치발로 선 다섯 명의 수녀, 둥근 곱슬머리를 한 채 꽉 쥔 주먹을 치켜든 과격 운동단체 소속 흑인 청년들, 흑인 아이를 팔로 감싸 안은 백인 경찰, "우리 가족은 슬픕니다"라는 팻말을 든 가족, 교회에 가는 차림으로 장미 한 송이씩 들고 서 있는 다섯 명의 흑인 소년도 보였다. AP통신의 조 모배트 기자와, 바비 케네디가 법무부 장관으로 있을 때 형사국장으로 일한 잭 밀러는 일렬로 서서 경례하는 학생들을 지나칠 때 감정을 주체하지 못하고 눈물을 쏟아냈다. 아이들의 모습에서 케네디 대통령이 잠든 관에 케네디 대통령의 아들이 경례하는 모습이 떠오른 것이다. 〈암스테르담뉴스〉의 거트루드 윌슨은 볼티모어에서 한 흑인 여성이 손으로 '희망'이라고 쓴 팻말을 쥔 모습을 보며 두 손을 차창에 얹고 흐느꼈다.

〈라이프〉의 실비아 라이트는 델라웨어주를 지나는 동안 어느 풀밭에서 진행되고 있던 결혼식 모습을 기억했다. 신부 들러리들이 한 손에는 분홍색과 녹색의 치마 끝단을 쥐고, 다른 손에는 부케를 쥐고 있었다. 이들은 로버트 케네디의 관을 실은 마지막 열차 칸을 향해 손을 뻗어 부케를 던졌다. 엄숙한 모습의 보이스카우트, 울다 지친 흑인 여성, 양 볼에 눈물을 흘리며 큼직한 손에 조그마한 성조기를 든 건장한 백인도 있었다. 이 모습을 지켜본 라이트 기자는 훗날 로버트 케네디에 관한 이야기에서 빠지지 않고 등장하는 질문을 자신에게 던졌다.

'도대체 이들에게 로버트 케네디는 어떤 존재였을까?'

로버트 케네디 이야기를 책으로 낸 적이 있는 작가 잭 뉴필드는 케네디 사망 20주기에 "시간이 흐르면서 낫기는커녕 더 쓰라린 상처"라고 했다. 로버트 케네디의 인디언 보호구역 방문을 주선했던 아메리카 인디언 여성 주디 코닐리어스는 로버트 케네디 사망 25주기에 알링턴 국립묘지를 방문해서 "25년 전과 똑같이 가슴이 아팠다. 여린 희망에 가해진 상처가 절대 아물지 않는다"라고 했다. 로버트 케네디가 사망한 지 30년이 되는 해에 케네디의 보좌관이던 피터 에델먼은 기자에게 "케네디가 부활하는 꿈을 몇 년 동안 꾸었습니다. 사실은 아직도 그런 꿈을 꿉니다"라고 했다. 일 년 뒤 〈뉴욕타임스〉의 앤서니 루이스 기자는 "케네디가 죽고 이듬해 '그가 없는 삶이 불완전하다는 생각은 시간이 흘러도 사그라지지 않는다'며 31년이 지난 지금도 그런 생각이 변하지 않았다"라고 했다.

　도대체 로버트 케네디는 어떤 인물이었을까?

　로버트 케네디의 대선 캠프에서 일한 존 루이스 의원은 지금도 하원에서 결정을 내리기 어려운 투표 전에 "바비라면 어떻게 했을까?"라고 자문한다. 로버트 케네디의 언론보좌관 프랭크 맨키위즈는 LA에 있는 굿사마리탄 병원에서 "1968년 6월 6일 금일 오전 01시 44분, 로버트 프랜시스 케네디가 숨졌습니다. … 고인은 만 42세였습니다"라며 사망 사실을 기자들에게 알린 인물이다. 맨키위즈는 헨델의 〈메시아〉에 나오는 아리아 '트럼펫 소리 나매'를 들을 때마다 케네디가 떠오른다. "바비 케네디가 트럼펫이고, 아직도 그 소리가 들리기 때문"이다. 젊은 시절 네브래스카주의 로버트 케네디 선거 캠프에서 자원봉사자로 일한 더그 저먼은 케네디가 죽은 뒤 정당 활동을 그만두었다. "음악이 그쳤기 때문"이었다. 아들라이 스티븐슨과 존 F. 케네디에 이어 바비 케네디의 연설보좌관으로 일한 존 바틀로우 마틴은 미시간주의 시골집에 은둔하며 이런 일기를 썼다.

　"끝났다. 짧지만 선명했던 꿈이. 지난번에는 (케네디 대통령의 재임 기간인) 3년을 주더니…. 지금은 암담한 절망뿐이다…. (예전엔) '뭐 그래도 바비가 있으니'라고 생각했지만 지금은 그마저도 없다."

　로버트 케네디의 보좌관 중 감정을 잘 드러내지 않은 제리 브루노는 정치가 예전 같지 않다면서 "우리 모두의 삶이 멈춘 것만 같았다"라고 덧붙였다. 〈라이프〉 사진기자 빌 에프리지는 더 이상 선거운동 취재에 지원하지 않는다. "정점에 이른 다음에 뭐가 남아있겠는가? 예전으로 되돌아가 결혼식 촬영을 하러 다니는 느낌일 것"이라는 게 에프리지의 설명이다. 1969년 1월 15일은 대통령 취임식이 있는 날이었다. 빌 에프리지는 베트남 전쟁 기념비를 방문할 때마다 1969년 1월 15일

이후 사망한 군인의 이름을 쳐다보며 로버트 케네디가 당선되었다면 이들 중 다수가 살 수 있었다고 생각했다. 그해 봄 로버트 케네디의 선거유세 장소의 사전 준비를 담당한 변호사 짐 톨랜은 TV 다큐멘터리에서 로버트 케네디의 모습이 나올 때마다 방에서 나왔다면서 "나는 로버트 케네디에게, 그의 인간성에 푹 빠졌다. 그냥 하는 말이 아니라, 그 사람을 정말 좋아했다"라고 했다. 그해 봄 누구보다 가까이에서 로버트 케네디를 취재했고 케네디가 죽은 뒤에 기자 업무에 정이 떨어져 변호사로 전직한 AP 통신의 조 모배트는 이렇게 말했다.

"셔츠 소매를 걷어 올린 로버트 케네디의 모습이 아직도 생생해요. 근육질의 털이 많은 팔뚝도. 한쪽 눈꺼풀이 다른 쪽보다 더 내려와 있죠. 눈꺼풀이 쳐졌다고 할까요. 로버트 케네디에게는 어떤 절대적인 강렬함이 있었어요. 심지어 농담할 때도 그랬어요. 로버트 케네디 같은 사람은 다시 나오지 않을 겁니다. 역사가 허락하지 않을 겁니다. 미디어가 그런 사람의 등장을 막을 거고, 인터넷 블로그도 가만두지 않을 거예요."

잠시 말을 멈춘 모배트는 목이 멘 채로 덧붙였다.

"바비 케네디가 어떤 인물인지 정말 알고 싶으신가요? 굉장히 멋진 사람이었어요."

도대체 로버트 케네디는 어떤 인물이었을까?

아직도 로버트 케네디의 죽음을 슬퍼하는 사람들은 당시 29세였던 언론보좌관 휴 맥도널드를 많이 언급한다. 맥도널드가 자신들의 슬픔을 극단적인 형태로 보여주었기 때문일 것이다. 앰배서더 호텔에서 암살범이 총을 쏜 직후 맥도널드는 호텔 주방으로 뛰어들어 양복 상의를 경호원인 빌 배리에게 건넸다. 빌 배리는 양복 상의를 로버트 케네디의 머리에 난 상처에서 쏟아져 나오는 피를 막는 데 사용했다. 맥도널드는 로버트 케네디를 조금이라도 더 편안하게 해주기 위해 구두를 벗기는 동안 눈물을 흘렸다. 나중에 검정 구두 한 켤레를 들고 멍한 표정으로 앰배서더 호텔과 굿사마리탄 병원 복도를 비틀거리며 걷던 맥도널드는 "의원님 구두는 제가 갖고 있습니다. ··· 의원님 구두는 제가 갖고 있어요"라고 말했다. 맥도널드는 이날 연설장을 방문하는 출입자의 신원 확인을 맡았기 때문에 자신이 암살범을 들여보냈다며 자책했다. 충격과 절망에서 벗어나지 못한 그는, 이혼 뒤 자살을 시도했고 결국 로버트 케네디가 대선 출마 선언을 한 지 10년이 되던 1978년 3월 LA에서 월세를 내며 살던 방에서 세상을 떠났다.

도대체 로버트 케네디는 어떤 인물이었을까?

사건 당일 로버트 케네디를 차에 태워 앰배서더 호텔로 데려간 영화감독 존 프랭컨하이머는 차츰 술에 빠져 20년간 제대로 일을 하지 못했다. 불과 몇 걸음 떨어진 곳에서 총격을 지켜본 올림픽 10종 경기 우승자인 래퍼 존슨은 수개월 간 불안에 떨었고, 다음 암살 대상이 자신이라는 생각에 친구와 연락할 때도 가명을 썼다. 그날 밤 앰배서더 호텔에 있던 가수 로즈머리 클루니는 로버트 케네디가 죽지 않았으며 암살 사건이 정교한 눈속임일 뿐이라고 주장했다. 장례식이 열린 날 밤 가수 바비 다린은 알링턴 국립묘지에 새벽까지 남았다. 땅바닥에서 잠든 다린은 자신이 "형이상학적인 계시"라고 이름 붙인 일을 경험했고, 그 경험이 자신을 "새로운 존재, 더 나은 존재"로 변화시켰고 "오직 한 가지 일, 즉 세상을 더 좋은 곳으로 바꾸는 일을 돕도록 노력하게" 만들었다고 주장했다.

도대체 로버트 케네디는 어떤 인물이었을까?

로버트 케네디가 대통령이 되었으면 하는 생각을 떨치지 못한 사람도 많았다. 케네디 사망 20년 뒤 랠프 바틀로우 마틴은 "로버트 케네디가 민주당 후보로 지명되었다면 대통령에 당선되었을 것이 분명하다. 그랬다면 형보다 더 훌륭한 대통령이 되었을 것이다. 하지만 대통령인 로버트 케네디도 암살당했을 것이다"라는 글을 썼다. 잭 뉴필드는 존 루이스에게 케네디가 총에 맞아 쓰러져서 죽어가는 모습을 볼 때 "손가락 사이로 역사가 빠져나가는 느낌"이었다고 했다. 40년 뒤 존 루이스는 "로버트 케네디가 대통령에 당선되었다면, 미국은 그를 지지한 많은 사람이 '사랑의 공동체'라고 부른 나라에 가까워졌을 것"이라고 했다. 로버트 케네디의 보좌관이었던 피터 에델먼은 케네디의 임기가 "그 후 수십 년 동안의 미국 정치의 분위기와 방향에 영향을 주었을 것"이라고 아직도 믿고 있다. 로버트 케네디가 법무부 장관이던 시절 법무부에서 일한 에드윈 거스먼은 "케네디를 조금이라도 아는 사람이라면 케네디가 살아서 1968년 대선에서 승리했다면 훌륭한 대통령이 되었을 것이라는 사실을 알고 있다"라고 말했다. 격주간지 〈룩〉의 워렌 로저스 기자는 1997년 한 인터뷰에서, 로버트 케네디가 대통령이 되었더라면 미국은 "지금보다 더 품격있고, 더 신사적이고, 덜 무례한 나라가 되었을 것"이라고 말했다. 케네디의 네브래스카주 경선 캠프에서 일한 정치 평론가 마크 쉴즈는 "로버트 케네디가 내 인생에서 최고의 대통령이었을 것이라는 믿음을 무덤까지 가져갈 것"이라고 말했다.

쉴즈와 맨키위즈를 비롯해 로버트 케네디의 보좌관으로 일한 사람들에게 케네디가 대통령이 되었다면 어땠을지 물으면 한결같이 '다른different'이라는 단어를 듣거나 "전혀 다른 나라가 되었을 겁니다" 또는 "모든 것이 달라졌을 겁니다"처럼 비슷한 뉘앙스를 띤 말을 듣게 된다. '어떻게' 달라졌을지 묻는다면 두 가지 설명을 듣게 된다. 하나는 로버트 케네디의 임기에 대한 설명이고, 다른 하나는 대통령이 된 로버트 케네디가 남겼을 전통이다.

로버트 케네디의 대통령 임기가 어땠을지 상상해보기는 어렵지 않다. 정적들도 인정하듯 로버트 케네디는 말한 대로 행동하는 사람이었다. 취임 직후 베트남 전쟁 종전 협상에 착수했을 것이고, 그 결과 닉슨 행정부 시절 죽은 베트남인 200만 명과 미군 2만 명의 목숨을 구했을 것이다. 캄보디아 폭격도 하지 않았을 테니 미국은 켄트주립대와 잭슨주립대 총격 사건의 트라우마를 겪지 않고, 캄보디아는 살인적인 폴 포트 정권을 피할 수도 있었을 것이다. 워터게이트는 평범한 임대건물로 남았을 것이고 워터게이트 스캔들에서 비롯된 환멸과 냉소주의는 없었을 것이다. 로버트 케네디가 대통령에 당선되었다면 젊은이들과 소수인종은 백악관에 자신들의 후원자를 두게 되었을 것이다. 닉슨 대통령 임기 첫해를 얼룩지게 했던 시위와 폭동은 덜 격렬했을 것이고, 로버트 케네디는 국민을 상대로 진짜 '불의'는 가난과 인종차별과 불필요한 전쟁이라고 설득했을 것이다. 1968년 선거에서 로버트 케네디가 닉슨을 상대로 이겼다면 양당은 준비된 발언이나, 그룹 여론조사, 사전 검열한 질문이나 연출된 자연스러움 등 닉슨이 사용해서 성공한 것으로 유명한 선거운동 방법을 선뜻 도입하지 않았을 것이다. 로버트 케네디가 이겼다면, 미국 정치계는 닉슨의 1968년 선거의 비밀 지침서에 등장하는 "(후보) 일정의 핵심은 선거운동이 상징적이란 점이다. 즉, 후보가 실제로 무슨 일을 했다는 것 보다, 그 일을 한 것처럼 보이는 것이 더 중요하다"는 식의 선거운동 원칙이 옳다고 믿지도, 따라 하지도 않았을 것이다.

프랭크 맨키위즈는 로버트 케네디 임기가 지녔을 의미를 "이 나라는 전혀 다른 나라가 되었을 것이다. 정치가 기계처럼 불꽃을 튀기며 돌아가는 지금의 미국과는 달랐을 것이다"라고 정의한다. 그렇다면 로버트 케네디는 그 당시 작동을 멈춘 정치에 어떤 종류의 기름을 칠하려

했을까? 그것이 지금도 효과가 있을까?

도대체 로버트 케네디는 어떤 인물이었을까?

실비아 라이트의 이 질문에 가장 쉽게 떠올릴 수 있는 답은 국민의 큰 사랑을 받다가 순교한 대통령이 남긴 동생 중 가장 나이 많은 인물이라는 로버트 케네디의 이름값과 위치였다. 하지만 그런 것들로도 로버트 케네디의 죽음에 사람들이 보인 슬픔의 강렬함과 지속성을 충분히 설명하기 힘들다. 젊음과 달변과 잘생긴 외모도 죽음을 더 안타깝게 만들긴 했어도 설명이 부족하기는 마찬가지다. 로버트 케네디가 대통령에 출마하기 전이나 출마 후 더 일찍 암살되었거나 자연사했다면, 200만 명에 달하는 군중이 장례 열차를 보러 나오지 않았을 것이고, 그런 열차가 존재하지도 않았을 것이며, 사람들의 머릿속에 로버트 케네디가 대통령이었다면, 하는 생각이 그렇게 강렬하게 남았을 리도 없었을 것이다. 로버트 케네디가 죽기 전 82일간 선거운동을 하지 않았다면 뉴욕 할렘 거주자의 92퍼센트가 존 F. 케네디 대통령의 죽음보다 로버트 케네디의 죽음을 더 슬퍼했다는 주장이 나오거나, 혹은 유명한 작가 노먼 메일러가 (로버트 케네디를) "살아 있을 때보다 죽은 뒤에 다섯 배" 더 좋아했다고 인정하거나, 로버트 케네디의 장례식 때 민주당원 중 정치적 스펙트럼의 양극단에 있던 민주사회학생회SDS의 탐 헤이든과 리처드 데일리 시카고 시장이 함께 눈물을 흘리지 않았을 것이다. 오늘날 미국 의회 의원실에 그렇게 많은 로버트 케네디의 사진이 걸려 있지도 않을 것이다.

사람들이 슬퍼했던 이유, 기계처럼 작동하던 미국 정치의 해결법, 그리고 라이트의 질문과 그 질문에 자연스럽게 따라 나올 질문 대한 답은 다름아닌 로버트 케네디의 선거운동에 있다. 로버트 케네디는 82일간의 선거운동 기간에 어떤 일을 했을까?

케네디의 선거운동을 살펴보면 왜 정부 당국이 로버트 케네디의 암살이 마틴 루서 킹의 암살 뒤에 흑인들이 벌인 것과 같은 수준의 폭동을 촉발할 것으로 예상했으며, 왜 국방부가 신설한 폭동감시부대인 민간소요사태계획운영부가 즉각적으로 비상 체제에 돌입했는지, 왜 캘리포니아 주방위군 약 2만5000명이 게토(소수인종 등이 거주하는 도시 안의 한 구역으로 주로 빈민가―옮긴이)에 투입될 준비를 했는지 알 수 있다. 폭동을 예상한 것은 군만이 아니었다. 2주 앞서 톰 위커는 〈뉴욕타임스〉에 이런 글을 썼다.

"게토 주민들은 폭발 직전으로, 의심이 많을 뿐 아니라 전투적이다. 민주당이 케네디를 '배제'했다고 생각하는 순간 분노가 폭발하거나 폭력 사태가 벌어질 수도 있다."

케네디를 지지한 흑인 다수도 게토 주민들이 킹 목사 사건 때처럼 폭발할 것으로 내다보았다. 이들은 오히려 자신들이 그렇게 하지 않은 사실에 당혹한 듯했고, 킹 목사의 암살이 가져온 충격에서 아직 벗어나지 못한 상태에서 또다시 폭력적으로 행동하기에는 너무나 탈진한 상태였다고 설명했다.

로버트 케네디의 선거운동은 왜 그가 흑인에게 인기가 있었는지, 왜 일부에서 로버트 케네디를 "파란 눈의 소울 브라더soul brother"라고 불렀는지, 암살 소식을 들은 찰스 에버스가 왜 "세상에! 세상에! 사람들이 어떤 행동을 할지 두렵다"라며 개탄했는지, 마틴 루서 킹 목사가 죽었을 때도 울지 않았던 존 루이스가 왜 "마치 몸속에서 뭔가가 터져버린 것처럼 울고 흐느끼고 한숨을 쉬었다"고 하는지 설명해 준다. 케네디의 선거운동은 훗날 벌어진 대선에서 리처드 닉슨, 로널드 레이건뿐 아니라 두 명의 부시에게 표를 준 미국 중서부의 농부·공장노동자·백인들이 1968년 민주당 경선에서 로버트 케네디에게 표를 주었는지,

로버트 케네디의 선거홍보담당자 프레드 패퍼트가 왜 장례 열차가 "사람들은 전부 다르다고 믿고, 극도로 보수적이며, 변화를 거부하는 지역인" 미국 남부와 서부 지역을 통과했더라도 수백만 명의 국민이 애도하러 나왔을 것이라고 한 것이 왜 맞는 말인지 설명해 준다.

로버트 케네디의 선거운동을 취재한 기자 중 한 명은 케네디의 선거운동을 두고 "거대하고 신나는 모험"이라고 했다. 그 일을 다시 이야기하는 것도 즐거운 경험일 수 있다. 그 뒤로 유력 대선 후보가 그렇게 열정적이거나 무모하게 출마한 적이 없기 때문이다. 갈수록 늘어나고 미국 정치에서 일상이 되어버린 정치컨설턴트·여론조사원·해설가·질문검열원이라는 보호막을 로버트 케네디의 선거운동에서는 사용하지 않았다. 존 에드워즈(2004년과 2008년 대선에 출마한 노스캐롤라이나 주지사-옮긴이)를 제외하면 어떤 후보도 그만큼 빈곤 문제를 대선 쟁점으로 삼지도, 소수인종과 가난한 유권자를 들뜨게 하지도, 백인 노동자와 흑인 모두에게 신뢰를 받지도, 노골적으로 유권자를 비판하지도 않았다. 로버트 케네디 같은 주류 정치인이 〈뉴욕타임스〉 칼럼에 "한때 미국인은 제퍼슨과 함께 우리가 전 인류의 '가장 위대한 희망'이라고 생각했다. 하지만 지금은 부와 권력에만 기대는 것처럼 보인다"라는 글을 썼다고 상상해보라. 혹은 〈미트더프레스Meet the Press〉같은 인기 방송프로그램에 나와 "우리 사회가 불만스럽습니다. 우리나라에도 불만이 있습니다"라는 발언을 했다고 생각해 보라. 상상조차 할 수 없을 것이다. 지금처럼 민감한 유권자들은 정치인의 그런 비판을 절대 허용하지 않을 것이기 때문이다.

로버트 케네디의 선거운동을 되돌아보는 것은 가슴 아픈 일일 수 있다. 로버트 케네디의 선거운동은 마치 서서히 진행되는 자살 같았기 때문이고, 다음에 누가 대통령이 되고, 무슨 일이 벌어졌는지 알기 때문이다. 로버트 케네디 암살은 단순히 또 한 명의 케네디가 죽은 것이 아니라, 항상 준비된 발언을 하는 정치인의 등장을 의미했고, 파란색 주와 빨간색 주로 나뉘는 정치판을 의미했으며, (르윈스키 성 추문 때 빌 클린턴의) 말 돌리기나, (조지 W. 부시가 미국의 무력을 자랑하며 했던 것처럼) 대통령의 입에서 "다 덤비라고 해!" 같은 발언이 나오는 정치판을 의미했다. 로버트 케네디의 선거운동을 되돌아보는 것은 신중을 요구하는 일이기도 하다. 이 82일은 로버트 케네디가 자신의 인생에서 가장 훌륭한 모습을 보여줬던 시간이기 때문이다. 민주당 경선에서 케네디의 라이벌인 미네소타주 출신 유진 매카시 의원의 선거 캠프에서 일한 작가 윌프리드 쉬드는 케네디의 선거운동은 "그의 인생이 어디를 향해 가고 있었는지 보여줬고, 뒤이은 죽음으로 인해 사람들은 선거운동 기간에 집중하게 된다"고 인정하면서 "적어도 선거운동 기간 중 케네디는 자신의 본성과 그런 본성에 대한 주위 사람의 불만을 뛰어넘어 정말 위대한 인물로 거듭났다"고 덧붙였다.

로버트 케네디의 한 친구는 전기 작가 윌리엄 섀넌에게 "사람들은 바비 케네디를 만나면서 오늘은 어떤 바비를 만날지 알 수 없었다"라고 했다. 섀넌은 생전에 케네디를 두고 "무례하고 침착성이나 참을성이 없는" 인물이지만 동시에 "영리하고 단호하며 다른 사람을 고무시킬 줄" 아는 사람이라고 했다. 그해 봄 민주당 대통령 경선에 뛰어든 바비 케네디는 후자였다. 케네디가 자신의 마지막 선거운동에서 가장 훌륭한 모습을 보였기 때문에 평론가들은 지나치게 편파적으로 보이는 것을 피하기 위해 실수를 강조하고 싶은 유혹을 느낀다. 〈타임〉의 헤이즈 고리는 선거운동을 취재한 일부 기자들이 바로 그랬다면서, "대다수 기자가 어느 시점부터 그에게 어떤 진정성과 선함과 품위가 있다고 생각하게 되었다. 그렇지만 기자로서 본분을 지키기 위해 로버트 케네디의 행동 하나하나를 의심해야만 했다"고 인정했다.

바비 케네디는 성인군자가 아니었다. 욱하는 성질이 있었고, 싫어하거나 실망한 사람에게 잔인하게 행동할 때도 있었다. 그는 1954년 조지프 매카시 의원의 악명 높은 상원 상임조사소위원회에서 일했고, 매카시에 대한 좋은 감정을 지나칠 정도로 유지했다. 조직범죄 세력의 노조 침투를 조사하는 상원위원회의 수석자문위원으로 일할 때는 완강하고 무자비하게 심문했으며, 1960년 존 F. 케네디의 대통령 선거사무장 시절에는 까다롭고 인정사정이 없었다. 케네디 대통령의 보좌관 중 한 명은 리처드 하우드 〈워싱턴포스트〉 기자에게 "착한 바비와 나쁜 바비"가 있고 나쁜 바비는 "경기에서 결정적인 순간에 스트라이크 아웃이 되고 나서 엉뚱한 경기보조원에게 화풀이하는 성질 나쁜 야구선수"를 닮았다고 했다. 그러면서도 1968년에는 바비의 그런 성격을 볼 수 없다며 "그가 가장 자주 보여준 것은 … 온화함이었다"라고 했다. 케네디 대통령의 특별보좌관이었던 테드 소렌슨은 1950년대 바비 케네디가 "호전적이고 공격적일 뿐 아니라, 편협하고 완고했으며 신념이 뚜렷하지 않았다 …. (그리고) 형보다는 아버지를 더 닮았었다"라고 기억했지만, 1968년 즈음에는 사람이 바뀌어서 냉전에 대한 강경한 태도를 버리고 베트남 전쟁에 반대했으며 빈곤과 인종차별 문제에 대해 크게 고심했다고 했다.

바비 케네디는 1950년대에 몇몇 상원위원회에서 일하고 1960년대에는 케네디 정부의 법무부 장관 겸 자문위원으로 있으면서 정부의 가장 어두운 비밀을 알게 되었다. 케네디 대통령의 불륜과, 미국이 응오딘지엠 남베트남 대통령의 암살로 이어진 쿠데타에 관여한 사실에 대해서도 알게 되었다. 마피아와 결탁한 부패한 노조 지도자들을 조사하고 심문했으며, CIA의 피델 카스트로 암살 시도를 승인하고 부추겼을 뿐 아니라, 마틴 루서 킹의 밑에서 일하는 두 사람을 공산주의자라고 오해해 전화 도청을 승인했으며, 킹 목사를 위협하고 킹 목사의 신뢰를 떨어뜨리려는 J. 에드거 후버 FBI 국장의 활동에 눈감았다. 로버트 케네디는 이런 모든 일을 알았기 때문에 역사상 그 어떤 대통령 후보보다 정부 내에서 벌어지는 일에 대해 가장 잘 알고 있었고, 형 케네디에 이어 또 한 명의 케네디 대통령이 탄생함으로써 촉발될 증오와 감당해야 할 위험을 분명하게 이해한 상태에서 출마했다.

출마 당시 로버트 케네디는 상원의원으로 일한 지 3년밖에 되지 않았지만, 1960년 대통령에 오른 존 F. 케네디보다 더 준비된 대통령 후보이기도 했다. 법무부 장관직을 일부에서 역사상 최고였다고 평가할 정도로 훌륭하게 수행했고, 일종의 대통령 보좌관 역할을 하면서 쿠바 침공의 실패를 가까이서 지켜보았을 뿐 아니라, 쿠바 미사일 위기 때는 CIA를 감독하고 소련 외교관과의 비밀 협상을 주도하기도 했다. 댈러스에서 케네디 대통령이 암살된 뒤에는 더 신중하고 세심해졌고 미국의 베트남 전쟁 개입 과정에서 했던 역할과 케네디 대통령이 린든 존슨을 부통령으로 지명한 데에 대해 죄책감을 느꼈다. 로버트 케네디가 생각하기에는 자신이 한 행동, 예컨대 피델 카스트로 제거에 대한 집착이나 조직 폭력배와 부패한 노조 지도자들을 추적하는 과정에서 적을 만든 일이 자기 형의 암살을 부추겼을 가능성이 있었다.

오늘날 로버트 케네디의 선거운동을 되돌아보는 일은 그 어느 때보다 의미가 있다. 1968년 대학 학비를 감당하지 못한 젊은이들이 군에 입대해 베트남에서 이례적일 정도로 많은 수가 죽었다. 그로부터 40여년이 흐른 후에도 돈 없는 젊은 남녀 다수가 대학 학비를 마련하기 위해 군에 지원해서 이라크에서 죽었다. 1968년에도 지금처럼 인기 없는 대통령이 미국을 분열시키고 동맹국과의 관계를 망쳐놓은 논쟁적인 전쟁을 수행했다. 베트남 전쟁에 대한 바비 케네디의 다음과 같은 발언은 이라크 전쟁에도 고스란히 적용될 수 있다.

"우리는 '베트남 전쟁이 우리에게 어떤 영향을 미치는가'라는 질문을 이미 오래전에 해야 했습니다. 물론 전쟁 수행에 돈이 들어갑니다···. 하지만 그 돈은 우리가 감당해야 할 비용 중 가장 적은 겁니다. 우리가 잃는 것은 미국의 젊은이입니다. 수만 명의 인생이 영원히 끝나버립니다. 우리가 잃는 것은 세계 속에서의 지위입니다. 중립국이나 동맹국 할 것 없이 이해할 수 없는 정책으로 다른 나라를 당황하게 하고 우리에게서 멀어지게 합니다."

"(우리에게는) 관용과 연민이 없습니다. 희생할 마음도 없습니다."

"다른 나라의 자유를 위한다는 명목으로 수십억 달러를 쓰면서 우리 국민의 요구를 계속 거부하고 미룰 수는 없습니다."

"미국의 동맹이라는 것은 이름뿐입니다. 미국은 지지를 받지 못하는 정부를 지원하고 있습니다. 미국의 군사적 지원 없이는 하루도 버티지 못할 정부입니다."

"신문 1면에 미군이 포로를 고문하는 사진이 실렸습니다."

선거운동 기간에 케네디는 "부자는 더 부유하게 되고 가난한 사람은 더 가난하게 되는" 나라에 대해 말했다. 이제 고인이 된 언론인 데이비드 핼버스탬은 "미국에서 부자들은 더 부유해지고 가난한 사람들은 더 가난해지고 있고, 대개 부자들은 백인이고 가난한 사람들은 흑인이다"라고 요약했다.

40년이 지난 오늘날에도 적용되는 말이다. 1968년 마틴 루서 킹의 암살 뒤에 벌어진 폭동은 흑인과 백인 사이에 크게 갈라진 틈을 부각시켰다. 37년 뒤 허리케인 카트리나가 미국을 강타했을 때도 다르지 않았다. 2005년 11월 15일 로버트 케네디의 장례 열차에 탑승했던 승객 일부가 수백 명의 다른 사람들과 함께 로버트 케네디 탄생 80주년을 기념하기 위해 국회의사당에 모였다(케네디가 오늘날 살아있었다면 지미 카터나 조지 H.W. 부시보다 한 살 적었을 것이다). 프랭클린 D. 루스벨트와 존 F. 케네디 같은 전직 대통령조차 이처럼 눈에 띄는 생일 기념행사를 한 적은 없다. 로버트 케네디 사후 37년 뒤 80회 생일 행사를 하는 것이 이상하다고 여길 수도 있지만 그렇게 말하는 사람은 없었다. 그 대신 사람들은 1968년 케네디의 선거운동이 지금 그 어느 때보다 큰 의미를 지닌다는 생각을 묵묵히 하고 있다. 존 케리, 힐러리 클린턴, 버락 오바마를 비롯해 헌사를 바친 정치인들의 머릿속에 맴도는 질문은 바비 케네디가 제기한 문제를 똑같이 제기하고 그가 한 것 같은 선거운동을 할 용기를 지닌 사람이 과연 누구일까 하는 것이었다.

한번은 로버트 케네디 인권상 시상과 연설이 있고 난 후, 허리케인 카트리나로 폐허가 된 뉴올리언스를 보여주는 영상이 상영되었는데, 영상 배경으로 로버트 케네디가 출마를 선언하고 이틀 뒤인 1968년 3월 18일 캔자스대학교에서 했던 연설이 음성으로 나왔다. 뉴올리언스의 흑인 주민이 물에 잠긴 거리를 걷는 장면에서는 케네디의 이런 말이 들렸다.

"이런 미국인을 본 적이 있습니다. 미시시피에서 굶주리는 아이들을 본 적이 있습니다…. 미국에서 그런 일이 일어나는 상황을 받아들일 수 없습니다."

수재민들이 지붕에 올라가 헬리콥터를 향해 손을 흔드는 장면에서는 이런 말이 나왔다.

"우리가 같은 미국인으로서 공통의 관심사로 단결한다고 믿는다면, 우리에게 가장 시급한 국가적 과제가 있습니다. 우리가 외면하는 미국의 다른 지역에서 벌어지는 불명예를 끝내야 합니다."

(수재민들의 대피소로 사용된) 컨벤션센터 밖에서 사람들이 서성거리고 있는 장면에서는 이런 말이 들렸다.

"하지만 비록 물질적인 가난에서 벗어나게 하더라도 또 다른 큰일이 있습니다. 우리 모두를 괴롭히는 만족의 결핍, 목적과 존엄의 결핍입니다. 너무 지나치게, 그리고 너무 오랫동안 물질적인 것을 축적하기 위해 공동체의 가치와 미덕을 포기한 것 같습니다."

1968년과 같은 절호의 기회는 절대로 다시 일어나지 않을지 모른다. 그리고 미국인은 그런 결정적인 해를 맞이하기까지, 혹은 그런 해를 맞이했을 때 중심축으로 작용할 또 다른 82일을 만나기까지 수십 년을 기다려야 할지도 모른다. 어쩌면 아닐 수도 있다. 로버트 케네디가 대선 기간에 말하고 행동에 옮겼던 것 중에는 순교한 대통령의 동생만이 말하고 행할 수 있는 것들이 있었지만, 국민이 원했다면 다른 후보들도 충분히 말하고 행했을 것들도 있었다. 1968년 봄 케네디의 선거유세 일정을 담당했던 존 놀란은 이렇게 말한다.

"그가 그렇게 신비로운 일을 한 것은 아니었다. 자신을 알고, 어느 정도 용기가 있는 사람이라면 할 수 있는 일이다."

제1부

# 출마 선언

---

EARLY DAYS

# 1장

# 불가피한 선택

------

1968년 3월 16~17일

존 F. 케네디 대통령이 암살되고 두 달 뒤 로버트 케네디는 아시아를 방문했다. 애초에 케네디 대통령을 위해 계획된 일정에 대신 참석한 것이다. 순방 중 케네디는 필리핀에 있는 학교를 방문했는데, 여학생들이 케네디 대통령을 환영하기 위해 작곡한 노래를 불렀다. CBS 방송 카메라맨 월터 돔브로우와 함께 차를 타고 학교에서 나오는 동안, 케네디는 주먹이 하얗게 될 정도로 꽉 쥐고 두 뺨에 눈물을 흘렸다. 고개도 저었는데 돔브로우에게 아무 말 하지 말라는 신호였다. 마침내 케네디는 목멘 소리로 말했다.

"형이 왔더라면 아이들이 더 좋아했을 텐데요."

돔브로우는 케네디를 껴안으며 말했다.

"밥, 케네디 대통령이 남긴 일을 이어가야죠."

그 말을 듣고 30초간 정면을 응시하던 케네디는 돔브로우를 바라보며 고개를 끄덕였다. 돔브로우는 바로 그 순간 바비가 대통령에 출마할 것이란 사실과, 형을 얼마나 좋아했는지를 깨달았다.

형 케네디가 암살되고 몇 개월간 로버트 케네디는 깊은 슬픔에 잠겼다. 체중이 줄고 우울증에 빠져 말수가 줄었으며 형의 옷을 입고 형이 즐긴 시가를 피우고 형이 하던 말투와 행동을 따라 했다. 결국 슬픔에서 벗어나지만 가끔은 필리핀에서처럼 폭포수 같은 눈물을 터뜨렸다. 백악관에서 형을 보좌하던 사람의 사무실에 갔다가 거기에 놓인 고인이 된 형의 사진을 발견하고 울었고, 워렌 위원회의 보고서에 대한 논평을 요청받았을 때도 울었고, 1964년 민주당 전당대회에서 다음과 같이 셰익스피어의 〈로미오와 줄리엣〉에 나오는 문장을 인용하며 케네디 대통령을 기리면서 울었다.

"그가 죽으면, 데려가서 조각조각 별이 되게 해주오. 그러면 그가 하늘을 곱게 수놓아 온 세상이 밤과 사랑에 빠져 요란한 태양은 쳐다보지도 않도록."

1000일 만에 막을 내린 형 케네디의 재임기 동안 둘 사이에 정책적 견해 차이는 없었다. 케네디 대통령이 나라를 위해 하려 했던 모든 일을 바비 케네디도 하길 원했다. 케네디 대통령이 죽은 뒤, 바비는 형의 정신을 이어받기로 마음먹게 된다. 심지어 케네디 대통령이 우선순위에 둔 적이 없는 빈곤 문제를 다룰 때조차 형도 승인했을 사안이라고 스스로를 설득했다. 케네디 대통령이 죽기 며칠 전 종이에 굵은 글씨로 '빈곤'이라고 쓴 걸 발견하고는 액자에 넣어 사무실 벽에 걸어두었다. 케네디 대통령이 원래 틈만 나면 낙서를 하거나 뭔가를 끄적이던 사람이었고, 빈곤 문제를 자신의 두 번째 임기의 우선순위에 두기로 생각했다는 아무런 증거가 없었지만, 바비는 그 손글씨가 자신이 (훗날 아서 슐레진저의 표현대로) '최하층민의 대변자'가 되는 것을 형 케네디가 승인한 증거로 여겼다.

바비 케네디는 1964년 가을 뉴욕주 상원의원 선거에 출마했을 때도 여전히 형의 죽음을 애도했고 형을 위해 살려고 노력했다. 친구에게는 형 케네디가 전 세계에 불붙인 희망이 꺼지지 않길 원한다고 했고, 상원의원에 당선된 후 케네디 대통령의 "정책을 이어나가기 위한 강력한 권한을" 유권자들로부터 부여받았다고도 선언했다. 선거운동 기간에는 1960년 형 케네디의 대통령 선거 당시 방문했던 뉴욕주 북부 지역에서 유세 활동을 하며, 케네디 대통령의 용기 있는 행동을 기념하는 PT109 기념 넥타이핀을 나눠주고 케네디 대통령이 쓴 『용기있는 사람들』을 나눠주었다(PT109는 존 F. 케네디가 2차 세계대전 때 지휘했던 어뢰정으로, 일본 구축함을 공격하던 중 적함과 충돌해 침몰했다-옮긴이). 뉴욕주 버팔로에서 머물던 호텔 주변 거리를 가득 메운 군중을 보고는 "저 사람들은 형을 생각해서 모인 겁니다. 내가 아니라"라고 했다. 한 친구가 당선을 축하했을 때는 "형이 살아 있었다면 난 이 자리에 없었을 거야. 그래도 그쪽을 택하고 싶어"라고 말했다.

처음에 바비 케네디의 대통령 선거운동은 그저 죽은 형에 대한 오마주 정도로 보였다. 3월 16일 상원 사무동 건물의 코커스실에서 대선 출마 선언을 했는데, 그곳은 형 케네디가 대선 출마 선언을 한 장소였다(현재는 상원의원을 지낸 케네디 삼형제의 이름을 따 '케네디 코커스실Kennedy Caucus Room'로 불린다. 닉슨의 퇴임으로 이어진 워터게이트 조사위원회의 청문회도 이 방에서 열렸다-옮긴이). 당시 형이 서 있던 바로 그 자리에 선 케네디는 형과 같은 말로 출마 선언을 시작했다.

"저는 오늘 미국 대통령 선거에 출마를 선언합니다."

그리고는 출마 이유를 "현재 흑인과 백인, 부자와 가난한 사람, 청년과 노년층 사이에 존재하는 틈"을 메우기 위한 것이라고 말한 뒤 형 케네디의 말처럼 들리는 구절로 연설을 마쳤다. 어쩌면 형의 연설보좌관이었던 테드 소렌슨이 연설문을 작성했기 때문일 수도 있다.

"저는 현직 대통령의 연임을 저지하려는 시도에 뒤따르는 위험과 어려움을 가볍게 생각하지 않습니다. 하지만 지금이 평범한 시기가 아니고 이 선거 역시 평범한 선거가 아닙니다. 당의 리더십이나 국가의 리더십 만의 위기가 아닙니다. 우리에게는 온 세계의 도덕적 리더십을 가질 권리가 있습니다."

보좌관 몇몇은 "온 세계의 도덕적 리더십"이라는 표현에서 미국을 베트남이라는 덫에 빠지게 한 케네디 대통령의 뉴프론티어 정책이 가진 오만함이 느껴진다는 이유로 그 문구를 빼자고 했다. 〈워싱턴포스트〉의 데이비드 브로더 기자는 "케네디 재임 초기의 향수를 불러일으키는 수사"라고 했다. 사람들은 시간이 흐른 뒤에야 로버트 케네디가 연설을 했던 당시에 미국이 처한 상황을 압축적으로 말해주는 선견지명이었음이 알게 된다.

훗날 "온 세계의 도덕적 리더십을 가질 권리"라는 문구는 바비 케네디, 혹은 테드 소렌슨이 당시에 이해한 것보다 더 진실에 가까웠음이 밝혀졌다. 미국의 도덕적 리더십이 흔들린 정도가 아니라 미국이 그런 리더십을 가질 자격이 있는지에 관한 미국인의 믿음이 흔들렸다. 출마 하루 뒤인 1968년 3월 17일 "케네디 3개 주 예비선거 참여, 존슨 대통령에 맹공"이라는 헤드라인이 실린 〈뉴욕타임스〉 1면에는 미군이 베트남 꽝응아이성에서 실시한 작전에서 베트남군 128명을 죽였다는 남베트남 특파원 보도도 함께 실렸다. 케네디가 출마 선언을 하고 미국의 도덕적 권위를 회복하겠다고 약속하기 불과 16시간 전, 윌리엄 캘리 미군 중위가 지휘한 군인들이 꽝응아이성의 미라이라는 작은 마을에 사는 남베트남 민간인을 500명 넘게 학살한 사실은 훗날 바비 케네디가 암살되고 닉슨이 대통령이 된 뒤에야 드러났다.

케네디가 출마 선언을 한 바로 그날, 1968년이 중대한 분수령이 될 것이라는 징조는 전혀 없었다. 1월 남베트남 공산당이 벌인 구정공세를 제외하면, 그해 중요 사건들은 전부 바비 케네디가 출마 선언을 한 3월 16일 이후에 벌어졌고, 가장 충격적인 사건 다수는 바비 케네디의 선거운동 기간에 있었다. 이날 아침 출마 선언을 한 상원 코커스실에 있던 누군가에게 케네디가 선거운동을 하는 82일 동안 존슨 대통령이 재선 불출마 선언을 하고, 마틴 루서 킹과 바비 케네디가 암살될 것이며, 미국은 남북전쟁 이후 최악의 인종 갈등에 시달릴 것이라고 말했다면, 전부는 아니더라도 일부는 믿었을지 모르지만 그렇게 빠르게 연이어 벌어지리라고는 상상하지 못했을 것이다.

출마 선언 뒤 케네디는 출마에 회의적이거나 적대적인 질문을 받았다. 유진 매카시 상원의원이 뉴햄프셔 예비선거에서 이긴 후 바로 선거에 뛰어들기로 한 결정은 "기회주의적"이라는 비판에 대한 케네디의 답변은 별로 설득력이 없어서 듣는 이들 사이에서 피식하는 웃음이 나왔다. 베트남 문제를 어떻게 해결할지 묻는 말에는 분쟁 당사자 모두와 협상해 전쟁을 "점차 축소"하고, "미국 정부와 미군 병사들의 수고"를 덜어 남베트남군이 전쟁 부담을 더 많이 지도록 했으면 한다고 했다.

케네디가 의회에서 나오자 지지자들은 옷을 붙잡거나, 직접 보기 위해 제자리에서 껑충껑충 뛰면서 이름을 연호했다. 형 케네디의 1960년 대선 출마 당시의 모습을 보는 듯했다. 이런 모습을 지켜보고 케네디의 출마 선언에 담긴 뉴프런티어 정책의 흔적을 발견한 사람이면 누구나 바비 케네디의 대선 선거운동이 형 케네디에 대한 헌사의 연장이 되리라고 생각할 수밖에 없었다. 하지만 그해 3월 16일은 그런 헌사의 시작이라기보다 끝이었고, 향후 3개월 동안 바비 케네디는 형 케네디가 좀처럼 제기하지 않은 이슈를 가지고, 때로는 형 케네디가 경솔하다고 생각했을 방식으로 선거운동을 했다.

1960년 케네디에게 대통령 자리를 빼앗긴 리처드 닉슨은 오리건주 포틀랜드에 있는 호텔방에서 바비 케네디의 출마 선언을 지켜보았다. 닉슨과 함께 있던 보좌관 중 한 명인 존 엘릭먼은 훗날 이런 글을 남겼다.

"출마 선언이 끝나고 호텔방에 있던 TV를 껐을 때, 닉슨은 오래도록 아무 말 없이 꺼진 TV 화면을 쳐다보았다. 마침내 천천히 고개를 흔들고는 '방금 어떤 아주 무서운 힘이 고삐에서 풀려나는 장면을 봤군. 좋지 않은 결과가 나올 거야'라고 했다. 그러고는 TV 화면을 가리키더니 '어떻게 끝날지 아무도 모를 것'이라고 덧붙였다."

한편 케네디는 언론보좌관인 피어 샐린저의 아내 니콜 샐린저에게 "몇 개월 만에 처음으로 잘 잤어요. 무슨 일이 벌어질지 모르지만, 적어도 마음은 편안하네요"라고 말했다.

케네디는 출마 선언을 한 다음 뉴욕으로 날아가 성 패트릭스의 날 퍼레이드 행렬에 참여했다. 유진 매카시 의원 지지자들은 케네디에게 "비겁한 놈!", "기회주의자!"라고 소리쳤다. 존슨 대통령과 베트남 전쟁을 지지한 보수적인 아일랜드계 미국인들은 "보스턴으로 돌아가!", "이발이나 해라, 이 건달아!"라고 소리쳤다. 경찰통제선을 뚫고 들어온 한 중년 남성은 케네디의 얼굴에 대고 욕을 퍼부었다. 뉴욕의 어느 가톨릭 대학교에 다니던 한 학생은 언론 인터뷰에서 이런 말을 했다.

"단언컨대, 주변에 경찰 스무 명이 둘러싸지 않았다면 케네디 얼굴에 펀치를 날렸을 겁니다."

〈뉴요커〉 시사 만화가이자 칼럼니스트였던 짐 스티븐슨도 케네디에 대한 사람들의 적대감에 충격을 받았다. 그는 로버트 케네디의 정적들이 그를 묘사할 때 주로 사용하는 "무자비하고 기회주의적"이란 말이 이날 군중의 슬로건이 된 사실에 주목했다. 케네디는 오른손을 가슴에 얹고 머뭇거리듯 손을 흔들었지만 아파트 창가에서 손을 흔드는 형수 재키 케네디와 조카를 보자 웃으면 두 팔을 흔들었다.

퍼레이드 뒤에 케네디는 UN 플라자에 있는 자신의 아파트에 짐 스티븐슨을 초대했다. 스티븐슨은 그렇게 중요한 날에 다른 기자 없이 케네디와 독대한다는 사실이 미안했다. 하지만 일단 뉴욕의 이스트강이 내려다보이는 침실에 함께 앉아서 셔츠 소매를 걷어 올린 케네디가 술잔을 가볍게 들며 입을 열자, 케네디가 그저 그날을 기념하고 싶어했음을 깨달았다. 그는 케네디가 "마침내 중요한 결정을 했다는 기쁨에 들떠" 있었지만, 상황을 "조심스러워"한 사실에도 주목했다.

스티븐슨은 선거운동 초기 몇 주간 유세 현장을 따라다녔다. 그가 지켜본 바비의 모습 중 일부는 〈뉴요커〉에 실렸고 일부 원고는 공개되지 않았다. 시사 만화가들은 바비를 흔히 부스스한 헤어스타일과 뻐드렁니가 난 모습으로 그렸지만, 스티븐슨은 더 섬세한 느낌이 나게 묘사했다. 그는 케네디의 얼굴이 "면적은 작은데, 그 안에서 너무 많은 일이 너무 많은 방향으로 벌어진다"며, "코는 밖으로 휘어졌고, 이는 돌출되었으며, 머리칼은 늘어뜨려졌고, 귀는 위로 치솟아 바깥쪽을 향하고, 턱은 앞으로 튀어나왔고, 눈꺼풀은 처졌다"라고 묘사했다. 스티븐슨은 케네디의 인상은 강했지만 그것은 스스로를 향한 것이었고 "자신의 방종함과 나약함에 대한 경멸"의 표현이라고 했다. 케네디에게서 근원적인 슬픔도 감지했다. 그것은 자기 연민을 나타내는 감상적인 것이 아닌 "늘 품고 있는 애달픈 암울함"이었다.

저녁에 케네디가 워싱턴으로 돌아왔을 때 워싱턴 내셔널 공항에 마중 나온 사람이 아무도 없었다. 그는 기자들에게 "운전사마저 절 버렸군요"라고 농담을 하면서도 아무도 안 보였던 게 신경이 쓰였는지 이렇게 말했다.

"우리의 영웅이 귀환하자 엄청난 인파가 그를 맞이하려고 몰렸습니다. 경찰들이 나서서 저지해야만 했죠."

다음 날 아침 〈미트더프레스〉에 출연한 바비는 존슨 대통령이 민주당 후보로 결정되면 지지할 것이냐는 질문을 받았다. 케네디는 질문을 회피하거나 당연히 자신이 경선에서 이길 생각이라고 말하며 적당히 넘어가지 않았다. 그 대신 경선 과정을 좌지우지하고 당에 대한 충성을 최고의 미덕으로 여기는 민주당의 지도부를 화나게 할 것이 분명한 답을 내놓았다. 존슨이 지금 같은 정책을 계속한다면, 지지를 "심각하게 망설일" 것이라면서 자신은 "당에 충실하겠지만 당보다 미국과 인류 전체를 더 사랑한다"고 말했다.

출마 선언을 한 주말 내내 케네디와 보좌관들은 민주당 소속 의원과 주지사, 당 지도부에 전화를 걸었다. 지지 의사를 밝히거나 당장 못하겠다면 적어도 케네디가 예비선거 몇 곳에서 이길 때까지는 다른 후보에 대한 지지선언도 보류해주기를 기대했지만, 전화를 받은 사람들은 대부분 케네디의 후보 사퇴를 촉구했다.

민주당 내 진보진영은 로버트 케네디와 유진 매카시가 반전 운동 세력을 분열시킬 것을 우려했고, 보수파와 중도파는 케네디가 당을 분열시켜 닉슨에게 백악관을 내어줄 것을 우려했다. 존 F. 케네디 정부에서 일했을 뿐 아니라 로버트 케네디의 자녀들의 대부이기도 한 애버렐 해리먼, 더글러스 딜런, 맥스웰 테일러조차 지지를 거부했다. 사우스다코타주의 조지 맥거번 상원의원은 케네디의 출마를 반겼지만 중립을 지켰다. 민주당 앨라배마주 의장은 케네디의 선거운동에 대해 사람들이 "체코슬로바키아에서 일어나는 당내 논쟁"만큼이나 관심이 없을 것이라고 했고, '존슨과 험프리를 위한 시민연합'을 이끌던 워싱턴의 한 변호사는 케네디가 매카시의 지지자들을 상대로 "자신이 무자비하지도 않고 기회주의자도 아님"을 설득할 수 있을지 의심했다. 민주당 내에 막강한 조직을 가진 유력 정치인인 제임스 테이트 필라델피아 시장은 케네디의 "태도가 건방지다"고 비난하며 "존 F. 케네디가 대통령이 아니었다면 로버트 케네디는 아직도 상원위원회 자문역이나 하고 있을 것"이라고 했다.

1968년 당시 리처드 데일리 시카고 시장은 민주당 내 보스 중의 보스였다. 일리노이주 대의원 표를 좌지우지할 뿐 아니라, 그해 전당대회가 시카고에서 개최되기 때문에 당 지도부에서 가장 유력한 인물이었다. 케네디가 경선에서 이길 수 있겠느냐는 질문에 큰 소리로 "아니지!"라고 답한 데일리 시장은 "예수의 제자 중에도 회의론자가 있었다. 한 명은 예수를 배신했고, 한 명은 예수를 부정했으며, 또 한 명은 예수를 의심했다"며 케네디를 가룟 유다에 비유했다. 며칠 뒤 지미 브레슬린 기자가 케네디에게 경선에서 승리하는 데 데일리 시장이 얼마만큼 큰 비중을 차지하는지 묻자 "데일리가 가장 중요하죠"라는 답이 돌아왔다.

그런 데일리의 반응도 맨체스터의 〈유니언리더〉 편집장인 윌리엄 로브처럼 강경한 반케네디주의자의 반응에 비하면 약과였다. 로브는 케네디를 두고 "오늘날 미국에서 가장 악랄하고 위험한 정치인"이라고 한 적이 있었다. 펜실베이니아 출신의 공화당 의원 휴 스캇은 "바비 케네디의 대통령 당선은 사실상 민주주의 체계의 근간을 뒤흔드는 것"이라고 밝혔지만, 당시 그리스를 지배하던 군사정권은 로버트 케네디가 자신들의 전체주의 체제를 위협한다고 생각하고 케네디의 선거운동 보도를 제한하고 신문과 잡지에 그의 사진을 싣는 것을 금했다.

20세기 미국 정치인 가운데 프랭클린 루스벨트를 제외하면 로버트 케네디만큼 자신을 신랄하게 비판하는 사람들을 그토록 다양하고 많이 끌어모은 사람은 없었다. 케네디가 미움받은 이유는 자신이 한 일과, 대통령인 형이 한 일, 그리고 자신이 당선되면 할 일 때문이었다. 노조 지도부가 바비 케네디를 미워한 이유는 노조원들의 부정을 들춰내고 당시 전미운수노조Teamsters를 이끈 지미 호파를 감옥에 집어넣었기 때문이었다. 그런가 하면 재계는 1962년 '철강 위기' 당시 가격 담합의 증거를 조사하기 위해 FBI 요원을 보내 기업의 사무실을 수색한 일 때문에 바비 케네디를 용서하지 않았다. 남부 백인들은 케네디가 이끌던 법무부가 학교 인종차별 철폐를 강행했다는 이유로 싫어했고, 진보진영은 케네디가 조지프 매카시 밑에서 일했다는 이유로 신뢰하지 않았다. 루스벨트 대통령과 그의 뉴딜 정책을 격렬하게 비판한 우파 칼럼니스트 웨스트브룩 페글러는 "겨울이 되기 전에 남부 주에 사는 일부 백인 애국자들이 공공장소에서 (케네디의) 머리에 구멍을 낼" 가능성이 있다는 사실에 기뻐했고, 에드거 후버 밑에서 일한 클라이드 톨런 FBI 부국장을 만난 자리에서는 "누군가 그 개자식을 쏴 죽였으면 좋겠소"라고 대수롭지 않게 말했다.

1968년까지만 해도 대통령 예비선거(프라이머리)는 지금의 경선에 비하면 후보 당락에 덜 중요했다. 경선 횟수도 지금보다 적었고, 영향력 있는 경선은 더 적었다. 그 대신 당 지도부가 대의원 선정과 전당대회 투표에 상당한 영향력을 휘둘러 후보 선정 과정을 사실상 쥐락펴락했다. 하지만 중요한 경선, 즉 예비선거에서 이기면 당 지도부 내에서 밴드웨건효과(다수에게 인기 있는 쪽을 선호하게 되는 효과-옮긴이)를 낼 수 있었다. 1960년 대선에서도 그런 사례가 있었다. (가톨릭 신자였던) 존 F. 케네디가 웨스트 버지니아 민주당 예비경선에서 휴버트 험프리를 상대로 이겨 개신교가 많은 주에서도 가톨릭 후보가 이길 수 있으며, 케네디의 종교가 생각했던 것보다는 당선에 큰 장애가 되지 않는다는 사실을 입증한 것이다.

1968년 로버트 케네디는 자신과 마찬가지로 존슨 대통령과 베트남 전쟁에 반대하는 미네소타 출신 유진 매카시 상원의원과, 마음만 먹으면 언제든지 경선에 참여할 수 있는 존슨 대통령을 이겨야 했다. 그렇게 유권자를 모을 힘을 보여주면 공화당의 후보가 될 것이 확실한 리처드 닉슨을 11월 본선에서 이길 수 있다는 믿음을 민주당의 중진들에게 심어줄 수 있다고 생각했다.

바비 케네디가 처음 참가할 수 있는 예비선거는 5월 7일 인디애나 선거였다. 이후 5월 14일 네브래스카와 워싱턴 D.C., 5월 28일 오리건, 6월 4일 캘리포니아와 사우스다코타, 6월 18일 뉴욕 예비선거가 예정되어 있었다. 케네디와 보좌관들은 출마 선언과 인디애나 예비선거 사이의 7주간 당 지도부 일부가 존슨 대통령에게 대의원 지지를 약속하는 상황을 우려했다. 케네디는 당 지도부가 중립을 유지하도록 설득하기 위해서는 예비선거가 있는 주와 없는 주 모두에서 집회, 공항 환영식, 차량 행렬에서 대규모의 열광적인 군중 앞에 나타나서 자신의 인기를 보여줘야 한다고 판단했다. 쉽지 않은 전략이었다. 지지 군중이 지나치게 열광할 경우 온건파와 당 지도부가 걱정하게 될 것이고, 그렇다고 지지자들이 적게 모이고 반응이 미온적이면 당 지도부가 존슨 대통령을 계속 지지할 수 있기 때문이었다. 이런 전략을 더 어렵게 만든 것은 선거운동을 하는 후보로서 케네디가 가진 약점이었다. 1951년에 이미 정치를 시작했고, 형 케네디의 대선을 승리로 이끈 노련한 선거사무장이었지만, 공직 선거에 출마한 경험은 1964년 뉴욕주 상원의원 선거가 유일했다. 상원 선거운동 당시에는 연설이 어설펐고 내용도 특별

할 것이 없었다. 목소리가 단조로웠고 툭하면 말이 길게 끊어졌을 뿐 아니라, 열광적인 군중 앞에 서는 것을 불편해했다. 형의 죽음으로 인한 슬픔을 떨치지 못한 듯 보이기도 했다.

3월 17일 저녁 선거유세를 하기 위해 비행기를 타고 캔자스시티로 갔을 때만 해도 케네디가 민주당 지도부가 중립을 유지하도록 설득할 수 있는 정도의 군중을 끌어모으고 사람들을 열광시킬 수 있으리라 자신한 사람은 아무도 없었다. 케네디는 첫 선거유세를 캔자스주립대에서 하기로 했다. 전직 캔자스 주지사이자 공화당 아이콘인 서프 랜든에 대한 감사를 표하기 위한 강연 시리즈 중 하나를 하기로 이미 승낙한 상태였기 때문이었다. 좀 더 시간적 여유가 있었더라면 캔자스주를 선거운동을 시작하는 곳으로 선택하지는 않았을 것이다. 캔자스는 1960년 대선 당시 존 F. 케네디가 닉슨에게 대패한 곳일 뿐 아니라, 1916년 이후로는 민주당 대선 후보를 선택한 적이 한 번밖에 없는 주였다. 앞서 강연을 한 정치인 중에는 공화당 소속의 조지 롬니 미시건 주지사(2012년 공화당 대선 후보로 버락 오바마 대통령과 맞붙었던 밋 롬니의 아버지-옮긴이)와 로널드 레이건 캘리포니아 주지사가 있었다. 두 사람은 전에도 캔자스에서 큰 관중을 끌어모았지만, 그해 1월 마틴 루서 킹이 캠퍼스에서 연설하려고 캔자스주립대에 왔을 때는 교직원들이 냉대했고, 지역 라디오방송국 사장은 대학 방송국 책임자에게 킹의 연설을 방송하는 것은 캔자스에 "해"를 끼치는 행위라고 경고했다.

케네디는 캔자스시티로 가는 비행기를 타기 위해 뉴욕 라과디아 공항으로 이동하기 전, 보좌관인 짐 톨런과 제리 브루노에게 전화를 걸었다. 두 사람은 선거유세 사전 준비를 위해 캔자스에 며칠 머무르고 있었는데, 브루노에 따르면 "유세하기로 한 날이 다가오면서 점점 더 불안해졌다." 캔자스 유세를 망치면 선거운동 전체가 엉망이 될 수 있기 때문이었다. 케네디는 토피카에 있는 민주당 캔자스 주지사 사무실에서 두 사람을 만났다. 케네디는 유진 매카시 지지자들이 유세를 방해하고 우파 학생들이 야유를 보내면, 그리고 언론에서 그런 사실을 전부 보도하면 그날로 선거운동이 끝나버릴 수 있다면서 이렇게 덧붙였다.

"내일 잘해야 해요. 전 세계의 눈과 귀가 이번에 방문할 두 곳에 쏠려있으니까."

존 F. 케네디는 대선 출마를 위해 4년을 준비했다. 하지만 로버트 케네디에게 단 며칠밖에 없었다. 선거운동 조직을 꾸릴 시간도 없었다. 그래서 출마 선언 하루 전날 밤 케네디는 형 케네디의 백악관에서 일한 적 있는 40대 중반의 영리한 변호사 프레드 더턴에게 말했다.

"저와 함께 돌아다니면 좋겠어요. 변호사님만 괜찮다면."

케네디의 요청을 받아들인 더턴은 그 후 몇 달간 사실상의 선거사무장인 동시에 신뢰하는 측근이 되어 전략을 짜고 보좌관들 사이의 논쟁을 중재하면서 케네디의 옆을 좀처럼 떠나지 않았다. 선거운동용 배지를 주문할 시간도 없어서 언론보좌관인 프랭크 맨키위츠가 서랍에서 케네디가 뉴욕에서 상원의원 선거운동을 할 때 사용하고 남은 배지를 긁어모아 공항으로 가져왔다.

전세 비행기를 마련할 시간도 없어서 유나이티드 항공사의 일반 항공편을 탔는데, 케네디가 탑승 게이트 앞에서 동승객들에게 인사를 하겠다고 고집부리는 바람에 출발이 늦어졌다. 다른 미국인과 마찬가지로 승객 중에는 케네디의 출마를 반기는 사람과 분노하는 사람이 섞여 있었다.

케네디의 선거운동 캠프가 항공기로 이동할 때는 대개 노래도 하고, 술도 마시고, 장난도 치는 유쾌한 분위기였지만 첫 비행만은 다른 때와 달리 긴장이 감돌았다. 자욱한 담배 연기와 비행기 엔진소리, 밤 하늘, 그리고 파국을 맞을지 모르는 일을 향해 가고 있는 수행원들, 이 모든 것이 마치 적군이 점령한 지역으로 침투하는 공수부대 같은 분위기를 풍겼다. 도착하는 곳에서 해방자로 환영을 받을 수도, 도착하기도 전에 총에 맞아 죽을 수도 있었다.

로버트 케네디의 아내 에설은 몇 시간 앞서 워싱턴에서 다른 항공편으로 출발했고, 캔자스시티 공항에서 남편을 만나 함께 인근에 있는 토피카로 이동할 예정이었다. 비행기 사고로 부모와 오빠를 잃은 에설은 비행기를 타는 것을 몹시 불안해했기 때문에 항공편으로 이동해야 할 때는 아주 가까운 친구들과 함께 여행하곤 했다. 친구들은 에설의 머리와 화장을 고쳐주고 옷을 골라주면서 에설이 비행에 신경 쓰지 않게 해줬다. 하지만 그날은 갑작스럽게 요청을 하는 바람에 가장 친한 친구 네 명 중에 시간이 되는 사람이 하나도 없었다. 결국 에설은 우주인 스캇 카펜터의 별거 중인 아내인 르네 카펜터에게 동행을 부탁했다. 카펜터는 가방에 옷 몇 벌을 넣고, 보온병에 진과 토닉을 담아 공항으로 서둘러 갔다. 이날 공항에서 만난 에설은 비행기가 추락할 위험보다 보수적인 중서부 캔자스 주민들이 남편을 어떻게 대할지를 더 걱정했고, 비행 중에는 카펜터와 암울한 농담을 주고받았다.

"사람들에 그이에게 야유할까요? 그이를 싫어할까요?"

에설은 그다음 질문은 하지는 않았다. 하지만 "사람들이 케네디를 죽이지는 않을까?"라는 질문은 이날 오후 캔자스로 가는 로버트 케네디를 수행하는 사람들의 머릿속에 맴돌았을 것이다.

로버트 케네디가 탄 비행기의 통로를 걸어본 사람이라면 작가 빅터 나바스키가 자신의 책 『케네디의 정의Kennedy Justice』에서 '명예 케네디가honorary Kennedys'라고 부른 사람들이 차지한 좌석 줄을 보게 되었다. 이들은 우정이나 결혼, 일, 혹은 정치적 협력으로 케네디가와 인연을 맺은 남녀들로, 케네디가 사람들의 선거 승리를 돕기 위해 각자의 직업과 개인적인 삶을 기꺼이 제쳐둔 이들이다. 바비 케네디의 선거운동에 참여한 '명예 케네디가' 사람들은 다섯 그룹으로 나눌 수 있다. 우선 에드윈 거스먼과 존 시겐탈러 같은 이들은 케네디가 법무부 장관 시절 함께 일한 사람들이다. 제프 그린필드와 애덤 월린스키는 현직 상원의원 보좌관이었다. 피어 샐린저, 케니 오도널, 테드 소렌슨은 형 케네디의 선거운동에 참여한 뒤 대통령 보좌관으로 일한 그룹이다. 네 번째는 "테디의 사람들"로, 바비 케네디보다 동생 테드 케네디에 더 충성한 이들이다. 마지막으로는 산악인 짐 휘태커와 풋볼 스타인 루스벨트 그리어처럼 바비의 친구들이다.

명예 케네디가 사람들은 대통령 선거운동 참여한 통상적인 친구, 전직 보좌관, 정치 자문과는 달랐다. 대부분은 케네디 가문이 아닌 후보의 선거운동에는 참여하지 않았는데, 그것은 케네디가에 대한 이들의 충성심은 이념적이라기보다 사적인 것이었기 때문이다. 가령 애덤 월린스키의 경우, 존 F. 케네디를 그다지 좋아하지 않았고, 1960년 대통령 선거운동에 참여하지도 않았다. 월린스키가 법무부의 법률고문실에서 일할 때의 일이다. 저명한 평화주의자 A.J. 머스티가 캐나다 퀘벡에서 플로리다까지 평화 행진에 나섰고, 플로리다에서는 배를 타고 관타나모에 있는 미 해군 기지로 이동할 계획이었다. 법무부 내부 보안국은 머스티가 행진을 완주하지 못하도록 법원의 정지 명령을 받아내려 했다. 그러려면 법무부 장관인 로버트 케네디가 법원 명령 지지를 표명하는 진술서에 서명해야 했다. 하지만 월리스키가 진술서를 내밀었을 때 케네디는 이렇게 말했다.

"그러니까 여든세 살 먹은 노인이 평화를 위해 1300킬로미터를 행진하는 걸 막으란 건가요? 나는 그 사람이 행진해도 상관없습니다. 젠장. 노인네가 미국 안보에 무슨 위협이 된다고. 사인 안 할래요.”

월린스키는 케네디가 책상에 놓인 보고서들을 전부 읽었을 뿐 아니라, 그걸 통해 인도적이고 논리적인 판단을 했다는 사실에 깊은 인상을 받았다.

케네디는 캔자스시티로 날아가던 비행기에서 자신을 둘러싼 명예 케네디가와 기자들에게 이렇게 말했다.

“이번 선거에 나설 생각은 없었습니다. 하지만 존슨 대통령이 전쟁을 계속 이어나가겠다고 하고, 아무런 정책 변화가 없을 거라고 의지를 밝힌 이상 제게는 선택의 여지가 없었습니다.”

전쟁에 반대하면서도 마지못해 존슨의 재선을 지지하던 민주당 내 여러 의원처럼 케네디도 정치적인 선택을 할 수 있었다. 케네디가 진짜 말하려고 한 것은 자신에게는 도덕적으로 선택의 여지가 없었다는 사실이었다.

로버트 케네디가 1968년 민주당 대선 경선에서 존슨 대통령에게 도전해야 할지는 출마 결정 전 6개월 동안 케네디의 가족과 명예 케네디가 사이에서 여러 차례 열띤 논쟁의 주제였다. 1967년 가을 아서 슐레진저, 에설 케네디, 젊은 보좌관들은 케네디에게 출마를 권했다. 이들은 존슨이 취약한 상황이고, 민주당이 전쟁 문제를 둘러싸고 이미 분열된 상태에서 케네디가 발을 빼면 학생과 반전 운동가들이 다른 후보를 지지할 것이고, 그렇게 되면 영영 그들의 지지를 잃을 수 있다고 주장했다. 1966년 선거 직후 보좌관 중에 가장 거침없는 개혁파였던 애덤 월린스키는 ‘요청받지도 않고 드리는 조언’이라는 제목의 글을 케네디에게 보냈다. 이 글에서 월린스키는 린든 존슨이 레임덕에 빠진 대통령이라며 1968년 대통령 선거 본선에서 질 것이기 때문에 “지금 대통령 편에 서는 사람은 정치적인 영향력을 잃게 될 것입니다. 어쩌면 회복할 수 없을 수도 있습니다"라고 했다. 월린스키는 케네디가 존슨을 상대로 이길 가능성이 크지 않지만 어쨌든 시도는 해야 하며, 그 이유는 (공화당 후보가 당선된다면) 1972년 선거에서 케네디를 비롯해 민주당 후보가 재임 중인 공화당 대통령을 꺾기는 더 어려울 것이어서 "의원님이 대통령이 되어야"하고 "전쟁에 대해 목소리를 내야 한다고 생각하기" 때문이라며 글을 맺었다.

로버트 케네디가 〈뉴욕타임스〉의 앤서니 루이스 기자에게 "제가 존경하는 대부분의 사람"이라고 칭했던 테드 케네디, 테드 소렌슨, 그리고 케네디 대통령 시절 백악관 보좌관들은 바비 케네디의 출마를 강하게 반대했다. 그들은 바비 케네디가 선거에서 이길 수 없고, 당과 노조 지도자들이 존슨 대통령을 지지할 것이 분명하며, 출마 이유가 순수하게 정책적 차이 때문이 아니라 바비 케네디와 존슨 사이에 장기간 이어온 불화의 연장선으로 보일 위험이 있다고 주장했다. 1968년 대선에서 공화당에 패하면 민주당 지도부는 바비 케네디를 비난할 것이고 1972년 차기 대선에서 케네디의 후보 지명에 반대할 것이란 점도 지적했다. 일부는 재키 케네디가 아서 슐레진저에게 말했듯이 "잭에게 벌어진 일과 같은 일"이 바비에게 벌어질 것을 우려했지만, 바비의 성격을 잘 알기 때문에 당사자에게 직접 이야기하지는 않았다. 1996년 테드 케네디는 전기작가 애덤 클라이머에게 형이 암살될 것을 우려했다고 털어놓으며 이렇게 말했다.

"(케네디 대통령이 암살된) 1963년은 그리 오래된 과거도 아니었고, 암살 가능성은 엄연한 사실이었습니다."

바비 케네디는 자신이 출마할 경우 차츰 불안정한 린든 존슨이 오히려 사태를 악화시킬 수 있다고 걱정했다. 국제적인 위기상황을 만들거나, 선거에 쏠릴 관심을 돌리기 위해 심지어 또 다른 전쟁을 벌일 수도 있다는 것이었다. 바비 케네디는 1967년 말, 1962년에 발생한 쿠바 미사일 위기에 관한 회고록 『13일』의 원고를 마감하면서 애덤 월린스키에게 이렇게 말했다.

"그때 백악관 각료회의실에는 14명이 있었는데, 그중에서 대통령이었다면 핵전쟁을 벌였을 사람이 6명이었습니다."

(회고록에서 바비 케네디는 각료회의실에 모인 14명을 이렇게 묘사했다. "상황이 너무나 긴박했기 때문에 그중 몇 사람은 판단력과 안정을 잃은 듯했다.")

같은 대화에서 바비 케네디는 이런 말도 했다.

"문제는 제가 존슨에 대항해 출마하면 존슨이 어디로 튈지 모른다는 사실입니다."

케네디 행정부에서 국방부 장관으로 일했고 바비 케네디의 1968년 대선 출마에 반대했던 로버트 맥나마라도 존슨이 북베트남과 중국을 손볼 끔찍한 가능성을 언급했었다는 말로 (어쩌면 의도적으로) 바비의 불안감을 키웠다. 케네디는 존슨이 자신을 강박증적으로 증오하는 바람에 비이성적으로 행동하게 할 수 있다는 우려 때문에 존슨의 베트남 정책에 대한 비난을 자제하기도 했다. 한 번은 잭 뉴필드 기자에게 이렇게 말했다.

"제가 목소리를 높이는 바람에 오히려 린든 존슨이 반대로 행동할까 두렵습니다. 존슨 대통령은 저를 아주 싫어하기 때문에 제가 눈이 내리게 해달라고 하면 비를 내리게 할 겁니다. 그런 요구를 한 사람이 저라는 이유만으로 말이죠."

동생 테드와 아내 에설이 서로 생각이 달랐던 것도 케네디가 결정을 내리지 못한 원인 중 하나였다. 테드 케네디는 바비보다 더 신중하고 약삭빠른 정치인이었고 의회와 당의 규정과 관례에 좀 더 충실하게 따르는 편이었다. 테드는 형 바비가 1968년 대선 출마가 실수가 될 것이라고 확신한 나머지 다른 의원들에게 협력을 요청했고, 심지어 의회 체육관에서 조지 맥거번 의원에게 다가가 형을 말려달라고 애원하기도 했다. 하지만 바비가 출마해야 한다는 아내 에설의 의지도 만만찮았다. 에셀은 가족 크리스마스 카드까지 동원했다. 카드 안에는 구형 자동차 사진 위에 "1967년 산타클로스"라고 적힌 팻말을 든 에설과 자녀들의 사진이 붙어 있었다. 카드 뒷면에는 바비의 사진이 작게 들어가 있었다. 케네디는 익살맞은 미소를 짓고 있었고 머리 위 말풍선에는 "1968년에 산타클로스가 찾아올까요?"라고 적혀 있었다.

바비 케네디가 법무부 장관으로 일하던 시절 아내 에설은 버지니아 맥클린의 히코리힐Hickory Hill이라고 불리는 자택에서 "우리는 당신 아이들이 어느 학교에 다니는지, 어느 길로 걸어서 가는지도 알아", "눈에 염산이 들어가면 어떻게 되는지 알고 있어?" 같은 협박 전화를 받은 적이 있었다. 그런 사실을 아는 사람이라면 에설이 남편의 출마를 반대했을 것으로 생각할 수 있지만, 에설은 바비만큼이나 복잡한 인물이었다. 무모할 정도로 솔직하면서도 신중한 성격이었고, 약삭빠르면서도 순진하고, 성급하면서도 민감했다. 독실한 가톨릭 신자이면서도 유명인들과 떠들썩한 파티를 즐기고 허물없이 지냈다. 에설이 남편의 출마에 찬성한 이유는 히코리힐에서 매일같이 벌이는 파티처럼 아주 신나는 일이라고 생각했을 수 있고, 재키 케네디에 경쟁의식을 느낀 나머지 자신이 영부인이 될 차례라고 생각했을 수도 있다. 어쩌면 남편의 운명이 신의 손에 달렸다고 생각했기 때문일 수도 있었다. 하지만 에설은 누구보다 바비 케네디를 잘 이해했다. 누구보다 남편의 가치를 믿었을 뿐 아니라 남편이 훌륭한 대통령이 될 것이라고 확신했고, 이번 선거에 나서지 않는다면 남편 스스로 절대로 용서하지 않으리라는 사실을 알았기 때문에 출마를 독려했을 가능성이 가장 크다.

케네디 진영 내의 논쟁은 1967년 가을과 겨울 내내 계속되었다. 하지만 11월 말에 벌어진 두 가지 사건으로 사실상 출마가 불가피하게 되었다. 첫 번째 사건은 로버트 케네디가 11월 26일 〈페이스더네이션〉이라는 TV 프로그램에 출연한 것이었다. 바비는 미국이 공산주의로부터 미국을 보호하기 위해 (베트남에서) 싸우고 있다는 주장을 "비도덕적"이라고 규정하면서 이렇게 말했다.

"미국이 수만 명을 죽이겠다고 말할 권한이 있을까요? 이미 우리는 수백만 명을 난민으로 만들고 여자와 아이들을 죽였는데, 그렇게 해도 된다고 말할 수 있나요? … 전 우리한테 그런 권한이 있을지 매우 의심스럽습니다."

케네디는 이 문제를 계속 도덕적인 프레임에 넣으며 말했다.

"우리가 네이팜 폭탄을 사용할 때, 마을이 파괴되고 주민들이 죽을 때 … 그 문제는 이곳 미국에 있는 우리 미국인들의 도덕적 책임이자 도덕적 의무입니다."

한 패널이 그렇게 생각한다면 왜 존슨이 재선에 나서야 한다고 생각하는지 물었다. 케네디는 이 질문에 솔직히 답할 수 없어서 얼버무리며 넘어갔다. 그로부터 6주 뒤 영향력 있는 칼럼니스트인 월터 리프먼은 케네디와 개인적으로 만나 같은 문제를 지적했다.

"의원님이 존슨의 재선이 국가의 재앙이 될 것으로 생각한다면, 물론 저도 전적으로 동감합니다만 … 의원님을 평생 떠나지 않을 질문은 이런 재앙을 막기 위해 의원님께서 최선을 다했냐는 겁니다."

실제로 로버트 케네디가 도덕적인 프레임 안에서 베트남 전쟁에 반대하면서도 당내 경선에서 존슨 대통령에게 도전하지 않는다면, 그것이야말로 엄연히 도덕적으로 비겁한 행위였다. 자신이 쓴 글을 되짚어 보기만 해도 그런 사실을 알 수 있었다. 케네디는 형이 죽고 불과 6개월 뒤 『용기 있는 사람들』의 서문을 새로 쓰면서 "'거대한 도덕적 위기가 닥쳤을 때 중립을 지키는 사람들은 지옥에서 가장 뜨거운 자리를 차지할 것'이라는 단테의 말을 케네디 대통령이 좋아했다"고 밝혔다. 자신의 책 『더 새로운 세상을 찾아서To Seek a Newer World』(1967) 후기에서는 "근본적이고 도덕적인 목적과 가치에 근거하지 않은 채 문제를 해결하려고 하거나 행동에 옮기는" 것은 "경솔하고 어리석은 짓"이라면서 "크게 실패할 각오를 하는 사람만이 큰일을 할 수 있다"고 덧붙였고, "올림픽의 영광은 가장 뛰어나거나 가장 강한 사람이 아니라 선수명단에 이름을 올린 사람에게 돌아간다"는 아리스토텔레스의 말을 인용했다. 이런 글을 쓴 사람이 어떻게 존슨에 대항해 출마하지 않을 수가 있었겠는가?

케네디가 출마할 수밖에 없도록 만든 두 번째 사건은 11월 29일에 있었다. 이날은 미네소타주 상원의원인 유진 매카시가 베트남전 반대를 공약으로 내세우며 민주당 경선에서 존슨 대통령과 맞붙겠다고 선언한 날이었다. 유진 매카시는 기묘하게도 미온적으로 출마 선언을 했고, 심지어 출마가 무모한 행동인 걸 인정하는 듯했다. 출마 선언 뒤 진행된 기자 회견에서 매카시는 케네디의 출마를 촉구라도 하듯 이렇게 말했다.

"로버트 케네디나 다른 누군가가 나의 출마 선언을 이용한다고 해서 법에 어긋나거나 미국 정치에 반하는 게 아닙니다."

케네디는 유진 매카시가 나태하고 잘난 척하는 사람이라고 생각했다. 1960년 대선에서 형의 후보 지명에 반대하는 모든 이들이 최후의 보루로 선택한 아들라이 스티븐슨을 후보로 지명하는 전당대회에서 유진 매카시가 열정적인 지지연설을 한 사실도 케네디는 용서하지 않았을 것이다. 매카시가 선거에 뛰어든 걸 알게 된 케네디는 조지 맥거번 의원에게 "유진 매카시는 대통령직을 수행할 능력이 없는 인물입니다"라며 아쉬운 듯 덧붙였다.

"지지를 많이 받을 겁니다. 뉴햄프셔 예비선거에서 표를 아주 많이 얻을 게 분명해요. 저는 의원님이나 다른 사람들이 나중에 하면 서로 힘들어질까 봐 일찌감치 매카시 지지 의사를 밝힐까 걱정입니다."

케네디의 말을 듣는 동안 맥거번은 속으로 "이런, 내가 출마했어야 했는데. 왜 더 빨리 나서지 않았지?"라고 생각하는 케네디의 모습을 상상했다.

케네디는 출마 여부를 두고 크리스마스 휴가 내내 고민했다. 새해가 되자마자 가까운 친구와 측근에게 자신은 1972년 대선까지 기다리기로 했다며 이렇게 말했다.

"당장 저를 지지할 사람들이 없어요. 출마해도 사람들은 제가 존슨에게 사적인 감정으로 앙갚음하는 거로 여길 겁니다."

1월 4일 샌프란시스코 연설에서는 존슨의 베트남 정책에는 동의하지 않지만 선거에서는 대통령을 지지하겠다고 밝혔다. 1월 30일 기자들과 아침을 먹으며 진행한 비공개 대화에서 "어떤 상황이 생기더라도" 존슨 대통령에 반대하지 않겠다고 말하면서 또다시 불출마 의사를 확인시켜 주었다. 바로 다음 날 베트콩은 남베트남 도시와 군 시설을 조직적으로 공격했다. 구정 설날에 벌어져서 구정공세라고 불린 이 공격은 베트콩에 군사적으로는 패배였지만, 심리적으로는 승리였다. 미국인 다수가 존슨 행정부의 전쟁에 대한 낙관적인 공언이 근거 없거나 의도적인 거짓이었다고 생각하게 되었다. 그로부터 9일 뒤 시카고에서 케네디는 구정공세가 "우리 스스로 현실을 외면하는 데 이용한 정부의 망상을 산산이" 깨버렸다며, "완전한 군사적 승리가 눈앞에 있는 게" 아니라고 했다. 대다수 미국인도 같은 결론에 도달했다.

케네디가 출마하도록 한 또 다른 사건은 2월 19일에 있었다. 이날 오토 커너 일리노이 주지사가 주관하는 '시민소요에 관한 국가자문위원회'가 1967년 여름 디트로이트와 뉴어크를 비롯한 미국 도시들을 뒤흔든 시위에 관한 보고서를 발표했다. 커너 보고서는 미국이 "서로 섞이지 않고 불평등한 흑인 사회와 백인 사회로 분열"되었다고 경고하고, "지구상에서 가장 힘 있고 풍요로운 나라인 미국의 자원을 사용해 인도적이고 지속적이며 대규모의 국가적 조치를 약속할 것"을 촉구했다. 존슨 대통령은 보고서에 내용에 동의하지 않았고, 보고서를 작성한 자문위원들을 만나려고 하거나 보고서를 받으려고 하지도 않았다. 이를 두고 케네디는 동료들에게 존슨이 "전쟁뿐 아니라 국내 문제에도 손을 놓고 있다"라며 불평했다.

베트남 문제와 관련해서 케네디는 계속해서 자신을 구석으로 몰아넣었다. 3월 7일 상원에서는 베트남에서 군사작전의 단계적 확대가 실패했고, 미국인이 베트남인의 고통에 대해 책임을 떠안게 되었다고 비판하며 이렇게 말했다.

"우리가 구약 성서에 나오는 신처럼 워싱턴 D.C.에 앉아서 베트남에 있는 어떤 도시, 어떤 마을, 어떤 동네를 파괴할지 결정할 수 있단 말인가요?"

아서 슐레진저는 케네디가 공공연하게 말하지는 않았지만, 미국이 베트남에서 일방적으로 철수해야 한다고 판단했다고 생각했다. 애버럴 해리먼은 케네디의 친구이자 전쟁에 반대한 윌리엄 월턴과 3월 초에 한 대화에서 "네 친구 바비는 너처럼 신속한 철수를 원하지는 않아"라고 말했다. 월턴에게서 그 얘기를 전해 들은 케네디는 "그분이 잘 몰라서 하는 얘기"라고 했다.

프랭크 맨키위츠는 일단 케네디가 엄격한 도덕적 기준으로 베트남 전쟁을 비난한 이상 도의적으로나 정치적으로 출마하지 않을 수 없게 되었다고 생각한다. 케네디가 2월에 시카고에서 한 연설에서 베트남 전쟁을 맹비난한 뒤, 맨키위츠는 케네디에게 이렇게 말했다.

"전 의원님이 미국이 관여한 주요한 일에 대해 그런 말씀을 하고도 그런 일을 하는 정부를 어떻게 계속 지지할 수 있는지 모르겠습니다."

케네디는 반박하지 않았다. 맨키위츠는 케네디가 베트남 전쟁을 비판하는 바람에 존슨 대통령을 지지할 수 없게 되었지만, 그렇다고 존슨을 지지하지 않거나 그에 반대해서 대선에 출마했다가 지는 경우 당 지도부의 분노를 사게 되고, 1972년 선거에서 당의 지지를 받지 못할 것으로 판단했다. 애덤 월린스키도 케네디에게 같은 주장을 했다.

"출마 안 하면 어떻게 하실 건가요? 누굴 지지할 겁니까?"

케네디가 대선 출마를 결정한 시점은 2월 중순에서 3월 초 사이였다는 것이 친구와 보좌관들의 중론이다. 맨키위츠는 케네디가 〈뉴욕타임스〉에 기고한 글에서 "우리는 시인 예이츠가 '모든 것이 무너져내리고, 중심부는 더 이상 지탱하지 못한다. 무정부주의가 세상에 퍼진다'고 예상했던 그대로 행동한 것 같다"고 경고한 2월 중순에 출마를 결정했다고 생각한다.

로버트 케네디의 법무부 장관 시절 언론담당으로 일했던 에드윈 거스먼은 케네디가 자신에게 전화해서 미국 농장노동자연합의 회장인 세자르 차베스의 초청을 수락할지 의견을 묻는 전화를 받았을 때 출마하기로 했음을 알았다고 했다. 한 달 동안의 단식을 통해 자신의 투쟁이 비폭력적이라는 점을 확실히 보여준 차베스는 단식을 마치는 행사에 케네디를 초청했다. 거스먼은 가는 것이 좋겠다고 말한 후에 케네디에게 출마할 거냐고 물었다. 케네디는 이렇게 답했다.

"그럴 것 같아요. 출마하지 않으면 유진 매카시를 지지해야 하는데,

양심상 그럴 수가 없습니다. 여러 사람이 아직 출마에 반대하고, 재선을 앞둔 민주당 상원의원들은 내가 출마하는 걸 못마땅해하겠지만 구정공세가 모든 걸 바꿔놓았어요. 지금 내가 나서서 예비선거에 출마하지 않는다면 난 아무것도 아닌 게 됩니다."

거스먼이 차베스에 대한 지지를 표명하면 캘리포니아 예비선거에서 백인 표 일부를 잃는다는 점을 지적하자 케네디가 답했다.

"그건 알지만, 그래도 난 그 사람이 좋아요."

캘리포니아로 향하는 비행기에서 케네디는 보좌관인 피터 에델먼에게 말했다.

"출마할 겁니다. 이제 매카시를 물리칠 방법을 찾아야 해요."

케네디는 L.A.에서 비행기를 갈아타는 동안 거스먼을 만나서 3월 12일 뉴햄프셔 예비선거가 끝날 때까지 기다리기로 했다고 말했다. 몇 시간 뒤 차베스를 만난 케네디는 거스먼에게 이런 말로 출마 사실을 처음으로 알렸다.

"네. 대선에 나갈 것 같습니다. 아마 그렇게 할 것 같아요. 네. 출마할 겁니다."

맥거번 상원의원은 케네디에게 3월 12일 뉴햄프셔 예비선거가 끝날 때까지 출마 선언을 하지 말라고 조언했다. 출마 선언을 해버리면 뉴햄프셔 예비선거에서 유진 매카시에게 갈 표를 자서식 투표(투표 용지에 원하는 후보가 없어도 유권자가 이름을 적을 수 있도록 허용한 투표 방식-옮긴이)로 케네디가 표를 얻어서 베트남 전쟁 반대표를 분산시킬지 모른다고 경고했다. 케네디도 맥거번의 말에 동의하고 발표를 연기했다. 3월 12일 선거에서 매카시는 42퍼센트, 존슨은 49퍼센트 득표를 했다. 존슨이 이기기는 했지만 현직 대통령에 대한 유권자들의 거부감을 확인한 굴욕적인 결과였고, 매카시에게는 깜짝 놀랄 승리였다. 첫 예비선거가 있고

24시간이 채 지나지 않아 한 기자가 케네디에게 의견을 물었다. 케네디는 에두르지 않고 말했다.

"존슨 대통령에 대항해 경선에 나설 가능성을 적극적으로 고려 중입니다."

선거캠프 인원의 다수는 케네디가 얼떨결에 속내를 말해버려 지나치게 솔직하게 답한 사실을 금방 후회했을 거로 생각했다. 잭 뉴필드 기자는 "로버트 케네디가 만회하지 못하거나 충분히 해명하지 못하는 전형적인 정치적 실수"라면서 "순간적인 부주의로 케네디를 무자비한 정치적 기회주의자로 생각하는 사람들의 잠잠했던 인식을 다시 깨웠다"라고 덧붙였다. 실제로 유진 매카시 지지자들은 맹공을 퍼부었다. 〈뉴욕포스트〉의 머레이 켐턴은 케네디가 "자신이 직접 용기 있게 나서지 못한 고독한 길에 나선 유진 매카시가 살아남았다는 이유로 매카시에 대해 분노"했고 "자신의 정적들이 여태껏 자신에게 했던 최악의 평가를 확인"시켜 주었다고 했다. 메리 맥그로리는 매카시가 미국 젊은이들의 적극적인 지지를 얻은 것처럼 보인 순간 케네디가 "예상한 대로 행동한 것 같다. 빅토리아 시대의 아버지가 청소부와 사랑에 빠진 딸에게 보였을 법한 무자비한 모습"을 보여줬다고 비판했다.

케네디는 가벼운 대화를 해야 할 때 상대방에게 질문하곤 했다. 상대방과 너무 가까워지는 것을 피하면서도 필요한 정보를 수집하는 방법이었다. 케네디는 상대방의 말을 귀 기울여 들었고 답변에 관심을 가졌지만, 이야기 상대방은 때론 케네디가 자신의 조언을 구한다는 사실 때문에 그가 아직 특정한 사안에 대해 결정을 내리지 못했다고 생각했다. 그래서 케네디가 출마에 대한 자신의 "입장을 재검토"하겠다는 말을 한 뒤부터 출마 선언을 하기까지 사흘간 출마 여부를 두고 고심하는 것처럼 보였지만, 사실은 이미 결정을 내린 상태였다. 3월 15일 실비아

라이트 기자와 함께 뉴욕주 롱아일랜드에서 열리는 행사장으로 가는 차 안에서 자신의 출마가 미친 짓처럼 보이는지 물으며 이렇게 말했다.

"동생이 저보고 미쳤대요. 제가 대선에 출마하는 걸 싫어하고 반대해요, 하지만 결국 동생과 저는 다른 사람이고 생각하는 것도 다릅니다. 사람들은 각자 자기 생각대로 살아야 해요."

케네디는 출마 선언을 하기 몇 시간 전, 그때까지 출마를 만류하던 한 측근에게 말했다.

"설령 떨어진다 해도 시도는 해봐야 해요. 나 자신이 위선자처럼 행동한다면, 속에서 곪아 죽을 겁니다."

다음 날 아침 케네디는 출마 선언문을 검토하다가 테드 소렌슨에게 구절 하나가 말이 안 된다고 불평하면서 "우리가 지금 말도 안 되는 일을 하고 있기는 하지만 말입니다"라고 덧붙였다. 소렌슨은 바비가 메인주에서 요트를 타다가 차디찬 바닷물에 뛰어들었을 때 케네디 대통령이 했던 말을 떠올렸다.

"아주 용감한 것 같기도 하고, 아무 생각이 없는 것 같기도 해. 어떻게 보느냐에 따라 다르겠지만."

현직인 존슨 대통령에 맞서는 것은 정치적으로 무모한 행동이었다. 당시 당내 경선에서 현직 대통령이 패배한 가장 가까운 예가 1884년이었다. 공화당은 체스터 아서 현직 대통령에 맞서 경선에 뛰어든 제임스 G. 블레인을 지명했고, 그렇게 본선에 출마한 블레인은 민주당 후보에게 패배했다. 케네디의 출마 결정을 무의미한 행동이 아니라고 할 수 있다면, 그 유일한 근거는 도의심이었다. 케네디는 존슨 행정부의 베트남 정책이 비도덕적이며, 베트남 전쟁이 국민의 국가관에 크나큰 상처를 줬다고 비판함으로써 자신의 명예를 지키는 동시에 존슨의 재선을 지지하는 것이 불가능한 상황을 만들었다. 존슨과 명예 중 하나를 선택해야 하는 갈림길에서 케네디는 명예를 택했다.

존슨에 대한 지지 결정을 재검토하겠다는 3월 13일 케네디의 발언을 두고 사람들이 '무자비하고 기회주의적'이라고 비난하는 것은 이해할 수 있지만, 사실은 그렇지 않다. 오히려 그것은 용감하고 원칙에 따른 행동이었다. 유진 매카시는 존슨에 대항해도 잃을 것이 없던 반면, 케네디는 자신의 정치적 미래를 위험에 빠트릴 수 있었다는 점에서 출마는 용기있는 결정이었다. 형 케네디의 보좌관들이 제시한 현실 정치적 계산을 따르는 대신 자신의 양심에 따랐다는 점에서 그의 행동은 원칙에 입각한 것이었다. 케네디가 도덕적인 근거로 존슨에 맞선다는 사실은 앞으로 전개될 케네디의 선거운동을 규정했고, 그가 제기할 이슈와 이슈를 제기하는 방식, 그가 하게 될 타협과 거부할 타협, 그리고 3월 18일 캔자스에서 하게 될 두 차례 연설을 결정했다.

# 2장

# "케네디는 끝까지 갑니다"

1968년 3월 17~18일

비행기가 캔자스시티에 도착한 후 로버트 케네디는 가장 늦게 내렸다. 비행기 문에서 손을 흔들고 형 케네디가 한 것처럼 한 손을 양복 상의 주머니에 넣은 채 계단을 내려오기 시작했다. 계단 아래에는 아내 에설 케네디, 르네 카펜터, 도킹 캔자스 주지사가 기자, 경찰, 지역 가톨릭 고등학교 학생들과 함께 서 있었다. 케네디가 도킹 주지사의 전용기로 갈아타기 위해 잠시 들렸다는 것을 감안하면 케네디를 보러온 사람이 아주 적은 편은 아니었다. 케네디가 계단에서 아직 다 내려오지 않았을 때, 공항 터미널 문 여러 개가 갑자기 열리더니 젊은 여성들이 주축이 된 1000명이 넘는 사람들이 "바비!"라고 소리치며 활주로를 가로지르며 달려왔다. 군중에 밀려 계단 맨 아래에서 꼼짝 못 하게 된 바비는 열광하는 사람들의 모습에 미소지으며 기뻐했다. 그는 "제가 미국의 외교 정책을 바꾸려면 여러분의 도움이 필요합니다"라고 말한 후, 방금한 말이 선거운동의 첫 유세라고 했다. 그러고는 "자, 그럼 다들 박수

쳐 주세요"라고 덧붙였다.

기자들은 본선에서나 볼 수 있는 규모의 인파였다고 보도하고 "잠재되어있던 변화에 대한 바람"의 증거라고 했지만, 이날 군중은 자발적으로 몰려든 사람들은 아니었다. 훗날 〈뉴욕타임스〉의 오피니언 칼럼란에 올린 석유회사 홍보 글로 유명해진 허브 슈머츠가 TWA 항공사 승무원 교육생을 버스 한 대에 가득 태워 데려왔고, 공항 내 방송 설비를 통해 로버트 케네디가 공항에 곧 도착한다는 사실을 알린 것이었다. 케네디 선거운동원 대부분과 달리 슈머츠는 베트남 전쟁을 지지했었고 지금도 그런 생각이 변하지 않았다. 왜 케네디의 캠프에서 일했느냐고 묻자 슈머츠는 "선거운동을 하면 정말 예쁜 여자들을 많이 만날 수 있으니까요"라고 대답하거나 "뭐, 꼭 후보의 정책에 전부 동의해야만 후보를 도울 수 있는 건 아니죠" 같은 농담조의 답을 한 뒤 다음과 같이 진정으로 명예 케네디가 다운 이유를 말했다.

"친구를 위해서라면 할 수 있는 일이죠."

토피카에서는 3000명이 나와서 케네디를 맞이했다. 케네디는 활주로와 맞닿은 울타리를 따라 천천히 걸으면서 사람들의 얼굴을 똑바로 바라봤다. 사람들과 악수할 때는 몸을 뒤로 젖혔는데 사람들이 머리카락을 붙잡거나 얼굴을 만지려다가 생채기를 내곤 했기 때문이었다. 케네디는 비행기 계단에서 이렇게 소리쳤다.

"우리는 인종분열과 세대분열을 받아들일 필요가 없습니다."

라마다 호텔 연회장에서는 도킹 주지사의 재선에 기여한 평당원 1000명을 상대로 연설을 했다. 참석자들은 존슨 대통령이 케네디를 지지하는 사람에게 불이익을 주어야 한다고 경고한 〈토피카캐피탈저널〉의 이날 사설을 읽은 것이 분명해 보였다. 공항에 사람이 많이 몰렸지만 케네디는 불안했는지 "1960년에 ⋯ 미국인과 전 세계인들은 존 케네디에게 기대를 걸었습니다"라며 형의 인기에 기대는 듯한 연설을 했고, 형 케네디가 대선 마지막 유세 장소 중 한 곳을 캔자스주로 선택한 사실을 상기시켰다. 밴드가 '아일랜드 사람들이 웃음 지을 때When Irish Eyes Are Smiling'를 연주하는 동안 그 자리에 모인 민주당원들은 카메라를 꺼내 수백 개의 카메라 플래시를 터트려 케네디를 얼어붙게 했다.

유세 장소에서 나서면서 케네디는 인근 워시번대학교에서 케네디 후보 지지 단체를 조직해서 이끌던 짐 슬래터리에게 "이곳에서 제 인기는 어떤가요?"하고 물었다.

슬래터리는 케네디에게 잘하고 있다고 말했지만 조금 전 연설에서 사람들에게 "각자의 마을과 동네hemlet"에서 선거운동을 해달라고 말한 사실을 떠올리며 "캔자스에는 마을과 타운town이 있다는 사실을 기억하셔야 해요"라고 덧붙였다. 기분이 좋은 상태였던 케네디는 그 말을 듣고 고개를 뒤로 젖히며 웃었다(hemlet은 교회 같은 중심 건물이 없는 작은 마을을 가리키는 영국식 표현으로 케네디 가문이 있는 미국 북동부 뉴잉글랜드에서도 사용되었다. 슬래터리는 캔자스 청중에게 익숙한 표현을 쓰라고 제안한 것이다-옮긴이).

주지사 저택으로 돌아간 케네디와 도킹은 서재에 함께 앉았다. 목욕용 가운을 입은 두 사람은 로스트비프 샌드위치를 먹고 하이네켄 맥주를 마셨다. 케네디 대통령이 하이네켄 맥주를 좋아한 사실을 안 도킹이 준비한 것이었다. 도킹 주지사는 캔자스 대의원들이 누구를 지지할지 결정하지 않은 상태라고 이미 기자들에게 말해두었다. 첫 투표에서 현직 대통령을 지지하지 않는 것은 이례적인 일이기는 했다. 도킹의 돌아가신 아버지도 캔자스 주지사였고 마이너리그에 해당하는 명예 케네디가의 일원이었으며, JFK를 초기부터 지지한 대가로 수출입은행에서 한 자리를 차지했다. 그런 인연에도 불구하고, 그리고 라마다 호텔에서 캔자스 민주당원들이 케네디의 코트와 셔츠에 단 선거운동 배지를 떼어갈 만큼 큰 인기를 끌고 있음을 보여줬음에도 불구하고(옆방에서 르네 카펜터가 찢어진 옷을 꿰매고 있었다), 로버트 케네디는 도킹에게 지지를 요구하거나 캔자스 대의원들이 아직 특정 후보에 대한 지지를 밝히지 말라고 재촉하지 하지 않았다.

사실상 선거운동 사무장 역할을 하던 프레드 더턴은 다른 방에서 도킹 주지사의 보좌관들과 어울리고 있었다. 더턴은 나중에 케네디가 이 기회를 이용해서 도킹 주지사의 지지를 얻어내지 않았다는 사실을 알게 되었지만 놀라지는 않았다. 더턴은 바비가 형 케네디의 선거운동을 지휘할 때는 후보들이 흔히 하는 대로 지지를 끌어내기 위한 정치적 흥정을 했지만, 정작 자신의 당선을 위해서 그렇게 하지 못한다는 사실을 알았다. 그는 도킹 주지사에게 지지 대가를 제시하거나, 혹은 형 케네디가 도킹의 아버지에게 보여준 호의를 상기시키는 일은 "바비가 도저히 할 수 없는 종류의 일"이라고 했다.

사람들은 "바비가 도저히 할 수 없는 종류의 일"이라는 말을 자주 했고, 그렇게 말할 때는 대개 바비가 그런 일을 싫어하는 것이 아니라, 그가 할 수 없는 일이라는 의미로 하는 말이다. 칼럼니스트 스튜어트 앨솝은 바비가 "신기할 정도로 자신에 대해 말하는 것을 힘들어 한다"는 사실에 놀랐고, 대부분의 정치인에게는 쉽고 자연스러운 일을 "절대 못한다"고 생각했다. 존 놀란은 "정말 그건 못하더군요"라며 바비가 예의상 웃어줘야 하는 상황에서 웃지 못했다고 기억한다. 관중이 박수를 치면 연설문 원고나 바닥을 내려다보면서 그 순간이 지나가기를 기다렸다는 것이다.

케네디는 유권자들에게 왜 자신에게 표를 줘야 하는지 설명하는 일도 힘들어했고, 자신의 감정을 드러내는 것을 지독하게 주저했다. 상원의원 선거운동 기간 중 한 기자가 케네디에게 "그때 어떻게 반응하셨느냐?" 또는 "어떻게 느끼셨느냐?"고 물어보자 "그런 식의 질문에는 답을 못합니다"라고 하기도 했다.

케네디는 평소 자신답지 않은 외교적인 표현을 사용하는 것도 꺼렸다. 남미 방문을 앞두고 브리핑을 하던 국무부 관리가 브라질 정부의 인권침해에 관해 곤란한 질문이 나오면 피할 수 있는 외교적 수사를 제안하자, "전 그런 식으로 말을 하지 않아요"라고 쏘아붙이며 이렇게 덧붙였다.

"그 말인즉슨 브라질 정부가 정당을 해산하고, 국회를 폐쇄하고, 국민의 기본적인 자유를 빼앗고, 정적들의 권리를 전부 빼앗은 후에 국외로 추방해도 미국으로부터 지원을 받을 수 있지만 미국 정유 회사를 건드리면 국물도 없다는 메시지를 전달하라는 것 같군요."

그래서 케네디는 도킹 주지사에게 캔자스 대의원들의 충성도를 알아보거나 자신이 대통령이 되면 줄 수 있는 대가를 넌지시 암시하는 대신, 캔자스 주민들이 베트남 전쟁에 대해 어떻게 생각하는지, 캔자스주립대와 캔자스대학교 중에서 자신의 반전 연설을 더 잘 받아들일 대학교가 어디일지를 물었다. 그러고는 "사람들이 좋아하지 않을 이야기를 할 것"이라며 첫 유세를 몇 시간 앞둔 대선 후보의 발언이라고 생각하기 힘든 말을 했다.

도킹 주지사의 대답은 틀림없이 실망스러웠던 듯하다. 케네디가 잠자리에 들기 전 다음 날 캔자스주립대에서 할 연설 문구를 다듬던 애덤 월린스키에게 전화를 걸었기 때문이다.

"너무 세게 나가면 안 될 것 같아요. 알다시피 여기 사람들은 아주 보수적이니까요."

월린스키는 케네디에게 걱정말라면서 캔자스주립대 학생들의 부모들은 보수적일지 몰라도 학생들은 다른 대학생과 마찬가지로 진보적이고 전쟁에 반대한다고 했다. 케네디는 "그걸 어떻게 알아요? 학생들은 말만 그렇게 하지 않나요?"라고 물었다. 케네디 부부와 르네 카펜터는 이날 밤 주지사 저택 2층에서 잤다. 다음 날 아침 에설은 카펜터가 머무는 옆 방에 노크하고는 작은 소리로 말했다,

"내려가서 바비 좀 도와줄 수 있어요?"

에설은 자기가 머리를 손질하는 동안 바비가 주지사 부부와 셋이서 아침 식사를 하고 있다고 했다. 그게 무슨 뜻인지 바로 알아차린 카펜터는 옷을 급하게 걸쳐 입고 서둘러 아래층으로 내려갔다. 바비는 긴 식탁 끝에 말없이 앉아서 자기 접시를 쳐다보며 식사를 하고 있었다. 그런 자리에서 나누는 가벼운 잡담 역시 바비가 잘 못하는 일이었다. 카펜터가 말했다.

"정말이에요. 바비는 가벼운 대화를 전혀 못해요. 그래서 제가 바로 수다를 떨기 시작했고, 그렇게 해서 바비를 구해줬죠."

카펜터와 에설은 대학 캠퍼스로 이동하는 차 안에서 캔자스주립대의 보수적인 대학생들이 자신들이 탄 차를 공격한다면 어떻게 대응할까 하는 농담을 주고받았다. 카펜터가 "내가 자기인 척할게요"라고 하자, 에설은 "내가 자기한테 몸을 던져서 총알을 막을" 거라고 했다.

케네디는 두 번째 아침 식사를 학생회관에서 하면서 학교 관계자와 학생회 지도부에게 이렇게 말했다.

"여러분 중 일부는 몇 분 후에 제가 할 말을 좋아하지 않을지도 모릅니다. 하지만 그게 제 생각이고, 그게 제가 대통령에 당선되면 하려는 일입니다."

연설 장소인 교내 체육관으로 이동하기 전 케네디는 화장실을 들렀다. 그곳에서 소변을 보는데 바로 옆에 케네디를 지지하는 캔자스주립

대 학생회 회장인 댄 라이킨스가 있었다. 라이킨스는 케네디에게 가볍게 말을 걸려고 했다. 케네디는 말을 끊고는 물었다.

"사람들이 제게 어떻게 반응할 것 같아요?"

"베트남 전쟁에 반대하는 정서가 생각보다 강해요. 그리고 제 직감이지만 사람들은 의원님 형을 좋아했어요."

"하지만 나한테 어떻게 반응할까요?"

"유진 매카시 지지자도 있기는 합니다만 의원님께는 기립 박수를 칠 것 같아요."

케네디는 어두운 표정으로 말했다.

"예상이 맞으면 좋겠군요."

선거유세는 에이헌 체육관에서 열렸다. 철골이 노출된 거대한 석조 구조물로 된 에이헌 체육관은 가축 전시회와 로데오 경기가 열리는 흙바닥이 있는 곳이었다. 이날 유세 현장에 모인 사람은 1만 4500명으로 기록적인 수치였다. 학생들은 계단에 서 있거나, 농구장 바닥과 기자석 테이블 밑에 양반다리로 앉거나, 서까래와 득점판에 위에 앉아서 다리를 흔들고 있었다. "멋져요, 바비!"나 "키스해줘요, 바비"라는 팻말이 있는가 하면, "진정성을 원한다면 유진 (매카시),", "배신자!" 같은 팻말도 있었다.

케네디 부부는 캔자스주립대의 제임스 매케인 총장과 캔자스 주지사 부부, 앨프 랜든 전 주지사와 함께 연단으로 걸어갔다. 학생들이 뛰고 환호하고 발을 구르거나 바닥을 비벼서 흙먼지가 구름처럼 일어서 조명을 뿌옇게 만들고 연기처럼 먼지가 공중에 떠 있었다. 학생들은 케네디가 젊고 잘 생겼을 뿐 아니라, 존 케네디의 동생이라서, 그리고 케네디가 더 행복했던 지난 시절을 떠올리게 했기 때문에 환호했다. 캔자스주립대 교수의 아들인 17세의 케빈 로샤는 케네디 대통령이 암살당한 뒤 모든 일이 잘못되었고, 바비 케네디만이 세상을 바로잡을 수 있다고 생각해서 환호했다고 했다. 대학 라디오방송국을 운영하는 랠프 타이터스는 보수 성향의 학생들이 로버트 케네디에게 환호한 이유는 베트남 전쟁이 보수적인 학생들마저 불안하게 만들었기 때문이라고 생각했다.

자신을 소개하는 말이 나오는 동안에도 케네디는 연설문을 수정했고, 마치 학생들이 짓는 표정을 보고 문구를 수정하는 듯 앞줄에 있는 학생들을 흘끗흘끗 쳐보았다. 케네디의 눈에는 화장을 한 번도 해본 적 없는 긴 치마를 입은 여학생들과, 시골 마을을 용감하게 떠나왔지만 징집 영장을 태우며 전쟁에 반대하는 일까지는 하지 않은 넥타이를 맨 짧은 머리의 남학생들이 보였다. 한때 인근 포트 레벤워스에서 일한 적이 있는 〈콜럼버스디스패치〉의 조지 엠브레이는 이웃 도시에서 온 성인 유권자들 때문에 청중 수가 더 많아졌을 뿐 전형적인 대학농구 관중과 다를 바 없었다고 했다. 로버트 케네디에 대한 암살 위협 때문에 사복 경찰이 군중 사이에 배치되어 있었다는 게 유일한 차이점이었다.

짐 슬래터리는 연단에 선 케네디가 너무 불안하고 연약해 보여 연단에 올라가서 케네디를 안아주고 싶은 충동을 느꼈다. 그는 속으로 "힘내세요! 힘! 제가 믿는 사람이잖아요!"하고 외쳤다. 케네디는 말을 시작하자마자 실수를 했다. 도킹 주지사가 아니라 "랜든 주지사님과 그의 부인께" 전날 밤 환대에 감사드린다고 말한 것이다. 실수를 깨닫고 말을 멈추자 목소리가 갈라졌고, 연단에서 가까이 있던 사람들은 케네디의 손이 떨리고, 오른쪽 다리가 흔들리는 것을 목격했다. 케네디는 랜든 전 주지사의 업적에 찬사를 보낸 뒤 이렇게 말했다.

"저는 캔자스에 온 것을 기쁘게 생각합니다. 캔자스에서 태어난 어떤 사람은 이렇게 말했죠. '우리 대학들이 시위하고, 저항하며, 젊은이

특유의 비전과 활력으로 세상에 맞서 싸우는 사람들을 육성하지 않는다면, 대학에 문제가 있는 겁니다. 대학 캠퍼스에서 시위를 많이 할수록 내일의 세상은 더 밝습니다.'"

케네디의 말에 청중들은 조용해졌고, 랜든 전 주지사를 비롯한 초청 인사들은 걱정스러운 표정을 지었다. 도킹 주지사도 "무슨 말을 하려고 저런 소리를 하지?"하는 듯한 당혹스러운 표정을 내비쳤다.

한 달 뒤 컬럼비아대학교에서 학생들이 대학교 사무실을 점거하고, 인종폭동이 미국의 119개 도시를 뒤흔든 후에는 로버트 케네디를 비롯해 어떤 정치인도 이런 말을 대학에서 하지 못했다. 1968년 3월 무렵 학생들은 징병 사무소 앞에서 피켓 시위를 하고, 국방부로 시위행진을 벌였으며, 징집 영장을 불태웠기 때문에 케네디가 첫 유세에서 이런 발언을 하는 것은 위험한 일이었다. 요즘처럼 라디오 토크쇼와 24시간 방송되는 뉴스가 있었다면 이런 말을 한 후보는 며칠 안 가 후보에서 물러났어야 했을 것이다. 케네디는 잠시 멈췄다가 방금 인용한 문장을 쓴 주인공이 누구인지 밝혔다.

"제가 방금 인용한 말을 한 사람은 지금은 고인이 된 악명높은 선동가 윌리엄 앨런 화이트였습니다. 〈엠포리아가제트〉의 편집장이자 미국 언론계의 거물이었죠."

화이트는 랜든과 친한 친구이자, 캔자스 공화당원의 상징이었다. 로버트 케네디의 말에 사람들의 시선은 일제히 랜든에게로 향해서 그의 반응을 기다렸다. 케네디의 선거운동 기간 중 진짜 위태로운 순간이 있었다면 바로 그 순간이었다. 랜든은 무릎을 치더니 큰 소리로 웃음을 터뜨렸고, 청중들도 웃음을 터뜨리면서 박수쳤다. 케네디는 말을 이어나갔다.

"지금은 다들 그를 존경하지만, 화이트가 생전에 글을 쓰면 학생들은 그를 극단주의자로, 혹은 그보다 더 심한 말로 매도하곤 했습니다. 자기 생각을 드러냈다는 이유로 말입니다. 화이트는 자신이 우려하는 바를 위로하는 말로 감추지 않았습니다. 자기 자신이나 독자를 그릇된 희망이나 망상으로 속이지 않았습니다. 저는 오늘 그런 정신을 바탕으로 제 생각을 말해보려 합니다."

케네디는 캔지스주립대 학생들에게 그들의 조국이 "정신적으로 심각한 불안증malaise"을 앓고 있고 "심각한 신뢰의 위기"로 고통받고 있다고 했다. "불안증"라는 단어는 훗날 카터 대통령 이후에는 어떤 정치인도 사용할 수 없는 표현이 되었다. 카터 대통령은 한 연설에서 국가적 "신뢰의 위기"라는 말을 사용하기는 했어도 "불안증"이라고 말한 적은 없었지만, 그럼에도 카터의 연설은 "불안증 연설"이라는 별명이 붙어서 조롱을 받았기 때문이다. 케네디는 존슨 대통령의 베트남 정책에 대한 공격을 시작하기에 전에 먼저 고백과 사과를 했다.

"이 문제에 관해 이야기하기 전에 사적인 동시에 공적인 고백을 하겠습니다. 저는 베트남 문제에 관해 초기에 내렸던 여러 의사결정 과정에 관여했습니다. 미국이 현재와 같은 방향으로 가게 만든 그 결정들 말입니다."

그러고는 "그런 노력이 처음부터 성공 불가능한 것이었을 수" 있다고 인정하고, 케네디 행정부가 지지한 남베트남 정부에 "부패와 탐욕과 비효율이 가득"했다고도 인정하면서 이렇게 덧붙였다.

"그게 사실이라면, 그리고 그럴 가능성이 크니, 저는 역사와 국민 앞에서 제가 져야 할 책임을 지겠습니다. 하지만 과거의 오류라고 할지라도 그런 오류가 지속되는 상황에 대한 변명이 될 수 없습니다. 비극은 살아 있는 사람들이 삶의 지혜를 얻도록 도와줍니다. … 소포클레스가 쓴 〈안티고네〉에 이런 말이 나옵니다, '누구나 실수를 저지르지만 훌륭한 사람만이 잘못을 인정하고 고친다. 유일한 죄는 자만이다.' 그 어느 때보다 지금이 우리가 고대 그리스인들의 기준에 맞게 살고 있는지 살펴봐야 할 때입니다."

케네디의 사과는 이날 아침 연설에서 가장 큰 환호성을 받았다. 학생들이 케네디 같은 어른이 실수를 인정한 사실을 고마워했을 수 있다. 어쩌면 그들 스스로 한때 베트남 전쟁을 지지했기 때문에 케네디의 잘못을 인정하는 발언이 자신들의 잘못을 인정하는 일을 수월하게 해주었을 수도 있다. 케네디는 베트남 전쟁을 반대하는 이유를 도덕적 근거를 들어 이야기했다.

"대부분의 미국인이 저처럼 생각하리라 믿습니다만, 지금 미국이 전쟁을 수행하는 방향은 심각하게 잘못되었다고 생각합니다. … 또한 대부분의 미국인이 저처럼 생각하리라 믿습니다만, 지금 미국이 마치 세상에 다른 나라들이 존재하지 않는 것처럼 행동하고 있다고 생각합니다. 중립국은 물론이고 우리의 전통적인 동맹국들의 판단과 기대에 반해서 행동하고 있습니다."

케네디는 베트남에서 진행되는 상황을 보면 존슨 행정부가 베트남 전쟁에 대해 필사적으로 품은 낙관주의가 얼마나 어리석은 것인지 알 수 있다고 했다.

"고비마다 우리는 일이 잘못되고 있다는 사실을 받아들이지 않았고 … 오히려 더 확신에 찬 발표를 했습니다. 그때마다 우리는 이번 마지막 조치로 전쟁에서 승리한다고 장담했습니다. 예상은 매번 빗나갔고 약속은 잊혔습니다."

케네디는 "우리가 그곳에 보낸 젊은이들"을 생각해볼 것을 촉구했다. 그는 "전쟁터에서 죽은 젊은이만이 아니라 다른 사람을 죽여야 했던 젊은이를 생각해보고, 부상으로 불구가 된 사람뿐 아니라 그곳에서 저지른 결과에 직면해야 하는 사람을 생각해보라"라고 했다. 또한 "우리 자신의 가장 내밀한 삶이 어떤 상처를 입었고, 미국의 국가 정신이 어떻게 훼손되었는지" 생각해보라고 했다. 그러면서 이런 이유 때문에 "전쟁은 가볍게 치를 일이 아닐 뿐 아니라 꼭 필요하다고 생각한 기간을 조금이라도 넘겨 지속해서는 안 되는 것"이라고 했다.

연설을 시작할 때만 해도 케네디는 머뭇거리고 경직되어 보였다. 말을 더듬고 했던 말을 반복했고, 긴장한 나머지 강조를 위한 손짓도 하지 못했다. 하지만 박수가 한 번씩 터져 나올 때마다 조금씩 활기를 얻었고, 얼마 안 가 오른손 주먹으로 연설대를 내리치며 목청을 높였다. 그는 존슨 행정부의 부도덕하고 실패한 베트남전 정책에 대해 길게 비판한 후 다음과 같은 말로 연설을 맺었다.

"우리 미국이 이런 상황을 용납해서는 안 된다고 생각합니다!"

"우리는 더 잘할 수 있습니다!"

"이건 받아들일 수 없습니다!"

르네 카펜터는 앞줄에 앉은 학생들을 살펴보았다. 학생들은 빛이 나는 얼굴로 "맞아요! 맞아요! 맞아요!"라고 소리쳤다.

〈타임〉의 헤이즈 고리는 이날 케네디와 캔자스주립대 학생들 사이에 생긴 교감이 "드물게 보는 것이었고, 진심이 담겨" 있었다며 "물론 교감의 상당 부분은 케네디 대통령의 후광 때문이었지만, 과거 케네디 대통령도 그만큼 열정적이지는 않았고, 그 정도로 청중을 흥분시키지 못했다"라고 했다. 케빈 로샤는 거의 울뻔했다. 케네디가 너무 단도직입적이고 솔직했기 때문이었다. 그는 연설 내내 혼잣말로 "세상에! 내가 생각하던 것과 똑같이 말하다니!"라고 말했다. 훗날 캔자스주 출신 연방 하원의원이 된 짐 슬래터리는 제2차 이라크 전쟁 중에 케네디의 캔자스주립대 연설을 다시 읽어보고는 "케네디가 무엇이 '옳은 일'인지에 대해 이야기했기 때문"에 이날 연설이 아주 힘이 있었다고 결론 내렸다. 케네디는 다음과 같이 연설을 마무리했다.

"조국이 위험에 처해있습니다. 외부의 적 때문만이 아닙니다. 무엇보다 우리의 잘못된 정책 때문이고, 그 정책이 토머스 제퍼슨이 인류의 마지막이자 최고의 희망이라고 말한 우리 미국에 끼칠 영향 때문입니다. 이번 선거는 미국의 통치권을 두고 겨루는 선거가 아니라, 미국인의 마음을 두고 겨루는 선거입니다. 앞으로 8개월 동안 우리는 이 나라가 어떤 나라이고, 우리가 어떤 사람들인지 결정하게 될 겁니다."

케네디는 그해 학생 다수가 방에 건 포스터에 나오는 혁명을 상징하는 그림처럼 보이도록 자신의 주먹을 허공에 치켜들고는 "새로운 미국"을 약속했다. 장내에서는 환호와 함께 우레와 같은 박수가 터져 나왔다.

케네디가 행사장을 나서자 학생들이 연단으로 파도처럼 몰려가며 의자를 넘어뜨리고 먼지를 더 일으켰다. 학생들은 바비를 붙잡아 머리를 만지고 셔츠 소매를 찢기도 했다. 짐 톨런은 벽으로 밀려서 꼼짝하지 못했고, 허브 슈머츠는 그날 받은 충격으로 평생 사람들이 많이 모인 곳을 두려워하게 되었다. 케네디가 빠져나갈 수 있도록 교직원들이 뒷문을 열었지만, 케네디는 그 길을 마다하고 학생 사이를 헤치며 앞문으로 향했다. 〈룩〉의 스탠리 트레틱은 아수라장이 된 장내 모습을 연단 위에서 촬영하면서 이렇게 소리쳤다.

"여긴 캔자스야. 우라질 캔자스라고! (보수적인 캔자스가 이렇다면) 바비 케네디는 끝까지 갈 거야. 틀림없이 끝까지 갈 거라고!"

(그러나 그해 선거에서 끝까지 가게 될 인물은 리처드 닉슨이었다. 1970년 9월 16일 오하이오 주방위군이 미군의 캄보디아 폭격에 항의하던 켄트주립대 학생들을 죽인 지 4개월 후 닉슨 대통령도 케네디와 마찬가지로 캔자스주립대에서 랜든 강연을 했다. 당시 캔자스주

립대는 닉슨이 나타나도 시위가 촉발되지 않는 몇 안 되는 대학 캠퍼스 중 하나였다. 이때도 도킹 주지사와 앨프 랜든이 연단에 앉아 있었고, 로버트 케네디의 연설을 들은 학생 중 다수가 청중석에 있던 것이 확실했다. 이날은 공화당 청년당원들이 청중을 동원했고, 앞자리는 닉슨 지지자들로 채워져 있었다. 닉슨 대통령은 보라색과 흰색이 섞인 캔자스주 문양이 있는 커다란 넥타이를 매고 나타나서 5분간 캔자스 대학팀 선수들에 대한 칭찬으로 말문을 연 뒤 급진적인 학생들에 대한 걱정을 늘어놓았다. 체육관 2층으로 쫓겨난 시위대가 반전 구호를 외칠 때에는 이렇게 말했다.

"제가 준비한 연설문에서 지금 읽으려는 대목이 마침 이렇습니다. '소수의 사람이 내는 큰 소리 때문에 책임감 있는 다수의 소리가 들리지 않는 게 정당화되곤 했습니다.' 이 말이 적용되는 곳이 있을 수 있지만 이곳 캔자스주립대는 아닙니다!"

이 말에 닉슨 지지자들은 반전 시위대를 발로 차고 우산으로 때렸고, 보안 요원들은 시위대를 체육관에서 쫓아냈다. 닉슨이 책임감 있는 교직원과 학생이 "전면에 나서야" 할 때라고 선언하자, 바비 케네디의 연설을 들은 청중보다 몇백 명이 더 많은 1만 5000명 이상의 청중 대부분이 기립박수를 쳤다. 청중 중 일부는 닉슨 대통령을 특별히 지지해서라기보다 대통령에 대한 예의로 박수 쳤을 수도 있고, 대통령의 연설 장소에 나타난 시위대로 인해 미안해서 박수 쳤을 수도 있지만, 이 사건은 캔자스주립대가 꽤 보수적인 학교라는 사실을 보여주었다.)

케네디는 오픈카의 뒷좌석에 일어선 채로 체육관을 떠났다. 케네디가 지나갈 때 케빈 로샤는 손을 내밀었다. 그는 케네디가 있는 힘껏 악수할 것으로 기대했지만 케네디는 가볍고 부드럽게 손을 잡았다. 짐 슬래터리는 이날 하루 만에 네브래스카 예비선거를 도울 학생을 1000명이나 모았다. 헤이즈 고리는 학생들 못지않게 열광적인 70대 남성을 만났다. 그 노인은 고리에게 이렇게 말했다.

"바비 케네디가 대통령이 될 것 같군요."

한 기자는 이 강연을 두고 "우리가 지금껏 경험한 것과는 다른 뭔가

가 시작될 첫 신호"라고 했다. 기자들이 탄 버스가 캠퍼스에서 **빠져나**
가는 동안 버스 안에서는 "맙소사!"와 "무슨 일이 일어나려는 걸까?"
같은 외침이 들렸다. 하지만 일단 흥분이 가라앉자 〈뉴스위크〉의 존 J.
린지는 이렇게 말했다.

"내가 이번 선거의 결과를 좋아할지는 잘 모르겠어."

톨런과 브루노는 캔자스대학교 학생신문에 학생이 "보수적이고 무
관심하다"라고 비판하는 사설이 실리도록 했다. 이 사설은 효과가 있
어서 앨런 체육관에 모인 청중이 2만 명으로 늘어나, 이 대학 역사상
최대인원이 모였다. 캔자스대학교 학생들의 반응은 캔자스주립대보
다 더 뜨거웠다. 현장을 지켜본 이들은 학생들이 "함성을 질렀고" 학생
들의 "감정이 있는 그대로" 분출되었다고 했다. 잭 뉴필드 기자는 이
날 모습을 "감성이 이성을 뛰어넘었고, 침이 마르도록 환호가 이어졌
으며, 손바닥이 아플 때까지 박수가 계속 나왔다"라고 했다. 이를 두고
〈뉴욕포스트〉의 칼럼니스트 지미 브레슬린은 "구호만으로 정치할 수
있던 시절은 끝났을 수" 있다는 것을 보여줬다고 생각했다.

캔자스주립대에서 케네디는 베트남 전쟁이 어떻게 미국의 정신에
상처를 입혔는지에 대해 설명하고, 캔자스대학교에서는 미국 국민이
가난과 배고픔에 시달리는 불명예를 해결해야 조국을 치유할 수 있다
고 했다. 첫 연설은 진단을 담고 두 번째 연설은 처방을 담은 것이다.

애덤 월린스키는 캔자스대학교에서 사용할 연설문에 캔자스주립
대에서 반응이 가장 좋았던 문구를 서둘러 끼워 넣었고, 케네디는 대
학 캠퍼스에서 시위를 장려하는 화이트의 말을 반복하며 베트남 전쟁
이 "미국의 정신"을 위협한다고 했다. 하지만 연설 대부분은 케네디
가 "또 다른 미국인"이라고 칭한 사람들의 곤경에 대한 것이었다. 그

는 "미시시피 델타지역에서 기아로 배가 부풀어 오르고, 얼굴에 발진이 난 아이들"과 "아무것도 없는 초라한 보호구역에서 삶을 이어가는 … 미래에 대한 희망도 없고, 10대 아이들의 가장 흔한 사망 원인이 자살인 인디언들", 그리고 "평등과 정의라는 거창한 약속을 항상 듣지만 정작 쓰러져가는 학교와 하나도 변한 것 없는 지저분한 방에 옹기종기 모여 추위를 견디고 쥐를 쫓아내며 살아가는 흑인 빈민가의 주민들"에 대해 이야기했다.

이런 미국인의 고통을 끝내는 것이 "시급한 국가적 과제"라고 선언한 케네디는 미국 정치의 담화에서 신성시되는 한 가지 명제에 이의를 제기했다. 경제 성장과 소비, 그리고 아메리칸 드림은 서로 뗄 수 없는 관계에 있다는 명제였다.

너무나 오랫동안 우리는 지나칠 정도로 공동체의 우수성과 가치를 포기해가면서 물질적인 것의 축적을 추구해왔습니다. 현재 우리의 GNP는 연간 8000억 달러가 넘습니다. 미국을 GNP로 판단할 수 있다면 우리의 GNP에는 공기 오염과 담배 광고, 고속도로에서 사망한 사람들을 치우는 구급차가 포함됩니다. 현관문을 걸어 잠그는 특수열쇠와 그 열쇠를 부순 사람들을 집어넣을 감옥도 GNP에 포함됩니다. 미국의 삼나무가 훼손된 것도, 자연의 신비를 파괴하고 도시를 확대된 것도 포함됩니다. 네이팜 폭탄과 핵탄두 제조비용 … 아이들에게 장난감을 팔기 위해 폭력을 미화하는 텔레비전 프로그램도 포함됩니다. 하지만 GNP에는 아이들의 건강, 교육의 질, 또는 놀이의 즐거움은 포함되지 않습니다. 시poetry가 얼마나 아름다운지, 국민의 결혼생활은 얼마나 건강한지, 토론은 얼마나 지적인지, 그리고 공직자가 얼마나 청렴한지는 GNP에 포함되지 않습니다. 우리의 지혜와 용기도 측정하지 않습니다. 요컨대 GNP는 삶을 가치 있게 만드는 것을 빼고 모든 것을 측정합니다. GNP는 미국에 대해 거의 모든 것을 이야기해줄 수 있어도, 정작 우리가 미국인이라는 사실이 왜 자랑스러운지는 설명하지 못합니다.

이 대목에서 박수를 기대하지 않았던 월린스키는 학생들의 환호에 깜짝 놀랐다. 케네디는 청중의 반응을 못 본 것 같았다. 월린스키는 지난 몇 개월간 망설이던 케네디가 청중의 반응보다는 자신이 하고 싶은 말에 더 집중하기로 마음먹었다고 결론 내렸다.

선거유세 내내 케네디는 준비한 연설과 즉흥적인 발언을 통해 가난한 미국인의 고통을 이야기하고 GNP가 국가의 가치를 측정하는 도구로 사용되는 것을 비판해서 캔자스에서처럼 큰 박수를 받았다. 월린스키는 이런 말이 효과적인 이유는 "정치인으로서, 그리고 인간으로서 케네디의 삶을 진정성 있게 보여주는 것"이라는 사실을 청중이 알아봤기 때문이라고 믿었다. 케네디가 GNP를 거듭 언급한 것은 단순히 연설문이 좋았기 때문이 아니다. 미국 상원의원으로 일하던 시절 자신이 옹호한 주장을 요약한 것이기도 했다. 이 연설에는 평소 시를 읽고 줄을 치고 암기하곤 하던 케네디가 "시의 아름다움"을 언급한 부분을 포함하여 케네디의 관심사가 반영되어 있었다. 캔자스시티 공항으로 돌아가기 전, 케네디를 취재하던 기자들은 간단히 요기하기 위해 식당에 들렀다. 지미 브레슬린 기자는 기자들이 앉은 테이블에 가서 물었다.

"케네디 의원이 끝까지 갈만한 인물로 보이나요?"

존 린지가 답했다.

"네, 물론 그럴 만한 인물이죠. 하지만 끝까지 가지는 못할 겁니다. 누군가 케네디 의원을 쏴 죽일 테니까요. 저나 기자님도 아는 사실이죠. 누군가 케네디 의원을 쏴 죽인다는 건 우리가 지금 이 자리에 앉아 있는 것만큼이나 분명한 사실이에요. 지금 암살범이 어디선가에서 때를 기다리고 있겠죠. … 하지만 그런 일이 일어난 후에도 미국이라는 나라가 과연 남아있을까요?"

존 린지의 충격적인 발언에 잠시 침묵이 감돌았다. 하나둘씩 다른 기자들도 그 말에 동의했다. 하지만 케네디 자신도 그걸 알고 있느냐는 가슴 아픈 질문만큼은 누구도 하지 못했다.

오픈카를 타고 가다가 한기를 느낀 케네디는 형이 남긴 코트를 껴입고 워싱턴으로 되돌아가는 비행기에 올랐다. 비행기 안에서 케네디는 점점 말수가 많아지면서 기자들에게 유세 현장에 있던 학생 하나하나의 표정을 설명했다. 브레슬린이 "서 계시던 곳에서 학생들 얼굴이 정말 보였나요?"라고 묻자, 케네디는 눈을 감고 고개를 끄덕이며 이렇게 답했다.

"보였죠. 체육관에 있던 청중의 얼굴이 하나하나 전부 보였어요. 그런 장면을 전에 본 적이 있나요? 거대한 뭔가가 터져나오려는 소리가 들렸어요. 우리나라가 전쟁에서 빠져나오지 않으면 이 젊은이들이 무슨 일을 할지 몰라요. … 아주 위험합니다."

케네디는 자신이 앉은 자리로 찾아온 사람들에게 "홀가분해요! 이제 다시 살 것 같네요!"라고 큰 소리로 말한 후 짐 톨런에게 말했다.

"출마 선언 전에 내가 존슨을 지지하겠다고 하면서도 그런 말과 행동을 하는 나 자신이 싫었거든요."

케네디가 좋아하는 작가 중에는 랠프 월도 에머슨도 있었다. 케네디는 히코리힐에 있는 자택 책상에 보관한 에머슨의 에세이 중 세 구절에 표시를 해두었는데, 그중 하나가 "자신의 직감을 믿고 거기에 충실히 따르면 온 세상이 자기편이 될 것"이라는 말이었다. 케네디는 에머슨의 말이 옳은지 곧 알게 될 참이었다.

# 3장

# 홀로서기

---

1968년 3월 21~31일

캔자스에서 돌아오고 사흘이 지난 뒤, 케네디는 프랭크 맨키위츠가 '마침내 얻은 자유 유세Free At Last Tour'라고 부른, 열흘간 한꺼번에 미국 전역 13개 주를 도는 유세를 시작했다('마침내 얻은 자유'라는 표현은 킹 목사가 '내게는 꿈이 있습니다'라는 유명 연설에서 인용한 흑인영가의 한 구절이기도 하다-옮긴이). 유세에 나서기 전까지만 해도 케네디는 측근과 동료의 서로 다른 조언 때문에 자신이 원하는 대로 할 수 없었다. 하지만 이 연속 유세 동안 자신의 직감에 충실해서 중요한 결정을 혼자서 내렸고, 정치컨설턴트나 선거운동 매니저, 여론조사원, 언론보좌관의 수행 없이 다니면서 지난 몇 개월간 반복된 계산과 타협에 방해받지 않았다. 선거운동 과정에서 자연스러움과 도덕적 명확성을 떨어뜨리는 모든 사람과 요소들을 제외한 것이다.

이번 유세는 3월 21일 앨라배마주와 테네시주에서 시작했다. 다음으로 뉴욕주에서 하루를 보내고, 사흘간 캘리포니아·오리건·워싱턴을 들른 후, 공화당 우세 지역인 아이다호·유타·콜로라도·인디애나, 뉴멕시코를 방문했다. 후보를 연이어 대규모의 열정적인 지지자들 앞에 세움으로써 후보 지명 과정에 강한 영향력을 행사하는 당내 중진들에게 바비 케네디가 인종, 계급, 지역의 경계를 넘어 인기가 있다는 사실을 보여주기 위해 계획한 일정이었다. 이런 전략이 먹히려면 언론의 역할이 필수적이었다. 〈뉴욕타임스〉와 〈워싱턴포스트〉처럼 전국적으로 발행되는 신문의 기사가 민주당 지도부의 생각에 영향을 미치기 때문이었다.

케네디의 보좌관들은 거리로 나가 유권자를 만나는 전략이 꼭 필요하기보다는 케네디에게 유리한 방법이라고 생각했다. 한 보좌관은 3월 24일 〈새터데이이브닝포스트〉의 데이비드 와이즈 기자에게 이렇게 말했다.

"저희는 옛날 방식을 따를 필요가 없다는 입장입니다. 미국은 유동적이고, 모든 것이 변화하고 있습니다. 옛날 방식의 대의원 사냥은 효과가 없습니다. 직접 국민에게 다가갈 겁니다. 그리고 승리할 겁니다."

요컨대 케네디는 낡은 정치를 하는 이들을 설득하기 위해 새로운 정치 기법을 쓰려고 했고, 막후 정치에 영향을 미치기 위해 거리에서 선거운동을 하려 했다. 『바비 케네디와 새정치Bobby Kennedy and the New Politics』라는 책에서 작가 펜 킴볼은 당 조직보다는 후보 개인의 조직에 의존하고, 정교한 미디어 기법을 동원하며, 유권자를 분열시키기보다 통합을 추구하고, 이슈보다는 태도를 강조하는 후보를 '새로운 정치인'으로 규정했다. 킴볼의 책이 출간되고 나서 한 달 뒤에 시작된 케네디의 선거운동은 책에서 언급한 내용 중 두 가지 특징을 갖고 있었다. 하나는 케네디의 선거운동이 '명예 케네디가'라고 불리는 사람들에 의존한다는 점이고, 다른 하나는 소수인종과 백인 노동자를 하나로 묶는

제1부 출마 선언

뉴딜식 연맹을 시도한다는 점이었다. 그 두 가지 특징을 제외하면 케네디의 미디어 선거운동은 기초적인 수준이었고 태도 대신 베트남, 빈곤, 흑백갈등 같은 이슈를 강조했다. 케네디는 '새정치' 보다는 '재즈 정치'를 했다. 즉 자신을 있는 그대로 드러내는 걸 편하게 느끼고 악보 없이도 연주하는 걸 두려워하지 않는 연주자들이 있어야 가능한 즉흥적이고 생동감 넘치는 리프(재즈나 대중음악에서 사용하는 반복 악절-옮긴이) 같은 것이었다.

유세 장소 다수가 재즈 클럽의 벽돌담처럼 소박했다. 후보와 청중 사이에 거리감을 주는 정교한 무대도, 후보의 메시지를 요약한 구호가 적힌 배경지도 없었다. 1968년에도 이런 모습은 일반적인 유세장과는 전혀 달랐다. 시애틀 유세 후 〈포스인텔리젠서〉의 한 정치부 기자는 이런 기사를 썼다.

"장식용 깃발이 달린 연단, 화려한 문양이 박힌 연설대, 단골처럼 등장하는 고위 관료 무리가 사라졌다. … 미국은 변화하고 있다. 전통적인 방식은 이제 수명을 다했다."

케네디는 준비된 원고에 따라 연설할 때조차 즉흥적으로 말하는 것처럼 했다. 애덤 월린스키와 제프 그린필드는 연설문 다수를 호텔방이나 비행기로 이동 중에 작성했고, 때로는 연설의 요점만 정리한 카드를 주기도 했다. 서둘러 연설을 끝내고 청중과의 질의응답에 연설보다 두 배나 더 긴 시간을 쓰는 경우도 많았다. 때로는 질문에 대한 답이 희생의 숭고함, 대학생 징집유예의 불공정함, 빈곤 문제에 대한 짧은 연설이 되기도 했다. 가령 캘리포니아주 새너제이에 모인 청중에게는 즉흥적으로 "미국이 (베트남에서) 처한 진짜 상황을 우리 자신에게도 감추려는 정부의 가면 뒤에 숨은 적나라한 진실을 알아야" 한다면서 "우리는 더 이상 현실을 서로 다르게 볼 수 없습니다. 더 이상 우리 자신을 속일 수 없습니다"라고 호소했다. LA에서 학생들에게 "저는 과거의 잘못을 인정하기를 두려워하지 않는 사람들의 편입니다. 우방으로부터 우리를 갈라놓고 우리의 소중한 자원을 소모시키는 파탄 난 정책을 맹목적으로 추구하기를 거부하고, 이미 오래전에 깨진 망상을 헛되이 추구하는 것에 거부하는 사람들의 편입니다"라고 한 말도 원고에 없는 내용이었다.

케네디는 연설 중 농담을 하고, 청중을 대상으로 인터뷰를 하거나 설문 조사를 하기도 했으며, 브리검영대학교에서는 학생들에게 베트남 전쟁에 대한 해결책에 관한 투표를 하게 해서 청중을 유세에 참여시켰다. "확전해서 병력 2만 명을 추가로 파견"하자는 의견이 가장 큰 환호를 받았을 때는 순진한 목소리로 이렇게 물었다.

"군 입대 신청은 했습니까?"

네브래스카대학교에서 케네디가 "미국의 진정한 힘은 총이나 폭탄, 네이팜탄에 있는 게 아니라 국내외에서 하는 모범적인 행동에" 있다고 했을 때 일부 학생들은 야유를 보냈고, 북베트남에 대한 폭격 중단을 지지한다고 했을 때도 마찬가지였다. 청중의 반응에 화가 난 케네디는 이렇게 쏘아붙였다.

"베트남 사람들을 여자와 어린아이까지 남김없이 죽여버리려는 게 아니라면 협상에 나서야 합니다."

그러면서 베트남 전쟁은 제2차 세계대전과 다르며 "베트남을 구하기 위해 베트남인을 모조리 죽일 권리가 우리에게 있는가?"라는 도덕적 질문에 답해야 하는 정치적 투쟁이라고 했다. 청중들이 냉담할 때는 "박수!"라고 소리치기도 했다. 그러면 청중은 웃음을 터뜨리며 박수치고 케네디를 좋아하기 시작했다. 연설이 방해받는 일이 생기거나 청중이 싫어할 질문을 한 후에는 농담하는 것을 잊지 않았고, 그렇게 해서 무자비하다는 평판을 조금씩 무너뜨렸다. 가령 캘리포니아의 새너제이주립대학교에서는 연설 중 종탑에서 종소리가 크게 울리자 "로널드 레이건, 두고 봅시다"라고 했고(당시 레이건이 캘리포니아 주지사였기 때문에 한 농담—옮긴이), 누군가 "케네디"라는 이름의 덕을 보고 있다고 생각하냐고 비꼬는 투로 물었을 때는 수긍하면서도 "로버트"라는 이름의 덕도 봤다고 덧붙였다. 오리건에서 한 학생이 "적어도 매카시는 제때 출마했어요!"라고 외치자 케네디는 "네, 하지만 저는 기다려줄 만한 후보 아닌가요!"라고 되받아쳤다. 유세장에서 한 아기가 울기 시작해서 엄마가 일어서서 나가려고 했을 때는 "가지 마세요!"라고 하면서, 유세장에서 나가면 사람들이 케네디가 "무자비하게도" 아기를 내쫓았다고 할 거라고 했다.

케네디의 재즈 같은 정치는 1960년대에 완벽하게 어울렸다. 케네디는 비틀스처럼 즉흥적으로 유세를 이어나갔고, 그의 선거운동은 (비틀스 앨범 제목이기도 한) '황홀하고 신비한 여행Magical Mystery Tour' 같았다.

카메라맨인 월터 돔브로우가 차량 행렬을 보기 위해 나온 군중 속으로 들어가서 "뛰어들어요, 바비!"라고 소리치자, 바비는 "받아요, 월터!"라고 소리치며 돔브로우의 팔로 뛰어들었다가 다시 차에 올라 "돌격!"하고 외쳤다. 히피 하나가 차량과 나란히 뛰다가 징집 영장을 건네자 태연히 사인해서 돌려주기도 했다. 오토바이를 탄 소년이 다가와 핸들에서 손을 떼고는 주머니에서 카메라를 꺼내 사진을 찍으려 했다. 케네디는 카메라를 낚아채서 보좌관에게 건네주며 촬영하게 한 뒤 소년에게 돌려주었다. 이 모습을 목격한 어느 기자는 나중에 소년이 카메라가 아니라 총을 꺼낼 수도 있었다는 기사를 썼다.

'마침내 얻은 자유 유세' 첫날인 3월 21일 케네디는 터스컬루사에 있는 앨라배마대학교 학생들을 상대로 연설을 했다. 케네디가 법무부 장관 시절 흑인 학생들의 등록을 허용하도록 강제하기 위해 연방 보안 관을 보낸 적이 있는 곳이었다. 케네디는 학생들에게 남부에 와야만 했던 이유를 이렇게 설명했다.

"올해 고위직에 오르려는 사람은 누구나 미국인 전부를 만나야 합니다. 자신의 의견에 동의하는 사람만이 아니라 반대하는 사람들까지도 말입니다. 우리 앞에 놓인 힘든 시기에 지도자가 이끌어야 할 사람은 자신을 지지하는 사람뿐 아니라 모든 미국인이라는 점을 인정해야합니다."

그러면서 미국인이 "해외에서 벌어지는 힘들고 값비싼 전쟁으로 분열" 되었을 때 대통령 선거운동은 단순히 "표를 달라고 호소하는" 것 이상이어야 하고, 선거운동이 끝난 후에도 시작하기 전과 마찬가지로 미국이 분열된 상태로 남겨진다면 실패한 선거운동이라고 했다. 이날 오후 케네디는 밴더빌트 기념 체육관에 모인 학생 1만 명에게 "미국을 분열시키려는 사람이 누구입니까?"라고 묻고는 이렇게 말했다.

"미국을 분열시키는 사람들은 변화를 요구하는 사람들이 아니라, 지금의 정책을 만드는 사람들입니다. … 미국의 전통으로부터, 항상 관용적이었던 미국의 정신으로부터 자신을 분리해버린 사람들입니다."

"모든 독재 권력은 비판의 목소리를 틀어막는 바람에 실수를 고치지 못하고, 궁극적으로 국민을 상대로 짠 억압의 사슬에 스스로 질식" 당한다는 케네디의 말에 〈워싱턴포스트〉의 리처드 하우드는 케네디가 존슨 행정부를 독재 권력에 비유함으로써 "용인할 수 있는 정치적 발언의 선"을 넘으려 했다고 불평했다. 그러나 하우드는 무뚝뚝한 해병 출신으로 유세 취재를 시작할 때만 해도 케네디에 대해 회의적이었지만, 다른 기사에서는 터스컬루사와 내슈빌의 청중이 "대규모였고, 전

반적으로 열광하는 분위기"였으며, 케네디가 "따듯한 환영의 박수"를 받았다고 보도했다. 케네디가 데일리 시카고 시장을 비롯해 민주당 중진을 설득하는 데 필요한 종류의 기사였다.

하우드가 어떤 방향으로 기사를 쓰는지를 통해 케네디와 기자단의 관계가 어떻게 변했는지 짐작할 수 있다. 테네시의 가난한 집안에서 태어난 하우드는 17세에 해병대에 입대해서 제2차 세계대전에 참전했다. 하우드는 처음에 자신이 갖지 못한 부와 특권을 가진 케네디를 신뢰하지 않았다. 하지만 선거운동 취재에 나서고 몇 주일 만에 생각을 바꿨다. 케네디가 가난한 사람들에 손을 내밀고 그들에게 약속한 것을 지킬 인물로 보였기 때문이다.

3월 23일 캘리포니아에 도착하기 전까지 케네디는 대학 캠퍼스만 다녔다. 유세 일정 대부분을 준비한 존 놀란은 케네디가 대학 캠퍼스를 선호한 이유가 정치적인 것이라기보다 "내적인 이유"라고 생각한다. 형 케네디를 열렬히 좋아하고 뉴프론티어 정책을 지지한, 영리하고 정치적 의식이 있는, 그러나 이제는 유진 매카시를 지지하는 "똑똑한 학생들"의 마음을 되찾는 것이 절실했기 때문이었다. 캠퍼스는 주중에 정치인이 대규모 청중을 끌어모을 수 있는 유일한 장소이기도 했다.

캠퍼스 밖에서도 케네디가 인기 있다는 사실은 3월 23일 샌프란시스코로 날아갔을 때 입증되었다. 군중 1000여 명이 공항에 몰려들었다. 케네디는 항공사의 매표구 테이블에 올라가서 형 케네디와 닮은 목소리로 "여러분의 도움을 요청하려고 이곳에 왔습니다!", "우리는 더 잘할 수 있다고 생각합니다!"라는 형 케네디의 트레이드마크가 된 말로 연설을 시작했다. 하지만 그렇게 말한 후에는 형을 따라 하고 있다는 사실을 깨달았는지, 뉴프론티어와 거리를 두면서 이렇게 덧붙였다.

"이제 새로운 문제에 직면했고, 우리에겐 새로운 답이 있습니다."

케네디는 캘리포니아주 샌와킨 지역에 있는 스톡턴으로 날아갔다. 그곳에서 조지프 돌 시장은 "하나님은 의원님 편임을 믿습니다!"라는 말로 반겨주었다. 그런 표현에 난감해진 케네디는 "하나님이 제 편이라면, 하나님을 따르는 대의원들도 따라왔으면 좋겠습니다. 아니면 시카고에 오실 때 대의원들을 좀 데려와 주셔도 좋구요"라는 말로 돌 시장을 진정시켰다.

스톡턴으로 가는 유세차량 행렬은 그 이후로 계속 반복될 모습을 보여주었다. 케네디는 오픈카의 뒷좌석에 서서 손을 흔들고 사람들의 얼굴을 하나하나 살피며, 사람들이 들고 온 팻말을 기억했다. 그동안 보좌관들은 오픈카의 바닥과 좌석에 무릎을 꿇고 앉아 청중이 케네디를 잡아끌어서 차에서 떨어지지 않도록 허리와 다리를 단단히 감싸 쥐고 있었다. 그 뒤를 따르는 오픈카 한 대에는 사진기자와 카메라맨들이 범퍼에 올라서고 문에 매달려서 마치 전차에 올라타고 전쟁터로 가는 보병 소대를 보는 것 같았다. 아이들이 무리를 지어 "바비!"라고 소리지르며 케네디가 탄 차량 옆에서 달렸고, 케네디를 껴안으려는 듯 두 팔을 벌렸다. 케네디가 멈추면 케네디를 향해 뻗은 팔 수백 개가 그를 둘러싸서, 위에서 찍은 사진을 보면 그가 이국적인 꽃 한가운데 있는 봉오리처럼 보였다. 사람들은 케네디의 양복 소매 단추와 손수건을 빼갔고, 머리카락을 잡아당겼으며, 손에 생채기를 내어 피를 흘리게 하는 일도 있었다. 양복 주머니에 사연을 적은 종이쪽지를 쑤셔 넣어서 나중에 케네디가 주머니를 털면 사연이 적힌 종이들이 축하 행사 때 뿌리는 색종이처럼 무릎에 수북하게 쌓였다. 거기에는 졸업식에 참가해달라고 부탁하는 사연이나 아픈 아이의 병실을 방문해 달라는 부탁이 있었다. 그 사람들은 케네디가 그들을 위해 기도해줄 것이란 걸 알았다.

스톡턴 법원 청사에 모인 청중 중에는 치카노(멕시코계 미국인-옮긴이)

가 많았다. 〈뉴요커〉의 짐 스티븐슨은 그 모습을 보면서 비틀스를 보려고 카네기홀에 몰려든 팬을 떠올렸다. (《라이프》의 빌 에프리지가 케네디의 유세장을 찾은 청중을 찍은 사진과 비틀스 공연을 보러온 팬을 찍은 사진은 소름이 끼칠 정도로 서로 닮았다. 두 사진 모두 젊은 남녀들이 환한 얼굴로 입을 벌리고, 황홀경에 빠진 눈으로 무대를 바라보고 있다.) 케네디는 "자랑스러운 스톡턴 주민 여러분" 같은 판에 박힌 발언은 생략했다. 그 대신 미국인 다수가 긴 머리와 마약과 섹스와 기성세대에 대한 존경심 부족을 "품위 없는 것indecency"으로 생각하던 시절에 이런 말을 했다.

"품위decency야 말로 이번 선거운동의 핵심입니다. … 가난은 품위가 없는 것입니다. 문맹도 품위가 없는 것입니다. 용감한 젊은이들이 베트남의 늪지에서 죽거나 불구가 되는 것도 품위 없는 겁니다. 캘리포니아의 농장에서 고된 육체노동을 하면서 자식을 대학에 보낼 꿈도 꾸지 못하는 것도 품위 없는 겁니다. 이 또한 품위 없는 말입니다."

그러고는 미국이 한때 "품위와 정의, 신뢰, 그리고 희망을 상징하는 나라"였지만 "이제는 다른 나라가 된 것" 같다고 했다. 이날 오후에는 새크라멘토의 플로린 쇼핑센터에서 캘리포니아의 백인 중산층으로 이루어진 청중이 "바비!"라고 외치며 밀려들어 케네디가 사람들과 벽 사이에 끼이기도 했다. 케네디는 스톡턴에서 치카노에게 했던 말을 이들에게도 했다.

"뉴욕이나 클리블랜드, 디트로이트, 와츠 같은 도시의 주민들이 낙담하고 절망해 삶을 포기하는 것이야말로 품위 없는 것입니다."

그러고는 베트남 전쟁의 "품위 없음"으로 확대했다.

"미국 하늘에 태양이 밝게 빛나고 있을 때 지구 반대편에서는 사람들이 죽어가고 있습니다. 그들이 그렇게 죽지 않았다면 그중 누군가는 귀국해서 훌륭한 교향곡을 작곡하지 않았을까요? 누군가는 귀국해서 암을 치료하지 않았을까요? 누군가는 월드시리즈에 참가하거나, 무대 공연으로 우리에게 웃음을 선물해주지 않았을까요?"

그날 저녁 새너제이에서 케네디는 시내 공원을 가득 메운 청중 1만 5000명을 뚫고 연단으로 가는 데 30분이 걸렸다. 케네디는 베트남에서 죽은 사람들이 살아남았다면 사회를 위해 얼마나 많은 일을 할 수 있었을지를 다시 한번 이야기하고 빈곤과 문맹을 "품위 없는 것"이라고 말한 후 미국 사회의 분열을 비판했고, 대부분 노동자로 구성된 청중에게 "전 세계에서 매일 1만 명이 굶어 죽습니다"라며 세계 대부분의 사람이 신발조차 살 돈이 없는 상황에서 미국인이 매년 새 차 800만 대를 사는 것은 터무니없다고 했다. 처음으로 새 차를 사려는 꿈을 가진 사람들에게 듣기 좋은 말은 아니었다.

다음날 케네디가 도착한다는 소식에 차량이 몰려 몬터레이 공항으로 가는 길이 11킬로미터 이상 정체되었고, 케네디가 탄 비행기가 착륙하자 수천 명이 활주로로 달려갔다. 케네디는 "미국에 TV가 7000만 대가 있습니다. 하지만 저는 미시시피 삼각주에서 굶는 아이들을 보았습니다"라고 말하다가 한 어린 소녀가 청중에 밀려 철조망과 사람들 사이에 끼이는 걸 목격했다. 케네디는 손을 들어 조용히 해달라고 한 뒤 청중 사이를 헤집고 가서 소녀를 빼주었다.

이 일은 케네디가 자신의 주위에서 일어나는 일을 파악할 수 있음을 보여준 여러 사례 중 하나였다. 실제로도 그랬고, 상징적으로도 그랬다. 그래서 유세장 주위에 있는 화난 여성과 어리둥절해 하는 아이, 휠체어를 탄 사람을 보는 동시에, 사회의 주변부에서 살아가는 사람들에 관해 이야기할 수 있었다. 차를 타고 지나가면서 넘어져 무릎이 까진 여성을 발견하고 차에 태워 주기도 했고, 휠체어를 타고 농장 앞에 앉아 있는 청년을 발견하고 멈춰 서서 잠시 이야기를 나누며 PT109 넥타이핀을 선물해서 청년이 눈물을 흘리게 만들기도 했다. 케네디는 디트로이트 외곽에서 사람들이 줄지어 서 있는 도로를 따라 차로 서서히 이동한 후에 CBS 방송의 로저 머드에게 "사람들의 눈을 봤습니까?" 하고 물었다. 캘리포니아주 와츠를 통과한 뒤에도 "사람들의 표정을 봤습니까?"라고 묻고는 차를 따라오던 아이들의 표정에 대해 설명했다. 인디애나주에서 유세한 뒤에는 흔히 '후지어Hoosier'라 불리는 인디애나주 사람들에 관해 이야기 했다.

"중요한 건 사람들이 듣는다는 겁니다. 맨 뒤쪽에 있는 사람의 표정에서 제 이야기를 귀담아듣고 있는 게 보입니다. 그냥 멍하게 서 있는 게 아닙니다. 제 말을 듣는 사람들이 그냥 뻔한 이야기를 듣고 싶은 것이 아니라는 겁니다. … 사람들이 원하는 건 '인디애나에 와서 기뻐요. 저는 좋은 사람이니 제게 표를 주세요.' 따위의 말이 아닙니다. 중요한 걸 말해줘야 합니다."

케네디가 주위에서 일어나는 일을 잘 본다는 것은 또한 적을 잘 놓치지 않는다는 것을 의미했다. 인디애나주 코코모에 모인 청중 중에서 화난 표정을 지은 사람들을 발견한 케네디는 나중에 데이비드 브링클리 기자가 유세장 분위기가 나쁘지 않았다고 하자, "코코모 사람들은 저를 싫어해요!"라고 정정해 주었다.

케네디는 유세장에 걸린 팻말 내용도 읽고 기억했다. 하지만 케네디는 "사랑해요 바비!"나 "RFK와 끝까지 갑니다" 같은 응원 문구가 아니라, "무자비한 로버트 케네디, 뉴햄프셔 예비선거 때는 어디에 있었냐?", "머리카락만 길고 머리에 든 건 없는 인간" 같은 팻말에 신경을 썼다.

몬터레이를 떠난 케네디는 LA로 날아갔고, 그곳 공항에서도 사람들은 "바비!"를 외치며 달려왔다. 〈LA타임스〉는 바비의 차량 행렬은

"정치인에게 보여준 가장 열광적인 정치 행동"이었다며, "요란하게 환호성을 지르고 흥분한 청중으로 넘쳐난, 역사상 유례가 없을 정도의 장관을 연출했다"고 보도했다. 와츠에서 사람들은 떡갈나무 가지에 매달리고 차 위에 올라가 지붕을 찌그러뜨리기도 했다. 길거리에 모인 청중에게 케네디는 이렇게 연설을 시작했다.

"시민소요에 관한 국가위원회는 우리가 오래전에 알았어야 할 사실을 알려주었습니다. 바로 인종 불평등, 소수인종의 권리 박탈과 착취는 국가적인 문제라는 사실입니다. 이 문제는 남부 지역뿐 아니라 대도시에도 만연해 있습니다."

그런 말을 한 후에는 법질서를 강조하는 말을 덧붙였다.

"앨라배마 주민께 드린 말씀을 이곳 캘리포니아 주민께도 드리겠습니다. 미국인들 사이에 파인 골은 폭력을 조장하고 방화와 약탈을 하는 사람들이 메우지 못합니다."

또 다른 길거리 연설에서는 이렇게 말했다.

"저는 이 나라에서 증오와 편견이 사라지길 원합니다. 저는 베트남 전쟁에서 싸우고 미국으로 돌아온 젊은이를 정당하게 대우할 것을 맹세합니다."

연설을 들은 청중 중 한 사람은 데이비드 와이즈 기자에게 자신은 케네디에게 표를 줄 것이라며, 그 이유를 이렇게 말했다.

"와츠를 위한 것만이 아닙니다. 와츠만 잘 되라는 게 아닙니다. 나라 전체를 응원합니다. 누가 베트남에서 미국을 좀 **빼내** 줬으면 해요."

한 도심 집회에서는 베트남에 360억 달러를 쏟아부으면서도 학교 급식에 예산 배정을 하지 않는 미국 정부를 비난하자 1만 명에 달하는 치카노가 환호했다. 그리피스 공원에서 사람들은 조명 탑 위에 기어 올라가서 자리를 잡았고 야외 원형 극장을 가득 메워서 극장 주위의 언덕

　　　　　　　　　　　　　　제1부 출마 선언

비탈까지 사람들이 몰렸다. 연설하는 동안 케네디는 "백인들의 섬을 두려워하는 흑인들의 섬과 남부 사람들의 섬을 격렬히 반대하는 북부 사람들의 섬"에 대해 이야기하면서 이렇게 말했다.

"어쩌면 처음으로 미국의 국가 리더십이 미국 정신의 '어두운 충동'을 요구하고 있습니다. 의도적으로 그렇게 하는 것이 아니라, 지도층의 하는 행동과 남기는 선례들을 통해서 하는 겁니다. 정직과 진리, 명예 같은 것들을 그들의 행동을 이끄는 믿음이 아닌, 그저 연설문을 채우는 문구로만 사용하는 것이 그런 예입니다."

기자단은 야외극장에 늦게 도착했다. 고속도로에서 버스 한 대가 길을 잃어 분위기가 좋지 않은 상태였다. 기자들은 훗날 "어두운 충동" 연설로 불리게 될 이 연설을 비판하며 케네디를 공격했다. 〈타임〉은 케네디가 "대중선동"을 한다고 비난했고, 로버트 도노반은 〈LA타임스〉에 "전쟁이 격렬한 정치적 이슈가 될 때 논쟁과 선동은 그 차이가 모호해진다"라고 했다. 리처드 하우드는 청중들이 열광하기 때문에 케네디가 더욱 "대중선동에 가까운" 수사를 사용하게 되는지 궁금해했다. 케네디와 킹 목사가 암살당하고 베트남의 미라이 사건이 알려진 시점에서 '어두운 충동'이라는 말은 오히려 현실을 완곡하게 분석한 것일 수도 있고, 훗날 흔해진 정치적 수사와 비교하면 훨씬 더 완곡한 표현으로 보인다.

'대통령 만들기The Making of a President' 시리즈를 쓰기 위해 1968년 대선을 시간순으로 기록한 작가 시어도어 화이트는 와츠처럼 소수인종이 많이 사는 지역에서는 케네디의 선거유세가 사람들을 "무서울 정도로 열광"하게 만들어서 기자가 케네디와 같은 차에 타는 것도 두려웠다고 했다. 일부 백인 중산층에게는 케네디의 차량 행렬 모습을 텔레비전에서 보는 것만으로 소름 끼치는 일이었다. 그들에게 그런 장면은 케네디가 선동가라는 비판을 확인시켜 주는 것이었다. 텔레비전은 케네디가 진짜 선동가와 달리 자신이 말하는 바를 믿고 있다는 사실을 보여주지 못했다. 또한 케네디는 청중을 흥분시키는 선동가가 맞닥뜨리게 되는 여러 위험을 초래했지만, 그러면서도 청중으로부터 자기 안전을 지키기 위한 보안 조치를 전혀 하지 않았다.

케네디의 보좌관 중에도 '어두운 충동' 연설과 청중의 열광을 불안하게 느낀 사람들이 있었다. 피어 샐린저는 "끔찍할 정도로 공격적인 연설 톤"이 너무나 신경이 쓰인 나머지 워싱턴에서 케네디에게 전화를 걸었다. 더턴은 하우드를 불러 "선거운동을 뉴헤이븐이 아니라 브로드웨이에서 시작했다는 게 안타깝다"면서 존 F. 케네디의 경우 연설에서 과한 부분을 뺄 시간이 있었다는 점을 지적했다. 프랭크 맨키위츠는 청중들이 신체 접촉이 많고 열광적으로 변하고 있어서 기자 중에는 청중에게 깔리거나 강당 2층에서 밀려 떨어져 죽을지도 모른다고 우려하는 사람들도 생기기 시작했다고 걱정했다. 이런 비판에 케네디는 열기를 식히고 존슨 행정부에 대한 공격을 완화하는 쪽으로 대응했다.

캘리포니아를 떠난 후 케네디는 사흘간 오리건, 워싱턴, 아이다호, 유타, 콜로라도, 네브래스카를 방문했고 마지막으로 3월 28일 저녁 인디애나폴리스에 도착했다. 5월 7일에 열릴 인디애나 예비선거에 등록하기 위한 청원서를 제출하기 위해서였다. 그런 다음, 인디애나주에서 선거운동을 이끄는 젊은 변호사 마이크 라일리와, 후보등록을 위한 서명을 받는 자원봉사자인 빌 슈라이버와 루이스 메이헌을 호텔방에서 만났다.

케네디를 본 메이헌은 충격을 받았다. 케네디는 일주일간 유세를 한 뒤에 손이 퉁퉁 부었고, 벌겋게 긁힌 자국이 팔까지 이어졌을 뿐 아니라, 후두염에 시달리고 있었다. 메이헌은 정국 상황에 대해 브리핑하는 동안 케네디가 하도 뚫어지게 쳐다보는 바람에 마치 두개골 뒤를 보는 것 같은 느낌을 받았다고 했다. 케네디는 인디애나 각 선거구 투표 용지에 자기 이름을 넣는 데 필요한 서명을 모으는 데 문제가 없었냐고 쉰 목소리로 물었다. 메이헌은 서명을 쉽게 모았다면서, 심지어 공화당 우세 선거구에서도 아주 쉬웠다고 했다. 메이헌은 워싱턴의 정치인들은 사람들이 존슨 대통령을, 심지어 인디애나에서도, 얼마나 싫어하는지 모른다고 생각했다.

인디애나에서 청원서 서명을 받기 쉬웠다는 사실은 선거운동 중에 들은 유일하게 실체를 확인할 수 있는 좋은 소식이었다. 대규모의 열광적인 인파가 유세장을 찾았지만 영향력 있는 정치인 중 단 한 명도 공개적인 지지 표명을 하지 않은 상황이었기 때문이었다. 덴버 민주당 의장인 데일 툴리의 반응이 전형적이었다. 덴버 지역 유세에서 8500명, 유세차량이 지나는 길에 1만 명을 끌어모았지만 툴리는 기자들에게 "경험이 많은 정치인은 연설을 한 번 듣거나 한 번 만났다고 해서 쉽게 마음을 바꾸지 않죠"라고 했다. 평소 케네디를 응원한 잭 뉴필드도 툴리의 평가에 동의하는 듯 보였고, 〈빌리지보이스〉 기사에서 케네디가 앞으로 있을 민주당 전당대회의 "전체주의적 계산"에서 이기지 못할 수도 있다고 내다보았다.

그래도 케네디는 예비선거에서 자신의 힘을 입증할 수 있을 때까지 일부 민주당원들이 다른 후보에 대한 지지 의사를 밝히지 않고 중립을 유지하도록 설득한 것 같다. 케네디를 취재하던 기자들은 선거유세를 통해 사람들이 흔히 생각하던 무자비하고 기회주의적인 바비 케네디의 이미지가 자신들이 목격한 수줍음이 많고 재치 있는 모습과 일치하지 않는다는 사실을 깨달았다. 케네디는 유세 기간에 사람들이 형 케네디를 기억하기 위해 찾아오기보다 자신을 응원하러 온다는 것을 믿게 되었다.

바비 케네디가 형의 그늘에서 벗어나는 건 힘든 일이었다. 알링턴 기념교를 건널 때마다 케네디는 형의 묘지에서 꺼지지 않고 타는 불꽃을 보았다. 상원에서 연설하러 나설 때마다 같은 공간에서 형의 연설을 들어서 형의 연설과 자신의 발언을 비교할 것이 분명한 사람들과 마주했다. 형의 그늘에서 거의 벗어날 뻔했던 때는 1964년 봄 워싱턴을 떠나 폴란드를 방문하고, 1966년 남아프리카에서 학생들을 상대로 연설하고, 상원의원 시절 인디언 보호 구역과 이주 노동자 단지를 방문하면서 자신만의 이슈를 만들어 나갈 때였다.

선거운동 첫 주에는 때때로 형 케네디를 떠올리는 연설을 했다. 캔자스주 토피카 공항에 모인 청중들에게 "이 나라를 다시 앞으로 나아가게 해야 하는 상황이 되었을 때 미국인과 전 세계인은 존 F. 케네디를 바라보았습니다"라고 말했고, 캔자스주립대 학생들에게는 "케네디 대통령이 말했듯, 여러분이야말로 현재에 가장 덜 얽매여있고, 미래와 가장 많이 연결된 사람입니다"라고 했다. 밴더빌트대학교에서도 같은 연설을 하자 내슈빌의 한 신문은 "RFK 방문, 고 케네디 대통령 연설 떠올리게 해" 같은 제목을 단 기사를 내기도 했다.

보좌관들은 케네디 대통령을 너무 자주 언급하는 것이 역풍을 불러일으킬까 봐 우려했다. 아서 슐레진저는 존 F. 케네디에 대한 "엄청난 향수"가 있더라도 "그런 향수를 이용하거나 조장하는 것처럼 보이는 모든 행위에 대해 크게 잠재된 반감"도 있다고 경고하는 글을 보내기도 했다. 슐레진저의 지적을 입증하듯, 케네디 대통령의 열광적인 팬이었던 칼럼니스트 머레이 켐프턴은 "고인이 된 위인을 환기하는 것과 시체팔이를 하는 건 다르다. 케네디 상원의원은 둘의 차이를 끔찍할 정도로 모르는 것처럼 보인다"라고 썼다.

제1부 출마 선언

케네디는 자신이 죽은 형을 환기시키지 않는 게 불가능하다고 불평했다. 형과 말투가 같고, 둘 다 대선에 출마했을 뿐 아니라 형 밑에서 일한 보좌관들을 데리고 같은 지역을 돌며 선거운동을 했다. 형에 대한 기사를 쓴 언론인이 자신에 관한 기사를 쓰고 있었기 때문이다. "카멜롯에 다시 집결하라. 카멜롯은 귀환한다", "뉴이미지 1968, 다시 카멜롯으로" 같은 팻말들이 캘리포니아주 새크라멘토에서 케네디를 맞이했다. 그가 현장을 떠난 후 신문에는 "바비 케네디 새크라멘토 방문, 케네디 대통령의 발언 환기시켜"라는 헤드라인이 등장했다. 인디애나주 미셔와카에서는 한 지지자가 "존 F. 케네디가 대통령일 때는 그를 좋아했습니다. 이제는 바비를 좋아할 겁니다"라고 외치며 유세장의 분위기를 띄웠다. 아이오와주 대븐포트의 한 일간지 기사는 이렇게 시작했다.

"1960년 10월 어느 화요일 바비 케네디의 형 존 F. 케네디가 2번가와 메인 스트리트에서 연설했을 때 약 1만 명의 군중이 몰렸다. RFK도 같은 장소에서 연설할 예정이다."

바비 케네디로서도 케네디 대통령을 떠올리지 않는 것은 불가능했다. 죽은 형이 쓴 책에 사인했고, 형의 이미지가 그려진 퀼트와 그림을 선물로 받았다. 1960년 자신의 지역구에서 형을 맞이한 정치인들은 형이 선물로 준 PT109 넥타이핀을 착용하고 형이 방문한 강당과 법원 청사 광장에서 바비를 맞이했다. 바비 케네디는 형이 1960년 선거운동을 시작한 장소인 디트로이트의 존 F. 케네디 광장에서 유세했고, 존 F. 케네디라는 이름이 붙은 거리와 고속도로를 이용해 이동했다. 오픈카의 뒷좌석에 앉아있을 때면 항상 (형이 암살당한) 댈러스에서의 환영인파를 떠올렸다.

바비는 포틀랜드에서 유세장에 나온 형 케네디의 선거운동원들을 알아보았다. 오마하의 흑인 동네에 선거 사무소를 열었는데, 사무소 창문에는 "케네디는 백인이지만 괜찮아요", "이전에 다른 케네디가 문을 열었어요"라는 글이 적혀 있었다. 오마하의 한 유세장에서는 바비 케네디를 "행복했던 시절의 기억을 떠올리게 하는 사람"으로 소개했고, 인디애나주에서 열린 집회에서는 한 변호사가 다음과 같은 말로 케네디를 소개했다.

"몇 년 전 케네디라는 이름의 젊은 정치인이 … 잭슨 카운티 전역에서 여러 사람의 마음을 사로잡기 시작했습니다. … (이제) 케네디라는 이름의 또 다른 정치인이 같은 장소에 서서 잭슨 카운티 전역에서 주민들의 마음을 사로잡기 시작했습니다."

유타주 솔트레이크시티에서는 바비 케네디를 "명예 존 F. 케네디"로 소개했고, 미시간주 그랜드래피즈에서는 치어리더들이 실수로 "1968년 JFK 대통령! 1968년 JFK 대통령!"이라는 구호를 외치다가 깜짝 놀란 한 여성의 제지를 받기도 했다.

이런 혼란은 당연한 일이었다. 두 형제는 케네디 가족의 특성을 공유했고, 자라면서 동생이 형을 닮아가는 것은 자연스러운 일이었다. 두 사람 모두 긴장하면 다리를 떨고 손으로 이를 두드렸고, 사람들과 가볍게 이야기할 때면 질문하는 습관이 있었다. 둘 다 현금을 잘 가지고 다니지 않고 운동을 좋아했다. 둘 다 기자와 유명인을 좋아하고 일 년 내내 피부가 햇볕에 그을려 있었다. 두 사람 모두 자주 샤워를 했고, 하루에 많게는 다섯 번 셔츠를 갈아입었으며, 좋아하는 음식에 집착했다. 잭은 클램차우더를, 바비는 초콜릿 시럽을 얹은 초콜릿 아이스크림을 즐겼다. 둘 다 시를 암송했고, 인용할 문구를 메모해서 연설문에 사용했으며, 개탄스러운 상황을 이야기할 때 "우린 더 잘할 수 있습니다!"와 "그건 용납할 수 없습니다!"라는 말로 연설을 맺었다. 소비와 안락

함보다는 시민적 덕성을 더 중요하게 여겼고, 미국인이 쇼핑과 소비만 즐기는 존재 이상이 되기를 원한다고 믿었다. 바비는 가치와 행복을 측정하는 도구로서 GNP를 사용하는 것을 비판한 반면, 형인 잭은 "가진 자와 못 가진 자의 경쟁"을 언급하면서 때로는 연설문에 T.S. 엘리엇의 〈바위The Rock〉에 나오는 다음과 같은 시구를 인용했다.

"그리고 바람이 말하기를, '이 사람들은 품위 있는 사람들이라네. 그들을 보여주는 기념비적인 것은 아스팔트가 깔린 도로와 잃어버린 골프공 1000개라네.'"

잭은 미국들에게 "(국가에) 무엇을 해달라고" 하지 말라는 연설을 했고, 바비는 그들에게 "물질적인 것들을 축적"하기보다 "개인의 우수성과 공동체의 가치"를 추구할 것을 촉구했다.

둘 다 대중 연설에서 긴장했고 말이 빨랐다. 둘 다 준비된 연설문을 읽을 때는 딱딱했고, 즉흥 연설을 더 잘했다. 케네디 대통령이 질문에 답할 때는 "항상 예리했고, 재기가 넘쳤으며, 아주 확신에 찼다"는 한 전기작가의 평가는 바비에게도 해당했다.

둘 다 비판하는 사람들을 자기 비하적인 유머로 무장 해제시켰다. 잭의 재치는 연습한 것에 가깝다면 바비의 경우 좀 더 즉흥적이었다. 잭은 바비를 법무부 장관에 지명한 뒤, 동생에게 "약간의 법률적 경험"을 주는 것이라고 농담했다. 바비가 자신을 웃음거리로 만들었다고 불평하자, 잭은 "정치판에서는 자기 약점을 자기가 조롱해서 사람들이 함께 웃게 해야 해. 자기 자신을 놀림감으로 만들면 사람들을 네 편으로 만들 수 있어"라고 답한 적이 있다. 바비는 자신의 선거운동을 하면서 형의 이 충고를 기억했다.

잭의 세련됨과 매력을 좋아했던 잭의 친구들은 바비가 지나치게 자신만만하고 무례하다고 생각했다. 과거에 잭을 싫어한 남부 사람들은 바비를 잭보다 더 싫어했다. 조지프 매카시 의원에 대한 불신임 투표에 불참했다는 이유로 잭을 용서하지 않은 리버럴들이 매카시 밑에서 일한 바비를 용서할 리가 없었다. 그동안 순교자라는 이미지 때문에 존 F. 케네디의 명성이 어느 정도 지켜졌지만, 바비 케네디의 출마로 그 이점은 사라져서 "케네디 혐오층"도 다시 전의를 불태우기 시작했다.

캘리포니아주 새너제이의 한 공원에서 진행된 유세를 목격한 기자들은 두 형제의 차이점에 대해 다음과 같이 이야기했다. 한 사진기자는 잭 케네디와 함께 여러 번 유세 현장을 다니면서도 후보를 제대로 안다는 느낌이 없었다. 하지만 바비의 경우는 훨씬 마음이 따뜻했고 속마음도 겉모습과 크게 다르지 않다고 했다. 어떤 기자는 잭 케네디가 바비보다 훨씬 매력적이었지만 더 거리감이 있었고 때로는 다소 냉소적이었다고 생각했다. 또 다른 기자는 둘 사이의 큰 차이점은 사람들이 케네디 대통령을 만져보고 싶어 했지만 바비는 붙잡아보고 싶어 하는 것이라고 했다.

친구들은 잭은 "쿨"하고 바비는 "열정적"이라는 표현으로 둘을 구분했다. 벤 브래들리(워터게이트 보도를 주도한 〈워싱턴포스트〉 편집국장─옮긴이)에 따르면 잭 케네디는 늘 감정을 통제했지만, 바비는 불의를 보면 격정적으로 바뀌는 등 좋은 의미에서 자주 냉정함을 잃었다. 아서 슐레진저는 JFK가 "이성적이고 침착한 인물"이라면 RFK는 "열정적이고, 직설적이며, 까칠한" 인물이라고 했다. 또한 JFK가 현실을 수용한 반면 RFK는 저항했다고 생각했다. JFK는 "로맨티시스트로 가장한 현실주의자"였고, RFK는 "현실주의자로 가장한 로맨티시스트"였다. 두 사람의 연설보좌관으로 일한 존 바틀로우 마틴은 JFK가 때로는 자신이 한 공개적인 발언을 두고 사적인 놀림감으로 삼았지만, 자신이 한 말을 진짜로 믿었던 RFK는 절대 그렇게 하지 않았다고 했다. 그러면서 "잭은 결단

제1부 출마 선언

력이 있는 리더라는 인상을 주었지만, 바비는 자기가 옳은지에 대해 (형보다) 덜 확신했고, 더 주저했으며, 더 의심하고, 그런 사실에 대해 아주 솔직해 보였다"라고 덧붙였다. 두 사람 밑에서 언론보좌관으로 일한 피어 샐린저는 "존 케네디는 사람들에게 아주 친근하게 대했지만 속으로는 아주 냉정했다면, 바비 케네디는 겉으로 냉정했어도 속마음은 부드러웠다"라고 했다. 그는 JFK가 "대단한 인물"이었지만, RFK는 "미국에서 삶의 근본을 바꾸고 싶어 했던 혁명가"였다고 했다.

선거유세가 계속되면서 바비 케네디는 형과 거리를 두었다. 캘리포니아주에서 누군가 "바비는 잭이 아니다!"라고 적힌 팻말을 흔드는 것을 본 바비는 "내가 형이 되려는 것도 아닌데"라고 중얼거렸다. 쿠바 미사일 위기나 핵확산금지조약 비준, 평화봉사단 같은 케네디 대통령의 업적을 언급할 때도 바비는 케네디 대통령을 언급하는 것을 피했다. 캘리포니아 유세에서는 형 케네디의 정책으로 잘 알려진 우주탐사 프로그램을 무시하는 듯한 발언을 하기도 했다.

"인간이 달에서 걷게 하는 것은 중요하다고 생각합니다. 하지만 이 나라의 수도를 비롯한 여러 도시에서 사람들이 밤거리를 안전하게 걷게 하는 것이 더 중요하다고 생각합니다."

그러면서 우주탐사 프로그램 예산과 복지 예산 중 하나의 예산을 반드시 삭감해야 한다면 우주탐사 프로그램의 예산을 줄이겠다고 덧붙였다. 유타주의 오그던에서는 학생들에게 "뉴프론티어가 제시한 답이 미래의 문제에도 꼭 적용되는 것은" 아니라며, 자신은 "뉴프론티어 정책이 이전 세대의 문제를 해결하려고 했을 때보다 지금 세대의 문제를 더 잘 해결"하겠다고 약속했다. 브리검영대학교에서도 같은 기조의 발언을 했다. 뉴딜과 뉴프론티어 정책이 현 상황에 맞지 않다며 "과거에 얽매일 것이 아니라 미래를 위한 새로운 가이드라인을 찾아야 한다"고 주장한 것이다.

(케네디가 처음으로 뉴프론티어를 낡은 정책이라고 판단한 것은 1966년 하원의원 선거운동을 할 때였다. 당시 케네디는 피터 에델먼에게 이렇게 말했다. '1960년과는 정말 아주 달라요. 1960년에 힘들게 산 것처럼 보였던 사람들이 지금은 전부 자가용을 몰고 있습니다. 자기 차로 유세장에 올 수 있어서 쇼핑센터 주차장에서 유세해도 다들 아주 편하게 생각하죠. 대화를 나눠보면 사람들이 주로 걱정하는 문제가 지금은 자신들이 누리는 편안함을 위협하는 문제라는 생각이 듭니다." 그러면서 직접 얼굴을 맞대고 대화할 수 있다면 그들이 지금보다 조금 덜 편하게 느끼도록 만들 수 있다고 생각한다는 말을 덧붙였다.)

로버트 케네디는 3월 25일 저녁 포틀랜드에서 실시한 영국 방송인 데이비드 프로스트와의 인터뷰에서도 뉴프론티어 정책과 거리를 두는 발언을 이어나갔다. "우리는 다른 시대를 살아가고 있습니다"라며 자신은 "1963년에 일어난 일이 아니라 1968년에 일어날 일"에 대해 걱정한다고 한 것이다. 뉴프론티어가 "지나간 삶의 일부"라고 하면서 "1963년 11월까지 모든 삶이 케네디 대통령을 중심으로" 이루어졌음을 인정하면서도, 댈러스에서 케네디 대통령이 암살된 후에는 "다른 역할을 해야 했습니다. 그때 제게 있던 것이 이제는 없기 때문입니다"라고 했다.

케니 오도널, 테드 소렌슨, 피어 샐린저처럼 1960년 케네디의 대통령 선거운동에 참여한 뒤 케네디 정부에서 일한 뉴프론티어 베테랑들은 워싱턴에 있는 바비의 선거 본부에서 일한 반면, 1963년 이후 미국이 어떻게 변했는지 더 잘 이해한 더턴, 맨키위츠를 비롯해 좀 더 젊은 보좌관들은 바비와 함께 유세장을 돌아다녔다. 형 케네디의 보좌관들과 보내는 시간이 더 적어지고, 자신의 보좌관들과 보내는 시간이 더 많아지면서 뉴프론티어와는 점점 더 거리를 두게 된 것이다. 케네디는 짐 톨런에게 이렇게 말했다.

"나이 많은 사람 중 몇몇을 상대할 때는 인내심이 필요해요. 1960년 형의 선거운동을 함께 했던 사람들은 그 후에 벌어진 현상을 이해하지 못해요."

톨런은 케네디가 유세 기간 중 처음에는 청중이 형 케네디의 업적에 환호하는 건지 자신의 공약에 환호하는 건지 판단하지 못해 힘들어 했지만, 결국 그들의 환호가 형이 아닌 자신을 향한 것이라고 결론을 내리고는 큰 카타르시스를 느꼈다고 믿는다. 톨런이 생각하기에 그런 변화의 결정적인 순간은 3월 26일, 케네디와 함께 워싱턴대학교 캠퍼스를 가로질러 강당으로 걸어갈 때 찾아왔다. 갑자기 청중석에서 뛰쳐나온 누군가가 쫓아와서는 케네디의 PT109 넥타이핀을 낚아채서 도망갔다. 1965년 가을 케네디와 톨런이 뉴욕시 브롱크스에서 민주당 시장 후보를 위한 선거운동을 하던 중에는 한 소년이 케네디의 PT109 넥타이핀을 가져가려고 했다. 소년의 손을 잡은 케네디는 소년의 눈을 똑바로 보며 부드러운 목소리로 "이건 형한테 받은 거니까 안 가져갔으면 좋겠어"라고 말했다. 그 뒤로 케네디는 형 케네디가 준 넥타이핀이 아닌 또 다른 PT109 넥타이핀을 달았고, 유세장에서 분실할 때를 대비해 여유분으로 넥타이핀 한 상자를 갖고 다녔다. 하지만 이날 오후 시애틀에서 케네디는 여분의 넥타이핀을 전부 호텔방에 두고 왔다. 케네디와 톨런이 강당 입구에 도착했을 때, 케네디는 톨런이 달고있는 PT109 넥타이핀을 빌려달라고 했다. 톨런이 말했다.

"안돼요, 바비"

케네디가 이해가 안 된다는 표정을 짓자 톨런이 마지못해 말했다.

"좋아요, 빌려줄게요. 하지만 돌려줘야 해요."

케네디는 몇 초간 멍하니 톨런을 쳐다보았고 마침내 미소를 짓고는 말했다.

"아, 알겠어요. 이거 형이 준 거죠? 그쵸?"

"아뇨"

톨런은 잠시 가만히 있다가 덧붙였다.

"의원님이 제게 준 겁니다."

케네디는 천천히 몇 번을 고개를 끄덕이고는 미소를 짓다가 활짝
웃었다. '마침내 얻은 자유 유세'는 이틀간 뉴멕시코주와 애리조나주
를 방문하면서 끝났다. 3월 31일 케네디는 애리조나주 피닉스에서 뉴
욕으로 돌아왔다. 비행기의 기장이 존 F. 케네디 국제공항에 다 왔다고
안내하자, AP통신 기자 조 모배트가 케네디에게 말했다.

"형의 이름을 딴 공항에 착륙하면 감회가 남다르겠어요."

그러자 케네디는 이렇게 답했다.

"전 그냥 원래대로 아이들와일드 공항이라고 불렸으면 좋겠어요."

# 제2부

# 죽음의 그림자

---

"PROPHETS GET SHOT"

# 4장

# 좋았던 시절

---

1968년 3월 31일~4월 4일

로버트 케네디가 탑승한 비행기가 죽은 형을 기념해 케네디라고 이름 붙인 공항에 착륙하기 위해 접근하는 동안 존슨 대통령은 TV 연설을 했다. 이 연설 때문에 바비 케네디는 그동안 주장해온 두 가지 주요 이슈를 더 이상 선거운동에서 거론할 수 없게 되었다. 하나는 미국인의 지지를 받지 못하는 베트남 전쟁이고, 다른 하나는 그런 베트남 전쟁을 고집스럽게 수행하는 인기 없는 대통령이었다.

존슨은 북베트남에 대한 공습을 중단하고 대화를 통한 해결에 나서겠다고 발표했다. 존슨의 발표 내용은 케네디가 주장해오던 것이었다. 그러고는 케네디 대통령의 취임 연설을 인용하면서 이렇게 말했다.

"하지만 지금 우리 세대가 '자유의 생존과 성공을 보장하기 위해 어떤 대가라도 치르고, 어떤 부담이라도 떠안으며, 어떤 고난도 감수하고, 어떤 우방이라도 지원하고, 어떤 적과도 싸울' 것임을 믿습니다. 이 점에 있어서 1960년대 초와 다르지 않습니다."

그러면서 "케네디 대통령이 이 말을 한 뒤로 미국인들은 인류의 숭고한 목적에 충실했습니다"라고 덧붙였다. 물론 이 말은 로버트 케네디는 그렇지 않았다는 의미를 내포했다. 존슨은 어떤 대통령도 연설에서 한 적 없었을 만큼 깜짝 놀랄 발표를 했다.

"저는 제게 주어진 시간 중 하루도, 한 시간도 제 개인의 편파적인 의도를 가진 일에, 대통령직이라는 중요한 임무가 아닌 일에 사용해서는 안 된다고 생각합니다. 따라서 저는 재선을 위한 대선 후보로 출마하지도, 후보 지명을 수락하지도 않겠습니다."

케네디가 탄 비행기가 게이트에 도착하자마자 뉴욕주 민주당 의장인 존 번스가 비행기에 뛰어 올라와서 소리쳤다.

"대통령이 불출마합니다! 대통령이 불출마한대요!"

케네디는 깜짝 놀라 좌석에서 일어나다 말고 다시 주저앉아 번스에게 다시 말해 달라고 요청한 뒤에 이렇게 말했다.

"믿어지지 않네요."

케네디는 보좌관들과 존슨의 불출마 가능성에 대해 논의한 적은 있지만, 아무도 그럴 가능성이 있거나 그런다고 해도 그렇게 일찍 결단하리라고 생각하지 않았다. 케네디는 〈LA타임스〉의 리처드 도어티 기자에게 의견 표명을 해야 하는지 물었다. 전직 할리우드 통신원이었던 도어티가 말했다.

"존슨 대통령의 발표를 직접 들은 것이 아니니 지금으로서는 아무런 말을 하지 않는 게 현명할 겁니다."

케네디가 게이트를 지나 걷는 동안 도어티가 "노 코멘트. 노 코멘트"라고 중얼거렸다. 케네디 포스터를 흔들던 한 할머니가 "의원님이 우리의 다음 대통령입니다! 우리의 다음 대통령이에요!"라고 외쳤다.

도어티는 조언을 해준 대가로 케네디와 같은 차를 타고 맨해튼으로 이동할 수 있었던 것 같고, 물론 단독 인터뷰를 기대했다. 나중에 도어티는 당시 차 안에 있던 사람들에게서 "흥분을 느낄 수" 있었다고 했지만, 정작 케네디는 이동하는 동안 대부분 말없이 창밖을 바라보고 이렇게 한마디만 했다.

"제가 출마 안 했어도 존슨이 불출마 선언을 했을까요?"

사람들은 존슨이 뉴햄프셔에서 시원찮은 성적을 보인 뒤 당 지도부의 신뢰를 잃었고, 4월 2일 위스콘신 예비선거에서도 또다시 굴욕적인 패배를 당할 것으로 예상해서 재선에 나서지 않기로 했다고 생각했다. 나중에 알려진 사실이지만 존슨은 두 번째 임기를 하게 되면 건강 악화로 일찍 죽을 것을 걱정했다. 존슨은 험프리 부통령에게 자기 가족 가운데 젊은 나이에 심장병으로 죽은 남자가 많다고 했다. 또한 케네디가 캔자스에서 유세 활동을 한 3월 18일, 존슨이 사람들 사이에 '현인'이라고 불리던 퇴역 장교와 정치인 아홉 명과 베트남 전쟁을 평가하는 모임을 한 것으로도 알려졌다. 강경파가 중심이 된 이 그룹은 전년 11월 모임에서 베트남 정책을 유지할 것을 권했었다. 하지만 3월 18일 모임에서는 전쟁에서 이길 수 없고 북베트남을 폭격하고 남베트남에 미군을 증원해도 결과에 별다른 영향을 미칠 수 없다고 결론 내렸다. 그 말에 존슨 대통령은 충격을 받았다. 베트남 전쟁에 대한 비관적 평가, 뉴햄프셔 예비선거 결과, 건강에 대한 우려가 모두 존슨의 불출마 결정에 영향을 미친 것은 분명하지만, 케네디의 출마가 가장 결정적인 요인이었을 거라는 케네디의 생각도 사실임이 드러났다. 퇴임 뒤 존슨은 역사학자 도리스 케언즈 굿윈에게 이렇게 말했다.

"내가 대통령이 된 첫날부터 우려했던 일이 실제로 벌어진 것이 그런 결정을 하게 된 마지막 결정타였습니다. 로버트 케네디는 자기 형을 기리는 의미에서 대통령직을 되찾겠다고 공개적으로 선언했고, 미국인들은 케네디라는 이름의 마술에 홀려 거리로 뛰쳐나와 춤을 췄습니다."

케네디는 UN 플라자 아파트 건물 앞에 모인 기자들에게 다음 날 아침에 성명을 발표하겠다고 밝혔다. 위층에서는 즉흥적인 축하 행사가 이미 진행되고 있었다. 케네디의 친구와 보좌관 다수는 이날 저녁 당 지도부가 케네디에게 줄을 설 것으로 생각했다. 몇 주 전 프랭크 맨키위츠는 존슨이 불출마하면 존슨을 지지하는 대의원들이 "하루 만에" 케네디에게로 갈 거라고 〈타임〉의 헤이즈 고리에게 말했다. 케네디의 냉철한 의원 보좌관 조 돌런도 아파트 방을 분주하게 오가며 "오늘 밤 내로 사실상 후보 지명을 확보할 수 있을 것"이라고 말했다. 존 번스는 아파트에서 나서면서 기자들에게 이렇게 말했다.

"개인적인 느낌으로는 존슨의 불출마로 케네디가 차기 대통령이 될 겁니다."

케네디는 좀 더 신중했다. 축하하기에는 "시기상조"라며 아내 에설에게 코르크가 열리는 소리가 나지 않도록 샴페인 대신 스카치를 대접하라고 했고, 보좌관 밀턴 그워츠먼에게 분위기를 진정시키는 일을 도와 달라고 했다. 산악인 짐 휘태커가 전화해서 축하한다고 하자, 케네디는 "일이 그렇게 쉽게 되지는" 않는다고 대답했다.

훗날 위스콘신 주지사가 되는 팻 루시는 인디애나에서 케네디의 선거운동 자원봉사자로 일하고 있었다. 그는 존슨의 불출마 소식을 듣고 "됐어! 바비가 지명될 거야"하고 생각했다. 루이스 메이헌은 인디애나 주 선거 캠프 사람들이 "너무 좋아서 어쩔 줄 몰라 했다"고 기억한다. 그는 인디애나폴리스 시내에 있는 매로트 호텔방에서 존슨의 연설을 봤고, 옆 방에 있던 테드 케네디는 치킨 샌드위치를 먹고 있었다. 연설 중에 존슨의 폭탄선언을 들은 테드는 함성을 지르다가 들고 있던 치킨

조각을 떨어뜨렸다. 테드는 샌드위치를 든 채 메이헌의 방에 불쑥 들어갔다. 두 사람은 바비가 머무는 아파트에 전화를 걸려고 했지만 통화 중이어서 시내에 있는 마이크 라일리의 변호사 사무실로 가기로 했다. 사무실에 있는 여러 전화기를 사용해서 케네디 쪽으로 넘어올 민주당 거물들에게 연락하려는 것이었다.

두 사람은 세 시간에 걸쳐 중서부의 보수적인 상원의원과 대도시 민주당 거물, 바비를 싫어하는 남부 상원의원, 바비를 좋아하는 북부 주지사, 그리고 이렇게 된 이상 차라리 험프리 부통령이 대선 출마하기를 바라는 존슨 대통령 지지자에게 전화를 걸었다. 데일리 시장에게도 여러 번 전화를 걸었지만 그때마다 보좌관이 바쁘다는 이유로 바꿔주지 않았다. 다들 전화는 정중하게 받았어도 모호한 태도를 보였다. 단한 명의 주지사나 의원도 공개적으로 선뜻 지지 표명을 하지 않았다. (며칠 후 메릴랜드주 상원의원인 조지프 타이딩스와 오하이오주 상원의원인 스티븐 영이 지지 의사를 밝혔지만, 보좌관들이 기대한 것처럼 지지표명이 쏟아지지는 않았다.) 테드 케네디는 인디애나폴리스 시내를 통과해 호텔로 돌아오면서 연신 "깜짝 놀랄 만한 상황 전개야! 깜짝 놀랄 만한 상황 전개야!"라고 말했고 밝게 불 켜진 던킨도너츠 매장을 지나면서는 이런 말을 했다.

"올해는 정말 흥미진진하군! 앞으로 또 무슨 일이 일어날까?"

바비도 당 중진들에게 비슷한 전화를 해서 조심스럽게 이런 말을 했다.

"불출마 선언으로 분명히 상황이 바뀔 겁니다."

"잘 좀 고려해 주셨으면 합니다."

"개인적으로 말씀드릴 기회가 있을 때까지만 다른 후보에 대한 지지선언을 보류해주시면 좋겠습니다."

다음 날 아침 신문에는 이런 헤드라인이 실렸다.

"존슨 불출마로 험프리 출마 가능."

"현 정부 지지자 이제 험프리에 기대."

테드 소렌슨에 따르면 케네디가 이런 불평을 했다고 한다.

"재계와 노동자, 진보진영, 남부 주민, 당 중진, 지식인을 단결시킨 유일한 후보가 저군요. 그 사람들이 한목소리로 저를 싫어하거든요."

그렇게 전화를 걸어도 단 한 명의 지지도 얻지 못한 것을 보면 케네디의 불평이 빈말이 아님을 알 수 있다. 어쩌면 너무 밤늦게 전화를 해서 이미 잠자리에 든 사람들을 깨운 것은 성급한 행동이었고, 존슨이 불출마 선언을 하자마자 연락한 것이 부적절했을 수도 있었다. 케네디가 이날 저녁 미국을 휩쓴 흥분감에 같이 들떠서 했던 실수라고 이해할 수도 있을 것이다. 존슨 대통령의 불출마 선언에 가장 기뻐한 것은 반전 운동 활동가와 입대를 앞둔 남자 대학생이지만, 미국 중산층도 대통령의 재선 불출마 선언이 미국의 정치 시스템이 제대로 작동하는 증거로 보았다. 다음날 신문 사설은 존슨의 지혜와 용기를 높게 평가했고 주가도 뛰었다. 전 국민이 케네디 대통령의 취임 때와 비슷한 종류의 행복감을 강렬하게 느꼈다. 하지만 케네디 취임 때의 기쁨이 여러 달 지속되었다면, 이번에는 나흘 만에 끝났다. 이런 분위기가 가장 극적으로 드러난 것은 4월 4일 존슨 대통령이 세인트 패트릭스 성당에서 열린 쿡 대주교의 서임식에 참석했을 때였다. 전년 12월 스펠먼 추기경의 장례식에 참석하기 위해 성당을 방문했을 때만 해도 참석한 신도들은 존슨 대통령을 냉담하게 맞이했지만, 이번에는 기립박수를 쳤다.

다음 날 아침 케네디는 외신기자클럽에서 기자 회견을 했고, 존슨 대통령에게 보낸 칭송하는 내용의 전보를 소리 내 읽으면서 회견을 시작했다. 케네디는 존슨의 불출마가 "진심으로 아량 있는" 결정이라고 평가하고, 국가 통합을 위해 함께 일할 방법을 논의할 만남을 "정중하게, 그리고 진심으로" 요청한다고 했다. 전보를 다 읽은 후에는 존슨 대통령의 "용기와 관용의 정신"을 칭찬하는 준비된 연설문을 읽었다. 한 기자는 케네디가 "멍한" 표정이었다고 했다. 사실 그보다는 그 자리가 케네디에게는 불편하고 당혹스러웠을 가능성이 크다. 존슨 대통령이 불출마하고 베트남 문제가 해결되는 것 같은 상황에서 어떤 이슈를 강조할 거냐는 질문을 받자, 갑자기 생기가 돌아온 케네디는 단호하고 확신에 찬 목소리로 말했다.

"미국 도시의 위기, 인종 갈등, 빈부 격차가 심해지는 복잡한 사회 문제입니다."

몇 시간 뒤 짐 스티븐슨은 케네디와 함께 브루클린에서 열리는 미팅 장소로 가기 위해 차를 탔다. 케네디는 잡지를 훑어보고 다른 탑승자와 몇 마디를 나눴고, 이스트강 강변도로에서 "꼭 이기세요, 바비!"라고 소리치는 택시 운전사에게 손을 흔들었다. 나머지 이동 시간 내내 창밖을 쳐다보았는데 그 모습을 짐 스티븐슨은 이렇게 기록했다.

"케네디는 조금씩 외부 세계를 버린다. 잡지를 치우고, 시가 담배를 잊고, 껌을 씹겠냐고 해도 못 들었다. 케네디는 완전히 혼자다."

하지만 "케네디의 침묵은 수동적이지 않았고 강렬했다. 얼굴을 반쪽밖에 볼 수 없었지만 아무것도 하지 않는 케네디의 얼굴을 보는 것은 흥미롭다. 가까이서 본 그의 얼굴 골격은 강했다. 낭비되는 것이 없어서 얼굴의 어느 구석도 그냥 놔두거나 사용하지 않는 부분이 없었다. 어떤 목적에든 사용되고 있었다."

4월 1일은 새로운 정치 지형에 적응해야 하는 시점이었다. 3월 31일과 4월 4일 사이에 진행된 케네디의 선거운동은 "방향성이 없고", "허둥대는" 같은 단어로 설명되었다. 사적인 자리에서 케네디는 이런 불평을 했다.

"다시 모든 걸 시작하는 게 쉬운 일이 아니야. 옳다고 확신하는 싸움을 해왔는데 하룻밤 사이에 싸울 대상이 사라져버렸어."

4월 1일 의원보좌관인 카터 버든이 필라델피아로 가는 비행기를 타러 가는 케네디를 차에 태워 공항으로 갈 때였다. 버든은 케네디가 이상하리만큼 말수가 적다는 생각이 들었다. 존슨의 불출마 선언이 선거운동의 생동감과 재미를 앗아간 듯 보였다.

베트남전 반전 이슈가 사라진 것이 케네디에게 가장 큰 타격이었다. 케네디는 친구이자 칼럼니스트인 아트 부크월드에게 자신이 경선에서 이기려고 반전 문제에 기댔는데, 이제 "큰 곤경"에 빠졌다고 털어놓았다.

형 케네디 대통령의 집권 기간 내내 바비 케네디는 남베트남 정부에 대한 미국의 재정적·군사적 지원 확대를 지지했다. 1963년 11월 무렵 베트남에 파견한 미국 군사고문단의 수는 1만 6000명이 넘었지만 케네디 대통령은 북베트남에 대한 공습과 남부 지역에 지상군 전투 부대를 투입하는 데는 반대했다. 1965년 3월 존슨 대통령은 이런 신중한 정책을 포기했다. 로버트 케네디는 존슨의 확전 정책이 케네디 대통령의 전략에서 벗어난 것으로 판단했고, 4월 백악관에서 개인적으로 존슨을 만난 자리에서 정책 방향을 전환하고 폭격을 중지할 것을 촉구했다. 그해 7월 케네디는 "정치적인 전쟁은 확전을 통해서가 아니라 전쟁 규모의 축소를 통해 승리하는 것"이며, "대게릴라전의 핵심은 상대를 죽이는 것이 아니라, 게릴라들을 일상으로 돌아가게 하는 것"이라고 선언하며 존슨 대통령의 정책을 처음으로 공개적으로 비판하는 발언을 했다. 1968년 초가 되자 케네디는 협상의 시작과 폭격 중지, 그리고 전쟁에서 남베트남군의 역할을 증대시킬 것을 요구했다. 케네디는 공개적으로는 미군의 즉각적인 철수에 반대했지만, 개인적으로는 베트남 전쟁 취재기자들에게 이렇게 말했다.

"제가 대통령이라면 즉시 철수할 겁니다. 여러분이 취재차 베트남에 돌아가지 않아도 될 겁니다."

케네디에게 매일 보고되는 신문기사 요약에는 그가 선거운동에서 베트남 전쟁 이슈를 한순간에 잃었음을 상기시켜주는 내용이 넘쳐났다. 〈볼티모어선〉은 존슨의 평화적 해결책을 "중요한 결과를 가져올 조치"라고 평가했고, 〈시카고선타임스〉는 하노이의 반응이 "조심스런 낙관론"에 힘을 실어준다고 했다.

존슨의 불출마 소식에 케네디는 잭 뉴필드가 말한 "감언이설과 서로 봐주기식의 낡은 정치"로 후퇴했다. 4월 1일 늦은 오후 뉴저지주 캠든에서 진행된 선거유세에서 케네디는 존슨 지지자들을 설득하기 위해 노골적인 발언을 했다. 존슨 대통령이 "모든 이들이 갈망하는 평화를 얻기 위해" 개인적인 이익을 희생했다면서 후한 찬사를 보낸 것이다. 4월 2일 필라델피아에서 실시한 민주당 만찬 자리에서는 제임스 테이트 시장에게 듣기 좋은 말을 했다. 테이트 시장은 휴버트 험프리 부통령의 도움을 받는 당내 중진이고, 얼마 전에는 케네디를 "잘난 척하는 인간"이라고 한 인물이었다. 바비는 케네디 대통령 생전의 역사적인 베를린 연설에 등장하는 "사람들에게 베를린으로 오라고 하세요!"라는 구절을 흉내내어 "사람들에게 필라델피아로 오라고 하세요!"라면서 테이트 시장의 업적을 칭송했다. 케네디가 그렇게 몸을 낮추는 말을 했음에도, 시장을 비롯해 그날 연단에 있던 당 중진 중 누구도 지지 의사를 밝히지 않았다.

4월 3일 백악관 "화합 회담" 중 케네디는 존슨 대통령에게 "아주 훌륭한" 연설이었다며 축하했다. 하지만 자신이 한때 "성격 안 좋고,

까다로우며, 악랄하기까지 해서 여러모로 인간 이하"라며 "입만 열면 거짓말"을 한다고 비판한 존슨에게 "대통령께서는 용감하고 직무에 충실하신 분"이라는 맘에도 없는 칭찬을 하려니 말이 잘 나오지 않아 거듭 말해야 했다. 바비 케네디의 선거운동 중 최악의 순간이자 가장 정직하지 못한 순간을 꼽으라고 한다면 바로 이때였을 것이다.

이 나흘간 케네디가 말없이 창밖을 응시하면서 무슨 생각을 했는지 아무도 알지 못했다. 케네디는 (존슨의 불출마로) 사라져버린 베트남 전쟁과 존슨의 직무 수행이라는 두 이슈가 사실 자신에게도 난감한 문제였음을 충분히 이해할 만한 정치인이었다. 케네디가 아무리 진심으로 '내 탓'이라는 말을 자주 했어도 미국이 애초에 전쟁에 관여하게 만든 데에 대한 책임에서 절대 벗어날 수 없기 때문이다. 존슨의 대통령 직무 수행도 마찬가지였다. 존슨을 부통령으로 지명한 사람은 다름 아닌 형 케네디였다. 하지만 동시에 케네디는 존슨의 불출마로 자신이 출마 선언을 할 때 "(존슨) 한 사람에 반대"하기보다 "새로운 정책을 제안"하겠다는 약속을 지킬 수 있을 만큼 자유로워졌다는 사실을 깨달을 정도로 영리한 정치인이기도 했다.

케네디는 그해 1월 기자들과의 조찬에서 자신은 "지금으로서는 생각할 수 있는 어떤 상황"에서도 존슨 대통령에 대항해 출마하지 않겠다고 발표하면서 이런 말도 했다.

"누군가가 인종 문제를 치유하기 위해 미국의 관용 정신에 호소할 수 있다면, 다음번 대통령 선거운동은 그걸 이야기해야 합니다."

이제 존슨의 재선과 전쟁 문제가 더 이상 이슈가 되지 않는 상황이 된 만큼 케네디는 자신이 말했던 것을 할 수 있었다. 실제로 4월 4일 다시 시작된 케네디의 선거운동은 드디어 존슨과 베트남 문제에서 해방되어 인종, 빈곤 문제, 희생에 집중할 수 있게 된, 또 다른 '마침내 얻은 자유 유세'가 될 것이었다. 케네디가 상원에서 주장한 이런 이슈들은 현직 대통령의 실패나 심각한 문제가 있는 전쟁 같은 이슈보다 더 중요했다. 케네디는 보고서를 통해서가 아니라 경험을 통해 그런 사실을 알게 되었고, 머리가 아니라 가슴으로 느꼈으며, 그래서 이 문제들에 더 관심을 가졌다.

케네디는 상원의원으로서 외딴 인디언 보호구역을 방문했다가 그곳 학교의 도서관에 인디언 역사와 문화에 관한 책이 없는 걸 알게 된 뒤로 인디언들을 옹호하게 되었다. 상원 소위원회가 개최한 치카노의 노조 결성에 관한 청문회에 참석한 뒤로는 치카노 농부들의 영웅이 되었다. 뉴욕의 할렘과 베드퍼드-스타이베선트에 있는 공동주택을 돌아보고 할렘 갱단의 조직원에게 질문했고, 쥐에 물려 얼굴이 상한 어린 푸에르토리코 소녀와 만난 후에는 도시 빈민의 대변인이 되었다. 노동자와 그 가족들이 수돗물이나 화장실도 없는 버려진 버스에서 살고 있던 뉴욕주의 로체스터 교외 수용소를 다녀온 뒤에는 이주 농민의 생활 환경을 개선하기로 마음먹었다. 그곳의 한 버스에서는 영양실조로 배가 부풀어 오른 아이들 십여 명이 더러운 매트리스에 누워있었다. 현장을 떠나기 전 케네디는 그런 수용소를 금지하는 법안을 발의하겠다고 했다. 차를 타고 이동하는 동안에는 보좌관인 제리 브루노에게 "이런 게 정치를 하는 이유예요. 자리를 이용해서 힘든 사람을 도울 수 있으니까 말이죠"라고 말했다. 브루노는 케네디의 눈에 눈물이 고여있는 것을 보았다.

1965년 11월 남아프리카를 방문한 케네디는 제3세계 빈곤 문제 해결을 목표에 추가했다. 브라질 북동부에 있는 빈민 지역을 방문할 무렵에는 이미 페루와 칠레에서 고통을 겪고 있는 주민들을 보고 생각이 깊어진 후였다. 형의 암살 2주기를 기념해서 살바도르에서 진행된 미사에 참석한 후 해변에 있는 슬럼가를 따라 걸었는데, 밖으로 노출되어 흐르는 하수도 악취가 너무나 역겨워서 케네디를 경호하던 브라질 경호원이 차 안으로 줄행랑을 칠 정도였다. 죽은 형의 이름을 딴 한 마을 회관에서는 맨발로 다니는 아이들에게 이런 말을 했다.

"케네디 대통령은 아이들을 아주 좋아했단다. 내가 우리 형을 대신해 부탁을 하나 해도 되겠니? 학교에 빠지지 말고 열심히 공부해서 네가 사는 도시와 브라질을 위해 일하렴."

그러고는 교통정체가 심한 나타우의 거리를 네 시간 동안 차로 이동하는 내내 이런 말을 외쳤다.

"모든 아이에게 교육을! 모든 가정에는 주거 보장을! 모든 사람에 직업을!"

케네디가 빈곤 문제를 가장 충격적으로 접한 시점은 1967년 4월이다. 목화 산업의 기계화로 일자리를 잃은 흑인 소작인들이 굶주리고 있다는 내용의 의회 소위원회 보고서를 확인하기 위해 미시시피 델타에 갔을 때였다. 케네디는 하루 동안 증언을 들은 뒤 미시시피주 클리블랜드에 사는 흑인 극빈 가정을 방문했다. 케네디의 요청에 따라 기자들은 판잣집 밖에 있어서 당시 상황을 기록한 기사나 사진은 없고, 수행하던 보좌관인 피터 에델먼과 미국흑인지위향상협회NAACP 변호기금의 메리언 라이트의 증언만 남아 있다.

곰팡이와 오줌 냄새가 나고 창문도 없는 판잣집에는 한 여성이 자녀 여섯 명과 살고 있었다. 영양실조로 배가 부풀어 오른 두 살배기 여자아이는 바닥에 널브러져 있었고, 바퀴벌레에 둘러싸인 채 쌀 한 톨을 가지고 기운 없이 놀고 있었다. 케네디는 무릎을 꿇고 아이의 머리를 쓰다듬으며 작게 말했다.

"안녕. 안녕, 얘야…."

아이가 배가 고파 답을 하지 못한다는 걸 깨달은 케네디는 아이를 가슴에 안고는 흔들어주면서 입맞춤을 했다. (나중에 메리언 라이트는 아이에게서 나는 악취가 너무 심해서 안아줄 생각을 할 수 없었다고 고백했다. 케네디의 진정성을 깨달은 게 그때였다고 한다.) 잠시 후 작은 남자아이가 아장아장 걸어들어왔다. 케네디는 아이와 함께 지저분한 침대에 앉아 부풀어 오른 아이의 배를 쓰다듬으며 눈물을 흘렸다. 케네디의 적극적이고 도덕적인 상상력을 생각하면 사람들이 겪는 이런 고통에 대한 그의 반응은 단순한 동정심과 분노를 뛰어넘는 것이었음을 알 수 있다. 세자르 차베스에 따르면 케네디는 "가난한 사람의 처지에서 상황을 볼 수" 있었다. 그래서 그런 공동주택이나 버려진 버스, 애팔래치아 산골에 자기 자신이 산다고 상상했고, 그 자신이 아이들을 사랑하고 소중하게 여기는 사람이어서 자기 자식이 쥐에 물리고, 보호구역 내의 초라한 학교에 다니거나 미시시피에서 굶주리고 있다고 상상했다. 케네디는 버지니아로 돌아가 저녁 식사 자리에서 자녀들에게 말했다.

"미시시피에서는 우리가 밥을 먹는 이 방보다 작은 판잣집에서 한 가족 전체가 살고 있어. 아이들은 온몸에 종기가 나 있고, 굶주려서 배가 나왔단다. 너희들은 얼마나 운이 좋은지 아니? 나라를 위해 뭐라도 해야 한다."

다음날 농무부 장관인 오빌 프리먼을 만난 케네디는 푸드스탬프(미국 저소득층 식비 지원 제도-옮긴이)를 지금처럼 푼돈으로 팔지 말고 당장 무료로 나눠 주라고 요구했다. 극빈층은 그 정도 돈도 지불할 능력이 없다는 이유에서였다. 그리고는 뉴욕으로 날아가 보좌관인 카터 버든의 아파트를 방문했다. 버든의 아내인 아만다가 문을 열자 어깨를 붙들고 이렇게 말했다.

"제가 뭘 봤는지 모르죠. 전 평생 한 일이 아무것도 없는 것 같아요.

제가 한 일은 다 헛짓이에요. 다 의미 없다고요!"

　미시시피주 클리블랜드에서 굶주리는 아이들은 형 케네디 암살 이후 바비 케네디에게 가장 큰 충격을 안겨주었다. 케네디가 1964년 상원의원에 출마한 이유는 형 케네디를 기리고 케네디 대통령의 유산을 이어나가기 위한 것이었을지 모르지만, 1968년 대통령 선거에 출마한 이유는 베트남 전쟁과 미시시피에서 목격한 사람들의 고통을 끝내기 위한 것이었다.

　상원의원이 된 바비 케네디는 과거 쿠바의 피델 카스트로를 제거하는 데 집착했을 때 만큼이나 적극적으로 빈곤 문제에 관심을 가졌다. 빈곤 문제를 이념적으로 생각한 것이 아니라 가슴으로 느꼈고, 그래서 그가 낸 법안은 이데올로기와 무관했다. 케네디는 복지정책으로 빈곤 문제를 해결하는 것에 회의적이었는데, 그렇게 하면 혜택받는 사람의 자존심이 상하고 공동체 내에서 설 자리가 없어진다고 생각해서였다. 케네디는 주민의 참여 없이 정부가 도시에 있는 가난한 동네를 개선할 수 없으며, 빈곤퇴치 정책은 공동체 조직이 구상하고 시행해야 한다고 생각했다. 또한 빈곤을 퇴치하기 위해서는 일자리가 중요한데, 가난한 동네에서 일자리를 만드는 가장 효과적인 방법은 지역 주민과 기업이 협력하는 것이라고 생각했다.

　케네디가 처음으로 예비선거에 참가하게 된 인디애나주는 미국 북부 주 가운데 빈곤과 인종 차별 문제에 초점을 맞춘 선거운동을 하기에 최악의 장소였다. 또한 인디애나주의 남부 카운티는 남북전쟁 당시 남부 연합에 동조했고, 1920년대에는 KKK단이 미국에서 가장 많은 단원을 모집한 주였다. 제2차 세계대전 후에는 고용, 주거, 공공시설에서 인종차별을 금지하는 문제에서 다른 북부 주보다 뒤처진 곳이기도 했다. 인디애나주의 도시들은 동유럽과 애팔래치아 산맥 출신의 육체노동자가 많았고, 물리적으로나 경제적으로 흑인들과 가까이 살았기 때문에 흑인 사회의 발전에 위협을 느껴서 1964년 민주당 예비선거에서 전체의 30퍼센트에 달하는 유권자가 인종차별주의자인 조지 월리스 후보에게 표를 주었다. 월리스가 북부에서 가장 많은 득표를 한 곳이 바로 인디애나주였다. 1960년 대선에서 존 F. 케네디는 인디애나주에서 닉슨에게 10퍼센트나 뒤졌는데, 케네디 대통령을 지지한 인디애나주 민주당 중진 100명 중 단 한 명만 바비 케네디 지지 의사를 밝혔다.

설상가상으로 바비는 인디애나주 예비선거에서 유진 매카시 상원의원 외에도 로저 브래니긴 주지사까지 상대해야 했다. 브래니긴 주지사는 하버드대학교를 나온 변호사 출신으로 인디애나 시골 주민처럼 행동했을 뿐 아니라 선거본부를 마치 시골 잡화점처럼 꾸며 놓았다. 그는 인디애나를 대표하는 지역 후보라는 점을 강조했고, 처음에는 존슨 대통령을 대체할 인물을 자처하며 출마했지만, 존슨의 불출마 선언 후 이제는 출마가 기정사실이 된 휴버트 험프리 부통령을 대체할 인물로 예비선거에 나섰다. 그는 인디애나 역사상 최다 득표로 주지사가 되었고, 2만 명에 달하는 임명직 공무원들이 봉급의 2퍼센트를 당비로 내게 하는 제도를 관리했다. 인디애나주 기업인, 노조, 총 92명의 민주당 카운티 대표 중 한 명을 제외한 전원의 지지를 받고 있기도 했다. 보수 성향 일간지 〈인디애나폴리스스타〉도 브래니긴을 지지했는데, 이미 일면 머리기사에 바비 케네디가 "자격도 없고, 장발에, 우리가 원하지 않는" 후보라고 주장한 신문이 나중에 어떤 보도를 할지는 불 보듯 뻔했다.

브래니긴은 농촌지역과 소도시에서 우세했고, 매카시는 대학도시와 도시 교외의 지지를 확보하고 있었다. 케네디는 흑인 유권자의 표를 기대할 수 있었지만, 그래봤자 흑인 유권자 수는 주 전체 인구의 6퍼센트에 불과했다. 예비선거에서 이기려면 과거 월리스를 지지한 백인 노동자의 표를 얻어야 했는데, 마틴 루서 킹 사후에 흑인들의 가장 큰 지지를 받는다고 알려진 후보가 백인 노동자의 표를 얻는 건 쉽지 않았다. 인디애나주 민주당 의원들은 브래니긴이 매카시를 이길 것이 확실하고, 케네디도 꺾을 수 있다고 케네디에게 경고했다. 존슨 대통령의 재선 불출마 선언 뒤에 실시한 여론조사에서는 브래니긴이 42퍼센트로 가장 앞섰고, 케네디가 35퍼센트, 매카시가 20퍼센트로 뒤를 이었다. 4월 초 케네디 캠프가 별도로 실시한 여론조사에서 케네디는 매카시에 간발의 차로 앞섰고, 브래니긴에 살짝 뒤처져 있었다.

케네디가 인디애나 예비선거에 참여하지 않기로 한다면 백인 노동자의 지지를 받을 필요가 없다고 인정하는 것으로 보였을 것이다. 그래서 나서야 했고, 그가 참여하는 첫 번째 예비선거였으므로 반드시 이겨야 했다. 그럼에도 케네디는 예비선거의 승리 가능성을 상당히 높여줄 수 있는 두 개의 제안을 거부했다.

3월 말 테드 케네디와 데이비드 버크는 시카고의 한 호텔에서 인디애나주 민주당 의장인 고든 세인트 앤젤로를 만났다. 세인트 앤젤로는 브래니긴이 인디애나주를 대표해서 출마하는 것을 브래니긴의 아내와 함께 만류하려 했다고 했다. 버크에 따르면, 당시 세인트 앤젤로는 자신이 민주당 전국의장이 되는 데 케네디가 동의하면 브래니긴을 좀 더 압박할 수 있다는 뜻을 내비쳤다. 세인트 앤젤로의 제안은 예비선거 과정에서 흔히 볼 수 있는 정치적 거래였지만 케네디는 거부했다. 세인트 앤젤로가 전국의장이 되기에는 자질이 너무 부족하다고 생각했기 때문이었을 수 있다.

또 다른 제안은 전미운수노조에서 해왔다. 노조 간부 한 명이 테드 케네디에게 바비 케네디를 지지하는 대가로 전임 노조 위원장인 지미 호파가 무엇을 "기대할 수" 있는지 물었다. 지미 호파는 바비 케네디가 법무부 장관으로 일하던 시절에 다수의 중범죄 혐의로 기소된 뒤 연방 교도소에서 징역을 살고 있었다. 노조 간부는 현직 법무부 장관인 램지 클라크에게 부탁해 교도소 내 매트리스 공장에서 노역하는 호파를 농장 노역장으로 옮겨서 실외에서 좀 더 많은 시간을 보낼 수 있게 해달라고 했고, 테드 케네디와 데이비드 버크는 그 제안을 바비에게 전달했다. 하지만 호파가 형의 암살에 관여했을지도 모른다고 의심하던 바비 케네디는 이렇게 답했다.

"노조 간부에게 돌아가 내가 램지 클라크에게 (노조의 지지를) 부탁할 일은 없을 거라고 전해. 지미 호파가 영원히 매트리스 공장에 있었으면 하고, 만약 내가 대통령에 당선되면 호파가 출소할 가능성은 눈곱만치도 없을 거야." (1971년 닉슨 대통령은 지미 호파를 감형하고 풀어주었다.)

케네디에게 보고된 브리핑 자료에 따르면 인디애나는 "정치인과 정부를 싫어하고, 세금과 대도시, 가톨릭에도 반대하는" 성향의 주였다. 인디애나주에는 재향군인단체인 아메리칸리전의 본부가 있을 뿐 아니라 1920년대에는 KKK단의 총본부가 있었고, KKK단이 여전히 왕성하게 활동하는 곳이었다. 존 바틀로우 마틴이 작성한 보고서는 그나마 가장 고무적이라고 할 수 있었는데, 마틴 따르면 인디애나 주민은 "국제 문제에 관여하는 것을 탐탁지 않게 생각하고, 재정 정책에서 있어서 보수적이며, 남부 인종차별주의적인 정서가 강하게 드러나지만 속은 다를 수" 있었다. 또한 "어려운 시기에 새롭고 강력하며 희망적인 지도자"를 지지할 수도 있다면서 "민권은 옹호하되 무질서에는 반대할 것"을 권했다. 그리고는 레이크 카운티에 있는 해먼드는 백인들의 반발 움직임이 나타난 도시이지만, 선거운동원에 따르면 과거 월리스를 지지한 유권자가 케네디 지지로 기울고 있다고 했다. 이 지역 유권자들은 케네디가 흑인을 옹호한다는 사실을 알면서도 그가 "무질서를 통제할 수 있는 강력한 지도자"라고 생각한 것이다.

케네디는 마틴을 불러 연설문을 작성하게 해서 4월 4일 인디애나 유세에 데리고 갔다. 사우스벤드로 가는 전세 비행기에 오른 마틴은 회색으로 바뀐 케네디의 머리카락과 얼굴의 주름을 보고 깜짝 놀라 "바비 케네디의 소년 같은 모습이 갑자기 사라져버렸다"라고 생각했다.

비행기 안에서 케네디는 마틴이 아들라이 스티븐슨의 대선 유세 때 써준 연설문과 달리 간결한 연설문을 원한다고 마틴에게 말했다. 케네디가 다음날 루이지애나주 유세에서 쓸 외교정책 연설문을 써달라고 요청하자, 마틴은 자신이 이미 선거 캠프에 제출한 연설문을 보여주었다. 케네디는 방금 전에 스티븐슨식 연설문을 피해달라고 부탁했음에도, 자신의 잘못을 스스로 비판하는 것이 "민주주의의 비밀 무기"라고 한 아들라이 스티븐슨의 말을 인용한 문구가 특히 좋다면서 그 연설문을 사용하기로 했다. 케네디는 마틴에게 그 인용문을 제프 그린필드에게 전달해서 노트르담대학교 유세에서 쓸 연설문에도 넣으라고 했다. 하지만 그린필드의 얼굴을 못 알아본 마틴은 애덤 월린스키에게 문구를 전달했고, 로버트 케네디가 아들라이 스티븐슨이 한 말을 인용하고 싶어 할 리가 없다고 판단한 월린스키는 해당 문구를 빼버렸다. 나중에 케네디는 월린스키를 크게 나무랐는데, 이 일을 본 마틴은 "이 선거운동도 내가 일했던 다른 선거운동과 같은 운명이 될 것이 확실"하다고 생각하게 되었다. 이 일은 앞으로 벌어질 일의 예고편이기도 했다. 마틴은 보수적인 인디애나 유권자들에게 호소하기 위해 케네디의 발언 수위를 어떻게 조절해야 하는지를 두고 자신보다 젊고 진보적인 보좌관들과 논쟁을 벌여야 했다. 이 논쟁은 이후 수십 년간 민주당 내에서 진보진영과 중도진영, 원칙주의자와 균형론자 사이에 벌어질 싸움의 전조가 되는 논쟁이기도 했다.

1968년 4월 4일 같은 날에는 불길한 징조 같은 것이 있지 않았을까 하고 생각할 사람도 있을 것이다. 하지만 케네디와 함께 사우스벤드행 전세기에 탑승한 촬영 담당자의 녹음 기록에는 유세 장소로 가는 여느 때와 마찬가지로 일상적인 대화와 타이핑 소리, 공항에 온 청중의 환호밖에 들리지 않는다. 사실 불길한 징조는 테네시주 멤피스에 있었다. 하루 전날 마틴 루서 킹은 프리메이슨 사원에 모인 청중들에게 이런 말을 했다.

"저도 다른 사람들과 마찬가지로 오래 살고 싶습니다. 오래 살 수 있다는 건 참 끌리는 일입니다. 하지만 지금 오래 사는 일에 신경 쓰지 않습니다. … 어떤 것도, 누구도 두렵지 않습니다."

불길한 징조는 인디애나주 인디애나폴리스에도 있었다. FBI 요원인 앤젤로 레이노는 상관에게 4월 4일 예정된 케네디의 유세에서 "케네디 상원의원을 곤경에 빠뜨리려는 폭력행위가 일어날 수" 있다고 경고한 것이다. 레이노는 디트로이트의 지드 케일러라는 사람이 4월 2일에 워싱턴에 있는 케네디 선거본부에 전화를 걸어 케네디를 죽이겠다고 위협한 사실을 현지 경찰에 알리기도 했다. 케일러는 4월 3일 밤에 인디애나폴리스에서 북서쪽으로 65킬로미터 떨어진 모텔에 묵고 사라졌다.

케네디 일행이 사우스벤드로 가는 도중에 리처드 루거 인디애나폴리스 시장은 마이크 라일리를 시청으로 불러 이날 밤에 예정된 집회를 취소할 것을 요구했다. 경찰이 케네디의 안전을 보장할 수 없을 정도로 상황이 위험하다는 이유에서였다. 라일리가 거절하자 루거 시장은 그러면 소방서에 지시해서 차량이 유세장으로 진입하지 못하도록 소방호스를 도로에 깔아 길을 차단하겠다고 위협했다. 그러자 라일리는 이렇게 답했다.

"그럼 의원님께 걸어서 유세장으로 오라고 말하죠."

루거 시장은 기자 회견을 열어서 케네디에게 예정된 집회를 취소하라고 요구했다. 행사를 미리 준비하고 있던 짐 톨런은 미국 시장이 자신이 관할하는 경찰력으로는 대선 후보를 보호해 줄 수 없다고 말하는 것을 듣고 놀랐다.

케네디는 노트르담대학교에서 "배고픈 미국인들에게 먹을 것을"이라는 제목의 연설을 시작으로 인디애나주 선거운동을 개시했다. 케네디의 연설이 주 전역에 보도가 될 것은 분명했지만 브래니긴 후보 쪽으로 기운 반발한 백인 유권자나 정부지출 축소를 주장하는 재정 보수주의자들이 관심을 가질 만한 내용이나, 유진 매카시를 지지할 유권자들이 좋아할 베트남 문제에 관한 내용, 인디애나 지역의 자부심을 돋우는 내용은 없었고, 멀리 떨어진 인디언 보호구역이나 판자촌에 사는 소작농의 고통 같은 것들만 열거했다. 케네디는 유세장에 온 학생들에게 말했다.

"미국은 인류역사상 가장 부유한 나라입니다. 이 나라는, 우리의 조국은, 인류역사상 식량을 가장 많이 생산하고 있습니다. 이런 엄청난 풍요 속에서 미국 어린이들은 굶주리고 있고, 그들의 신체와 정신은 회복할 수 없을 정도로 상해 있습니다. 저는 미시시피 델타와 인디언 보호구역에서 아이들이 하루에 한 끼밖에 못 먹고, 그 한 끼조차 빵과 그레이비 소스, 갈아 만든 옥수수죽이나 쌀과 콩이 전부인 것을 목격했습니다."

그는 "배가 부풀어 오르고 온몸에 종기가 난" 아이들의 불행을 끝내기 위해 푸드스탬프 정책의 개선과 잉여 식량 구매 및 분배, "구직자

취직 지원"을 정부에 요구했다. 그러면서 미국인이 굶주리는 상황을 막지 못한다면 "미국이 진정 어떤 나라인지, 미국이 진정 상징하는 것이 무엇인지 스스로 질문해봐야" 한다고 주장했다.

질의응답 시간에 케네디는 가난과 굶주림을 뿌리 뽑아 베트남 전쟁이 미국 정신에 입힌 상처를 치유하는 작업을 통해 미국을 구원해야 한다는 평소 주장을 다시 꺼냈다. 케네디는 "무기나 자원, 혹은 무력이 아닌 국가가 하는 행동에서 만족감을 얻으려 함으로써 미국을 명예로운 길로 향하도록 하는 것이 우리가 할 일"이라고 말하면서 "이웃의 삶을 향상시키는 데 기여하지 않으면 우리가 인간으로 존재하는 이유가 무엇입니까?"라고 물었다.

케네디는 작은 전세기를 타고 인디애나주 먼시에 있는 볼주립대학교로 이동했고, 선거운동원과 기자 대부분은 인디애나폴리스로 가게 했다. 학생 1만 명이 대학교 체육관의 바닥, 발코니, 관람석을 가득 채웠다. 청중은 지역 신문이 "열광적"이라고 보도했을 만큼 케네디를 크게 환영했지만, 분위기는 캔자스주립대만큼 달아오르지 않았다. 아마 베트남 문제가 (존슨 대통령의 불출마 선언 이후) 갑자기 덜 다급해 보였기 때문이었을 것이다.

케네디는 베트남 문제가 "해결되는" 것처럼 보이는 이때 "전 세계 후진국을 어떻게, 얼마나 도와야 하는지," 그리고 "미국 내에서 절망적인 삶을 살아가는 국민을 위해 더 나은 미국을 만들려면 어떤 정책을 만들어야 할지" 모두가 자문해 볼 필요가 있다고 했다.

30분간의 연설은 그날 저녁에 벌어진 일 때문에 별로 주목받지 못했지만, 케네디는 이 연설에서 전례가 없을 정도로 빈곤 문제에 대해 열정적으로 이야기했다. 3월 25일 LA에 있는 야외극장에서 한 연설에서 케네디는 "미국의 국력과 관용, 그리고 동정 어린 행위의 근원이 되는 이상"을 되찾겠노라고 미국인들에게 약속했다. 볼주립대학교에서는 청중들에게 이웃을 가난에서 벗어나게 도와주는 노력에 동참하면 함께 이뤄낼 수 있다고 했다.

그날 녹음한 연설을 들어보면 케네디는 사람들이 빈곤 문제에 대해 자신만큼 분노하게 만드는 일이 선거운동과 미국의 미래가 달린 것처럼 간절하게 학생들에게 호소했다.

케네디는 학생들에게 "지구상의 다른 나라 사람들에 대해 우리가 어떤 의무를 진 결정"을 하고 "소포클레스의 표현처럼 '하루하루 죽음만이 유일한 목적인' 절망과 가난에 허덕이는 수백만 명의 미국인을 어떻게 도울 수 있을지" 생각해보자고 간청했다. 케네디는 라틴아메리카에서 아이들 열 명 중 일곱 명이 열 살이 되기 전에 죽고, 아프리카에 사는 어린이 다수가 살아있는 내내 병마에 시달린다고 했다. 그러고는 학생들에게 자신이 그런 어린이 중 한 명이라고 상상해보라며 이렇게 덧붙였다.

"우리가 듣는, 그리고 제가 이야기하는 남자와 여자, 아이는 단순한 통계 수치가 아닙니다. 제가 직접 목격한 사람들입니다. … 그들 개개인은 여러분과 저만큼이나 존엄성과 삶의 목적을 가지고 살아갈 권리를 갖고 있습니다."

케네디는 학생들에게 자신이 설명한 타인의 고통에 대해 행동을 촉구했다.

"여러분의 삶의 목적은 무엇입니까? 우리가 누리고 있는 이 모든 혜택을 생각하면, 우리는 그런 혜택을 받지 못한 사람들에 대한 큰 책임과 의무를 갖고 있지 않을까요? 그 책임은 미국 정부가 아니라 우리 각자에게 있습니다."

미국인 전체가 전쟁에 대해 개인적인 책임이 있다고도 했다.

"다른 사람을 가리키며 '그 사람들이 결정한 거야. 내 책임이 아니야'라고 말할 수 없습니다. 선출되거나 임명된 정부의 관리들은 여러분의 이름을 걸고 일합니다. 그들이 전쟁을 벌일 때는 … 여러분의 미래를 위해 하는 것이고, 실제로 미국인의 이름으로 하는 것입니다."

케네디는 베트남에서 일어난 구체적인 사건들을 이야기하며 미국인 각자의 책임과 결부시켰다. 가령 베트남의 벤쩨라는 마을을 지키기 위해 마을을 파괴해야 했다고 말한 어느 미군 장교를 언급하면서 이렇게 말했다.

"자, 그 장교는 자기를 위해 한 일이었다고 말하지 않습니다. 여러분을 위한 일이었다고 말합니다. 미국인을 위한 일이라고 말합니다. … 이것은 도덕의 문제이고, 안보의 문제입니다. 여기에 계신 여러분 모두의 문제이며, 미국인인 우리 모두의 문제입니다."

여기까지 이야기해도 여전히 청중이 완전히 동의하지 않았다고 생각한 케네디는 미시시피 이야기를 꺼냈다.

"우리가 사는 미국에서 심각한 영양 부족으로 세 살이 되기 전에 이미 신체와 정신이 제대로 발달할 가능성을 놓친 아이들이 많습니다. … 저는 배가 부풀어 오르고 굶주림으로 얼굴이 종기로 가득한 아이들을 본 적이 있습니다."

케네디는 "열 명이 방 한칸에서 밤에 추위와 쥐의 공포와 싸우는 가족"에 대해 설명하고 "인디언 보호구역에 사는 젊은이들은 절망에 빠져 있고, 그들의 앞날은 암울합니다. 그 결과, 미국의 많은 인디언 부족 주거지에 사는 10대의 주요 사망원인은 자살입니다"라고 말한 뒤, 다시 미시시피 문제를 꺼냈다.

"저는 이 아이들을 직접 보았습니다. … 우리는 통계와 수치를 말하는 게 아닙니다. 살아 숨쉬는 사람에 관해 이야기하는 겁니다"라고 말하고는 "평생 제대로 걷지 못하게 될 아이에 대해 말하는 것이고, 우리의 무관심 때문에 직업을 갖지도, 배움의 기회나 가정을 꾸리지도 못할 아이를 이야기하는 것입니다."

심리학자 로버트 콜은 케네디가 말하거나 움직일 때 머뭇거리는 버릇이 있다고 했다. 콜은 그것이 "할 말이 많지만 어떤 식으로 말해야 할지 확신하지 못하거나, 속에서 끓어오르는 것은 많은데 어떻게 말로 표현할지 모르는 사람, 감정적인 일을 많이 겪는 사람"의 특징이라고 생각했다.

볼주립대학교 연설에서 케네디는 같은 말을 반복하거나 말을 자주 멈추며 "음"이나 "아" 같은 소리를 냈다. 즉석에서 생각나는 대로 말하면서 청중들에게 해결책을 찾는 일을 도와달라고 요청하기도 했다.

"빈민가에서는 열 명 중 세 명만 고등학교를 졸업합니다. 일자리가 없습니다. 고용도 없습니다. 그럼 어떻게 하겠습니까? 이 아이들이 뭘 해야 할까요? 매년 1만 7000명이 쥐에 물립니다. 어떻게 할까요? 빈민가에 사는 사람 중 40퍼센트만이 주당 65달러 이상 받는 일을 하고 있습니다. 그 돈으로 어떻게 가족을 부양합니까?"

케네디는 35분 동안 연설을 한 후 비슷한 시간을 학생들의 질문에 답하는 데 할애했다. 첫 번째 질문을 한 학생은 케네디가 구체적인 해답은 제시하지 않고 "농담이나" 하며 "횡설수설"했다고 비판했다. 청중들이 학생에게 야유를 퍼붓자 케네디가 말했다.

"질문하신 분은 제 의견에 반대할 권리가 있습니다. 비판이야말로 이 나라가 진보하는 유일할 길입니다. 사람들이 나서서 자기 생각을 서슴없이 말한다면 말입니다."

징병에 대한 질문을 받자 케네디는 자신은 직업군인제도를 원한다고 했다. 징병이 "불공평하고 불공정"하다며, 모든 사람을 동등하게 취급하는 추첨징병제를 지지하며, 대학생을 위한 징병 유예제도는 대학 등록금을 감당할 수 있는 부유층에 대한 혜택이라며 반대했다. 그러면서 "결국 전쟁 수행의 부담을 지는 사람들은 빈곤층"이라면서 "대학생을 위한 징병 유예를 도덕적으로 변호할 수 있겠습니까?"라고 물었다. 이번에는 건장한 남학생 하나가 발코니에서 일어섰다. 유세에 참석한 20명에 불과한 흑인 중 한 명이었다.

"케네디 의원님, 저는 의원님께서 만든 제안과 정책에 동의합니다. 의원님께서는 백인 사회가 그걸 해낼 수 있을 거라고 전적으로 신뢰하고 계십니다. 제가 드리고 싶은 질문은 미국의 백인 사회를 그렇게 신뢰할 수 있느냐는 겁니다."

케네디는 크고 확신에 찬 목소리로 답했다.

"물론입니다! 저는 흑인 사회도 신뢰하고 있습니다."

그러면서 그는 양측 모두에 극단주의자들이 있다는 사실을 지적했고, 극소수의 백인들만이 흑인들을 평등하게 대하는 데 반대한다면서 이렇게 말했다.

"미국인 대부분은 미국에서 정당하고 옳은 일을 하기를 원합니다."

케네디가 인디애나주에서 이런 질문들에 답하는 동안, 마틴 루서 킹이 테네시주 멤피스에 있는 로레인 모텔의 2층 발코니에 들어섰다가 인근 여관의 욕실에서 누군가가 군용 소총으로 쏜 총탄에 맞아 암살당했다. 킹 목사의 측근 세 명이 발코니로 뛰어나가 총알이 날아온 여관을 가리켰다. 법무부 관리였던 제임스 라우어는 무릎을 꿇고 지혈을 하려고 킹 목사의 오른쪽 뺨의 상처를 수건으로 누르면서 속으로 "케네디"를 반복적으로 떠올렸다. 그가 떠올린 케네디는 존 F. 케네디 대통령이었다.

로버트 케네디가 먼시 공항에서 비행기에 오를 채비를 하는 동안 10대 소년 하나가 다가와 킹 목사 소식을 들었냐고 묻자 케네디는 바로 "총에 맞았니?"하고 물었다. 킹 목사가 암살당할 것을 항상 걱정했던 케네디의 반응이었다.

"상태가 심각해요."

볼주립대학교에서 케네디를 청중에게 소개한 먼시의 변호사 마셜 헤인리는 경찰 무전기를 통해 소식을 전해 듣고 케네디가 비행기에 오르는 동안 좀 더 자세한 이야기를 들려주었다. 케네디는 바닥을 응시하고 헤인리에게 물었다.

"사망하셨나요?"

"부상당했어요."

비행기가 이륙한 뒤, 케네디는 자리를 옮겨 〈뉴스위크〉의 존 린지 옆에 앉았다. 린지는 1966년 뉴햄프셔주에서 맨체스터로 가는 비행기에서 케네디 옆자리에 앉았는데, 두 사람은 비행기에서 내린 직후 케네디의 처형 조지 스케이클이 항공기 사고로 사망했다는 소식을 들은 적이 있었다.

케네디는 린지에게 자신이 조금 전 볼주립대학교에서 흑인 학생에게 백인에 대한 믿음을 가지라고 했는데 "그 말을 하고 그곳을 나서자마자 백인 남자가 흑인들의 정신적 지도자를 총격했다는 소식을 듣게" 되었다며 괴로워했다. (당시 NBC 라디오 속보는 사건 현장을 빠져나간 백인을 사람들이 찾는다고 보도했다. 케네디는 뉴스를 통해 범인이 백인이라고 들은 것으로 보인다.) 케네디는 자신은 지금 킹 목사의 부인과 자녀가 겪고 있을 고통을 어떤 것인지 알고 있다고 했다. 킹 목사의 암살 소식이 케네디에게 형이 암살당했을 때의 충격을 다시 떠올리게 할 것 같다는 린지의 생각이 틀리지 않았다.

케네디가 탑승한 비행기가 인디애나폴리스로 향하는 동안 멤피스의 세인트조지프 병원 의사들이 킹 목사가 사망했다고 발표했다. 짐 톨런은 인디애나폴리스 위어-쿡 공항에서 케네디를 기다리던 중에 피어 샐린저로부터 암살 소식을 전해 들었다. 톨런은 워싱턴에 있는 존 놀런에게 전화했고, 존 놀런은 버크 마셜과 조 돌런이 공항에서 성명을 발표하고 유세 계획을 취소할 것을 권했다고 보도했다. 멤피스에서는 이미 군중이 거친 행동을 하기 시작했고, 케네디의 참모들은 누군가가 킹 목사 암살에 대한 보복으로 케네디 암살에 나서지 않을까 두려워했다.

톨런은 월터 셰리던에게 전화를 했다. 셰리던은 존 루이스와 얼 그레이브즈, 두 명의 흑인 선거운동원과 함께 17번가와 브로드웨이가 만나는 지점에 마련한 유세장에 나와 있었고, 주변을 둘러본 루이스와 그레이브즈는 청중 대부분이 암살 사건에 대해 모른다고 판단했다. 루이스는 케네디가 유세를 강행해야 한다면서 말했다.

"이렇게 많은 사람을 오게 해놓고 이런 일이 벌어졌다고 아무 말도 하지 않고 돌려보낼 수는 없어요. 의원님이 연설해야 합니다. 자신을 위해서도 그렇고 여기 모인 사람들을 위해서도 그렇습니다."

케네디가 탄 비행기가 착륙한 후 리처드 하우드는 비행기에 올라가 킹 목사의 사망 소식을 전달했다. 케네디는 멍한 표정을 짓고는 마치 자신이 총탄에 맞은 것처럼 머리를 뒤로 휙 제쳤다. 그러고는 손으로 얼굴을 덮고는 중얼거렸다.

"아, 이 폭력은 언제 끝날까."

이 장면을 지켜본 〈시카고선타임스〉의 데이브 머레이 기자는 나중에 "그런 케네디의 모습을 지켜보는 것도, 그가 형 케네디를 생각하고 있음을 아는 것도 너무나 가슴이 아팠다"라고 했다. 비행기에 오른 톨런은 케네디가 전에 본 적이 없을 만큼 "큰 충격"을 받았음을 알게 되었다. 케네디가 톨런에게 일정을 묻자 이런 답이 돌아왔다.

"두 곳을 들러야 해요. 한 곳은 지역 선거캠프 개소식이고, 또 한 곳은 인디애나폴리스 흑인 빈민가 중에서도 환경이 가장 열악한 17번가와 브로드웨이가 만나는 곳입니다."

톨런은 케네디에게 세 가지 선택지를 제시했다. 첫 번째는 두 일정 모두 취소하고 곧장 메렛 호텔로 이동하는 것, 두 번째는 행사를 진행하더라도 연설문은 다른 사람이 대신 낭독하게 하는 것, 세 번째는 케네디가 직접 참석하는 것이었다. 케네디가 답했다.

"17번가와 브로드웨이 유세 장소로 가겠습니다. 제가 갈 거고, 이걸로 더 이상 논의하고 싶지 않아요. 경찰이 같이 갈 필요는 없어요."

다른 사람들이 비행기에서 내리자, 케네디는 프랭크 맨키위츠에게 유세장에서 어떤 말을 하는 게 좋겠냐고 묻자 맨키위츠가 답했다.

"아주 짧게 연설하셔야 해요. 기도문에 가까운 연설이어야 해요."

케네디는 몇 분간 혼자 비행기에 남아 있었다. 비행기에 내렸을 때에는 형이 남긴 코트를 걸치고 있었고 눈이 촉촉이 젖어 있었다. 케네디는 활주로에서 목이 메인 채로 이렇게 말했다.

"킹 목사는 인류의 정의와 사랑을 위해 헌신했습니다. 그리고 그런 원칙을 위해 목숨을 바쳤습니다. 이제 미국에 깊이 뿌리 박힌 분열을 끝내고 우리 땅에 뿌려진 핏자국을 지우는 일은 여기에 있는 우리들 몫입니다."

인디애나폴리스 경찰서장인 윈스턴 처칠은 케네디에게 집회를 취소하자고 간청했다. 그는 폭동이 벌어질 것이 분명하다면서 이렇게 덧붙였다.

"의원님이 가시기에는 안전하지 않습니다."

그 말을 들은 케네디는 이렇게 말했다.

"저는 17번가와 브로드웨이의 유세장에 제 아내와 아이들을 데리고 갈 수도 있습니다. 아무 문제 없을 겁니다. 서장님이 못 가시겠다면 그건 서장님의 문제고요."

공항을 나서기 전, 케네디는 대기하고 있던 차에 아내 에설을 태워 뒷좌석에 앉히고는 젊은 자원봉사자인 빌 기거리치에게 말했다.

"내가 호텔로 돌아갈 때까지 아내 곁을 지켜주게."

이날 이후 기거리치는 종종 에설과 함께 유세 현장을 다녔다. 그는 에설 케네디가 늘 생기있고 말이 많았던 것으로 기억하지만 이날만은 예외였다.

"차로 이동하면서 다섯 단어 이상 말하지 않았어요. 아마 기도를 하고 계셨던 것 같아요."

케네디는 유세장으로 이동하면서 창밖을 응시하거나 노트에 뭔가를 적고 있었다. 딱 한 번 입을 떼고 더턴에게 이렇게 물었다.

"사람들에게 무슨 말을 해야 할까요?"

# 5장

# 인디애나폴리스 연설

1968년 4월 4~5일

3000여 명에 달하는 두 그룹의 사람들이 인디애나주 인디애나폴리스 17번가와 브로드웨이가 만나는 곳에 있는 작은 공원에서 로버트 케네디를 기다렸다. 첫 번째 그룹은 일찌감치 도착해서 연설 연단으로 사용될 짐칸 지붕이 없는 평상형 트럭 가까이에 모였다. 청중 중 몇 안 되는 백인 대부분이 그 그룹에 속했다. 이들 중 다수는 이미 케네디를 지지하는 사람들로 케네디 배지를 달고 팻말을 들고 있었다. 케네디가 예정 시간보다 늦었고, 이들은 킹 목사가 암살되기 전에 유세장에 도착한 터라 아직 암살 소식을 모르고 있었다. 두 번째 그룹은 킹 목사 사망 사실을 알게 된 후에 거리로 쏟아져 나온 사람들이었다. 이들은 트럭 가까이에 있는 첫 번째 그룹을 에워쌌고 시간이 지날수록 숫자가 늘어났다. 거리에 나온 이웃들과 슬픔을 나누고 싶어 하는 사람도 있었지만, 젊은 흑인들이 주축이 된 텐퍼센터Ten Percenter 같은 과격단체 사람들은 기회를 타서 폭동을 일으키고 싶어 했다. 두 번째 그룹에 속한 사람 중에는

　　　　　　　　　　　　　　제2부 죽음의 그림자

달린 하워드 같은 19세 여성도 있었다. 하워드는 폭력 사태가 벌어지기 전에 현장을 피하려고 했지만 인파에 휩쓸려 어쩔 수 없이 유세장에 오게 되었다. 그녀의 눈에는 총이나 칼을 든 사람들이 보였고, 쇠사슬이 부딪히는 소리도 들렸으며, 누군가 휘발유를 서둘러 부었는지 병과 캔에 휘발유 냄새도 났다. 하워드는 "이 동네 흑인들이 도시를 불태울 것"이 분명하다고 생각했다.

암살 소식을 아는 흑인 청중과 모르는 백인들 사이의 경계선에는 긴장이 흘렸고, "어이 백인 놈들아, 여기서 뭐 해?"나 "여기서 꺼져, 이 백인 개자식아!" 같은 고함이 들렸다. 한 흑인 여성은 백인 목사의 손을 붙들고 "킹 박사가 죽었고, 범인이 백인이에요. 그런데 케네디가 왜 여기 와야 하죠?"라고 큰 소리로 물었다.

인디애나폴리스 유세를 기획한 사람들은 케네디가 공격당할 것 같아 갈수록 걱정되었다. 이들은 킹 목사의 죽음을 스피커로 발표하지 않기로 하고, 밴드에 계속 연주할 것을 지시했다. 몇몇 사람들에게는 나무에 올라가 주변 건물에 저격수가 있는지 확인하게 했다. 군중 사이에는 파견된 흑인 사복 경찰이 있었으며, 경찰 저격수 두 명이 인근 브로드웨이 크리스천센터 지붕에 배치되었다.

케네디는 청중 일부가 무장한 사실을 사전에 알았더라도 더 확고하게 유세를 강행했을 것이다. 텍사스주 댈러스에서 형이 암살된 뒤로 케네디는 위험을 피하지 않았다. 그는 "항상 네가 두려워하는 일을 하라"라는 에머슨의 말을 수첩에 적어 다녔다. 브라질에서는 피라냐가 우글거리는 강물에 뛰어들었고, 아프리카에서는 코뿔소의 6미터 앞까지 다가갔을 뿐 아니라, 엄청난 급류에서 래프팅하기도 했다. 형 케네디와 마찬가지로 바비는 도덕적 용기를 보여주는 것은 물리적인 용기를 표현하기보다 더 어렵다고 생각했다. 1966년에 남아프리카를 방문해서 학생들에게 도덕적 용기는 "전쟁터에서의 용기나 뛰어난 지성보다 만나기" 힘들고 "절대로 쉽게 바뀌지 않는 세상을 바꾸려는 사람들에게 가장 결정적으로 중요한 자질"이라고 칭송하면서 이렇게 말했다.

"어느 한 개인이 이상을 지키기 위해 앞에 나서거나, 타인의 삶을 개선하기 위해 행동하거나, 혹은 불의에 대항해서 싸울 때마다 작은 희망의 잔물결이 퍼져나갑니다. 수백만 명이 에너지의 중심이 되어 그렇게 퍼뜨린 물결이 서로 만나서 거대한 물결을 만들어내고, 압제와 저항의 벽을 무너뜨립니다."

이제 케네디는 인디애나폴리스에서 두 종류의 용기를 보여줄 수 있었다. 하나는 한 백인이 미국 역사상 가장 사랑받은 흑인 지도자를 살해한 지 두 시간 뒤에 흑인 청중이 압도적으로 많은 장소에서 연설하는 물리적 용기였고, 또 하나는 킹 목사의 죽음을 사람들에게 알리고 위로와 희망을 제시하는 연설을 하는 도덕적 용기였다.

존 마틴, 제프 그린필드, 애덤 윌린스키는 모두 사우스벤드에서 곧장 인디애나폴리스로 날아갔다. 이들은 매럿 호텔에서 이날 저녁 늦게 케네디와 인터뷰할 예정인 TV 진행자 잭 파와 함께 저녁을 먹다가 킹 목사 사망 소식을 들었다. 세 사람은 케네디가 유세장에 가야 할지를 상의했다. 그 후 마틴은 호텔 진입로에 주차된 경찰차에 타고 있는 경찰관에게 의견을 물어보았다. 경찰은 이렇게 답했다.

"당연히 갔으면 합니다. 안 그러면 대가를 크게 치러야 할걸요. 그걸 할 수 있는 사람도 의원님밖에 없습니다."

연설문을 작성해 둔 윌린스키는 경찰관에게 유세장까지 좀 데려가 달라고 부탁했다. 가는 길에 선거운동 본부에 들러서 행사 기획을 도운 캘리포니아 출신의 명예 케네디가 중 하나인 조언 브래든을 태웠다.

윌린스키와 브래든은 로버트 케네디보다 약간 일찍 현장에 도착했다. 윌린스키가 연단으로 가는 동안 브래든은 인파의 끄트머리에 주차된 차량의 후드에 올라갔다. 그녀의 주변 사람들은 암살 사실을 알고 낮은 목소리로 이야기를 하고 있었다. 위를 쳐다보자 공동주택의 창가에 기대어 조용히 케네디가 탄 차가 오는 걸 지켜보는 사람들이 보였다. 케네디가 연단으로 올라오라고 브래든을 향해 손짓하자 브래든은 "괜찮아요. 연단에 자리가 없으니 그냥 가세요"라고 소리쳤다. 케네디가 평상형 트럭에 올라가는 동안 청중들은 환호하고 유세 팻말을 흔들었다.

맨키위츠는 연설할 내용이 담긴 종이를 케네디에 건넸다. 케네디는 종이를 보지도 않고 주머니에 집어넣었다. 이번에는 윌린스키가 자신이 작성한 연설문 메모를 들고 연단으로 다가갔지만 케네디는 손짓으로 물리쳤다. 연단에 있던 귀빈들에게 자신을 소개하는 말을 생략해 달라고 부탁한 케네디는 충격을 받아 핼쑥한 모습으로 마이크 앞에 홀로 섰다.

쌀쌀하고 가랑비까지 내리는 밤이었다. 스포트라이트 하나가 어두운 하늘을 휘젓고 있었고, 조명탑 두 개가 설치되어 있었지만 거센 바람에 흔들려서 청중들 대부분은 어둠 속에 있었다. 플래시를 사용해 사진 찍는 것을 싫어한 빌 에프리지 〈라이프〉 사진기자는 너무 어두워서 촬영할 수 없었다.

케네디가 연설을 시작하자 한 남자가 브래든이 서 있던 차량 후드 위로 뛰어 올라가 그녀의 손을 잡았다. 브래든이 내려다보자 손을 잡은 것은 흑인의 손이었다. 브래든은 그때를 회상하면서 이렇게 말했다.

"생생한 공포감이 유세장에 가득했어요. 금방이라도 위험한 사태가 벌어질 수 있다는 경고였습니다. 제 손을 잡은 사람도, 저도 그걸 느낄 수 있었고, 연설하던 바비도 알고 있었습니다."

연설을 시작하기 전, 케네디는 연단에 있던 사람 중 한 사람에게 "사람들이 킹 목사 소식을 알고" 있는지 물었다. 누군가 "아마 들었겠지만 자세히는 모를 거예요"라고 답하면서 이렇게 덧붙였다.

"의원님께서 직접 전달하실 수 있도록 따로 알리지는 않았습니다."

케네디가 입을 열었다.

"오늘 저녁은 제가 일 분 정도로 짧게만 말씀을 드리려고 합니다. 여러분 모두에게 몹시 슬픈 소식이 있기 때문입니다."

트럭과 가까운 곳에 있던 사람 몇몇은 케네디의 심각한 말을 대수롭지 않게 생각하거나 오해했는지 계속 환호하고 팻말을 흔들고 있었다. 케네디는 팻말을 내려달라고 요청하고는 떨리는 목소리로 말했다.

"여러분 모두에게 아주 슬픈 소식이고, 모든 미국인, 그리고 평화를 사랑하는 세상의 모든 이들에게도 슬픈 소식입니다. 마틴 루서 킹 목사가 테네시주 멤피스에서 총에 맞아 숨을 거두셨습니다."

현장을 목격한 한 사람의 표현에 따르면 케네디가 말을 마친 직후 청중의 모습은 번개가 내려치기 직전, 혹은 대포 포탄이 터진 후 공기가 빨려들어간 순간을 보는 듯했다. 청중들은 "아아"하고 큰 신음을 냈고, 그 소리가 얼마나 컸던지 두 블록 떨어진 곳에서 차를 타고 지나가던 한 여성이 케네디가 무슨 말을 했기에 청중이 그런 반응을 보였는지 궁금해 할 정도였다. 남자들은 욕을 내뱉었고, 여자들은 절규하며 무릎을 꿇고 기도하며 흐느꼈다. "오, 맙소사!", "안돼!"라고 외치는 사람도 있었다. 바깥쪽에 있던 일부 청년들은 격분해서 자리를 떠났고, 어떤 이들은 허공에 주먹을 치켜들며 "블랙 파워!"라는 구호를 외쳤다.

케네디는 "일 분 정도로 짧게" 이야기하겠다고 약속했다. 그렇게만 해도 되는 상황이었다. 킹 목사의 사망 사실을 알리고 짧게 추도사를 한 후 집으로 돌아가 나라를 위해 기도해달라고 요청하고 끝낼 수 있었

제2부 죽음의 그림자

다. 이런 순간 연설을 길게 하는 것은 도박이었다. 긴 연설을 하다가 실수로 청중을 화나게 하면 아무리 열렬한 지지자라도 실망할 것이기 때문이다. 설령 아주 적절한 말로 연설이 끝나도 만에 하나 이날 저녁 인디애나폴리스에서 폭동이 일어나는 경우, 원인을 제공했다는 비난이 돌아올 수도 있었다.

원래 준비한 연설문에는 "인종 간의 골이 깊어지는 듯 합니다"와 "범죄와 지도자 암살, 폭동, 약탈과 방화가 잦아지고 있습니다" 같은 문구가 있었고, 이런 문구를 충분히 연설에 사용할 수 있었다. 하지만 케네디는 원고를 무시하고 약 7분간 즉흥 연설을 했다.

1963년 6월 11일 존 F. 케네디 대통령은 앨라배마 주방위군에 앨라배마대학교에 등록하려는 흑인 학생 두 명을 보호하라는 명령을 내린 뒤 돌연 민권에 관한 대국민 TV 연설을 하기로 했다. 연설 준비 시간은 불과 두세 시간밖에 없었다. 바비는 형 케네디에게 준비된 원고를 읽는 것보다는 즉흥 연설이 더 효과적일 것 같다고 제안했다. 케네디 대통령은 절충안을 택했다. 편지 봉투 뒷면에 생각한 내용을 적은 후 방송 시간 몇 분 전 테드 소렌슨이 건넨 연설문을 대충 훑어보았다. 이날 연설에서 케네디는 미국 국민이 "도덕적 이슈에 직면했습니다. … 성경만큼 오래되고, 미국 헌법만큼 명백한 도덕적 이슈에 직면한 것입니다"라고 했고, 이 연설은 케네디 대통령 임기 중 최고의 순간 중 하나로 기억되었다. (하지만 바비는 여전히 형이 100퍼센트 즉흥 연설을 했어도 그만큼 좋았거나 더 나았을 거라고 생각했다.) 이 순간 바비에게는 준비할 시간이 훨씬 더 짧고 훨씬 더 힘든 환경이었지만, 자기가 형에게 권했던 대로 할 생각이었다.

처음에 케네디는 머뭇거리고 조심스럽게 말을 시작했다. 가장 적절한 표현을 찾으려는 듯 단어와 구절을 반복했고, 한마디를 하고는 다음

할 말을 생각하며 잠시 멈추기도 했다. 목소리에 힘이 없어 갈라지려 했고 눈에는 눈물이 고였다. 머리카락이 바람에 날렸고, 조명등에 비친 얼굴은 창백하고 무언가에 홀린 듯했다. 청중들은 처음에는 시끄러웠고 조바심을 냈지만 케네디가 연설을 시작하자 조용해졌고, 연단 쪽으로 가깝게 다가갔다(참고로 1925년 생인 로버트 케네디는 1929년 생인 킹 목사보다 나이가 많았다-옮긴이).

마틴 루서 킹은,

인류의 사랑과 정의에,

일생을 바쳤습니다.

그리고 바로 그런 노력을 하다가,

죽음을 맞이했습니다.


이렇게 힘든 날,

미국이 이렇게 힘들 때,

우리는 미국이 과연 어떤 나라이며,

어떤 방향으로 나아가길 원하는지 자문할 필요가 있습니다.


이 자리에 계신 흑인분들은,

살해범이 확실히 백인이라는 증거가 나오는 것을 보면서,

가슴에 비통함과,

증오와,

복수심이 차오를 수 있습니다.


우리는 그 길로 갈 수도 있습니다.

제2부 죽음의 그림자

더 큰 대립의 길 말입니다.

흑인은 흑인끼리,

백인은 백인끼리,

상대방을 증오하게 되는 길로 나아갈 수 있습니다.


하지만 킹 목사가 그랬듯,

이해하고,

납득해서,

이 땅에 퍼진 폭력과,

피의 얼룩을,

이해와,

연민과,

사랑으로 바꾸려고 노력할 수도 있습니다.


여기 계신 흑인분들과,

킹 목사 살인이라는 부당함에서 비롯된,

모든 백인에 대해,

불신과 증오심을 품고 싶은 유혹을 느끼시는 분들께,

드릴 수 있는 유일한 말씀은,

저 또한 비슷한 감정이 든다는 겁니다.

저 역시 가족 중 한 명이 암살당했고,

그때 암살범도 백인이었습니다.

하지만 우리는 노력해야 합니다.

이렇게 힘든 시기를 이해하고 넘어서려고 노력해야 합니다.

제가 좋아하는 시,

제가 좋아하는 시인으로 아이스킬로스가 있었습니다.

그가 쓴 시에 이런 문구가 있습니다.


　잠을 자는 중에도 잊을 수 없는 고통이

　한 방울 한 방울 가슴에 떨어지네

　절망 속에서 우리의 의지와 상관없이

　신의 크나큰 은총을 통해

　지혜가 생길 때까지


미국에 필요한 것은 분열이 아닙니다.

미국에 필요한 것은 증오가 아닙니다.

미국에 필요한 것은 폭력과 무법이 아닙니다.

서로를 향한 사랑과,

지혜와,

연민,

그리고 정의감입니다.

흑백을 초월해,

미국 내에서,

여전히 고통받는 사람들에 대한,

정의감 말입니다.


그러니 오늘 밤,

집으로 돌아가 킹 목사의 가족을 위해,

기도해주시기 바랍니다.


　　　　　　　　　　제2부 죽음의 그림자

그리고 무엇보다,

우리 모두가 사랑하는 조국을 위해,

기도해 주시기를 부탁드립니다.

제가 말씀드린 이해와 연민을 위해,

기도해 주십시오.


우리 미국은 잘 해낼 수 있습니다.

어려운 시기도 있을 겁니다.

과거에도 어려움을 겪었습니다.

앞으로도 어려움을 겪을 겁니다.

폭력은 여기에서 끝나지 않을 것이고,

무법이나 무질서도 사라지지는 않을 것입니다.


하지만 백인 대다수와,

이 나라의 흑인 대다수는,

함께 살기를 원하고,

삶의 질을 높이길 원하며,

이 땅의 모든 사람이 정의를 누리기를 원합니다.


그 옛날 그리스인들이 남긴 말에 귀 기울입시다.

인간의 야만성을 다스리고,

이 세상에서의 삶을 순화시키자는 말 말입니다.

그런 세상을 만드는 데 전념하고,

미국과 미국인을 위해 기도합시다.

소위 즉흥적인 선거 연설은 대개 후보가 이전 연설에서 언급한 일화나 인용문을 짜깁기해 전달하기 때문에 즉흥성이 떨어지는 경우가 흔하다. 케네디도 그런 연설 레퍼토리가 여러 개 있었고, 공항 도착 행사나 길거리 유세에서 사용했다. 인디애나폴리스 연설은 달랐다. 아무런 사전 준비 없는 연설이었다.

케네디가 "대다수의 백인과 대다수의 흑인들은 함께 살기를" 원한다고 한 것은 볼주립대학교에서 흑인 학생에게 한 자신의 답변을 생각하며 한 말이었다. 청중에게 "이 나라를 위해 기도"해 달라고 했던 것도 맨키위츠가 "기도문에 가까운" 연설을 하라는 건의를 받아들인 것일 수도 있다. 훗날 프레드 더턴은 이날 연설이 "밥 케네디 그 자체"였다고 했다. 케네디의 됨됨이가 있는 그대로 드러난 연설이기 때문이었다. 가장 뛰어난 케네디의 연설 중에는 직접 작성하지 않은 때도 있지만, 이날 연설은 케네디가 마음만 먹으면 얼마든지 자기 목소리를 낼 수 있었음을 보여주는 증거이기도 했다.

이날 연설은 흐름이 너무나 자연스러워서 인디애나폴리스로 이동하던 비행기 안에서 준비했다고 믿기가 어려울 정도다. 케네디는 킹 목사가 "사랑과 정의에 일생을" 바친 데 대해 찬사를 보낸 뒤, 킹 목사의 죽음에 대한 두 가지 대응이 가능하다고 제시했다. 하나는 더 큰 분열과 증오이고, 다른 하나는 연민과 이해였다. 청중이 연민과 이해를 택하도록 설득하기 위해, 케네디는 형의 죽음을 언급하고는 아이스킬로스의 시를 인용했다. 그리고 대부분의 미국인이 "정의를 누리기 원하는" 선한 사람이기를 바라며 그들이 "이 세상에서의 삶을 순화시키"는 숭고한 대의에 동참할 것을 부탁했다.

링컨 대통령은 첫 취임사에서 "우리 본성에 깃든 보다 선량한 천사의 손길이 다시금 우리의 심금에 닿게 될 때, 반드시 올 그날에, 연방

찬가가 한층 드높게 울려 퍼질 것입니다"라는 말로 희망을 표현했다. 인디애나폴리스 연설에서 케네디는 "이 나라의 대다수의 백인과 대다수의 흑인들은 함께 살기를 원하고 … 이 땅의 모든 사람이 정의를 누리기를 원합니다"라고 주장하면서 링컨이 이야기한 "보다 선량한 천사"를 끌어내려 했다.

로버트 케네디를 아는 사람이면 누구나 킹 목사 암살 사건으로 그가 형 케네디 대통령 암살을 생각할 것을 알았다. 하지만 본인이 직접 형의 일을 언급하리라고는 아무도 예상하지 못했기 때문에 케네디의 말에 다들 깜짝 놀랐다.

상원의원 선거운동을 할 때까지만 해도 케네디는 케네디 대통령이 암살된 "11월 22일"이나 "댈러스"라는 말을 꺼내기를 거부했고, 심지어 사석에서도 형의 암살을 "1963년 11월에 일어난 일"이라고 에둘러 말했다. 암살 사건을 조사한 워렌위원회 보고서도 직접 읽기를 거부하고 보좌관에게 대신 읽고 내용을 간략하게 설명해 달라고 했다. 케네디는 암살범의 이름인 "오즈월드"라는 말도 입에 담기 힘들어서 "정부가 지목한 그 사람이 범인이고, 그의 단독 범행이라는 보고서 결론에 동의합니다"라고 말했을 정도다. 하지만 이날 케네디는 인디애나폴리스에서는 아무도 시키지도 않았음에도 형의 암살을 언급했다. 존 루이스는 이 연설을 "놀라울 정도로 강력했고, 청중과의 연결점을 만들어 주었고, 정서적으로도 진실한 행동"이었으며, 케네디가 이 연설을 통해 청중과 즉각적인 유대를 형성했다고 생각했다.

슬픔에 잠긴 청중에게 형이 암살된 일을 꺼낸 케네디는 그런 슬픔으로부터 자신을 위로해준 문구를 이야기했다. 케네디 대통령이 암살당하고 몇 개월이 지난 뒤 재키 케네디는 로버트 케네디에게 이디스 해밀턴의 고대 그리스 연구서인 『고대 그리스인의 생각과 힘The Greek

Way』이라는 책 한 권을 주었다. 그해 봄 책을 읽은 케네디는 밑줄을 치고 친구에게 내용을 들려주었을 뿐 아니라 연설에서 인용하기도 했다. 해밀턴은 아이스킬로스가 살던 시절을 1960년대와 비슷하게 묘사했다. "역사의 어두운 길을 환하게 밝히는 희망과 노력이 발견되는" 때라는 점에서 그랬다. 해밀턴은 아이스킬로스를 두고 "고통의 미스터리를 인식한", "타고난 파이터"라고 했는데, 이는 로버트 케네디에게도 적용할 수 있는 표현이었다. 해밀턴은 아이스킬로스가 "인간이 느끼는 비통함의 섬뜩한 진실에 대한 날카로운 통찰"을 얻었다고 했는데, 바비 케네디가 이날 인디애나폴리스에서 청중과 공유한 통찰도 그런 것이었다.

케네디가 연설을 마치자 청중 일부는 그가 막 선거유세를 끝낸 것처럼 연단으로 달려가 환호하며 케네디를 향해 손을 뻗었다. (존 톨런은 사람들이 케네디에게 "당신이 우리의 마지막 희망"이라고 말하려 했다고 생각했다.) 하지만 청중 대부분은 충격에 말을 잃고 가만히 서서 울고 있었다. 사람들은 조용히 흩어졌고 몇 분 내로 공원은 텅 비었다. 몇 개월이 지난 후 텐퍼센터 조직원 중 한 사람은 퍼듀대학교의 연구원인 칼 아나톨과 존 비트너에게 "소란을 일으키려고 그 자리에 갔는데, (케네디의) 연설을 듣고 난 후에는 아무것도 할 수 없었어요"라고 말했다. 또 다른 조직원은 "연설을 듣고 나니 케네디 대통령을 암살한 방식으로 동생 케네디를 죽이는 건 합당하지 않다는 걸" 깨달았다고 했다. 어떤 조직원은 "케네디가 연설한 뒤에 블랙파워를 외치는 사람들이 설 자리가" 없어졌다며, 이날 케네디의 연설이 인디애나폴리스에서 폭력 사태가 벌어지는 걸 막았다고도 했다.

케네디가 유세를 생략했거나 연설이 미흡했다면 이날 저녁 17번가와 브로드웨이가 만나는 유세장에서는 폭동이 벌어졌을 것이다. 아나톨과 비트너는 "여러 인종이 섞인 청중 사이에서 흑백 간 물리적 충돌이 발생했을 것이고, 사상자가 나오고 여성과 아이들은 아수라장 속에서 꼼짝없이 갇혔을 것"이라며 이렇게 덧붙였다.

"게다가 그렇게 폭동이 일어났다면 미국 전역의 TV 시청자들이 인디애나폴리스에서 폭동이 시작되는 모습을 지켜보았을 겁니다. 그랬을 경우 미국 내 다른 지역에서 연쇄 반응이 벌어지지 않았으리라고 장담할 수 없었죠."

그 후로 24시간 동안 미국 내 119개 도시에서 폭동이 벌어져 46명이 사망하고 2500명이 다쳤고, 남북전쟁 이래 가장 큰 파괴행위가 벌어졌다. 하지만 인종 간 긴장이 팽팽하기로 악명 높았던 인디애나폴리스에서는 총격이나 화염병 투척이 전혀 없었다. 미국의 대도시 중에서 유일하게 폭력이 벌어지지 않은 것이다. 당시 인디애나폴리스의 시장이었다가 훗날 상원의원이 된 리처드 루거는 30년이 지난 후 그때를 회상하며, 케네디가 이날 유세 현장에 나타난 것이 인디애나폴리스가 변화하기 시작한 "전환점"이었다고 했다.

케네디는 유세현장에서 차를 타고 매럿 호텔로 이동했다. 매럿 호텔의 구조는 리 하비 오즈월드가 형 케네디를 저격할 당시 자리를 잡았던 텍사스 교과서 보관창고와 섬뜩할 정도로 닮은 부분이 있었다. 높이가 거의 같았고, 주변에 다른 건물이 없었으며, 앞이 탁 트여 넓은 대로가 내려다보이는 위치에 있었다. 케네디는 호텔의 원형 진입로로 차가 진입할 때 경찰이 옥상에 배치된 것을 목격했다. 대리석으로 된 로비와 호텔 내 모든 복도에도 경찰이 있었다. 대통령 암살 시도 뒤에 부통령 주변에 대한 보안을 강화하는 것과 같은 이유에서 취해진 조치였다. 킹 목사 암살이 민권이라는 대의를 제기하는 모든 사람을 제거하려는 음모의 일부라면, 다음 암살 대상은 바비 케네디임이 분명했다.

존 루이스는 케네디가 매럿 호텔에 도착하자마자 "침대에 쓰러지듯 배를 깔고 엎드려 울었다"고 했고, "많은 사람이 같이 울었다"고 덧붙였다. 케네디는 그날 저녁 조언 브래든 앞에서도 또 울었다. 케네디는 브래든의 방 출입구에 서서 그녀를 몇 초간 조용히 응시하더니 "그게 저였을 수도 있었어요"라고 했다. (과거 케네디 대통령의 암살 소식을 들은 킹 목사는 아내에게 이렇게 말했다고 한다. "내게도 벌어질 일이야. 미국은 정상이 아니야.") 그러고는 브래든을 감싸 안고 침대에서 함께 울었다.

케네디는 '터프가이'라는 이미지에도 불구하고 쉽게 눈물을 보였다. 1964년에는 형의 죽음 앞에 눈물을 흘렸지만, 그 뒤로 다른 사람을 위해 울기 시작했다. 브라질 북동부의 빈민가와 뉴욕주 북부에 사는 이주노동자 수용소를 다녀온 후 울음을 터뜨렸고, 미시시피주에서 굶주리는 아이를 봤을 때, 인디언 보호구역을 둘러보는 동안에 아이 하나가 굶어 죽었다는 얘기를 들었을 때도 그랬다.

하지만 4월 4일에 케네디는 누굴 위해 울었을까? 킹 목사를 위해? 형수 재키 케네디와 조카 캐롤라인, 존 케네디 2세가 겪은 고통을 고스란히 겪을 킹 목사의 아내와 자녀들을 위해? 죽은 형을 위해? 아니면 케네디가 조언 브래든에게 "그게 저였을 수도 있어요"라고 한 말로 미루어 자신을 위해 운 것일까?

이날 저녁 케네디를 만난 이들은 비슷한 말로 케네디의 감정 상태를 설명했다. 톨런은 케네디가 "큰 충격"을 받았다고 기억했고, 워싱턴에서 케네디에게 전화를 건 피어 샐린저는 킹 목사의 암살이 케네디에게 "아주, 아주 깊은 인상"을 남겼고, "아주, 아주 큰 충격"에 빠뜨린 것 같다고 생각했다. 윌린스키는 케네디가 "정말 엄청나게 슬퍼"했고, 비록 그날 저녁의 "아주 많은 것들"이 그를 슬프게 했지만, "어떤 상징이자 리더로서 외에는" 킹 목사에 대한 별다른 회한은 느끼지 않은 것 같다고 했다.

월린스키와 제프 그린필드는 로버트 케네디가 "세상에는 마틴 루서 킹 2세의 죽음보다 더 안좋은 일들이" 많다고 말하는 것을 듣고 놀랐다. 그린필드는 케네디의 냉담한 발언에 충격을 받았지만, 월린스키와 마찬가지로 단지 형 케네디의 죽음과 킹 목사의 죽음을 비교하면 상대적으로 덜 비극적이라는 의미로 받아들이기로 했다.

케네디 대통령이 암살된 후 수개월이 지난 뒤 〈뉴욕타임스〉의 저널리스트 앤서니 루이스가 진행한 구술사oral history 인터뷰에서 케네디는 1960년 대선 당시 자신과 형 케네디는 둘 다 민권에 대해 진지하게 생각하지 않은 점을 인정했다. 루이스가 "남부 지역 흑인들이 느끼는 특별한 공포심"을 아는지 물었을 때 바비 케네디는 아니라고 답했다.

케네디 정부 초기, 로버트 케네디와 킹 목사는 자연스럽게 서로 적대적이었다. 케네디는 미국 내 법집행기관의 수장인 법무부 장관이었던 반면, 킹은 흑인 인권을 개선하기 위해 시민 불복종에 의지하는 운동을 이끌고 있었기 때문이다. 바비는 처음에는 민권운동을 형과 마찬가지로 냉전적 시각으로 바라보았기 때문에 소련의 프로파간다에 승리를 안겨 줄 수도 있는 미국 남부의 사법기관과 민권운동 시위자 사이의 충돌을 막거나 진정시키려고 했다. 한 번은 바비가 킹에게 거리에 나가는 대신 법정 투쟁에 집중하는 게 어떠냐고 킹을 설득했다. 그때 킹은 이런 말로 일축했다.

"도와줄 수 있는 일은 도와주시고 그럴 수 없으면 우리는 기꺼이 져야 할 짐을 지고, 치러야 할 대가를 치르겠소."

이 말은 케네디 대통령이 취임사 내용 중 "치러야 할 대가를 치르고, 져야 할 짐을 지겠습니다"라고 했던 맹세를 꼬집어 한 말이었다.

1961년 봄, 킹 목사는 프리덤라이더(Freedom Riders : 버스에서 흑백 분리가 위헌이라는 대법원의 판결에 따르지 않는 지역을 규탄하기 위해 흑인과 백인 학생들이 버스에 함께 올라타 남부 주를 돌아다녔던 항의 운동-옮긴이)의 활동 저지 요청을 거부함으로써 바비 케네디를 더욱 화나게 했다. 프리덤라이더는 각 주를 연결하는 버스의 흑백통합 운영을 끌어내는 과정에서 남부 지역의 시위대와 유혈 충돌을 일으키는 바람에 미국의 대외 이미지가 나빠졌다. 백인 시위대가 몽고메리의 한 교회 안에 있던 킹 목사와 프리덤라이더를 포위하는 사태가 벌어지자 킹 목사와 바비 케네디는 전화 통화를 하며 날카로운 말을 주고받았다. 그 일 후에 바비는 킹 목사가 겁쟁이라고 생각하게 되었고, 킹 목사는 바비가 흑인들의 열망에 냉담하고 전혀 이해할 마음이 없다고 생각하게 되었다.

존 F. 케네디 대통령도 같은 방식으로 흑인 지도자를 실망시켰는데, 그 이유는 프랭클린 D. 루스벨트 대통령이 흑인 지도자를 실망시킨 것과 크게 다르지 않았다. 두 사람 모두 정권 초기에 미국 흑인의 기대를 잔뜩 키웠지만 결국은 실망만 안겨주었다. 재선하려면 남부 주의 표가 필요했고, 법안을 통과시키려면 남부에 지역구를 둔 민주당 의원의 협조가 필요했기 때문이었다. 하지만 1963년 무렵 남부 백인 관료들의 비타협적인 태도와 앨라배마주 버밍햄의 경찰서가 평화적인 흑인 시위대를 상대로 벌인 폭력은 케네디 대통령이 의회로 하여금 민권 법안을 상정하게 했다. 그사이 법무부가 법원 명령을 근거로 인종 차별 폐지를 강력하게 집행하자 당시 법무부 장관이었던 바비 케네디는 흑인 다수의 영웅이 되었다. 그런데도 로버트 케네디와 킹 목사의 개인적인 관계는 여전히 멀고 삐걱거렸고, J. 에드거 후버 FBI 국장이 벌인 킹 목사 저지 활동 때문에 더욱 복잡하게 꼬였다. 케네디는 킹 목사의 측근 중 두 명을 몰래 활동 중인 공산주의자로 오해해서 후버가 킹 목사의 전화를 도청하도록 승인해 주었다. 도청은 케네디 대통령의 죽음으로 1963년 12월에 바비가 슬퍼하는 동안 후버가 킹 목사를 상대로 착수한 비방전과 괴롭힘의 일부분에 불과했다.

케네디 대통령 암살 뒤 로버트 케네디와 킹 목사는 사적인 접촉이 거의 없었지만, 두 사람은 차츰 서로 존경하는 마음을 갖게 되었다. 킹 목사 밑에서 함께 일하던 앤드루 영은 이것을 "공적인 연계나 물리적인 연결 고리가 필요하지 않은 먼 동지애"라고 표현했다. 1967년 무렵 두 사람은 빈곤, 경제적 불평등, 도심 빈곤 문제에 초점을 맞추며 같은 방향으로 나아가고 있었다. (킹 목사보다 케네디가 먼저 민권을 빈곤 문제에 연관시켰을 수 있다. 1964년 케네디는 앤서니 루이스에게 이런 말을 했다. "북부 문제는 법안 통과로 쉽게 해결되지 않습니다. 흑인이 하워드 존슨 호텔의 레스토랑에서 식사하거나 힐튼 호텔에 묵는 것을 허용하는 법을 통과시킬 수는 있지만, 흑인이 그런 레스토랑에서 식사하거나 호텔에 묵을 수 있을 만큼 돈을 충분히 주는 법을 통과시킬 수는 없죠. 제 생각에는 그게 기본적으로 북부 주에 사는 흑인의 문제이고, 그래서 훨씬 더 쉽지 않은 문제입니다.") 킹 목사는 가족들과 함께 시카고 게토로 이사했고, 케네디는 뉴욕시 베드퍼드-스타이베선트 프로젝트에 착수했다. 이 프로젝트는 기업과 정부의 협력을 통해 가난한 브루클린 지역에 새로운 활력을 불어넣는 시도였다. 케네디와 킹 목사는 둘 다 인종, 빈곤, 베트남 전쟁과 인종차별을 이야기하고, 흑인들이 베트남 전쟁에 지나치게 많이 파병되어 죽어 나가는 사실에 문제를 제기했으며, 미국이 정신적인 위기에 처했고 도덕적인 각성이 필요하다고 생각했다. 킹 목사는 1967년 4월 뉴욕의 리버사이드 교회에서 한 연설에서 베트남을 "가난한 사람의 적"이라고 부르고, 미국을 "물질 중심"이 아닌 "사람 중심"의 사회로 바꾸는 "가치의 급진적인 혁명"을 주창했다. 같은 해 케네디는 "삶을 가치 있게 만드는 것을 제외한" 나머지만을 측정한다는 이유로 "물질 중심"의 국민

총생산 지표를 비판하기 시작했다. 1967년 가을 케네디는 두 사람을 모두 아는 친구에게 부탁해 킹 목사가 워싱턴에서 있을 행진에서 여러 인종이 섞인 가난한 사람들의 연합체를 이끌어 줄 것을 제안했다. 킹은 이 제안을 받아들여서 '가난한 사람들의 운동'을 기획하기 시작했다. 킹 목사의 장례식 직후 워싱턴에서는 가난한 미국인들이 모여 행진을 시작했다.

케네디가 머물던 호텔 스위트룸에서는 저녁 내내 전화벨 소리가 끊이질 않았다. 시민단체 지도자와 시장이 자기 도시로 와서 연설해달라고 요청하는 전화였다. 호텔방에 틀어놓은 TV에서는 새로운 방화와 약탈 사건 속보가 흘러나왔고, 킹 목사가 멤피스에서 마지막으로 연설하는 모습도 재방송되었다. 케네디와 보좌관들이 킹 목사의 장례식이 끝날 때까지 선거운동을 중단해야 할지를 두고 토론하는 동안 이런 킹 목사의 목소리가 들렸다.

"우리는 힘든 시기를 앞두고 있습니다. 하지만 이제 저는 크게 개의치 않습니다. 산꼭대기에 올라가 보았기 때문입니다. 그리고 나니 어려움에 개의치 않습니다. 저도 다른 사람들처럼 오래 살고 싶습니다. 오래 사는 건 좋은 일입니다. 지금은 그런 데 신경 쓰지 않습니다."

밤 11시가 될 무렵 30개 이상의 도시에서 폭동이 벌어졌고, 저격수가 경찰을 향해 총을 쏘고 흑인 시위대가 백인들을 탑승한 차에서 끌어낸다는 보도가 나왔다. 나중에 이런 보도들이 과장되었거나 허구였으며, 혁명이나 전면적인 인종 간 전쟁의 전조가 아니었다는 것이 드러났지만, 4월 4일 밤에는 로버트 케네디를 포함해 누구도 그런 사실을 알지 못했다.

킹 목사의 죽음을 가장 속상하게 여긴 것은 케네디의 젊은 보좌관들이었다. 윌린스키와 그린필드는 이 사건이 미국을 갈라놓을 수도 있다고 생각했다. 하지만 더턴은 생각이 달랐다.

"사람들은 잊기 마련이고, 삶은 계속됩니다. 너무 흥분해서 전부 포기하지는 맙시다."

케네디가 말했다.

"전혀 개의치 않는 사람도 많아요."

존 바틀로우 마틴은 자신이 방에 있던 사람 중 가장 나이가 많았고, 킹 목사의 죽음에 가장 충격을 덜 받았다고 했다. (마틴은 케네디 대통령이 죽었을 때 이미 울 만큼 울었다고 말한 적이 있다.) 그런 그마저도 선거운동 중단을 건의했지만 케네디는 모든 일정을 취소하되 다음 날 오하이오주 클리블랜드 시티클럽의 연설은 남겨두었다.

케네디는 킹 목사의 아내인 코레타 스콧 킹에게 전화를 걸었다. 전화벨이 울리는 동안 케네디는 보좌관들에게 "무슨 말을 해야 할까?"라고 물었다. 아무도 답하지 않자 마틴이 말했다.

"그냥 의원님 심경을 말씀하세요. 의원님 마음에서 우러나오는 이야기여야 해요."

케네디는 코레타에게 애도의 뜻을 전하고 난 후 무슨 말을 할까 머뭇거리다가 질문을 했다. 방금 엄청난 일을 겪은 사람에게는 하기에는 좀 낯선 질문이었다.

"제가 해드릴 일이 뭐 없을까요?"

코레타는 남편의 시신을 조지아주 애틀랜타로 옮겼으면 한다고 답했다. 그렇게 하겠다고 약속한 케네디는 형이 암살당한 직후 백악관 전화가 마비된 것을 떠올렸는지, 킹 목사의 집에 전화 회선을 몇 개 추가로 설치해주자고 제안했다. 훗날 케네디의 정적들은 그가 킹 목사의 유가족을 도와준 것을 두고 흑인 표를 얻으려고 한 일이라고 헐뜯었다.

하지만 린든 존슨 대통령도 명령만 하면 킹 목사의 시신을 애틀랜타로 옮기는데 에어포스원이라도 동원할 수 있었지만, 그 누구도 케네디와 같은 도움을 제안하지 않았다.

톨런은 인디애나폴리스 유세 후 호텔에서 열네 명의 지역 흑인 지도자와 케네디가 만나는 면담 일정을 잡아놓았었다. 다른 보좌관은 이들 다수가 전과가 있다는 이유로 면담 일정에 찬성하지 않았지만, 톨런은 인디애나폴리스 흑인 지도자 중에 전과가 없는 사람은 만날 가치도 없는 사람이라며 뜻을 굽히지 않았다.

케네디는 킹 목사의 암살에도 불구하고 면담을 강행하기로 마음먹었다. 그날 저녁 다시키(서아프리카 남자들이 주로 입는 화려한 무늬의 헐렁한 셔츠-옮긴이), 테두리 없는 모자, 성직자용 깃이 있는 셔츠, 블랙팬서가 입는 검은 옷 등 전형적인 1960년대 도심 흑인 지도자의 다양한 차림을 한 흑인 지도자들이 톨런의 방에 모였다. 그중 몇몇은 당장이라도 옆에 있는 백인에게 분통을 터뜨리고 싶은 표정이었다. 벤 벨이라는 이름의 길거리 선동가, 전도사 두 명, 모젤 샌더스 목사와 멜빈 그리튼 목사, 한때 폭력은 "체리 파이만큼이나 미국적인 것"이라고 해서 유명해진 과격주의자 H. 랩 브라운의 대변인인 스누키 헨드릭스가 포함되었다.

케네디가 선거운동을 잠시 중단해야 할지를 두고 고민하는 동안, 흑인 지도자들은 케네디와 면담을 해야 하는지를 두고 논쟁을 벌였다. 헨드릭스는 미국을 치유하는 유일한 방법은 모조리 태워버리는 것뿐이라며 이런 대화가 의미 없다고 했다. 또 다른 흑인 지도자는 이렇게 말했다.

"대화해 봅시다. 무슨 얘기를 하는지 한 번 들어보자고요."

매사추세츠 선거운동을 하던 제라드 도허티는 흑인 지도자들이 이런 대화를 주고받는 것을 직접 들었다. 테드 케네디와 가까웠던 도허티는 흑인 지도자들의 기분을 맞춰주는 일을 맡고 있었다.

마침내 케네디가 도착해서 안락의자에 앉았다. 그러고는 흑인 지도자들이 분노하고 슬퍼하는 사이에 커다란 시거를 뻐끔뻐끔 피웠다. 누군가 말했다.

"우리의 지도자가 오늘 밤 세상을 떠났는데, 정작 의원님이 필요할 때 찾을 수가 없더군요."

또 다른 흑인 지도자는 케네디가 지키지 못할 공약으로 흑인 표를 얻은 다른 백인 정치인과 다를 바가 없다고 비난했다. 케네디는 이들의 비위를 맞춰줄 기분이 전혀 아니었다.

"여러분들은 제가 여기 호텔에 앉아 있는 게 좋아서 여기에 있다고 생각하십니까? 차라리 가족들과 함께 집에 있고 싶지 않겠어요? 전 여러분을 비롯한 흑인에게 제안할 것이 있다고 생각했어요. 네, 맞습니다. 여러분은 친구를 잃었습니다. 저는 형을 잃었어요. 여러분의 심정이 어떤지 압니다."

흑인 지도자 중 한 명이 케네디가 "백인 기득권 세력"에 속한다고 비난하자 케네디는 이렇게 반박했다.

"기득권 세력에 대해 말씀하시는군요. 웃음 밖에 나오지 않습니다. 대기업은 제가 흑인 편에 섰다고 생각해 끌어내리려고 해요. 그런데도 여러분은 제가 주류 세력과 한패라고 절 싫어하시는군요."

이날 아침 케네디는 선거 자금을 모금하던 중에 미국 흑인들과 너무 가깝다는 말을 들었다.

"지금 저는 제가 다른 쪽과 지나치게 가깝다고 말하는 흑인들과 한방에 앉아 있네요."

결국 폭발한 케네디는 이렇게 말했다.

"제가 왜 이런 비방을 들어야 하는지 모르겠습니다. 그냥 집에 있는 수영장에서 편안하게 시간을 보낼 수 있었습니다. 아시다시피 전 부모를 잘 만나 크게 부족한 게 없습니다. 그저 제가 혜택을 받은 만큼 뭔가를 갚으려고 노력해야 한다고 생각한 것뿐입니다. 자칭 지도자라는 분들이, 개인적인 불평으로 앓는 소리를 하시는군요. 흑인 전체 문제에 대해서는 한마디도 안 하시고요."

면담이 끝날 무렵 흑인 지도자들은 케네디에 대한 지지를 약속하고 추종자들을 어떻게 투표장으로 불러 모을지 논의했다. 케네디가 나가려고 일어서자 누군가 내일이면 케네디가 인디애나폴리스를 떠나고 자신들을 잊을 거라며 불만을 터뜨렸다. 케네디가 말했다.

"당신 말이 맞아요!"

케네디는 인디애나폴리스가 가진 고유한 문제에 대해 오클랜드, 혹은 여느 다른 도시보다 더 신경 쓸 수는 없었다. 하지만 누군가를 연락관으로 지정할 터였다. 케네디는 도허티를 가리키며 말했다.

"제가 도허티를 데려온 이유는 도허티가 제 동생 테드의 최측근이기 때문입니다. 저라고 생각하고 도허티에게 말씀하세요"

그리고는 도허티를 불러서 이렇게 말했다.

"여기에서 앞으로 5주 동안을 아주 흥미롭게 보낼 수 있도록 해뒀어요."

매사추세츠 명예 케네디가에 속한 래리 오브라이언은 이런 말을 한 적이 있었다.

"(로버트 케네디에게는) 유독 일이 변화무쌍하게 일어났죠."

그래도 4월 4일만큼 큰일이 벌어진 경우는 드물었다. 형의 암살을 떠올리게 하는 사건이 터졌고, 17번가와 브로드웨이 유세장에서의 감성적인 집회, 그리고 나흘 안에 벌써 두 번이나 선거운동 계획을 바꿔야 할 상황이 생긴 것이다. 벌써 압박을 받을 대로 받은 케네디는 계속

166                                                    제2부 죽음의 그림자

된 상황 변화에 폭발할 지경이었다. 프레드 더틴은 "정말 웃기는 일이 벌어진 아주, 아주 으스스한" 저녁이었다고 회고했다.

밤이 깊어가면서 케네디는 수다스럽게 말을 많이 하다가 신경질을 내기도 하고, 다시 다정해지기도 했다. 복도를 어슬렁거리며 다른 방문에 노크하거나 보좌관을 깨웠고, 방을 들락거렸다. 킹 목사의 시신을 애틀랜타로 옮기는 임무를 맡은 얼 그레이브즈와 존 루이스가 멤피스로 가는 적당한 정기 항공편을 찾지 못해서 전세기를 빌리는 데 800달러를 사용할 계획이라는 사실을 알고는 화를 내면서 이렇게 소리쳤다.

"800달러면 웬만한 사람들이 1년 동안 벌어야 하는 돈인 거 아세요? 돈을 그렇게 쓸 작정인가요?"

톨런, 맨키위츠, 도허티가 앉아 이야기를 나누는 방에 들어간 케네디는 책상에 기댄 채 킹의 죽음에 관해 이야기하면서 병맥주를 벌컥벌컥 들이켰다. 그리고는 경선에서 떨어지면 휴버트 험프리를 지지하겠다고 했다. 유진 매카시와 달리 험프리는 정직하고, 가난한 사람들에게 마음을 쓰는 인정 많은 사람이기 때문이라는 것이었다. 누군가 킹 목사의 죽음이 케네디 대통령의 죽음을 떠올리게 하지는 않았냐고 묻자 케네디가 답했다.

"흠, 그건 사실이에요. 하지만 이번 사건으로 저한테도 무슨 짓을 할지 궁금해지기도 합니다."

케네디는 다음날 클리블랜드 유세에서 사용할 새로운 연설문을 작성 중이던 윌린스키와 그린필드의 방에 들어갔다. 그린필드와 윌린스키가 기억하기로는 케네디가 자신들이 묵던 방에 들른 것은 이때가 유일했다. 케네디는 "하비 리 오즈월드인가 뭔가 하는 놈이 이 나라에 뭔가를 퍼뜨린 것" 같다고 했다. 케네디가 오즈월드라는 이름을 입에 담는 것을 한 번도 들은 적이 없던 그린필드는 케네디 암살 직후에 보도

된 뉴스 속보에서 그렇게 잘못 보도했기 때문에 케네디가 리 하비 오즈월드의 이름을 바꿔 부른 사실을 깨달았다.

새벽 2시 30분에 케네디가 찾아왔을 때 월린스키는 타자기 곁에서, 그린필드는 침대에서 쓰러져 자고 있었다. 잠에서 깨서 케네디가 이불을 덮어주는 걸 발견한 그린필드가 "생각처럼 무자비한 분이 아니네요"하고 농담하자, 케네디가 속삭이듯 "쉬, 다른 사람한테는 말하지 마요"라고 말했다.


다음 날 아침 케네디는 잭 파와 인터뷰를 했다. 케네디는 가벼운 농담을 할 기분이 아니었다. 잭 파가 "자녀가 10명인데 백악관이 좁지 않을까요?"라고 묻자 이렇게 답했다.

"그게 제가 가장 고민할 문제라고 생각하세요?"

잭 파가 다시 물었다.

"사람들이 '왜 케네디 후보는 머리를 기르지?'라고 묻는다면 뭐라고 답하실 건가요?"

"이발을 또 해야겠다고 생각합니다."

케네디는 진지한 질문에는 제대로 답했다. 절망에 빠진 흑인들에게 일자리가 해결책이라고 생각하냐는 질문에 케네디는 일자리가 중요하긴 해도 일자리와 함께 "같은 인간에 대한 연민"을 가질 필요가 있다고 했다. 잭 파가 "킹 목사가 암살됐다는 소식을 들었을 때는 어떤 생각이 드셨나요?"라고 물었을 때에는 이렇게 답했다.

"점점 더 많은 사람이 폭력을 수단으로 사용하고 있습니다. 지금 나오고 있는 분석대로라면 폭력이 나라를 파괴할 겁니다."

4월 5일만 해도 이런 상황이 이미 일어나고 있는 것처럼 보였다. 백악관에서 불과 두 블록 떨어진 곳에서도 방화와 약탈이 일어났다. 과거

제2부 죽음의 그림자

에는 한 번도 인종 문제로 인한 폭력을 경험한 적이 없던 작은 도시에서도 폭동이 일어났다. 흑인들은 비통해하며 분노했고, 백인들은 공포를 느끼며 분노했다. 몇몇 흑인들은 킹 목사의 죽음을 결국 비폭력운동도 아무런 소용이 없다는 증거로 생각했다. 몇몇 백인들은 흑인 민권이 많이 개선되었음에도 흑인들은 "고마워할 줄 모른다"는 사실을 폭동이 입증한다고 생각했다. 과격단체에 속한 흑인들만 흑백 간 인종 전쟁을 예상한 것이 아니었다. 온건 성향의 전국도시민연합National Urban League의 의장인 휘트니 영도 게릴라전이 일어날 가능성을 경고했고, 진보적인 백인들의 불안을 포착한 노먼 메일러는 그해 여름 자기 생각을 이렇게 밝혔다.

"알기 힘든 감정이 일어남을 느꼈다. … 단순한 감정이었고, 내게 매우 불쾌한 것이었다. 나는 흑인과 그들이 요구하는 권리에 지쳐가고 있다. 이런 감정을 느끼는 것이 여러모로 비참했다. 내게 이런 감정이 조금이라도 일어난다는 건 감당할 수 없는 분노의 물결이 미국을 덮게 되는 것을 의미하지 않을까?"

4월 5일 아침 케네디가 흰색 오픈카를 타고 클리블랜드로 이동하는 동안, 카폰이 설치된 차량에 탄 한 보좌관이 케네디가 탄 차량에 손짓을 해서 세웠다. 케네디의 시티클럽 연설이 진행될 호텔이 내려다보이는 첨탑에 저격수가 있을 수 있다는 경찰의 말을 알리려는 것이었다. 케네디의 비무장 보디가드인 빌 배리는 자신이 직접 확인하는 동안 케네디는 길가에 기다리는 것이 좋겠다고 건의했다. 배리가 그런 제안을 했다는 사실만으로도 화가 난 듯 케네디가 대답했다.

"아뇨. 우리는 그런 식의 위협에 절대 가던 길을 멈추지는 않을 겁니다."

케네디는 오픈카 지붕을 열어젖힌 채 행사장으로 이동했다. 케네디가 마지막으로 공항에서 클리블랜드 시내로 차로 이동한 것은 1964년 4월로, 고인이 된 형을 추모하는 전시회 오프닝 행사에 참석하러 가던 길이었다.

케네디는 잘 차려입은 2200명의 시민사회 지도자 앞에서 단 10분만 연설을 했다. 케네디는 북받치는 감정을 누르고 추도 연설을 하는 조문객처럼 엄숙하고 낮은 목소리로 말했다. 이날 케네디는 미국의 주요 정당의 대선 후보로서는 가장 급진적인 발언을 했다. 케네디는 폭력과 인종 문제를 분리하는 것으로 시작했다.

"폭력에 희생되는 사람들은 흑인과 백인, 부자와 가난한 사람, 젊은 이와 노인, 유명인과 이름 없는 사람입니다. 중요한 건 (그들이 누구냐가 아니라) 그들이 그들을 사랑하고 그들을 필요로 하는 사람들을 두고 세상을 떠나게 되었다는 사실입니다."

그러고는 킹 목사 암살범과 폭도를 동일시했다.

"저격범은 영웅이 아니라 겁쟁이일 뿐이죠. 통제되지 않은, 통제할 수 없는 폭도는 이성의 목소리가 아니라 광란의 목소리일 뿐입니다."

폭도들이 아직 경찰이나 군인과 총격전을 벌이고 있던 시점에, 그리고 케네디가 민주당의 대선 후보 지명을 받기 위해서 지지가 꼭 필요한 시카고의 데일리 시장이 시카고 경찰에 방화범을 사살하고, 약탈자를 상대로 폭력을 써도 좋다고 명령한 시점에, 폭도의 폭력과 사법기관의 무차별적인 폭력은 도덕적으로 차이가 없다고도 했다.

"법의 이름으로 행해진 살인이든, 법에 저항하며 행해진 살인이든, 한 사람에 의한 살인이든, 집단이 한 살인이든, 계획된 살인이든, 아니면 흥분한 상태에서 한 살인이든, 폭력에 의한 살인이든, 폭력에 대응하다가 일어난 살인이든 상관없이, 한 미국인의 생명이 다른 미국인에 의해 불필요하게 희생되는 것은 미국이라는 나라의 수치입니다."

제2부 죽음의 그림자

케네디는 시티클럽 회원에게 미국 문화와 외교 정책이 폭동 유발의 책임에서 자유로울 수 없다고 말했다.

"우리는 아득히 먼 나라에서 민간인이 대량 학살되었다는 신문 기사를 별 느낌 없이 받아들입니다. 영화나 TV 화면에 등장하는 살인을 미화하고 그걸 오락이라고 부릅니다. 정신적으로 온전하지 않은 사람도 총기와 탄약을 얼마든지 손쉽게 살 수 있게 만들었습니다. 힘을 과시하고 큰소리치고 무력을 사용하는 사람을 찬양합니다. 타인의 꿈을 산산 조각내서 자신의 목표를 달성하려는 사람을 너무 쉽게 용서해줍니다."

마지막으로는 기업 문제에 관한 관심을 표명하는 연설이었음에도 클리블랜드 기득권층의 핵심 그룹에 해당하는 청중에게 그들이 속해 있는 기업과 공공기관에도 책임이 있다고 했다.

"또 다른 종류의 폭력이 미국에 존재합니다. 이 폭력은 천천히 일어나지만 밤에 일어나는 총격 사건이나 폭발만큼이나 치명적이고 파괴적입니다. 그것이 기업과 기관의 폭력입니다. 무관심과 복지부동, 그리고 서서히 진행되는 부패입니다. 그것이 가난한 사람들에 대한 폭력입니다. 이런 폭력이 아이에게 먹을 것을 주지 않고, 학교에 책을 주지 않고, 가정집에 난방을 허락하지 않음으로써 그들을 서서히 파괴합니다. 이런 폭력이 한 개인을 아버지로서, 공동체의 일원으로서 당당하게 일어설 기회를 주지 않음으로써 그 사람의 기를 꺾어놓습니다."

아무리 1968년이라고 해도 아주 급진적인 발언이었다. 월린스키와 그린필드가 테드 소렌슨과 협의해서 작성한 이 연설문은 킹 목사의 암살 뒤에 벌어진 격동기에 그들이 느낀 감정을 반영하고 있다. 하지만 동시에 케네디가 상원의원 시절 취한 입장을 표현한 것이기도 했다. (1965년 캘리포니아주 와츠에서 폭동이 일어나는 동안, 양당의 정치인들이 강력한 법질서 확립을 강조하는 연설을 했을 때, 케네디는 한 클럽의 컨벤션에서 이런 말을 했다. "법을 지키라고만 해서는 문제를 해결할 수 없습니다. 우리는 법이 우리 편이라고 생각합니다. 우리의 재산과 개인의 안전을 지켜주기 때문이죠. 하지만 흑인들에게는 법이 다른 의미를 지닙니다." 그러면서 남부의 흑인들에게 법은 "매질과 수모"를 뜻하고, 북부에서는 법이 흑인들의 삶과 존엄성을 제대로 지켜주지 못한다고 했다.) 케네디는 시티클럽 연설문을 읽고 승인했을 뿐 아니라 클리블랜드로 가는 항공기에서 직접 수정까지 했다. 따라서 미국의 기업과 기관들이 가난한 사람들에게 가하는 폭력을 폭도들의 총격이나 화염병과 동일시한 것은 궁극적으로 케네디의 결정이었다. 시어도어 루스벨트 대통령의 딸 앨리스 루스벨트 롱워스가 "바비는 혁명의 전도사가 될 수도 있었다"라고 한 것은 케네디의 그런 말 때문이었다. 〈룩〉의 사진기자인 스탠리 테트릭이 "의원님의 실체는 혁명가입니다. 피델 카스트로나 체 게바라와 함께 숲을 누비는 게 더 어울리세요"라고 한 것도 그 때문이다. 케네디는 테트릭의 그 말에 "알고 있어요"라고 대답했다. (한 번은 케네디가 보좌관인 리처드 굿윈에게 체 게바라에 대해 어떻게 생각하는지 물었다. 굿윈이 대답을 끝내자 케네디는 이렇게 말했다. "때론 그 녀석이 부러워요. 적어도 체 게바라는 자신이 믿는 바를 위해 나서서 싸울 수 있었잖아요. 내가 하는 일이라고는 사람들과 닭고기가 나오는 저녁 식사를 하는 것뿐이죠.")

"기업과 기관의 폭력"이라는 표현은 정적들의 레이더에 포착되지 않았다. 온 미국이 킹 목사의 죽음과 그로 인한 폭동에 정신이 팔렸기 때문일 것이다. 하지만 케네디가 살아남아 대선 본선에서 닉슨과 맞붙었다면, 닉슨이 공격 빌미로 이용해 큰 효과를 봤을지도 모를 표현이었다. 사람들이 적어도 케네디가 암살당한 6월 5일까지 주목하지 않은 케네디의 발언은 또 있었다.

"어디에 살든, 무슨 일을 하든 우리는 누구나 이런 무분별한 유혈 사태의 희생자가 될 수 있습니다."

케네디가 시티클럽 회원에게 설명한 것과 같은 사회적 문제를 해결하는 데 필요한 것은 혁명이었다. 하지만 케네디는 거리에서 일어나는 혁명 대신 사람들의 가슴 속 혁명을 촉구하며 연설을 끝맺었다. 케네디는 인종 간 화해는 새로운 정책의 문제가 아니라 "우리 존재에 관한 끔찍한 진실을 인식할 수 있는 인간적 목표의식을 가진 리더십을 가슴 속에서 찾을 수 있을지의 문제"라고 했다. "우리 자식들의 미래가 다른 사람들의 불행 위에 세워져서는" 안 된다 사실을, 그리고 "우리와 함께 사는 사람들은 형제고, 인생이라는 짧은 시간을 공유하며, 우리와 마찬가지로 그들도 만족감과 성취감을 누리면서 목적의식과 행복 속에서 인생을 살 기회를 원할 뿐이라는 사실"을 이해할 필요가 있었다.

보도에 따르면 청중 중 여성 다수가 케네디의 연설에 눈물을 흘렸다. 연설이 끝나자 그 자리에 있던 클리블랜드의 시민사회 지도자와 기업 임원들은 케네디에게 기립박수를 쳤다. 제프 그린필드는 훗날 시티클럽 연설이 "로버트 케네디 선거운동 기간에 원고를 바탕으로 한 연설 중 최고"였다고 했다. 폭력이라는 "질병"을 국가 정신에서 제거하는 도덕성 회복에 미국인들이 참여해야만 미국의 상처가 치유될 수 있다는 케네디의 확신이 가장 분명하게 표현된 연설이기도 했다.

케네디가 탄 전세기가 워싱턴으로 가기 위해 이륙할 때 케네디는 〈라이프〉의 실비아 라이트 기자가 창밖을 보며 울고 있는 걸 보았다. 민권운동 취재를 하면서 킹 목사와 가까워진 라이트가 킹 목사의 죽음에 큰 충격을 받은 사실을 아는 케네디는 실비아 옆에 앉은 사진기자와 자리를 바꿔 앉았다. 자신의 감정을 잘 드러내지 않기로 유명한 케네디였지만 그때만큼은 라이트 기자의 기분 전환을 위해 묻지도 않은 선거유세 얘기를 꺼냈다.

"사람들은 제가 머리 좋은 사람인데 시간을 낭비하고 있다고들 해요. 그리고 제 위치에 있는 사람이 각 지역을 다니면서 공항에서 '여러분 만나 뵙게 되어 반갑습니다!'나 '이곳에 와 주셔서 정말 감사드립니다' 같은 뻔한 말이나 하고 있다고 나무라기도 하죠. 하지만 시끄럽고 풍선으로 가득한 유세장에서 연설하면서 2~3일을 보내면 한 번쯤 사람들에게 중요한 것을 알려줄 기회가 생겨요. 저처럼 여기저기를 돌아다닐 기회가 없어서 알지 못하는 것을 사람들에게 들려줄 기회인 거죠. 저의 경험을 통해서 도심 빈민가나 인디언 보호구역처럼 직접 가보지 않은 장소에 간접적으로 가보게 하는 거죠."

뻔한 말을 하고 하기 싫은 일을 해야 하면서도 선거운동을 "가치 있게" 만드는 것은 그런 순간이었다. 1967년 여름 폭동으로 뉴저지주 뉴어크와 미시건주 디트로이트가 쑥대밭이 된 후 케네디는 프랭크 맨키위츠에게 자신이 대통령이 되면 방송사를 설득해 가난한 흑인들의 삶을 보여주는 다큐멘터리를 제작하는 데 협조해달라고 하겠다고 했다.

"그 사람들이 사는 곳의 소리와 느낌, 절망, 그리고 그곳에서 절대 벗어날 수 없을 것 같다는 생각이 드는 게 어떤 기분인지 방송으로 보여주는 거죠."

"수업에 빠지지 말고 학교를 졸업하라는 공익광고를 듣는 흑인 10대 소년 하나가 그 말대로 학교를 졸업하고도 직업이 없는 형을 쳐다보는 장면을 보여주고, 마피아가 마약을 파는 장면을 보여주고, 몰래카메라 팀을 도심 빈민가에 있는 학교에 투입해서 교육 시스템이 얼마나 썩었는지 실상을 보여주는 겁니다. 추위와 쥐의 공격으로부터 아기를 보호하려고 뜬눈으로 밤을 지새우는 엄마도 보여주고요. … 그리고 나서 시청자들에게 역사상 가장 부유한 사회에서 희망이 없는 삶이 어떤 건지 보고 느껴보라고 권할 겁니다."

케네디는 다큐멘터리를 보면 국민이 변화를 요구할 거라 믿었다.

하지만 킹 목사 암살 사건 후에는 자신이 대통령이 될 때까지 기다릴 수 없다고 생각했다. 사람들의 가슴 속에 지금 당장 변화를 일으켜야 한다고 판단한 케네디는 나중에 다큐멘터리로 미국인의 양심을 일깨우는 대신, 당장 선거운동을 통해 그 작업을 해볼 생각이었다.

# 6장

# "백악관으로 가는 길에 총이"

1968년 4월 5~7일

1960년대는 화염에 휩싸인 시기였다. 베트남에서 미군은 네이팜탄으로 융단 폭격하고 민가에 불을 질렀으며, 베트남 승려는 분신자살을 했다. 미국인은 성조기와 징병 카드와 징병소에 불을 질렀다. 과격 시위대는 "태워버려, 태워버려!"라고 외쳤고 1967년 여름 흑인들은 뉴어크와 디트로이트를 불태웠다. 훗날 킹 목사 암살 직후 벌어진 약탈과 방화를 연구·조사한 결과에 따르면 대부분은 혁명적 열정보다는 탐욕과 분노에서 비롯된 것이었지만, 로버트 케네디를 오하이오주 클리블랜드에서 워싱턴으로 데려가는 전세기에 올라탄 사람들은 그런 사실을 알지 못했다. 그들이 돌아가고 있는 워싱턴은 시민들이 포위하고 군인들이 점령해서 그들을 막고 있어서 마치 반란 사태에 직면한 듯 보였기 때문이다.

조종사가 워싱턴 상공을 도는 동안 승객들 사이에서는 침묵이 흘렀다. 비행기에서 내려다보는 워싱턴의 내셔널 몰은 연기로 뒤덮였고, 백악관은 포병 장비와 군용트럭에 에워싸였다. 이 모든 것이 남북전쟁 이후 최대 민란이 미국에서 벌어지고 있음을 말해주고 있었다. 짐 톨런은 "맙소사! 도대체 이 나라에 무슨 일이 벌어지는 거지?"라고 생각했고, 존 바틀로 마틴은 민권운동이 흑인 혁명으로 넘어가는 장면을 목격하고 있다고 생각했다. 일 년 전 여름에 뉴어크와 디트로이트에서 일어난 폭동을 떠올린 애덤 월린스키는 "드디어 워싱턴 차례가 되었군"하고 생각했다.

케네디는 워싱턴 상공을 한 번 더 비행해달라고 조종사에게 부탁했다. 착륙 후 케네디는 "제가 사람들과 대화를 해볼 수 있을 것 같아요"라면서, 차를 타고 폭동이 벌어진 지역으로 가서 약탈과 방화를 저지르는 무리를 만나 진정시켜보겠다고 했다. 보좌관들은 기겁했다. 더턴은 잠시 머뭇거리다가, 그런 일은 예의상 워싱턴 시장에게 먼저 알려야 한다고 했다. 마틴은 아직 폭동이 진행 중인 상태에서 후보가 할 수 있는 일이 별로 없으며, 사람들의 관심을 받으려는 행동으로 보일 수 있다고 조언했다. 케네디는 내키지 않았지만 집으로 가는 데 동의했다.

이틀 뒤 케네디와 에설은 뉴베델침례교회에서 진행하는 오전 8시 종려주일(Palm Sunday : 부활절 전 일요일로, 많은 교회에서 성찬식을 하는 중요한 절기-옮긴이) 예배에 참석하기 위해 폭동 지역을 방문했다. 월터 폰트로이 목사는 킹 목사가 이끈 남부기독교지도자위원회의 지역 대표로, 케네디와는 1963년 킹 목사의 워싱턴 행진을 조율하는 과정에서 친구가 되었다. 폰트로이는 설교에서 예수 그리스도와 킹 목사의 마지막 나날을 비교하고, 킹 목사와 마지막으로 대화를 나누던 중 킹 목사가 "유감스럽게도 이 나라는 아직 비폭력을 이행할 준비가 되지 않은 것" 같다라는 말을 한 사실을 신도들에게 이야기했다. 선동적인 연설로 워싱턴 폭동을 주도했다는 비난을 받는 투쟁세력 소속의 스토클리 카마이클도 같은 예배에 참석했다. 4월 4일 카마이클은 권총을 흔들며 이렇게 외쳤다.

"백인이 다가오면 여러분을 죽이려는 겁니다. … 집에 가서 총을 갖고 오세요. 저도 총을 갖고 다닙니다."

어쩌면 카마이클은 이날 오전 예배시간에도 총을 휴대했을 지 모른다. 케네디는 교회 신도와 함께 성찬식에 참석했다. 몇 시간이 지나지 않아 미국에서 가장 널리 알려진 가톨릭 가문의 사람이 개신교 교회의 성찬식에 참석했다는 소식이 워싱턴 주교의 귀에 들어갔다. 한 가톨릭 성직자의 항의 전화를 받은 프랭크 맨키위츠는 근거 없는 소문이라며 일축했다. 그날 오후 케네디는 쑥스러워하며 교회 신도들이 다 같이 포도주를 마시는 자리여서 그냥 동참했다며 사실을 인정했다. 케네디 대통령은 동생 바비만큼 독실한 신자는 아니었지만 예배 참여에 세심하게 주의를 기울였기 때문에 그런 실수를 하지 않았을 게 분명하다. 하지만 바비는 종교적인 계산을 하지 않았다.

예배가 끝난 뒤 폰트로이와 케네디는 교회 출입문에서 함께 서서 신도들과 악수를 했다. 케네디가 교회 주변 마을의 파괴에 관해 물었을 때 폰트로이는 "한 번 보여드리겠습니다"라고 했고, 두 사람은 피해가 가장 심한 14번가 쪽으로 걸어갔다. 에셀 케네디와 피터 에델먼, 기자 몇 명, 교구 사람들이 뒤따라갔다. 일행은 쇠공이 달린 기중기를 동원해서 처참해진 건물을 부수는 작업을 하던 사람과, 타다 남은 불에 물을 뿌리는 소방관들을 지나쳤다. 또한 도난경보기 소리와 스피커가 달린 트럭이 오후 4시 통행 금지를 알리는 소리를 들었고, 깨진 유리 조각을 밟으며 걷다가 연기와 최루가스 때문에 콜록거렸다. 화염병이 투척된 백인 소유의 가게와 소울브라더(soul brother : 흑인들 끼리 동포의식을 표시할 때 부르는 말-옮긴이)라고 적힌 표지 덕분에 타지 않고 멀쩡하게 남은 흑인 가게도 보였다. 어쩌면 일행이 눈치를 챘겠지만 폭도들은 인근 선거구 사무실 유리창에는 '소울브라더'라고 적혀있지 않았음에도 불을 지르지 않고 그대로 두었다. 누군가가 사무실 안에 로버트 케네디의 사진을 걸어두었기 때문이었다.

케네디는 제2차 세계대전 뒤 그을린 잔해로 가득한 베를린처럼 변한 도시에서 기침하고 눈을 닦으면서 조심스럽게 걸어가면서 중얼거렸다.

"심각하군. 끔찍해. 뭐라도 해야 하겠군."

블록을 하나씩 지날 때마다 케네디 주변에 사람이 몰려들었다. 여러 사람이 모이고 시끄러워지자 주방위군 병력이 사람들을 약탈범으로 오인하고 방독면을 쓰고 착검을 했다. 주방위군 뒤에 있던 경찰차가 상황을 감지하고 빠른 속도로 일행과 병력 사이에 끼어들었다. 잠시 후 군인들은 케네디와 악수를 했다. 에설이 줄지어 불에 탄 가게들 위층에 있는 살림집들을 가리키며 물었다.

"저긴 누가 살았죠? 백인인가요?"

"아뇨! 흑인입니다."

모인 사람들이 큰 소리로 대답했다. 창가에서 기대선 여성들이 "저 사람 혹시 케네디야?"라고 소리쳤고, 맞다는 걸 확인하고는 손을 흔들고 환호했다. 케네디는 유일하게 문을 연 가게에 들렀다. 줄을 선 한 남성이 케네디의 손을 잡고 "저도 의원님처럼 자식이 열 명입니다. 우리 아이들은 더 나은 삶을 살았으면 좋겠어요"라고 말했다. 한 여성은 믿기지 않는다는 듯 케네디를 빤히 쳐다보며 "케네디 의원님이신가요?" 하고 묻더니 이렇게 덧붙였다.

"여길 제일 먼저 오실 분이 의원님일 줄 알았어요."

긴 오르막길 앞에 다다르자 케네디와 폰트로이는 걸음을 멈췄고,

그곳에서 파괴된 건물들이 백악관 근처까지 이어지는 풍경을 보고 잠시 충격에 빠졌다. 폰트로이는 케네디에게 선거운동이 어떻게 되어가느냐고 물었다. 케네디는 순조롭게 진행되고 있고, 인디애나와 네브래스카에서 이기면 오리건과 캘리포니아에서 이길 수 있으며, 캘리포니아에서 이기면 민주당 대선 후보 지명을 따낼 수 있을 것 같다고 했다. 그리고는 다음 말을 신중하게 고르려는 듯 잠시 멈춘 후 말을 이었다.

"하지만 문제가 하나 있습니다."

"무슨 문제인가요?"

"제가 백악관으로 가는 길에 총이 기다리고 있어요."

폰트로이는 아무 말도 하지 못했다. 케네디를 알고, 케네디와 군중 속을 걷고, 높은 빌딩에 둘러싸인 길모퉁이에서 케네디와 함께 서고, 함께 오픈카를 타고 이동하던 모든 이가 항상 두려워하고 말하지 못한 것을 케네디가 불쑥 꺼낸 사실에 놀란 것이다.

케네디가 이런 말을 한 것이 처음이었다면 킹 목사의 죽음과 당시 백악관 주변의 무장한 군인들을 목격한 충격으로 평소와 달리 잠시 그런 생각을 한 거라고 대수롭지 않게 넘어갈 수 있었을 것이다. 하지만 킹 목사가 암살된 날 밤에도 조언 브래든에게 "그게 저였을 수도 있었어요"라고 했고, 폰트로이에게 그렇게 말하고 나서 한 달 후에는 작가 로맹 가리에게 "선거운동 기간에 후보를 보호할 방법이 없습니다. 군중에 몸을 맡긴 후에는 위험을 감수해야 합니다. … 조만간 암살 시도가 있을 겁니다. 정치적인 이유보다는 분위기에 휩싸여 모방하려는 사람일 가능성이 큽니다"라고 말하기도 했다. 케네디를 긴장하게 만든 것은 선거운동만이 아니었다. 형 케네디가 죽고 몇 달 뒤 케네디는 케니 오도널에게 이런 말을 했다(케니 오도널은 케네디의 하버드대학교 룸메이트이자 풋볼팀 팀메이트이기도 하다-옮긴이).

"사람들이 우리 중 하나를 해칠 거란 건 알고 있었어. 늘 그게 나일 거로 생각했어."

1965년 케네디는 브라질을 여행했다. 케네디 대통령 서거 2주기가 되는 날이라 아내 에설이 케네디의 기분 전환을 위해 계획한 여행이었다. 에설은 그곳에서 40세 생일을 맞은 케네디를 위해 깜짝 파티를 준비했고, 손님 몇몇이 파티용 폭죽을 터뜨렸다. 그 순간 케네디는 떨군 머리를 손으로 감싸고는 "아. … 제발 그러지 마"라고 소리쳤다. 나흘이 지난 케네디 대통령 서거일에는 케네디가 리우데자네이루의 노천카페에서 어떤 미국인 여성과 앉아 있었는데, 몇 차례 굉음이 들리자 의자에서 벌떡 일어섰다. 근처를 지나던 자동차의 배기구에서 난 폭발음이라는 사실을 알게 된 케네디는 이렇게 말했다.

"조만간 일어날 일이예요, 조만간."

대선 출마를 선언하기 6일 전인 1968월 3월 10일, 케네디는 세자르 차베스와 함께 참석한 캘리포니아주 델러노에서 열린 야외 집회에서 농장 노동자 무리에 섞인 암살범을 봤다고 생각했다. 청바지와 청재킷을 걸친 갈색 머리에 회색 눈동자의 남자였다. 케네디는 차베스와 함께 일하던 돌로레스 후에르타에게 그 사람을 지목했다. 후에르타가 남자에게 스페인어로 질문을 했지만 아무런 답이 없자 더 의심스러웠다. 후에르타는 노조원 몇 명에게 케네디 뒤에 서서 뒤쪽을 경호해 달라고 했다. 케네디는 노조 간부인 맥 라이언즈의 안내를 받으며 차로 이동하는 동안 그 사람을 다시 목격했다. 케네디가 라이언즈에 말했다.

"저 사람 좀 감시해주세요. 총을 갖고 있어요."

라이언즈는 매끄러운 얼굴에 황색 피부의 중년 남성을 발견하고 남자 쪽으로 가서 남자가 군중 속으로 사라질 때까지 감시했다. 케네디가 차를 타는 걸 도와주던 라이언즈는 케네디의 몸이 떨리는 걸 느낄 수 있었다.

그해 봄 케네디로서는 공적인 자리에 모습을 드러내는 것 자체가 용기가 필요한 행위였고, 지붕이 없는 오픈카를 타고 차량 퍼레이드를 하는 것은 두려워하지 않는다는 저항의 표시였다. 킹 목사가 암살되기 전까지만 해도 암살될 가능성만 있을 뿐이었다면, 킹 목사 암살 후에는 케네디 암살이 불가피해 보였다.

농장 노동자 중에는 차베스에게 케네디가 민주당의 대선 후보로 지명되면 암살될 것이 두려워 케네디에게 표를 못 주겠다고 말한 사람도 있었다. 제리 브루노는 케네디의 유세장 준비를 위한 선발대로 어느 작은 마을에 갔다가 이런 말을 들은 적도 있었다.

"저도 케네디를 좋아해요. 하지만 그놈들은 케네디가 대통령이 되도록 살려두지 않을 거예요."

샌프란시스코의 한 지하신문은 윌리엄 매킨리 대통령(미국의 25대 대통령으로 1901년에 암살당했다-옮긴이)의 유령과의 가상 인터뷰 기사를 실었는데, 그 글에서 매킨리 대통령은 "괜히 케네디를 찍어서 사표가 되게 하지 마시오. 그들이 케네디를 죽일 테니까"라고 했다. 인디애나주 로건스포트의 한 공무원은 기자에게 지붕에 경찰관을 배치했다면서 "그저 (케네디가) 우리 시에 찾아올 때와 같은 모습으로 떠날 수 있으면 하는 바람"에서라고 했다.

존 바틀로 마틴은 암살 가능성이 "그해 봄 우리들의 머리를 떠나지 않았다"며 케네디와 함께 차량 퍼레이드를 하거나 군중 속을 걸어갈 때마다 창문이나 사람들의 얼굴을 유심히 살폈다. 한 지방 유세 중에 분노로 표정이 일그러진 한 남자가 케네디에게 공격적인 질문을 하는 걸 본 마틴은 남자에게서 눈을 절대 떼지 않았고, 그가 혹시라도 주머니에 손을 넣으면 케네디를 밀쳐낼 준비를 했다.

〈라이프〉의 루던 웨이라이트는 케네디 취재단을 "후보의 미래에 대해 집착하고, 후보의 기분에 민감하며 … 후보의 안전과 성공을 열렬히 바랄 만큼 편파적인 집단"이라고 설명했다. 기자들은 케네디에 더 크게 호감을 느끼자 더욱 케네디를 보호하고 싶어 했다. 폭죽이나 자동차 배기구 폭발음이 들리면 불안해했고, 암살 위협이 있을 때마다 군중 속에 있는 케네디를 에워쌌다. 한 여기자는 케네디에게 "무슨 일이 생기면 제가 구해드릴게요. 의원 앞으로 몸을 던질 거예요"라고 말했을 만큼 케네디를 위해 대신 총에 맞을 각오까지 되어 있었다.

과거 케네디 대통령 취재를 담당한 기자와 사진기자는 바비 케네디를 취재하기 힘들어했다. 한 〈라이프〉 기자는 빌 에프리지에게 이렇게 말했다.

"자세히 보면 (바비를 취재하는 기자 중에) JFK를 담당한 사람이 많지 않다는 걸 눈치챌 거야. 왜냐고? 다들 불안해서 뒤에 있는 군중을 보느라 후보를 못 보거든."

기자 중에는 케네디가의 두 번째 암살 장면을 놓칠까 봐 걱정하는 사람도 있었다. 한 방송국은 촬영팀에 항상 후보 곁을 지키라고 지시했다. AP통신의 조 모배트 기자는 이런 말을 했다.

"토요일 밤 11시 30분에 15명과 악수하는 리셉션이 있다면 기자 중에는 '그냥 호텔로 돌아가서 한잔할래. 쓰러지기 직전이야'라고 할 사람도 있을 거예요. 어차피 그 시간에 신문을 만들 수도 없고, TV 뉴스를 제작할 수도 없으니까요. 그러면 다들 그 기자를 보고는 뭐라고 하는지 아세요? '정말? 일 터지면 어디 있으려고?' 혹은 '총성이 들렸을 때 어디 있을 건데?'라고 하죠."

어느 날 저녁 모배트는 유세 취재를 건너뛰고 전세기에 남아있었다. 에설이 케네디와 함께 비행기로 돌아와서 모배트의 자켓을 잡아당기더니 말했다.

"아니, 기자님 어디 계셨어요? 저 죽을 뻔했는데."

그 말에 모배트는 순간 충격을 받았다가 잠시 후에야 농담이었음을 깨달았다. 케네디를 좋아하는 기자일수록 취재가 더 고통스러웠다. 헤이즈 고리는 케네디가 "사실상 아무런 보호막 없이" 선거운동을 했고, 원하는 사람은 누구나 후보를 만지거나 이동하는 오픈카에서 끌어낼 수 있었기 때문에 케네디가 자신의 선거운동을 아주 천천히 진행되는 자살로 만들어 버렸다고 생각했다. 존 린지는 유세 취재 버스에 탄 모든 기자가 살해 기도는 반드시 일어날 일로 여기고 있다고 생각했다.

"할 수 있는 일이라고는 후보가 돌에 맞지 않도록 보호하는 것이다. 하지만 결국에는 일어나고 말 일에서 케네디를 보호하는 것은 불가능했다. 취재단 중에 그걸 모른 사람은 아무도 없었다."

케네디 암살 6개월 뒤 실비아 라이트는 한 인터뷰에서 '의식의 흐름'을 통해 자신의 생각을 털어놓았다.

"저는 척(찰스 퀸)에게 화를 크게 내곤 했어요. … 가령 이런 식이었죠. '네가 하는 온갖 비관적이고 가학적인 말을 듣고 싶지 않아. 역겨운 것 같아.' 그 사람들이 꼭 그런 이야기를 하곤 했거든요. 제가 '8시 30분 비행기에 짐을 실어야 해. 안 그러면 1시 30분까지 기다려야 하니까. … 그렇게 하고 나면 옷 갈아입고 준비를 할 여유가 있으니 저녁 먹으러 가려고 나를 기다릴 필요가 없을 거야.' 그럼 척이 이렇게 말하죠. '그럼 케네디가 총에 맞을 때 현장에 없겠네.'"

하지만 그런 라이트 자신도 그렇게 케네디의 죽음에 대비하는 분위기에서 자유롭지는 않았다. 바비의 누나인 패트 로포드가 쌀쌀한 저녁 유세가 진행되는 동안 기자단 버스에서 기다리는 게 어떠냐고 했을 때 라이트는 이렇게 대답했다.

제2부 죽음의 그림자

"안 돼요, 패트. 야외 행사고 현장에 있는 사람을 통제할 수 없어서 무슨 일이 벌어질지 몰라요."

바비 케네디만큼 열정적인 사랑과 미움을 한꺼번에 받은 정치인도, 지미 호파나 J. 에드거 후버 같은 위험한 인물과 적대관계에 있던 정치인도 드물다. 한 FBI 요원은 전미운수노조의 위원장인 지미 호파가 이런 말을 했다고 보고했다.

"바비 케네디 그 개자식은 손을 봐줘야겠어. … 자기 집에 경비원도 없어. 플라스틱 폭탄에 대해서 아는 것 좀 있나?"

케네디가 선거에 뛰어든 뒤에 그런 위협은 급증했고 대부분은 캘리포니아에서 나타났다. 에셜은 케네디가 아버지의 돈 가방을 끌고 인디애나주로 가는 어린 소년으로 묘사된 만평을 우편으로 받았다. 만평에는 이런 말이 타이핑되어 있었다.

"이게 당신의 '멋진' 남편을 완벽하게 묘사한 만화다. 너무 늦기 전에 인디애나에서 꺼지는 게 좋을 거야!"

FBI의 정보원 하나는 케네디가 민주당 대선 후보로 결정될 경우 마피아가 케네디를 죽이기 위해 수십만 달러를 내걸었다고 보고했고, FBI 측은 매주 프랭크 맨키위츠에게 암살범으로 의심되는 인물 사진을 전달했다. 맨키위츠는 공항과 유세장에서 FBI가 보낸 준 사진 속 인물이 있는지 찾기 위해 사람들의 얼굴을 살폈다.

케네디는 이런 위협을 느긋하게 숙명으로 받아들이는 듯했다. 누군가 암살 가능성에 관한 화제를 제기하면 케네디는 "벌어질 일은 어떻게든 벌어지기 마련이에요"라고 하거나, "누구라도 마음만 먹으면 저를 죽이는 일은 어렵지 않아요"라고 했고, "자신이 죽는다는 사실을 아는 것은 아무런 일도 아니다"라는 카뮈의 말을 인용하기도 했다. 〈룩〉의 워렌 로저스가 거칠게 행동하는 팬이나 정적이 해칠까 두렵지 않냐고 묻자 케네디는 "그런들 어쩌겠어요. 그런 걸 걱정하면서 살 수는 없어요. 저 사람들 얼굴을 좀 봐요. 저를 해치려는 사람들이 아녜요. 그저 저를 보고 만져보고 싶어 하는 사람들이에요"라면서 이렇게 덧붙였다.

"요즘 같은 때 공인으로 일한다는 건 러시안룰렛이예요(러시안룰렛은 리볼버 권총에 총알을 하나만 넣고 실린더를 돌린 뒤 돌아가며 자기 머리에 총을 겨누고 방아쇠를 당기는 게임이다-옮긴이)."

케네디는 소수의 사복경찰에게만 신변 보호를 허락했고, 그것도 자신과 어느 정도 거리를 두고 눈에 잘 띄지 않도록 했다. 제복을 입은 경찰이 자신을 에워싸는 것은 끝까지 거부했다. 제복을 입은 경찰을 보면 사람들이 흥분하고 더 폭력적으로 변하고, 또 자신이 대중을 두려워하는 것처럼 보일 수 있다고 생각했기 때문이다.

FBI 출신으로 케네디의 유일한 비무장 보디가드인 빌 배리는 이런 상황에서도 최대한 경계를 늦추지 않았다. 케네디가 군중 속에서 이동할 때는 빌 배리와 보좌관 몇 명이 경호했다. 야간에 몰래 퍼레이드 차량에 폭발물을 설치하는 것을 막기 위해 주차도 눈에 띄지 않는 곳에 했다. 케네디가 자는 동안에는 사복경찰이 방 경비를 섰다. 하지만 배리는 케네디가 코커스패니얼종 애완견인 프레클스를 데리고 산책가거나 호텔 로비를 혼자 돌아다니는 것까지 막을 수는 없었고, 야간 유세에서 케네디를 겨냥하기 쉽게 만들 수 있는 밝은 방송용 라이트를 끄게 할 수도 없었다. 그는 케네디에게 보디가드를 한 명 더 고용하자고 사정했고, 지미 브레슬린에게 이렇게 불평했다.

"제가 사람들 속에 섞이면 시야가 가려요. 그리고 저도 피로가 쌓이고 있습니다. 어쩌면 충분히 빨리 대응할 수 없을 수도 있어요. 누가 의원님께 좀 말씀드렸으면 합니다."

케네디는 사람들에게 둘러싸였을 때 가장 안전하다고 느꼈다. 강당이나 연회장, 건물 뒤쪽 출입구나 주방 또는 지하 주차장을 통해 이동할 때 가장 위험하다고 생각했다. 몬태나주에서 어느 홀을 떠날 때 애덤 월린스키와 제리 브루노가 케네디를 속여 뒤쪽 출구로 빠져나가게 하자 케네디는 크게 화를 내며 이렇게 말했다.

"다시는 절대 이렇게 하지 마세요. … 무슨 이야기를 들었든, 경찰이 무슨 말을 했든 상관없어요. 이런 짓은 그만했으면 합니다. 누군가가 저를 죽이려고 마음먹으면, 막을 수 없습니다. 하루하루 이렇게 끝도 없는 위협 속에 살고 싶지 않아요."

선거유세 중 케네디는 배리와 톨런이 워싱턴주 시애틀에 있는 올림픽 호텔에서 케네디를 호텔 주방을 통해 연회장으로 이동하도록 동선을 짰다는 이유로 화를 냈다. 행사가 끝난 후에 같은 동선으로 케네디를 안내하려 하자 케네디는 연단에서 청중 쪽으로 뛰어내려 현관문 쪽으로 걸어갔다. 며칠 후 유타주 솔트레이크시티에서는 케네디가 연설할 호텔의 테라스 연회장에 폭탄이 설치됐다는 첩보가 경찰에 입수되었다. 브루노는 케네디에게 그런 사실을 보고하면서 청중이 놀라 갑자기 뛰쳐나가는 상황을 막기 위해 경찰이 연회장에 도착한 사람들에게는 그런 사실을 알리지 않기로 했다는 말을 덧붙였다. 케네디가 머물고 있던 호텔에서 행사가 열리는 호텔로 출발하려 하자 경찰관 하나가 로비에서 막아서서 행사장에서 멀리 떨어져 있어 달라고 부탁했다. 케네디가 거부하자 경찰관은 자신의 순찰차로 케네디의 차량을 막아섰다. 케네디는 주머니에 손을 넣고 머리를 숙이고 행사장으로 걸어갔다. 그리고 청중에게 폭탄에 대해 이야기를 하며 이렇게 덧붙였다.

"나가실 분은 질서정연하게 나가셔야 합니다. 아이들 안전에 주의하시고요. 자리를 지킬 분들이 있으면 제가 함께 있겠습니다."

아무도 자리를 뜨지 않자 케네디가 말했다.

"이런 게 바로 선거운동을 '폭발적'으로 시작하는 거 아니겠나요. 하지만 제가 이것만은 말씀드리겠습니다. 제가 가야 한다면 여러분만 한 동행자도 없다고 생각합니다."

로버트 케네디를 정말 좋아한 다른 사람처럼 월터 폰트로이도 케네디가 암살의 위험을 자각하지 못한다고 믿고 싶었다. 케네디가 오픈카를 타고 도심을 지나갈 때마다 주변 사람과 마찬가지로 케네디도 JFK 암살 당시 분홍색 정장을 입은 재클린과 교과서 보관창고를 떠올린다는 사실을 아는 것은 너무나 가슴 아픈 일이었다. 폰트로이는 케네디가 총 이야기를 꺼낸 것이 너무 속상한 나머지, 케네디와 함께 계속해서 걷다가 11시 예배 시작 시간을 놓쳤다. 마침내 궁금함을 견딜 수 없던 폰트로이는 구체적으로 무슨 위협이 있었는지, 백악관으로 가는 길에 총이 기다리고 있다는 게 무슨 뜻인지 물었다. 케네디는 폰트로이를 뚫어지게 쳐다보고는 말했다.

"아무것도 아닙니다."

어떤 의미에서 케네디는 숨기지 않고 전부 말했다. 재키와 마찬가지로 케네디도 형에게 일어난 일이 자신에게도 일어날 수 있다는 사실이 두렵다고 말한 적이 있었다. 케네디가 자신을 좋아하는 청중을 만나면 "그 순간에 느낀 지독한 우울함에서" 벗어난다는 사실을 눈치챈 프레드 더턴에게, 케네디의 표정에서 "떠나지 않는 우울한 절망"을 본 짐 스티븐슨에게, 그리고 케네디와 함께 인디애나주에 다녀온 후 케네디가 "주위가 조용해지고 거의 혼자 남겨지게 되면", "눈앞에 보이는 것들 너머로" 정면을 바라보곤 하는 것을 눈치챈 AP통신 기자 솔 페트에게 이유를 설명했다. 솔 페트는 그런 순간의 케네디의 모습을 이렇게 기록했다.

제2부 죽음의 그림자

"끝 모를 슬픈 표정, 혹은 끔찍한 아픔이 마치 청록색 바다에 드리운 그림자처럼 그의 푸른 눈에 떠오르면, 차마 그를 쳐다보지 못하고 고개를 돌리게 된다."

이런 끝 모를 슬픔의 순간에 케네디는 죽은 형을 생각했을 것이다. 그가 폰트로이에게 한 말이나, 조언 브래든, 로맹 가리, 돌로레스 후에르타, 혹은 맥 라이언즈에게 한 말을 보면 '백악관으로 가는 길에 기다리고 있는 총'에 대한 두려움은 항상 그를 따라다녔던 것 같다. 케네디를 취재하던 기자단과 선거운동원이 마치 불치병으로 죽어가는 환자를 대할 때와 같은 애정으로 케네디를 대한 이유와, 케네디가 선거운동을 마치 자신이 남길 업적이고 자신의 묘비에 적힐 내용이 될 것처럼 열정적으로 이끈 이유가 바로 백악관으로 가는 길에 총이 기다리고 있기 때문이었다.

폰트로이와 함께 워싱턴 거리를 살펴보고 나흘이 지난 뒤, 케네디는 미시간주 랜싱에 머물고 있었다. 이날 프레드 더턴이 갑자기 케네디의 호텔방에 뛰어 들어오더니 급히 커튼을 치기 시작했다. 더턴은 경찰이 인근 건물 지붕에서 총을 든 사람을 발견했다고 했다. 케네디는 더턴이 그때까지 본 것 중 가장 크게 화를 내며 말했다.

"커튼 치지 말아요. 쏘려고 마음먹은 사람이면 뭘 해도 쏠 테니까."

그러는 동안 빌 배리는 지역 정치인 대표들을 설득해 호텔 로비 대신 지하 주차장에서 케네디를 만나는 것이 좋겠다고 설득하고 있었다. 배리가 그런 조치를 하는 사실을 안 케네디는 더턴에게 말했다.

"앞으로 절대 그러지 말아요. 우린 항상 사람들이 보는 곳에서 차에 탈 겁니다. 숨거나 피하지 않습니다(케네디는 나중에 딕 턱에게 "저는 뒷문으로 나가지도 않고, 지하를 통해서 다니지도 않습니다"라고 말하기도 했다)."

케네디는 운전사에게 호텔 외부 거리에 차를 세우라고 하고 차 문을 열고 나와 스스로 저격수에게 자신을 크게 노출했다. 하지만 2주 뒤 인디애나 스코츠버그에서 열린 집회에서 10대들이 시끄러운 소리를 내는 폭죽을 연달아 터트리고 파티용 색 테이프를 쏘아 올리자 케네디는 움찔해서 폭발음이 들린 곳을 찾아 청중을 둘러보았다. 연단에서 케네디 곁에 앉은 지역 지지자 셜리 에이믹은 당시의 케네디의 표정을 절대 잊지 못한다며 이렇게 말했다.

"제가 본 건 진짜 공포였어요."

# 7장

# "선지자는 총에 맞아 죽습니다"

1968년 4월 9일

도시가 여전히 불타고 사람들이 가게를 습격하고 화염병을 던지는 동안, 마틴 루서 킹 목사를 추모하는 사람들을 태운 전세기가 애틀랜타 공항에 모여들고 있었다. 한꺼번에 비행기가 몰리는 바람에 45분 동안 공항 상공을 선회해야 하는 비행기도 있었다. 그렇게 도착한 사람 중에는 넬슨 록펠러, 조지 롬니, 유진 매카시, 휴버트 험프리, 로버트 케네디가 포함되었고, 이렇게 모인 이들을 두고 〈애틀랜타 컨스티튜션〉은 "이렇게 많은 대선 후보가 같은 시간에 한 장소에 모인 적이 없었다"라고 했다. 정치인 외에도 새미 데이비스 주니어, 시드니 포이티어, 어사 킷, 말론 브랜도, 재키 로빈슨, 플로이드 패터슨, 폴 뉴먼, 아레사 프랭클린, 다이애나 로스와 그녀가 속한 그룹 '슈프림스,' 그리고 '리틀 스티비 원더'(1950년생으로 11세부터 음악 활동을 한 스티비 원더는 유년 시절 '리틀 스티비 원더'로 알려졌다-옮긴이) 같은 유명인도 도착했고, 남편이 암살당해 홀로 남은 재키 케네디와 베티 샤바즈(말콤 X의 부인-옮긴이)도 왔다. 오토 커너

일리노이 주지사와 리처드 닉슨 전 부통령도 있었다. 커너는 인종 문제에 관해 암울한 전망의 보고서를 작성 했지만 상황은 더 심각했다. 닉슨은 커너의 보고서를 읽고 폭도들을 상대로 "신속하고 확실한 보복"을 요구했다.

공항에서 유명인들의 추모행렬을 맞은 것은 사진기 플래시와 고함치는 팬이었다. 연예인들은 미소를 띠며 손을 흔들었지만 정치인들은 어떻게 반응하는 게 적절할지 몰라 좀 더 조심스러워 했다. 미국 내에서 인종 간의 긴장이 이때처럼 분명하게 드러나고 민감했던 적은 없었다. 정치인들은 조금이라도 잘못된 행동이나 발언을 하면 슬픔에 빠진 흑인들이 분노하게 할 수 있고, 흑인들에게 너무 아부하는 듯한 모습을 보이면 민권운동에 반발하는 백인을 화나게 할 수 있다는 사실을 알고 있었다.

대권 야망을 품은 로널드 레이건 캘리포니아 주지사는 장례식에는 불참하고, 킹 목사의 암살을 비폭력 불복종 철학 탓으로 돌리는 내용의 성명을 발표했다. 레이건은 킹 목사의 죽음이 "우리가 법질서와 타협하기 시작했을 때, 그리고 사람들이 (예컨대 킹 목사가) 어떤 법을 지키고 어떤 법을 어길지 선택하면서 시작된 큰 비극"이라고 했다. 유진 매카시 의원은 처음에는 장례식에 참석하지 않겠다고 하고, 사석에서 장례식에 모인 사람들 사이에 "눈살을 찌푸릴 일" 생길 거라고 했다. 하지만 결국 아내와 선거운동 매니저의 간청에 못 이겨 애틀랜타행 비행기를 탔다. 킹 목사 장례식 참석은 특히 닉슨에게 까다로운 문제였다. 닉슨 진영의 남부 득표 전략에 따르면, 민권 문제에 대해서는 립서비스 정도로 공화당 중도층을 달래고, 다른 한 편으로는 '법질서' 같은 표현을 사용해서 인종분리주의자들에게 자신이 그들 편이라는 사실을 알려야 했다. 결국 닉슨은 장례식에는 참석하면서도 동시에 남부 백인들

제2부 죽음의 그림자

에게는 자신이 마지못해 참석한 추모객임을 확신시켜야 했다. 이런 메시지를 전달하는 임무를 맡은 사람은 닉슨의 남부 선거운동 본부장인 브래드 헤이즈였다. 그는 남부의 유명 정치인들에게 자신도 닉슨의 장례식 참석에 대해 그들만큼 "우려스럽지만" 그건 닉슨이 "후보라서 어쩔 수 없이 해야 하는 일"이라고 변명했다.

케네디의 애틀랜타 도착 전에 조치한 유일한 것은 케네디가 탈 차량의 메이커와 관련이 있었다. 선거운동 참모들은 시에서 제안한 선더버드가 너무 화려하다는 이유로 거절하고 플리머스를 요청했다가 결국은 포드 갤럭시로 타협했다.

킹 목사 장례식에 참석하는 일은 케네디에게도 까다로울 수 있었다. 암살 이후로 일어난 폭력 소요사태는 사상 최대의 흑인 표를 끌어들이는 동시에 1964년 민주당 경선에서 조지 월리스 전 앨라배마 주지사에게 표를 준 백인 노동자의 표심을 되찾아오려는 케네디의 전략을 복잡하게 만들었다. 반발한 백인 유권자는 이미 케네디가 흑인 유권자를 지지하고 있다고 생각했다. 케네디가 인디애나폴리스에서 흑인들과 이야기하고, 흑인 군중의 맨 앞에 서서 워싱턴 거리를 걷는 모습은 이런 인상을 더욱 굳혔다. 킹 목사 장례식에 참석하는 것은 그런 선입견을 더 강화할 것이 분명했다. 폭력 사태가 시작되고 며칠이 지난 뒤 양당 의원들은 단호한 법질서 확립을 강조하는 연설을 했고, 케네디 역시 폭력을 용납할 수 없다고 했지만, 그런 발언을 할 때마다 인종차별의 부당함도 같은 강도로 비난하는 것도 잊지 않았다. 케네디도 결국 장례식에 참석했지만 쉽지 않은 결정이었다. 〈애틀랜타 컨스티튜션〉의 레머 타이슨 기자는 기사에서 케네디가 공항에 도착한 모습을 묘사하면서, 케네디의 떨리는 손과 슬픈 눈을 보면 "비행기에서 내렸을 때 형 케네디의 암살을 생각하고" 있다는 것을 알 수 있었다고 말했다. 애틀랜타 도착 후 24시간 동안 케네디는 세상을 떠난 형을 떠올리지 않은 순간은 거의 없었다.

케네디가 탄 차량은 공항에서 코레타 스콧 킹의 집으로 이동했다. 케네디가 도착하자 코레타의 친구 한 명이 코레타가 받은 1만 2000건의 전보 중에 리 하비 오즈월드의 어머니가 보낸 전보에 코레타가 가장 크게 감동했다고 알려주었다. 오즈월드의 어머니는 "소식을 들었을 때 제 가슴에서 피눈물이 났습니다. 우리는 이미 두 차례 암살을 경험했죠. 한 번은 (잭 루비가 죽인) 사랑하는 아들이고, 다른 한 번은 우리가 사랑하는 대통령이었습니다"라고 했다(케네디 대통령을 암살하고 얼마 안 가 체포된 오즈월드는 이틀 뒤 이송 중 잭 루비에게 살해당했다-옮긴이). 오즈월드의 어머니는 케네디 대통령의 암살을 오즈월드의 죽음과 비슷한 비극으로 받아들인 것으로 보인다.

케네디와 에설은 코레타 킹의 침실로 안내받았다. 그렇게 세 사람만 있는 자리에서 코레타 킹은 케네디에게 JFK와 사별한 재키가 장례식에 참석하도록 설득해 달라고 부탁했다. 케네디는 형수가 "겪은 일 때문에" 그렇게 하기는 "매우 어려울 것"이라고 답했다. 이는 장례식에 참석하는 것이 케네디에게도 쉽지 않은 결정이었음을 의미했다. 코레타는 다시 한번 의사를 분명히 밝혔다. "영부인께서 참석해주시다면 제게 큰 의미가 될 것"이라고 말해서 케네디가 재키에게 전화해 애틀랜타로 날아오도록 설득할 수밖에 없게 만들었다.

이 만남을 기록한 사진은 백화점에서 산 침구 세트, 침실용 탁자 위에 놓인 시계 라디오, 레이지보이 의자가 있는 20세기 중반의 미국 중산층 가정의 전형적인 모습을 보여준다. 사진 속에서 코레타 스콧 킹은 더블 침대의 가장자리에 걸터앉아 있고, 에설은 일자형 등받이가 있는 나무 의자에, 그리고 바비는 킹 목사가 책을 읽거나, 잠깐 눈을 붙이거나, 설교문을 작성할 때 즐겨 앉던 레이지보이 의자에 앉아 있다. 레이지보이 의자는 방에서 가장 편한 의자여서 코레타가 강권하지 않았으면 케네디가 앉았을 것 같지는 않다.

그렇게 이야기를 나눈 케네디는 몇 분 뒤 에베네저침례교회의 희미하게 불 밝힌 제단에 서 있었다. 가슴 주머니에 손수건을 넣은 검은 양복에 검정 넥타이와 흰 셔츠 차림의 케네디는 관 안에 놓인 킹 목사의 시신을 내려다보았다. 한 목격자는 케네디의 표정이 엄숙했으며 "아마 또 다른 관의 기억을 떠올리는 듯" 보였다고 했다.

형 케네디가 암살된 날 밤 케네디는 관을 닫아놓을지 아니면 열어두고 시신이 보이게 할지 결정해야 했다. 대통령의 시신은 관례상 미국 국민의 자산으로 여겨져서 링컨, 가필드, 매킨리, 하딩 등 역대 대통령의 시신은 관을 열어놓고 전시했었다. 재키는 남편의 관을 닫아 두기를 원했지만 의전에 더 민감했던 보좌관들은 열어둬야 한다고 주장했다. 처음에 바비는 보좌관들의 손을 들어줬지만 재키가 격렬하게 반발하자 백악관의 이스트룸에서 몇몇 가까운 친구만 남기고 전부 내보냈다. 그러고는 관을 열어본 후 마음을 바꿨다. 몇 분 뒤 사람들은 이날 밤 처음으로 바비가 우는 소리를 들었다.

케네디는 교회에서 하얏트 리젠시 호텔의 스위트룸으로 돌아와서 흑인 정치인, 연예인, 민권운동 지도자 그룹과 진행된 세 차례 미팅을 주관했다. 미팅 때마다 케네디는 자신이 킹 목사의 일을 이어나가기 위해 할 수 있는 일에 대해 듣고 배우기 위해 그 자리에 왔다는 말로 시작했다.

지역 흑인 정치 지도자들과의 첫 번째 미팅은 특별한 일이 없이 넘어갔다. 하지만 빌 코스비, 피터 로포드, 새미 데이비스 주니어, 앨런 킹, 해리 벨라폰테 같은 연예인이 참석한 두 번째 미팅은 분위기가 금

세 험악해졌다. 누군가가 미국 백인이 가난한 흑인과 소통할 줄 모른다고 비난하자, 백인 코미디언인 앨런 킹이 이렇게 받아쳤다.

"당신들 같은 엉클 톰(백인에게 고분고분한 흑인을 가리키는 욕-옮긴이)들은 길거리에서 같은 흑인을 알아보지도 못하잖아요. 정부에 들어가는 순간 … 중산층이 되는데."

또 다른 참석자는 케네디가 흑인 젊은이에게 인기 있다는 사실을 언급하며 이렇게 외쳤다.

"바비 케네디는 여러분이나 제게는 거짓말을 할 수 있습니다. 하지만 바비가 거짓말을 할 수 없는 유일한 사람은 거리에 있는 사람입니다. 그 사람들은 진정으로 바비의 말을 믿어요."

몇몇 연예인이 자신들의 자선 활동을 자랑하고, 특히 한 여성 참석자가 청소년 범죄 예방을 위해 한 일에 대해 장황하게 설명하자, 빌 코스비는 이날 미팅이 "쓸데없는 소리로 가득"하다며 자리를 박차고 나갔다. 나중에 케네디는 조지아 주의회 의원 줄리언 본드에게 이렇게 말했다.

"이런 미팅에 아마 여러 번 참석하셨을 거 같습니다. 더 이상 가고 싶지 않으시죠, 안 그런가요?"

마지막 미팅은 SCLC(Southern Christian Leadership Conference : 남부기독교지도자회의)에서 킹 목사와 함께 일한 동료와 보좌관과 함께 했다. 그 순간 미국에서 가장 크게 충격을 받고 가슴 아파하고 있었을 사람들이었다. 이들은 케네디를 욕하며, 의도를 의심했고, 케네디가 흑인 표심을 잡기 위해 애틀랜타에 왔다는 투로 말했다. 어떤 목사는 "당신 같은 백인이 왜 우리에게 도움을" 청하느냐고 했고, 킹 목사를 도와 SCLC의 비폭력 시위를 여러 번 이끈 제임스 베블 목사는 이렇게 말했다.

"다음 미국 대통령이 누가 되든 가난한 사람들이 경제활동과 사회

활동에 참여하게 할 수 있는 경제 정책이 있어야 합니다. 후보님은 그런 정책이 있으신가요?"

케네디는 정책이 있어도 킹 목사의 장례식 전날에 그 문제를 토론하고 싶지는 않다고 했다. 1965년 셀마에서 몽고메리까지 이어진 SCLC의 첫 행진을 이끌었던 호제아 윌리엄스 목사는 흑인 사회의 대부분과 마찬가지로 방에 있는 여러 사람이 미래에 대한 희망을 전부 잃었다고 했다. 그는 "희망이 없는 사람은 다급하고 위험한 사람입니다. 죽은 사람이나 다름없어요"라며 이렇게 말을 마쳤다.

"후보님께선 선지자가 될 기회가 있습니다. 하지만 선지자는 총에 맞아 죽습니다."

랠프 애버내시 목사는 마틴 루서 킹과 가장 가까운 친구였고, 다음 날 킹 목사의 뒤를 이어 SCLC의 의장에 취임할 예정이었다. 킹 목사가 암살된 후 단식을 하던 애버내시 목사는 허기와 슬픔으로 몸이 약해진 상태였다. 마지막으로 그가 힘겹게 일어서서 케네디를 껴안아서 미팅이 끝났음을 알렸다. 두 사람의 포옹은 당분간 케네디가 킹 목사의 진정한 후계자라는 사실과, 에이브러햄 링컨 대통령 이후 처음으로 미국 흑인들이 자신의 희망을 백인에게 걸었음을 확인하는 상징적인 모습이었다. 호제아 윌리엄스는 나중에 이런 말로 그런 사실을 인정했다.

"당시 우리가 견딜 수 있던 것은 바비 케네디가 이 나라를 위해 뭔가 답을 내놓을 수 있다는 사실이었어요. … 킹 목사가 죽은 뒤 바비 케네디 말고는 사실상 아무도 남지 않았으니까요."

존 루이스 역시 킹을 향한 충성이 케네디에게 옮겨가고 있음을 느끼며 이런 생각을 했다고 한다.

"킹 목사는 갔을지 몰라도 우리에겐 아직 바비 케네디가 있으니 희망이 있어."

킹 목사 사망 사건은 민권운동에서 어려운 시기에 일어났다. 흑인 지도층은 킹 목사처럼 비폭력 시위를 지지하는 사람과, 세력이 차츰 늘어나던 블랙파워 운동으로 나뉘었다. 킹 목사는 워낙 탁월한 인물이어서 다른 어떤 흑인 지도자도 킹 목사 같은 지도력을 갖추지 못했다. 킹 목사의 사실상 후계자로서 로버트 케네디의 위치는 장기적으로 유지될 수 있는 것은 아니었지만, 적어도 그 당시 케네디는 미국에서 흑인의 신뢰를 받고, 그들의 분노를 흡수하거나 진정시킬 수 있는 유일한 정치인이었다. 킹 목사가 죽은 직후 실시한 여론조사에 따르면 미국 전체 인구 중에서 바비 케네디가 "형 케네디가 가졌던 여러 뛰어난 자질"을 가졌다고 생각한 사람들은 39퍼센트였던 반면, 흑인 응답자는 94퍼센트가 그렇다고 답했다. 킹 목사의 장례식 직후, 케네디는 이전에는 킹 목사가 받았을 종류의 연락을 받기 시작했다. 그중에는 코네티컷주 뉴헤이븐에 사는 흑인 여성 그룹이 "백인 폭력배들"로부터 보호해 달라는 내용으로 보내온 전보도 있고, 정작 자신들은 미시시피와 테네시에서 살면서 누려보지도 못한 자유를 베트남에서 지켜주기 위해 싸워야 하는 상황을 항의하는 군인들의 편지도 있었다.

이날 저녁 에설은 여러 번 침실에서 나와 남편에게 미팅을 그만하고 눈을 좀 붙이라고 했다. SCLC 지도부가 새벽 2시 30분쯤 마지막으로 자리를 뜬 뒤, 케네디는 에베네저침례교회를 다시 방문해서 킹 목사의 시신을 보길 원했다. 두 사람은 새벽 3시쯤 관을 지키는 의장대 외에는 아무도 없는 교회 건물에 도착했다. 깜박거리는 촛불 몇 개만이 불을 밝히고 있었다. 케네디 부부는 킹이 잠든 관 앞에 무릎을 꿇고 몇 분간 기도했다.

(형 케네디의 장례식 날 밤에도 바비는 묘지에 다시 가보기로 했다. 계획에 없던 일이었다. 모든 조문객이 백악관을 떠난 뒤에, 바비는 재키에게 "다시 찾아가 보지 않을래요?"하고

제2부 죽음의 그림자

물었고, 두 사람은 차를 타고 헌병 두 명과 묘지 관리인만 있던 알링턴 국립묘지로 가서 묘지 곁에 깜박거리는 횃불 아래 무릎을 꿇고 고개 숙여 기도했다.)

로버트 케네디가 다시 발길을 그곳으로 옮긴 이유는 어쩌면 마틴 루서 킹 목사의 친구들과의 대화나 애버나시의 포옹, 그리고 킹 목사를 계승하는 미국 흑인의 선지자로 불린 사실에 감동했기 때문일지 모른다. 어쩌면 과거 법무부 장관 시절 킹 목사의 전화를 도청하라고 지시한 사실과 그를 좀 더 알지 못한 사실에 죄책감을 느꼈을 수도 있다. (애틀랜타에 오기 전날 밤, 케네디는 정치 활동가 알라드 로웬스틴과 킹에 대해 이야기를 나누면서 킹 목사가 정치적 감각과 유머 감각이 뛰어나다는 사실을 알고 놀랐다.) 아니면 킹 목사가 형 케네디와 같은 비극으로 세상을 떠난 후에야 비로소 유대감을 느꼈을 수도 있다.

케네디는 킹 목사의 관 앞에 무릎을 꿇고 있는 동안 미국 흑인들이 킹 목사에게 걸었던 희망을 자신이 떠안음으로써 그들의 희망을 꺾으려던 세력의 증오 역시 떠안았고, 형이 남긴 임무에 이어 킹 목사의 임무를 이어받음으로써 자신의 적이 두 배로 늘어난 사실을 깨달았을 것이다. 어쩌면 킹 목사가 즐겨 앉던 의자에 앉았을 때, 혹은 킹 목사와 가장 가까운 친구와 포옹했을 때 그 사실을 깨달았을 수도 있다. 그리고 킹 목사는 암살범의 총탄이 언제든 자신의 목숨을 앗아갈 수 있다는 것을 알면서도 무장 경호원을 두기를 거부했으니, 자신도 똑같이 행동하지 않으면 킹 목사만큼 용기 있는 사람이 아니라는 인상을 줄 수 있다는 사실도 깨달았을 것이다.

킹 목사의 장례식은 케네디 대통령의 장례식 때와는 달리 1968년 봄의 특유의 슬픔과 흥분, 위협이 뒤섞인 분위기에서 진행되었다. 케네디 대통령의 장례식 때만 해도 암살범은 이미 잡혀 살해되었지만, 킹 목사 살인범은 아직 잡히지 않은 상태였다. 케네디 대통령의 죽음 뒤에 이어진 슬픔은 미국을 단결시킨 반면, 킹 목사의 죽음 뒤에 벌어진 폭동은 미국을 분열시켰다. 케네디 대통령 암살은 자연의 섭리를 거스르는 이례적인 행동으로 보였지만, 킹 목사가 암살된 후에는 사람들이 앞으로도 암살이 이어질 것으로 생각했다.

장례식이 열릴 에베네저침례교회는 좌석이 750석이었으나 그중 절반은 장례식에 참석하는 백인 정치인이 앉기로 되어있었다. 법무부에서 지역사회 협조 업무를 감독한 로저 윌킨스는 존슨 대통령이 자신은 장례식에 참석하지 않겠다고 해놓고 비행기 한 대를 채울 만큼 많은 백인 정치인을 대신 보낸 사실에 화가 났다. "킹 목사와 함께 외로운 길을 가기 위해 목숨을 건 사람들이 앉았어야 할 자리"가 백인 정치인들에게 돌아갔기 때문이었다.

이날 아침 교회에 들어간 상원의원 30명, 하원의원 50명, 부통령, 장관, 주지사, 그리고 그들의 배우자, 비밀경호국 요원, 대선 후보, 경호원은 주변 거리를 가득 채우고 서서 기도하고 울고 노래하는 조문객 6만 명을 통과해야 했다. 고위직 인사들은 "악어의 눈물이다!", "백인이 왜 들어가?", "킹 목사는 흑인이다! 이건 우리 장례식이다!"라는 고함을 들으며 교회로 들어갔다. 찰스 퍼시, 에드 머스키, 클레이본 펠 같은 유명한 상원의원은 교회 안에 들어가지 못하고 장례식이 진행되는 동안 아무런 관심도 받지 못하고 땀을 흘리며 밖에 서 있었고, "월트가 왔습니다. 길을 좀 터주세요"라는 소리와 함께 교회로 들어가는 농구 스타 윌트 챔벌린을 지켜봐야 했다.

리처드 닉슨 전 부통령이 등장하자 "정치하러 왔냐!"라는 소리가 쏟아졌다. 인종차별주의자인 레스터 매덕스 조지아 주지사와 팔짱을 끼고 사진을 찍은 적이 있던 휴버트 험프리 부통령에게도 야유가 쏟아졌다. 매카시 상원의원의 부인인 애비게일이 군중 사이로 걸어갈 때는 여성들이 애비게일의 팔을 잡고는 자신들은 교회 신도이니 교회 안으로 데려가 달라고 간청하기도 했다. 재클린 케네디가 차에서 내렸을 때는 누군가 "저 사람은 여기 왜 왔어? 할렉 경(본명이 데이비드 옴즈비 고어로 케네디 사망 후에 재클린 케네디에게 청혼했다가 거절당한 것이 알려졌다-옮긴이)이랑 돌아다니는 사람"이라고 외쳤다. 안내원들이 스토클리 카마이클과 경호원 여섯 명을 막아서자 사람들은 "들여보내!", "흑인이라고!"하고 소리쳤다. 들어갈 때 환호와 박수를 받은 백인 정치인은 로버트 케네디뿐이었다.

킹 목사의 가족들이 군중을 통과하는 동안 미국 백인 주류 정치인들은 옆 사람과 허벅지가 닿고, 앞사람의 목이 코에 닿을 듯 다닥다닥 붙어 앉아 땀을 흘리며 속삭이듯 대화를 나눴다. 서로 고개를 끄덕이며 인사하거나 억지 미소를 주고받기도 했고, 자신에게 말을 걸려고 하는 닉슨에게 싸늘한 시선만을 던진 재키 케네디처럼 서로를 못 본 척 무시하기도 했다.

민권운동에서 중요한 역할을 한 흑인과 흑인의 성취가 보상을 받는 두 분야인 스포츠와 연예계 최고의 자리에 오른 흑인 대부분이 장례식에 참석해서 자리에 앉거나 벽을 등지고 서 있었다. 서로 어색한 조문객들이 유가족을 기다리는 동안 사람들의 눈길을 끄는 것들이 있었다. 장례식에 참석한 백인 주지사와 의원 중에서 남부 주에서 온 사람이 없다는 사실, 참석한 정치인 중 다수가 민권운동 초기에 킹 목사와 만나기를 거부했다는 사실이 눈에 띄었고, 스토클리 카마이클과 경호원들이 거울처럼 비치는 선글라스와 지퍼 달린 부츠, 검푸른 인민복 셔츠를 입고 복도를 걸어오는 바람에 작은 소동이 일어나기도 했다. "아, 우리는 왜 이 모양이에요? 도대체 왜죠? 뭐가 문제냐고요! 마틴 (루서 킹)이 죽었어요, 마틴이 죽었어"라고 고함지르는 여성이 있었는가 하면, 험프리 부통령이 비밀경호국 요원을 지나치게 많이 데리고 오는 바람에 록펠러 주지사, 린지 시장을 비롯한 사람들이 배정된 좌석을 포기하고 열린 창문을 등지고 서는 바람에 누군가가 "록펠러를 보호해. 거기 록펠러를 보호하라고. 창문을 등지고 서면 위험하잖아"하고 소리치기도 했다.

킹 목사의 장례식은 1억 2000만명이 TV 중계를 통해 지켜보아서 케네디 대통령 장례식 이후 가장 많은 사람이 본 행사가 되었다. 화려한 볼거리가 있지는 않았어도 미국인들은 킹 목사의 시신이 담긴 열린 관을 보면서 케네디 대통령 장례식 때의 닫힌 관을, 검정 드레스를 입고 자녀들의 손을 잡은 코레타 스콧 킹을 보면서 검정 드레스 차림으로 케네디 대통령이 남긴 자녀들의 손을 잡은 재키를 떠올릴 수밖에 없었다. 제단 뒤에 있던 카메라가 조문객 쪽을 향하자 1963년 11월 26일 워싱턴의 세인트 매튜 성당에서 진행된 케네디 대통령의 장례식에 참석한 사람들이 많이 보였다. 킹 목사의 장례식에 참석한 사람 중에는 케네디 대통령 장례식 이후로는 처음으로 다시 만난 사람도 있었다.

장례식 중에서 첫 번째로 가슴 아픈 순간은 신도들이 찬송가 '예수가 우리를 부르는 소리Softly and Tenderly'의 후렴구에 이르렀을 때였다. 킹 목사가 세례를 받은 교회, 견신례를 하고 첫 설교를 했던 바로 그 교회 건물에서 사람들이 "집으로 오라, 집으로 오라. 지친 자들이여 집으로 오라"라는 찬송가를 부르게 되자 사람들의 땀은 눈물과 섞였고, 성가대의 목소리는 떨렸으며, 여성들은 흐느끼고 남성들은 떨군 머리를 손으로 감쌌다.

두 번째 순간은 조문객들이 에베네저침례교회에서 석 달 전 킹 목사가 한 설교를 녹음테이프로 들을 때였다. 케네디 대통령 장례식에서

제2부 죽음의 그림자

는 하난 대주교가 케네디 대통령의 취임사 구절을 읽어 조문객들의 눈시울을 붉게 했다면, 킹 목사 장례식에서는 다음과 같은 고인의 설교가 사람들을 울렸다.

"이 중에 제가 죽은 후에 살아계시는 분이 있다면, 저는 긴 장례식을 원하지 않습니다. … 다만 그날 누군가 마틴 루서 킹은 다른 사람에게 봉사하는 데 생을 바치려 했다고 말씀해 주시면 좋겠습니다. 그날 누군가 … 제가 굶주린 자에게 먹을 것을 주려고 정말로 노력했다고 말해주면 좋겠습니다. 그날 누군가 제가 살아 있는 동안 헐벗은 사람에게 옷을 입혀 주려고 노력했다고 말할 수 있기를 원합니다. …그리고 여러분이 제가 인류를 사랑하고 인류에 봉사하려고 노력했다고 말해주시길 바랍니다."

장례식에 참석한 조문객들은 종종 기억 속의 다른 장례식과 예전에 먼저 세상을 떠난 사랑하는 사람을 떠올리고 슬퍼한다. 그 사람이 이번에 세상을 떠난 사람과 비슷한 나이에 죽었거나, 비슷한 상황에서 죽었을 경우 특히 더 그렇다. 이날 아침 교회에는 형이 남부 백인에 의해 계획적으로 암살된 남성 네 명이 참석했다. 앞줄에 코레타 스콧 킹과 킹의 자녀들과 함께 앉은 킹 목사의 동생 A. D. 킹, 킹 목사 가족이 앉은 좌석에서 몇 줄 뒤에 앉은 에드워드 케네디와 로버트 케네디, 그리고 1963년 6월 미시시피주 잭슨에 있는 자택 앞에서 암살된 흑인 민권 지도자 메드가 에버스의 형인 찰스 에버스였다. 로버트 케네디는 메드가 에버스의 장례식에도 참석해서 당시 슬픔에 빠졌던 찰스 에버스를 달래주었다. 두 사람은 그 후로도 연락을 주고받았고, 케네디 대통령이 세상을 떠나자 두 사람의 유대는 더 단단해졌다. 이날 케네디는 찰스 에버스 곁에 앉았다. 킹 목사의 장례식이 찰스 에버스에게 힘들 것이라는 사실을 알았기 때문이었다. 찰스 에버스가 흐느껴 울기 시작하자 로버트 케네디는 그를 거듭 껴안았다.

케네디는 찰스 에버스와 얼 그레이브스 2세를 양쪽에 대동하고 교회에서 나왔다. 찰스 에버스가 케네디에게 선거운동을 하는 것처럼 보일 수 있으니 군중이 뻗은 손을 무시하라고 하자 케네디는 "사람들이 저와 악수하고 싶어하면 저도 악수하고 싶습니다"라고 했다.

케네디는 군중 속을 통과하는 동안 사람들이 얼굴을 만지려고 뻗은 손에 긁히지 않도록 머리를 숙이고 걸었고, 누가 가져가지 못하도록 양복 상의 단추를 채웠다. 케네디의 손을 잡은 남성은 케네디의 손이 "나뭇잎처럼 흔들렸다"라고 했다.

운구하는 사람들이 관을 교회에서 6.5킬로미터 떨어진 킹 목사의 모교인 모어하우스 칼리지로 옮기기 위해 노새가 끄는 농장용 수레에 실었다. 〈애틀랜타 컨스티튜션〉은 그런 이동 수단이 "1963년 11월 존 F. 케네디 대통령의 시신이 말이 끄는 탄약마차에 실려 워싱턴 중심가를 통과하던 때를 생각나게 했다"라고 보도했다(미국에서는 전사자의 시신을 탄약마차로 운반하던 전통에 따라, 군 통수권자인 대통령의 장례식 때도 탄약마차로 운구한다—옮긴이).

운구행렬에 많은 사람이 들락날락거려서 총원을 특정하기는 어렵지만, 행진 참여자와 주위에서 지켜보는 사람을 합쳐 대략 15만~20만 명으로 추산됐다. 로버트 케네디와 함께 행진한 사람 중에는 반짝이는 양복 차림의 나이든 남성들과 뜨거운 태양을 피하려고 양산을 든 나이든 여성들, 잘 다린 양복 차림의 아프리카 외교관들, 다시키 셔츠나 인민복 셔츠 차림의 투쟁세력, 작업복을 입은 소작농들, 장례식에 맞게 검정 구두를 신은 백인 성직자와 간호사들, 버밍엄, 셀마, 몽고메리, 워싱턴에서 킹 목사와 함께 행진한 북부 백인과 남부 흑인 여러 명이 포함되어 있었다.

제2부 죽음의 그림자

케네디는 어린 시절 시력을 잃어서 친구들의 팔을 잡고 걷는 레이 찰스와, '우리 승리하리라We Shall Overcome'를 부르며 행진하는 사람들을 이끈 아레사 프랭클린, 큰소리로 '오 자유Oh Freedom'라는 노래를 부른 디지 길레스피, 눈물을 감추려고 커다란 오렌지색 선글라스를 착용한 가수 겸 배우인 새미 데이비스 주니어와 함께 행진했다. 새미는 〈라이프〉와의 인터뷰에서 이렇게 말했다.

"바비처럼 흑인과 소통할 수 있는 사람은 아무도 없습니다. … 엉클 톰과도 대화할 수 있고 과격단체와도 대화할 수 있는 사람입니다."

케네디보다 몇 미터 뒤에서 행진한 랠프 애버내시는 자신이 킹 목사 후임으로 SCLC 의장이 되면서 "인종차별주의 암살범이 노리는 표적 1순위"가 되었다고 생각했다. 애버내시는 사흘 전 멤피스에서 파업한 흑인 청소노동자들과 함께 행진할 때, "길에서 지나치는 사람이 총을 꺼내거나 무작정 쏘지 않을까, 혹은 멀리 떨어진 창가에서 쏜 총알이 내가 총성을 듣기도 전에 머리를 관통하지 않을까" 걱정하며 자신이 암살당하는 생생한 장면이 머리를 떠나지 않았다고 했다.

추모객들은 오번Auburn 거리를 따라 걸었다. 〈포춘〉의 1956년 기사에 따르면 이 거리는 "전 세계에서 가장 부유한 흑인 거리"였지만 이때는 이미 작은 식료품점과 선술집들이 있는 허름한 거리로 전락한 상태였다. 행렬은 황금색 돔이 얹힌 조지아주 의사당 건물 앞을 지났다. 조지아주의 매덕스 주지사는 한때 경찰 수 백명이 자신을 둘러싸게 하고는 의사당을 공격하는 누구든 "죽여서 시체를 쌓겠다"고 맹세했다.

추모객들은 이날 하루 문을 닫은 리치스 백화점 앞도 지났다. 같은 백화점의 교외 분점은 문을 연 것으로 볼 때 킹 목사의 장례식에 대한 예의로 닫았다기보다는 흑인들의 공격이 두려워서 닫은 것으로 보인다(킹 목사는 어릴 적에 이 백화점에서 실수로 백인 여성을 밟은 적이 있었고, 그때 백인 여성이 자신의 얼굴에 침을 뱉으며 "깜둥이"라고 욕한 사실을 평생 잊지 않았다). 행렬은 철도 차량 기지 위에 놓인 다리를 건너서 나중에 킹 목사를 기념해 이름을 바꾸게 될 큰길을 따라 흑인 중산층 동네에 진입했다. 단층집이 늘어선 동네를 지날 때는 현관에서 지켜보던 사람들이 뛰어나와 얼음물과 시원한 콜라를 가져다주기도 했다.

덥고 습했던 날이었다. 행렬은 가장 더운 시간에 두 시간이 넘도록 자갈이 깔린 길과 아스팔트 길, 콘크리트 길을 16명, 20명, 30명씩 무리 지어 나란히 걸었다. 남자들은 차례차례 양복 상의를 벗어서 손에 들었다. 처음 행진을 시작할 때만 해도 검은 옷 일색의 장례식 무리였던 것이 행렬 선두가 모어하우스 칼리지에 거의 도달해 마지막 언덕을 오르기 시작할 무렵에는 양복의 검은색과 셔츠의 흰색이 섞인 체스판처럼 보였다. 케네디는 백인이 흑인 장례식에 셔츠 차림으로 있는 것은 보기 좋지 않다는 찰스 에버스의 충고에도 불구하고 재킷을 벗어서 들었다. 몇 분이 채 되지 않아 백인 여자아이 하나가 사람들 사이에서 뛰어나와 케네디의 손에서 재킷을 빼앗아 달아났다.

수천 명이 행렬에서 낙오하고, 실신하고, 쓰러졌다. 넬슨 록펠러 주지사와 아내 해피는 중도에 포기하고 모어하우스 칼리지까지 차로 이동했다. 닉슨과 험프리는 행진에 불참하고 바로 공항으로 출발했다. 유진 매카시는 아내에게 이런 일에 "경쟁하듯 참여할" 생각이 없다며 그런 자신의 기준에 따라 행진에 참여하지 않겠다고 했지만, 행렬이 모어하우스 칼리지 근처에 도달할 무렵 생각을 바꿔 행진에 동참했다. 매카시의 아내는 남편이 "당시 상황에서 단순한 감정을 느끼기 시작"했기 때문이라고 설명했다.

케네디는 처음부터 끝까지 행진에 동참했지만 심경이 전혀 단순하지 않았을 것이다. 그는 1961년부터 법무부 장관 집무실에서 민권운

제2부 죽음의 그림자

동 행진을 지켜봤다. 킹 목사 측과 함께 1963년 워싱턴 행진을 조율했으며, 앨라배마주 버밍엄의 경찰이 개와 소방호스를 동원해 행진하는 흑인들을 공격하는 모습과, 킹 목사 장례식날 자신보다 몇 걸음 앞에서 걷고 있는 랠프 애버내시, 존 루이스, 호제아 윌리엄스 같은 사람들이 셀마에서 행진하던 도중 경찰에게 구타당하는 것을 TV로 지켜보았다. 경험을 통해 자기 생각을 굳히고 감정을 형성해온 바비는 이 모든 것을 멀리서 지켜본 후 마침내 노래를 부르고 흐느껴 우는 수천 명의 흑인과 함께 미국 남부의 도시를 행진하고 있었다.

킹 목사의 장례식은 전통적인 민권운동 행진의 전형적인 형태를 띠고 있었다. 흑인과 백인이 서로 팔짱을 끼고 걸으며 '우리 승리하리라' '이 작은 나의 빛This Little Light of Mine' '목표에서 눈을 떼지말고Keep Your Eyes on the Prize' 같은 노래를 함께 불렀다. 그런 인종 간의 연대와 친밀함이 주는 분위기는 당시만 해도 남부에서는 흔치 않았기 때문에 사람들의 행동을 흥미롭게 생각한 기자들은 다음과 같은 기사를 썼다.

"백인 여성과 흑인 여성이 한 호스에서 물을 마시기 위해 말없이 같은 줄에 서 있었다."

"화요일 모어하우스 칼리지에서 흑인과 백인이 같은 컵으로 돌려가며 물을 마셨고, 그렇게 마실 수 있는 사실에 감사했다."

"흑인과 백인이 함께 종이컵과 빈 탄산음료 병에 물을 채워 서로 돌려가며 함께 나눠 마셨다."

다음날 〈애틀랜타 컨스티튜션〉의 편집자인 유진 패터슨은 TV만 봐서는 흑백 간 거리를 좁힐 수 없다고 했다.

"조문객 사이에 앉아 어깨를 맞대어 봐야 하고, 함께 행진하는 동안 뜨거운 포장도로에서 신발을 뚫고 올라오는 열기를 느껴봐야 한다. … 흑인들의 행렬에 함께 참여해서 얼굴을 똑바로 바라보기 전까지는 그들을 알 수 없는데, 미국 백인들은 아직 그렇게 하지 않고 있다.”

로버트 케네디는 킹 목사의 장례식에서 바로 그걸 했다. 흑인들은 다른 백인 유명 인사와는 달리 케네디에게만큼은 한결같이 박수와 환호를 보냈다. 신문의 한 머리기사 표제는 “군중으로부터 가장 큰 환호를 받은 사람은 케네디”라고 했고, 케네디 옆에서 함께 행진한 프리덤 라이더 출신의 백인 존 맥과이어는 행진에 참여한 모든 백인과 흑인 유명인사 중에 군중으로부터 지속적이고 자발적으로 박수를 받은 사람은 결국 두 사람뿐이라는 사실을 발견했다. 바로 로버트 케네디와 새미 데이비스 주니어였다.

존 F. 케네디 대통령 선거 캠프에서 활동한 후 정부에서 민권 특별 보좌관으로 일한 해리스 워포드는 로버트 케네디 뒤에서 행진했다. 워포드는 케네디를 보면서 뇌우 속 피뢰침을 떠올렸다. 목적지로 가는 내내 흑인들은 끊임없이 케네디에게 손을 내밀었고 흑인 지도자와 아이들이 케네디 주변에 몰려들었다. 워포드는 베테랑 흑인민권운동가들과 함께 걸었다. 그들은 과거 바비 케네디와 케네디 대통령이 흑백통합과 흑인 투표권 신장에 미온적이라는 이유로, 혹은 연방정부가 민권운동가들을 제대로 보호하지 않는다고 항의했다. 하지만 시간이 흐르면서 불평은 줄어들었다. 워포드는 “거의 모든 민권운동가에게 로버트 케네디는 중심으로 떠올랐다. 흑인과 백인, 노인과 젊은이 할 것 없이 민권운동가들이 케네디를 중심으로 결집할 준비가 되어 있었다”라고 했다.

케네디는 지미 브레슬린, 찰스 에버스와 나란히 걸었다. 브레슬린은 구경하는 사람 중에 백인이 거의 보이지 않는다는 사실에 놀라면서 케네디에게 킹 목사의 죽음으로 상황이 바뀔 거라고 생각하는지 물었다. 케네디는 아닐 거라고 말하면서 찰스 에버스 쪽을 보며 “이 일로 어떤 변화가 있을 거라고 생각하세요?"하고 물었다. 찰스 에버스는 "아무것도 바뀌지 않을 겁니다. 제 동생이 죽었어도 달라진 게 없어요"라고 답했다. 케네디가 형의 암살로 바뀌거나 이루어진 일이 무엇인지 생각해보게 했을 말이었다.

로버트 케네디가 벽돌 건물과 하얀 기둥, 그리고 둥근 지붕으로 된 모어하우스 칼리지의 아름다운 캠퍼스에 도착했을 무렵, 수백 명의 행사 참가자들은 열기와 탈수증으로 잔디밭에 쓰러져 누웠다. 건물로 둘러싸인 사각형의 안뜰에 수천 명이 더 모여 하크니스 홀 쪽으로 세워진 연단을 향해 떠밀려갔다. 로버트 케네디가 도착하자 현장은 더욱 소란스러워졌다. 사람들은 케네디를 보려고 제자리 뛰기를 하거나 꽃이 핀 층층나무에 올라가기도 했다. 모어하우스 칼리지의 합창클럽 학생들이 찬송가 몇 곡을 연이어 부른 후 랠프 애버내시가 마이크를 잡고 말했다.

"로버트 F. 케네디 상원의원님이 저기 보이는군요. 연단에 오실 수 있도록 길을 좀 터주시겠습니까? 의원님께 박수 부탁드립니다."

케네디가 코레타 스콧 킹, 로자 파크스, 호제아 윌리엄스, 앤드류 영을 비롯한 흑인 지도층 인사가 있는 곳으로 이동하자 사람들은 환호했다. 케네디는 연단에 오른 유일한 백인이었다. 찬송가 '예부터 도움 되시고O God, Our Help in Ages Past'를 부르는 동안 와이어트 워커 목사를 비롯해 청중과 함께 있던 백인 정치인 대표들이 무대로 몰려들어 애버내시와 사납게 설전을 벌이는 모습이 보였다. 워커는 킹 목사의 비서 출신으로 장례식 당시에는 넬슨 록펠러 주지사의 고문이었다. 노래가 끝나자 애버내시는 이렇게 알렸다.

"말씀드렸듯이 로버트 케네디 상원의원님을 비롯해 오늘 오신 여러 귀빈께서 단상에 오르실 예정입니다."

그러고는 록펠러, 닉슨, 매카시, 험프리 등을 호명했다. 그중 몇 명은 이미 애틀랜타를 떠난 후였다. 록펠러와 호명된 손님들이 힘겹게 사람들을 헤쳐나가는 동안 애버내시가 이름을 부르지 않은 정치인의 보좌관들이 소리쳤다.

"여기 모스 상원의원이 계십니다!"

"그루닝 의원님도 와 계십니다!"

이런 소리를 듣던 로자 파크스는 희고 큰 손수건을 꺼내 울었다(로자 파크스는 1955년 앨라배마주 몽고메리에서 버스에 탄 백인에게 흑인전용석 자리를 양보하라는 운전사의 지시에 거부해서 체포된 여성으로, 이때 촉발된 보이콧 운동이 킹 목사가 인권운동에 참여하게 된 계기가 되었다-옮긴이).

교회 예배에 참석한 사람 중 절반에 가까운 사람들이 백인이었지만 모어하우스 칼리지에 모인 사람들은 흑인이 압도적으로 많았다. 연사들은 킹 목사의 죽음에 누가, 혹은 무엇이 킹 목사를 죽게 했는지에 대해 더 솔직하게 이야기했다. 킹 목사의 아버지는 일어서서 외쳤다.

"우리는 킹이 살아있기를 원했지만 '그들이' 킹을 죽였습니다."

킹 목사의 멘토이자 모어하우스 칼리지의 명예총장인 벤자민 메이즈 박사는 이렇게 말했다.

"하지만, 이것은 분명합니다. 미국인들은 마틴 루서 킹 목사의 죽음에 일정 부분 책임이 있습니다. 암살범은 자신의 행동이 대중적인 지지를 받을 것으로 생각했을 만큼 킹 목사를 비롯해서 흑인을 비난하는 말을 많이 들었습니다. 암살범은 수백만 명이 킹을 미워한 사실을 알았습니다."

그 말을 들은 한 백인 참석자는 "깜짝 놀랄 만큼 분에 찬" 추도사였다고 했다. 메이즈 박사의 추도사는 향후 몇 주 동안 로버트 케네디가 흑인과 백인 청중에게 하게 될 다음과 같은 말과 비슷한 내용을 담고 있었다.

"길거리 폭동으로 문제를 해결하려 함으로써 킹 목사의 이름을 더럽히는 일이 없도록 합시다. … 하지만 폭동을 유발하는 상황을 신속히 제거하도록 합시다."

메이즈는 킹 목사와 케네디 대통령 암살을 함께 언급하며 이렇게 추도사를 마쳤다.

"저는 여러분께 마틴 루서 킹의 다음과 같은 믿음을 말씀드리면서 마무리하겠습니다. 물리적 죽음이 미국에서 편견과 불의를 제거하기 위해 치러야 할 대가였다면, 그들의 죽음처럼 우리를 구원해줄 수 있는 것은 없습니다. 그리고 영원불멸의 존 피츠제럴드 케네디의 말을 바꿔서 인용하면, 마틴 루서 킹이 살아생전 마무리하지 못한 일은 진정으로 우리가 해야 할 일이 되어야 합니다."

(케네디 대통령의 취임사는 이렇게 끝난다. "우리가 사랑하는 이 나라를 이끌어 갑시다. 우리는 하나님의 가호와 도움을 청하지만, 여기 지상에서 이루어질 하나님의 일은 진정으로 우리가 해야 할 일이 되어야 합니다.")

메이즈의 추도사가 끝났을 때 케네디를 비롯한 내빈은 손을 맞잡고 앞뒤로 흔들며 '우리 승리하리라'를 합창했다. 연단 아래에는 눈물을 흘리고 감정이 격해진 1만 명의 사람들도 함께 노래했다. 민권운동의 상징이 된 이 노래를 이렇게 많은 사람이 함께 부른 것은 킹 목사가 1963년 워싱턴에서 행진을 한 이후로 처음이었다.

나중에 월터 폰트로이는 케네디가 연단 인근 창턱에 혼자 앉아 있는 것을 발견했다. 폰트로이는 케네디에게 다가가서 워싱턴에서 주고받은 대화가 머리에서 떠나지 않는다면서 간곡하게 물었다.

"바비, 왜 백악관으로 가는 길에 총이 기다리고 있다고 생각하는지 이야기해줄 수 있어요?"

케네디는 몇 초 동안 폰트로이를 멍하니 쳐다보았다. 그러고는 천천히 아무 말 없이 고개를 젓고 시선을 돌렸다.

백악관에서 로버트 F. 케네디 법무부 장관과 존 F. 케네디 대통령이 상의하는 모습. 케네디 정부 시절 바비 케네디가 관심을 가진 문제는 형이 관심을 가진 문제와 다르지 않았다. 하지만 바비는 대선에 출마하면서 영국의 저널리스트 데이비드 프로스트에게 "우리는 이제 다른 시대에 살고 있습니다"라고 하면서 자신의 관심은 "1963년에 일어난 일이 아니라, 1969년에 일어날 수 있을 일"이라고 말했다. [존 F. 케네디 대통령 도서관]

로버트 케네디가 4월 4일 저녁 인디애나주 인디애나폴리스에 도착한 직후 언론비서관인 프랭크 맨키위츠와 마틴 루서 킹 목사가 암살당한 일을 두고 논의 중인 모습. 사진 촬영 직전 한 기자가 케네디에게 킹 목사가 총상으로 숨졌다는 소식을 전해주었다. 한 시간이 채 지나지 않아 케네디는 인디애나폴리스의 가난한 동네에서 열린 집회에서 수천 명의 흑인에게 킹 목사의 사망 소식을 전했다. 연설을 마치자 집회 참가자들은 조용히 해산했다. 인디애나폴리스는 미국의 주요 도시 중에서 이날 저녁에 폭동이 일어나지 않은 유일한 곳이었다. [존 F. 케네디 대통령 도서관]

1967년 미시시피강의 델타지역을 방문했을 때 로버트 케네디는 창문도 없고 곰팡이와 소변 냄새가 진동을 하는 오두막에서 굶주리는 아이들을 목격했다. 그날 저녁 버지니아의 집으로 돌아온 케네디는 자녀들에게 이렇게 말했다. "너희들이 얼마나 운이 좋은지 알고 있니? 나라를 위해서 무슨 일이라도 해야 한다." [존 F. 케네디 대통령 도서관]

로버트 케네디는 파인리지 인디언 보호구역을 방문하는 동안 부모를 잃은 지 얼마 되지 않은 크리스토퍼 프리티 보이라는 소년을 만났다. 이날 종일 프리티 보이와 함께 돌아다닌 케네디는 케네디가의 저택이 있는 매사추세츠주 케이프 코드에서 여름을 보내자며 소년을 초대했다. [사우스다코타주 파인리지 소재 레드클라우드 인디언 학교]

인디애나주 빈센에서 젊은이들에게 둘러싸인 로버트 케네디의 모습. 케네디에 반대하던 사람들은 케네디의 지지층이 흥분한 10대라며 대수롭지 않게 평가했다. 케네디도 종종 청중들에게 "여기에 투표할 나이가 되시는 분 있나요?"라고 묻곤 했다. [버트 버린스키]

5월 24일 오리건주 포틀랜드에서 캘리포니아주 LA로 이동하는 비행기 안에서 로버트 케네디의 아내
에설은 경호원 빌 배리를 위한 생일파티를 준비했다. 파티 중에 풍선 하나가 터지자 케네디는 총소리로
착각하고 본능적으로 얼굴을 손으로 감쌌다. [버트 버린스키]

로버트 케네디는 오리건주 예비선거에서 패한 후 캘리포니아주 LA를 "부활의 도시"라고 불렀다. LA의 열렬한 흑인과 히스패닉 지지자 때문이었다. 5월 29일 케네디가 LA에서 소수인종이 모여 사는 지역을 자동차 퍼레이드로 지나면서 받은 반응은 선거운동을 통틀어 가장 열광적이었다. 군중이 환호성을 지르고 퍼레이드 차량 주변으로 가득 모여들자 케네디는 주먹을 쥐어 허공을 찌르며 "저를 지지하는 분들입니다! 저를 지지하는 분들이라고요!"라고 외쳤다. [존 F. 케네디 대통령 도서관]

1968년 5월 디트로이트에서 흑인 소녀에게 손을 내민 로버트 케네디. 디트로이트는 1년 전인 1967년 흑인 폭동이 발발해 육군 최정예 부대 제101공수사단 등이 투입되어 시민 23명이 죽고 696명이 다쳐서 그때껏 미국에서 벌어진 최악의 흑인 폭동의 진원지였다. [앤디 색스]

로버트 케네디의 죽음을 애도하는 사람들이 시신을 실은 열차가 뉴욕에서 워싱턴 D.C.로 이동하는 모습을 지켜보고 있다. 찌는 듯이 더운 토요일 오후에 200만 명이 360여 킬로미터의 기찻길에 자진해서 나올 줄은 누구도 예상하지 못했다. 사람들은 습지와 들판을 걸어서 찾아왔고, 아파트 발코니를 가득 채웠고, 공장 지붕 위, 폐품처리장과 공동묘지에 서서, 그리고 하천을 지나는 다리와 고가다리와 절벽에 서서 케네디를 실은 열차를 바라보았고, "잘가요, 바비"라는 팻말을 흔들었다. [버튼 버린스키]

제3부

# 공화당 우세지역

---

RED STATE PRIMARIES

# 8장

# 열광적인 청중

1968년 4월 10~15일

케네디는 자신의 선거유세에 참석한 청중의 열정적이고 극도로 흥분한 모습에 나이든 백인 유권자가 두려움을 느낀다는 사실을 깨달았다. 킹 목사 암살 뒤에 벌어진 폭동에 놀란 백인들이 미국 도시가 안정을 되찾을 수 있도록 이끌 후보를 지지하려 한다는 것도 알게 되었다. 킹 목사 장례식에 참석하기 위해 애틀랜타로 날아가기 전날인 4월 7일 밤, 케네디는 버지니아주 히코리 힐에 있는 자택에서 참모들과 여섯 시간에 걸친 회의를 했다. 이 자리에는 영화 제작자인 찰스 구겐하임과 존 프랑켄하이머를 비롯해 테드 소렌슨, 프레드 더턴, 딕 굿윈, 존 바틀로 마틴이 있었다. 마틴은 훗날 이날 저녁 회의가 케네디가 특유의 "열띤 회의"를 어떻게 주관하는 보여주는 사례라고 했다.

홍보 담당자 하나가 인디애나주에 자기 "사람들"이 있다고 자랑하자, 바비케네디가 화를 내며 말을 자르고는 당신 "사람들"이 아니라 '당신'이 거기에 있길 원한다고 했다. 미디어 담당자들을 방에서 내보낸 케네디는 방에 남은 사람들에게 4월 10일 인디애나주를 다시 방문할 때는 좀 더 진지한 연설을 했으면 한다고 밝혔다. 지난번 방문 때 열광적인 청중 때문에 마치 "프랭크 시나트라가 대통령에 출마한 듯" 보였다는 것이다. 마틴은 인디애나 주민 다수에게 학생과 흑인이 지지하는 후보로 보일 위험이 있다고 경고했다. 케네디는 그 말에 동의하면서 인디애나주 개리에 사는 폴란드계 백인의 반발에 신경을 썼으면 한다고 했다.

소위 반발 유권자backlash voters의 전형은 백인 블루칼라 노동자였다. 대개 성혁명sexual revolution과 젊은이의 나이 든 사람을 존중하지 않는 분위기, 대학 캠퍼스에서 벌어지는 소란스러운 일, 도심 지역의 흑인 범죄 등을 못마땅하게 생각하는 가톨릭 신자와 동유럽계 백인이 그런 반발 유권자의 대다수를 이루고 있었다. 그중 다수는 물리적으로나 경제적으로 흑인 동네에 인접해있는 북부 도시나 인근 교외 지역에 거주하고 있어서 흑인의 정치적, 경제적 성장에 위협을 느꼈다. 이들에게는 '법질서'라는 말이 호소력이 있었다. 이 말에는 도심 빈민가에서의 엄격한 법 집행을 요구하고 흑인들을 이런 지역 밖으로 나오지 못하게 하라는 주장이 숨겨져 있기 때문이었다.

포퓰리스트이자 인종 분리주의자인 조지 월리스 앨라배마 주지사는 흑인 학생의 등록을 막기 위해 앨라배마대학교 건물 출입구를 막은 인물이었다. 월리스는 1964년 위스콘신, 메릴랜드, 인디애나 등 세 개 주 예비선거에서 백인 반발표 덕분에 30퍼센트가 넘는 표를 얻었고, 특히 인디애나주에서는 38퍼센트로 전국에서 가장 많은 표를 얻었다. 1968년 2월 월리스는 제3당 후보로 대선 출마를 선언했지만 암 투병 중인 아내를 돕기 위해 출마 후 3개월 동안 선거운동을 중단했다. 킹목사 사후 발생한 폭동은 월리스에게는 하늘이 내린 선물이었다. 폭동

　　　　　　　　　　　　제3부 공화당 우세지역

은 월리스 지지자와 선거운동에 활기를 불어넣었고, 다른 후보들은 봄 내내 월리스를 의식하고 긴장해야 했다. 공화당의 닉슨을 이기기 위해서는 백인 반발표를 되찾아올 후보가 필요하다고 생각한 민주당 중진역시 월리스를 의식하지 않을 수 없었다.

로버트 케네디 지지자 중에는 케네디가 터프한 법무부 장관 출신이고, 동시에 미국 흑인이 존경하는 유일한 백인 정치인이라서 흑인을 통제할 수 있다고 생각하는 백인 반발표 유권자가 폭동 사건으로 오히려 케네디에 더 호감을 느낄 수 있다는 희망적인 시각을 가진 사람도 있었다. 하지만 대부분은 케네디가 미국 흑인의 대변자가 되었다고 생각해서 폭동이 케네디에 불리하게 작용했고, 인디애나에서 백인 반발표를 얻기 더 어렵게 만들었다고 생각했다.

4월 7일 히코리 힐에서 진행한 회의는 1968년 이후로 오늘날까지 민주당이 하게 될 비슷한 논의의 첫 사례라고 할 수 있다. 즉 프랭클린 루스벨트, 해리 트루먼, 존 F. 케네디가 대통령에 당선되도록 블루칼라 노동자, 소수인종, 가톨릭교도, 농부, 남부 주민, 북부 리버럴, 흑인을 하나로 묶어주었지만 베트남 전쟁과 민권운동 과정에서 산산조각이 난 '뉴딜 연합'을 어떻게 다시 끌어모을 수 있겠느냐는 논의였다.

케네디는 뉴딜 연합의 재결성을 시도할 첫 민주당 후보였고, 인디애나는 케네디가 그것을 처음 시도하게 될 장소가 될 터였다. 따라서 1968년 인디애나 예비선거는 가톨릭 신자인 존 F. 케네디가 개신교가 압도적으로 많은 주에서 개신교 신자인 휴버트 험프리를 이길 수 있다는 것을 증명한 1960년 웨스트버지니아 예비선거와 비교되었다. 3월에 로버트 케네디가 인디애나 예비선거에 참여하겠다고 선언하자 칼럼니스트인 롤런드 에번스와 로버트 노박은 케네디의 결정이 "케네디가 사람들이 그간 정치에서 보여준 대담함의 전형적인 사례고, 1960년 존 케네디가 했던 도박을 고스란히 재현한 것"이라고 했다. 히코리 힐 미팅 때 로버트 케네디 스스로도 그렇게 말했다.

"인디애나가 승리 전략의 핵심입니다. 형에게는 그게 웨스트버지니아였다면, 저한테는 인디애나예요."

마틴은 케네디가 질수 있는 주에 너무 큰 의미를 부여한다는 이유에서 그런 비교에 반대했다. 소렌슨은 그 대신 인디애나가 차기 대통령을 선택할 수 있다는 표현을 쓰자고 제안했다. 케네디는 소렌슨의 건의를 받아들여 그 뒤로 종종 "인디애나가 차기 대통령 선택을 도와줄 수 있습니다"라고 말하곤 했다.

히코리 힐 미팅에서는 케네디가 다시 인디애나주로 가서 선거운동을 할 때는 미국 법 집행 기관의 수장 역할을 했던 점을 강조하기로 합의했다. 백인 청중은 케네디가 폭력과 폭동을 용인하지 않을 것이라는 말로 안심시키고, 흑인 청중은 불의를 용인하지 않을 것이라는 말로 안심시키되, 양측에게 두 메시지를 모두 전달하기로 한 것이다. 인디애나주의 보수적인 민주당원에게 호소하기 위해 케네디가 상원에서 취한 입장도 강조하기로 했다. 여기에는 복지제도 개혁과 기업에 인센티브를 제공해서 가난한 도심 지역에 일자리와 주택을 공급하게 하는 것과, 지방 정부와 조직에 연방 사업의 집행 권한을 더 많이 부여하는 것 등이 포함되었다. 몇몇 정치평론가는 이런 이슈에 대한 케네디의 입장을 배리 골드워터(1964년 대선에서 공화당 대통령 후보로 나섰다가 민주당 존슨 대통령에게 크게 패한 정치인-옮긴이)와 비교했고, 케네디가 리버럴한 유권자가 많은 지역에서 보수적인 정치인으로 행세하려 한다고 비판했다. 하지만 준비한 연설 뒤 질의응답 시간에 케네디는 도시 빈민 지역에 기업 투자를 장려하기 위한 세금공제에 찬성하지만, 효과가 없으면 마지막에는 정부가 고용을 책임져야 한다는 생각을 분명히 밝혔다. 또한 가난한 가정

제3부 공화당 우세지역

의 아버지가 직업이 없고 집을 소유한 경우 불이익을 주는 복지 시스템 안에 존재하는 편견을 없애기를 바라지만, 우주 개발 프로그램이나 베트남 전쟁 비용 충당을 위한 복지 예산 삭감에는 반대했다. 그리고 거대한 연방 관료제가 지방이 주도적인 역할을 하는 것을 막는다고 생각했지만, 그와 동시에 연방정부는 소외계층을 도울 의무가 있고 경제적 최상류층에 유리한 조세법의 구멍을 메워야 한다고 주장했다.

케네디는 4월 10일 인디애나를 재방문하기 전 히코리 힐 미팅에서 내린 결심을 더욱 굳게 할 보고서를 두 개 받았다. 첫 번째 보고서는 아서 슐레진저가 작성한 것으로 인디애나가 "반대를 두려워하는 중산층이 사는 소도시와 교외 지역으로 이루어진 주"이며, 인디애나주에 사는 민주당 지지자는 "갈등이 빚어지는 현장에 끌려와서 큰 위기를 극복하기 위해 큰일을 하라는 말을 듣고 싶어 하지" 않는다고 했다. 슐레진저는 케네디에게 인디애나에서는 생각하는 바를 "냉철하고 정교하게" 전달하고, 요란스럽지 않고 절제된 선거운동을 할 것을 추천했다. 두 번째 보고서는 워싱턴 선거운동 본부에서 작성한 것이었다. 이 보고서는 브래니긴 주지사가 현재 확고하게 1위를 달리고 있고, 폭동 뒤에 인디애나 주민이 "몹시 불안해하고" 있으며 "평상으로 되돌아 가길" 바라고 있다는, 케네디에게는 비관적인 평가를 했다. 그러면서 "당장은 제안, 행동, 변화, 뉴프론티어주의(JFK가 1960년 민주당 후보 수락 연설에서 전쟁과 가난 등의 문제를 해결하고 과학과 우주 같은 새로운 분야를 선도하자고 했던 주장-옮긴이) 같은 것을 원하는 분위기가 아니"라고 경고하면서, "행동을 요구하는 말은 기업들이 가난한 사람들에게 일자리를 줄 수 있도록 직접 나서서 노력하라거나, 지방 정부와 시민단체에 지역 수준에서 주민들을 지원하는 일에 참여하도록 독려할 때만 사용"하라고 제안했고, "법질서의 회복"을 강조할 것을 건의했다.

케네디가 이런 전략에 전적으로 동의하지 않는다는 신호가 포착된 것은 킹 목사의 장례식 이후 처음으로 인디애나를 방문했을 때였다. 그날은 4월 10일로, 오전에 포트웨인에 있는 스코티시 라이트 템플에서 연설을 할 예정이었다. 이날 청중은 대부분 백인 중산층으로, 케네디가 법질서를 강조하고, 다소 보수적인 입장을 역설하는 한편, '뉴프론티어' 주장처럼 사람들의 행동이나 희생을 요구하는 말은 피하라고 보고서에서 지적했던 바로 그런 청중이었다. 케네디는 연설 중에 준비된 원고 내용을 바꾸는 일이 흔했다. 문장을 통째로 덜어내거나, 원고는 기본틀로만 사용하고 연설은 즉흥적으로 하는 식이었기 때문에, 스코티시 라이트 템플에서의 연설이나 비슷한 행사에서 실제로 했던 연설에 대한 정확한 기록은 찰스 구겐하임 촬영팀이 녹음한 테이프 외에는 남아 있지 않다. 녹취록을 보면 케네디는 "인디애나에 국한된 문제에 대해서만" 이야기하지는 않을 거라는 말로 운을 뗌으로써 그날 연설이 범상치 않을 것을 예고했다. 케네디는 다음과 같이 발언을 해서 인디애나주에서 표를 얻을 계획이 물 건너 갈 참이었다.

"여기 계신 여러분을 보니 … 흑인분은 거의 안 보이십니다. 이 동네나 인디애나주에 흑인 인구가 적죠. 그래서 제가 여기에서 여러분께 말씀드리려는 내용은 미국의 다른 지역에 가서 하는 게 낫다고 생각하실 분도 있을 겁니다."

이렇게 논쟁적인 발언으로 시작한 케네디는 미국이 "남북전쟁 이후로 가장 무섭고 위급한 국내 위기로 발전할 상황"에 직면해 있다고 말함으로써 청중의 불안을 잠재우기는커녕 오히려 더 키워버렸다. 케네디의 말은 상황을 정확하게 묘사한 것이기는 했지만 공포와 우려의 목소리로 들렸다. 케네디는 킹 목사의 죽음이 "미국 역사가 전환점에 있음을 알리는 큰 사건 중 하나"라면서 미국이 "모든 국민이 법 앞에

평등하고 기회가 균등한 국가"가 되거나, 아니면 미국의 각 도시가 "무장 진지"로 바뀌고 길거리가 "폭력과 공포로 가는 길"로 바뀌는 장기적인 사회적 갈등의 시작이 될 수 있다고 했다.

케네디는 법질서를 강조하는 대신, 미국 백인이 흑인의 좌절과 폭력에 책임이 있다고 했다. 킹 목사는 비폭력과 민주주의가 정의와 기회를 가져올 것이라고 흑인을 설득했지만, 일부 흑인은 지금 "이 나라의 선의에 대한 믿음, 그리고 평화적인 수단을 통한 변화의 가능성에 대한 믿음을 잃고" 있었다. 케네디는 이런 상황이 위험하며, 그 이유는 "희망이 좌절되고 신뢰를 상실할 때 절망이 찾아오고, 절망에 빠진 사람들은 결국 폭력을 택해 거리로 나서기" 때문이어서, 이들을 탄압한다고 될 일이 아니라고 했다. "잃을 것이 없다고 생각하는, 분노로 가득한 사람을 완전히 억누를 방법은 없기 때문"이었다. 케네디는 그 대신 미국 백인은 생활을 영위할 수 있을 만한 일자리를 달라는 미국 흑인의 "단순한 요구"를 들어주고, 그들로 하여금 "자신이 이 나라의 일부"라는 생각을 하게 하며, 혹은 폭동이 더 일어나는 상황이 자신들의 안전과 안녕에 해가 되고, "미국이라는 이념을 약화시키는" 결과로 이어진다는 것을 알려줘야 한다고 했다.

케네디는 자신이 살 집과 받을 월급에 관심이 많을 것이 분명한 청중에게 국가를 위대하게 만드는 것은 "소득과 주택"이 아니라 "(우리가) 공유하는 이상과 목적"이라고 말하며 연설을 마무리했다. 그러고는 법이나 정부 정책은 인종 분쟁의 종식을 보장해 줄 수 없으며, 오히려 "둘로 찢어진 나라를 하나의 국가로 만들" 책임이 모든 미국인에게 있다고 말함으로써 '뉴프론티어'식의 요구를 전달했다.

연설 후 케네디는 인디애나주 테러호트로 날아갔다. 이 지역 방송국에서 조사한 여론조사에 따르면 주민의 3분의 2가 케네디를 "기회주의자"로 보는 곳이었다. 케네디가 탄 차량이 도시에 진입하자 지켜보던 백인들은 "너구리 사냥꾼, 너구리 사냥꾼"이라고 소리쳤다(과거 백인들이 흑인을 비하해서 너구리라고 불렀기 때문에 흑인들의 표를 얻으려는 케네디를 비하한 조롱-옮긴이). 인디애나에서 기자단이 탄 버스를 몰던 운전기사는 기자들에게 자신은 케네디의 머리가 너무 길어서 표를 주지 않겠다면서 이렇게 덧붙였다.

"비트족이 대선에 출마한 것 같아요."

(케네디는 테러호트 같은 도시에서는 남자가 머리를 기르는 것이 자유연애, 마약, 혁명, 무정부, 동성애, 히피, 혹은 개인위생에 게으른 것으로 해석된다는 것을 알고 있었지만, 이발하라는 말을 듣기 싫어했다. 그래서 "저한테 이발하라는 말을 그만하면 그때 이발을 할 겁니다"라고 말한 적도 있었다).

한번은 야외 유세에서 그저 그런 반응이 나오자 공항에서 본 광고판 중에 "미국을 아름답게 만들어요. 이발하세요BEAUTIFY AMERICA-GET A HAIRCUT"라는 문장이 있다는 말을 하면서 이렇게 덧붙였다.

"인디애나에서 꼭 이기고 싶으니 … 이발을 하죠."

생각해보면 이런 말은 인디애나주 유권자들이 듣기 좋아할 말은 아니었다. 실제로 선거운동 초기 케네디의 앞머리는 약 15센티미터였다가 차츰 짧아졌고, 테러호트에서 나온 AP통신의 한 기사는 이렇게 끝맺었다.

"로버트 케네디가 형 케네디 대통령의 전철을 따른다는 사실을 보여주는 또 다른 사례. 1960년 1월 존 F. 케네디가 대선 출마를 선언했을 때도 이례적으로 긴 머리 스타일을 짧게 바꿨다."

다음 날 아침 케네디는 테러호트에 사는 주부 150명과 함께 아침을 먹었다. 케네디는 준비한 연설을 빨리 끝낸 뒤 사람들의 질문에 답하면서 좀 더 적극적인 태도를 보였다. 자리에 모인 사람들이 현 상태에 만족한다는 사실에 충격을 받은 케네디는 빈곤 문제에 대해 설교하기 시작했다.

"그 사람들은 우리 사회에서 잘 보이지 않는 곳에 있습니다. 지금은 누구도 그들을 보지 못합니다. 투명인간인 셈이죠. 그들은 부유한 나라에 사는 소수집단입니다. 하지만 저는 그들과 그들의 문제에 대해 나머지 미국인이 제대로 인식하지 못한다는 사실이 매우 놀랍습니다. … 매년 그들의 삶은 유례가 없을 정도로 어려워지는데도, 우리는 여전히 우리가 도와줬는데 왜 그렇게 사는지 궁금해합니다."

미국인이 "폭력과 불화" 또는 "연민과 사랑과 이해" 중 하나를 택해야 한다고 경고한 케네디는 눈에 보이지 않는 가난한 사람들의 삶에 대한 이야기를 의식의 흐름대로 길게 들려주었다. 케네디는 볼주립대학교에서 미국 백인이 "옳은 일을 하기를" 원한다고 했고, 인디애나폴리스에서는 백인과 흑인 대부분이 "이 땅에 사는 모든 사람이 정의를 누리기" 원한다고 했다. 이제 테러호트 주부들을 설득해서 자신의 낙관론을 정당화하고 싶은 케네디는 이렇게 말했다.

미시시피 델타 지역을 방문했습니다. … 그곳 아이들은 하루 두 끼 이상을 먹지 못했고, 그것마저도 기본적으로 빵과 그레이비(육즙에 밀가루를 넣어 만든 소스-옮긴이)에 가끔 콩을 먹었고, 고기를 먹는 경우는 아주 아주 드물었습니다 ….

가난한 사람들은 여간해서는 눈에 띄지 않습니다. 카뮈의 말처럼 가난한 사람들을 진정으로 대변해주는 사람은 없습니다. 그도 그럴 것이, 그들은 지금 아주 소수이니까요. … 그러니 가난한 사람들에게 주목하거나 가난한 사람들이 자신들을 주목하게 하기는 아주 아주 어렵습니다. … 여러분이 미시시피주의 어느 도시에 거주하면서 비교적 넉넉하게 산다면 기아에 허덕이는 아이들을 보러 미시시피 델타지역에 찾아가시겠습니까? 그렇게 할 가능성은 적을 겁니다. 그런 상황에서 살지 않으면 가난한 사람들은 만나게 되지 않습니다. 인디언 보호구역을 방문하는 사람들이 얼마나 될 것이며, 그곳에 가서 아이들과 이야기를 나눠볼 사람이 얼마나 되겠습니까? … 가난한 사람들 속에, 기회를 박탈당한 채 절망에 빠진 사람들 속에 무엇이 있는지 제대로 알지 못합니다. 그래서 우리는 내가 세금을 내고 있고, 이런 모든 정책을 통과시켰는데 그들은 왜 불행한지 이해하기 힘듭니다. 왜 그 사람들은 우리가 해준 일에 기뻐하지 않을까 하고 말입니다. 하지만 그들의 상황은 나아지지 않았습니다 ….

미시시피 델타지역을 방문한 의사들이 있습니다. 그 의사들에 따르면 그곳 아이들이 이미 망가졌다고 합니다. 완전한 회복이 불가능할 만큼 이미 망가졌습니다. 세 살이 되기 전에 굶주림을 겪었기 때문에 아이들은 타고난 잠재력을 발휘하지 못할 것입니다. 동남아나 아프리카 이야기가 아닙니다. 미국에서 벌어지는 상황을 이야기하는 겁니다. 우리가 사는 나라에서 아이들이 쥐에 물리는 것은 용납할 수 없는 일입니다. 뉴욕시에는 사람보다 쥐가 더 많습니다. … 우리는 이런 문제를 논의할 것입니다. 이런 문제를 해결하기 위해 무슨 일을 할 것인지 논의할 겁니다. 우리는 반드시 대책을 찾아내야 합니다.


케네디가 연설을 마쳤을 때 테러호트의 우체국에서 일하는 직원이 우편번호가 새겨진 커프스단추를 선물했다. 케네디는 웃으며 단추를 소매에 끼우고 이렇게 말했다.

"정말 고맙습니다. 제가 항상 갖고 싶었던 물건입니다."

바로 그 순간, 혹은 그와 비슷한 순간에 로버트 케네디가 실비아 라이트와 함께 비행기를 타고 워싱턴으로 가면서 했던 대화, 즉 커프스단

　　　　　　　　　　제3부 공화당 우세지역

추와 같은 것이 "사람들에게 뭔가 가르칠" 기회를 얻기 위해 지불해야 하는 비용이라고 했던 말을 떠올렸을지 궁금하다.

비행기로 앤아버로 가는 동안 케네디는 테러호트에서의 조찬모임에 관해 데이비드 핼버스탬 기자와 이야기하면서 이렇게 말했다.

"지금까지 인디애나 주민은 저를 흑인의 일원으로 보고 싶어 하는 것 같아요. 정말로 그런 일이 일어나면 인디애나주에서 승리할 수 없을 거라 봅니다. … 조찬모임은 아주 좋았고, 거기에 참석하신 분들이 제 생각에 동의하기 시작하는 것을 느낄 수 있었습니다. 하지만 얼마나 많은 인디애나 주민이 저와 그런 자리를 가질 수 있겠습니까? 인디애나 주민과 그렇게 긴 시간을 이야기할 기회가 얼마나 되겠습니까?"

케네디는 잠시 뒤 자신이 청중에게 하고 싶은 말과 청중이 듣고 싶어 하는 말 사이의 틈에 대해 곰곰이 생각하더니 이렇게 말했다.

"그 사람들은 절대로 제게 '흑인 문제에 대해 뭘 할 건가요?' 혹은 '흑인들을 위해 우리가 뭘 할 수있죠?'라고 묻지 않습니다. 사람들이 항상 묻는 건 이겁니다. '흑인들의 폭력에 어떻게 대처할 건가요?'"

미시건주 앤아버에서 케네디는 미시건대학교 학생들에게 미국의 백인과 흑인들은 "다른 세상에 살고 있고, 다른 풍경을" 바라본다면서, 불이익을 당하는 젊은 흑인의 눈으로 보면 세상은 "정말 어둡고 절망적인 곳"인 것이 사실이라고 했다. 케네디는 자신이 사는 동네에서 도둑질을 하고 방화를 하는 흑인 청년의 내적 삶을 상상해보라며 이렇게 말했다.

"하루하루 시간이 흐르지만 그렇게 살아봤자 자신의 삶에 나아질 게 하나도 없다는 것을 깨닫기 시작하는데, 다른 미국인들을 보면 이미 편안한 삶이 더 편안해지는 겁니다. 몇 블록 떨어진 동네, 혹은 TV를 보면 … 유복한 백인의 삶은 점점 더 나아지는 걸 봅니다. 백인들은 더 많은 차를 몰고, 여름 휴가를 더 자주 가고, 에어컨이 설치된 집과 깔끔하게 다듬어진 잔디밭도 늘어납니다. 하지만 흑인 청년은 그런 것들을 살 수 없습니다. 그들은 흑인들의 삶이 나아지고 있다는 말을 들을 겁니다. 하지만 그게 그들에게 무슨 의미가 있을까요? 다른 사람의 삶은 나아지지만 흑인은 그걸 경험할 수 없습니다. 그런 흑인이 단지 더 이상 노예가 아니고, 투표를 할 수 있고, 식당에서 백인처럼 식사할 수 있게 되었다고 고마워할 거라고 기대할 수는 없습니다. 흑인의 눈에 보이는 것은 현재의 비참함, 그리고 어두운 미래뿐입니다."

케네디의 발언은 히코리 힐 회의에서 세운 전략과는 여전히 거리가 먼 것이었다. 그것은 히코리 힐 회의 후에 킹 목사 장례식이 있었고, 케네디가 애버내시의 환대를 받았으며, 모어하우스 칼리지로 행진하는 동안 흑인 군중의 환영을 받은 후에는 흑인 지지자를 더 소중하게 생각하게 되었고, 백인 반발층 유권자가 많은 교외 지역에서 "뭔가를 할" 마음이 내키지 않게 되었기 때문일지도 모른다.

4월 15일 케네디는 인디애나주의 반발 유권자 지역의 심장부에 처음으로 방문했다. 사우스벤드 유세장에 모인 청중은 케네디가 세인트 조지프 카운티 법원 청사의 계단에 설치된 연단으로 걸어가는 모습을 조용히 바라보았다. 한 보좌관이 박수를 유도하려고 마이크에 대고 박수쳤지만, 보좌관 혼자 친 박수 소리만 주변 건물 벽에 울렸다. 마침내 누군가 "에설 케네디에게 박수를 쳐줍시다!"라고 소리치고 나서야 산발적인 박수가 나왔다.

1967년 폭동 이후 케네디는 폭력을 비판하는 발언을 할 때 반드시 인종차별에 대해서도 똑같은 수준으로 비판했다. 마틴은 유세장에서 백인들은 법질서에 관한 연설에 박수치는 반면 다른 이야기는 외면하고, 흑인들은 그와 반대로 반응하는 경향이 있다는 사실을 알아챘다.

사우스벤드에서도 같은 일이 벌어졌다. 케네디가 "폭력이나 무법 행위나 무질서, 혹은 폭동은 미국의 백인 사회나 흑인 사회, 어디에도 설 자리가 없고, 아무런 역할도 하지 못한다고 생각합니다"라고 말하자 주로 백인 청중이 크게 박수를 쳤다. 케네디가 "그러나 피부색 때문에, 또는 신앙이나 거주지 때문에 생계를 유지할 만한 일자리를 얻을 수 없거나, 자식에게 좋은 교육을 시킬 수 없거나, 살 만한 집을 구할 수 없어서는 안 됩니다. 1968년의 미국에서 그런 일이 있어서는 안 됩니다"라고 말했을 때에는 박수를 치긴했어도 법질서를 강조할 때의 박수보다는 훨씬 약했다.

몇 시간 뒤 케네디는 인디애나주 미시간시티에 있는 라포트 카운티 청사에서 똑같은 메시지가 담긴 연설을 했다. 이번에는 청중의 반응이 우호적이었다. 케네디가 "폭동과 무법적인 행동이 있어서는 안 된다고 생각합니다"라고 하자, 청중은 "맞습니다, 맞아요."라고 소리쳤다. 케네다가 "차별이 있어서도, 피부색 때문에 좋은 일자리를 구하지 못해서도 안 됩니다. 그런 일은 용납할 수 없습니다"라는 말을 했을 때도 사람들은 "맞습니다, 맞아요"라고 똑같이 크게 외쳤다. 하지만 민간 기업들이 빈민 지역에 투자하도록 장려하기 위해 세금을 공제 해주는 문제에 관해 이야기했을 때는 아무런 반응이 없었다. 그걸 본 케네디는 하던 말을 멈추고 "박수 주세요!"라고 말하고는, 신문에 청중에게서 자발적인 박수가 터져 나왔다는 기사가 나오면 좋지 않겠냐고 덧붙였다.

케네디는 미시간시티에서 인근 레이크 카운티까지 차로 이동했다. 레이크 카운티는 제철소와 정유시설, 공장, 철도 조차장, 고물 집하장이 모여 있는 곳이다. 레이크 카운티에 속한 도시들은 오염된 하천과 공기, 인종 갈등, 부패한 공무원으로 악명 높은 지저분한 곳이었다. 그중에서 가장 큰 도시인 개리는 흑인 인구가 전체의 60퍼센트에 달했다. 1967년 이곳 시민들은 리처드 해처를 시장으로 뽑아 미국에서 대도시로서는 처음으로 시장이 흑인인 도시가 되었고, 이 때문에 백인들의 교외 이주가 가속화되었다. 레이크 카운티의 다른 도시들은 동유럽 출신으로 가톨릭을 믿는 이민 1세대와 2세대 노동자, 그리고 애팔래치아 지역 북쪽으로 이주해온 개신교도 노동자가 인구의 다수를 차지하고 있다. 레이크 카운티의 또 다른 도시 해먼드는 계속 커지고 있는 도시로 다양한 이민자의 용광로였고 철도 건널목이 수십 개에 달했다. 일리노이와 인디애나주의 경계선에 있는 화이팅Whiting은 슬로바키아 출신 이민자와 애팔래치아 산맥에서 이주해온 힐빌리hillbilly의 거주지로, 정유공장의 교대 근무가 끝나는 시간에는 흑인들이 얼씬거리지 않는 것이 좋다고 하는 그런 동네였다. 이스트 시카고(일리노이주에 속한 시카고와 달리 인디애나주에 속한 소도시-옮긴이)는 술집과 상당수의 히스패닉 인구로 잘 알려진 험한 동네였다.

　로버트 케네디는 레이크 카운티 흑인 유권자의 전폭적인 지지를 받았고, 이곳의 백인 노동자 다수는 아직도 케네디 대통령에 대해 애정이 있었다. 하지만 그런 두 가지 사실을 제외하면 레이크 카운티는 인디애나의 카운티 중에서 로버트 케네디가 대선 후보가 되는 것을 가장 싫어하고, 도시에 거주하는 흑인들과 반발한 백인들을 화해시키려는 케네디의 목표에 가장 회의적인 카운티였다. 또한 레이크 카운티는 1964년 민주당 예비선거에서 조지 월리스에게 가장 표를 많이 줬을 뿐 아니라, 브래니긴 인디애나 주지사의 조직이 워낙 강해서 로버트 케네디를 지지하는 공무원들은 투표용지에 케네디의 이름을 올리는 데 필요한 서명 용지에 자신들의 이름을 적기를 두려워했고, 일리노이주의 시카고에서 자원봉사자를 데려와야 했다. 레이크 카운티의 서기clerk는 브래니긴과 존슨 대통령 강성 지지자로, 케네디의 인디애나 예비선거 청원서를 접수하지 않겠다고 버티는 바람에 법원의 명령까지 동원해야 했다(미국 카운티에서는 서기가 선거 업무를 주관한다-옮긴이). 레이크 카운티의 민주당 조직은 케네디가 장관으로 일하던 시절 법무부가 인기 있는 개리 시장인 조지 차차리스를 기소한 사실을 잊지 않았고, 노조원들은 케네디가 매클렐런 위원회 청문회에서 노조 간부들을 거칠게 몰아붙인 사실을 기억하고 있었다. 개리는 인종 갈등이 심각한 지뢰밭이어서 케네디의 몇몇 참모들은 4월 15일 개리 유세를 생략하거나, 흑인들이 사는 도심을 피해 백인 선거구로 우회하자고 건의했다. 그 건의를 완강하게 반대한 리처드 웨이드가 아니었으면 그렇게 했을 수도 있었다.

웨이드는 저명한 도시역사학자이자 오랜 명예 케네디가의 일원이었다. 1946년 존 F. 케네디를 자신이 가르치던 하버드대학교 강연에 초대한 후로 케네디와 친분을 맺었고, 이후 JFK의 상원의원 선거운동과 대통령 선거운동, 그리고 바비 케네디의 상원의원 선거운동에도 참여한 인물이었다. 웨이드는 1968년 당시 시카고대학교 교수로 있었고 시카고의 리처드 데일리 시장과 절친한 사이가 되어 공공주택위원장직을 맡았다. 시카고 공공주택위원장은 아파트 6만 채를 관할하는 영향력 있는 자리였다.

케네디의 대선 출마와 관련해서 웨이드가 데일리와 처음 만난 것은 3월 6일로, 케네디가 대선 출마 선언을 하기 열흘 전이었다. 웨이드는 평소처럼 대기실에서 몇 시간 째 기다리고 있는 부하직원들 앞을 지나 데일리의 집무실로 안내받았다. 〈대부〉 출연 당시의 말론 브란도를 닮은 거구의 데일리는 반짝반짝 광이 나는 책상을 사이에 두고 웨이드를 맞았다. 데일리 시장의 책상은 불가사의할 정도로 늘 서류가 하나도 올려져 있지 않았다. 데일리는 항상 자신의 방문을 열어두기 때문에 누가 엿듣지 못하도록 낮은 목소리로 말했고, 마치 마피아 보스처럼 제스쳐와 표정을 말 만큼이나 많이 사용하며 대화를 했다.

웨이드는 데일리 시장에게 자신이 일리노이주 케네디 선거위원회를 이끌기로 했다고 설명했다. 그렇게 하기로 한 이유 중 하나는 만들어진 지 얼마 되지 않는 조직이 데일리가 좋아하지 않는 인물들에 의해 끌려가는 것을 막기 위함이라고 했다. 웨이드는 케네디가 일리노이주 예비선거에 참여해서 데일리가 난감한 상황에 부닥칠 일이 없을 것이고(이 약속은 어려운 일이 아니었다. 어차피 당시 일리노이주는 대의원이 전당대회에서 반드시 일리노이주 승자에게 투표하도록 당규상 구속력이 있는 주가 아니었기 때문이다), 케네디의 선거 조직이 "책임감 있는 사람" 즉, 자신의 감독하에 있게 될 거라고 설명했다. 그러고는 데일리에게 폐가 되지 않도록 시카고 공공주택위원장 자리에서 사퇴하겠다고 했다. 데일리는 자신의 두툼한 손을 흔들며 그럴 필요 없다고 했다.

데일리는 자신처럼 힘 있는 중진이 당의 대선 후보를 결정해야 한다고 생각했고, 같은 당의 현직 대통령에게 도전하는 것은 해당 행위로 생각했다. 따라서 그는 공개적으로는 케네디를 가룟 유다(예수를 배반해서 적들에게 팔아넘긴 제자-옮긴이)에 비유하며 출마를 비난했지만, 웨이드와 로버트 케네디에 대해 이야기할 때 윙크를 했고, 웨이드는 미팅이 끝난 후 데일리가 바비의 출마를 반긴다고 확신했다. 웨이드는 데일리가 케네디 대통령을 좋아했고 자신과 같은 아일랜드계가 한 번 더 백악관을 차지하길 원했으며, 베트남 전쟁에 차츰 환멸을 느끼고 있음을 눈치챘다. 미팅 중 데일리는 최근 헛되게 미군 다수의 희생만 가져온 햄버거힐 전투를 언급했다.

"교수님은 똑똑하신 분이니 뭘 좀 물어봅시다. 베트남이 가진 거라고는 땅덩어리밖에 없지 않소."

그러고는 웨이드의 팔을 잡고 물었다.

"이 전쟁의 목적이 대체 뭐요? 그저 땅 좀 차지하겠다는 건가요?"

웨이드는 3월 16일 케네디가 출마 선언을 한 뒤에 데일리를 다시 만났다. 시카고에 케네디 선거캠프를 연다는 소식을 전하기 위해서였다. 두 사람은 매 예비선거가 끝날 때마다 수요일에 만나서 함께 선거 결과를 논의하기로 했다. 헤어지면서 데일리는 웨이드를 쳐다보고는 차분한 목소리로 이렇게 말했다.

"예비선거 중요합니다. … 예비선거 중요합니다. … 예비선거 중요합니다."

웨이드는 개리의 흑인 시장인 리처드 해처와 가까워서 사전에 연락하지 않고 해처의 사무실에 들를 수 있었다. 웨이드는 해처에게 시장 출마를 적극적으로 권했고, 로버트 케네디에게 개리 시장 선거를 위한 재정지원과 조직 지원을 부탁했을 뿐 아니라, 개리 선거 캠프에서 일하면서 시카고에서 자원봉사자들을 버스로 데려와서 도시 문제에 대해 비공식적으로 가르쳐줬다. 비록 해처는 로버트 케네디에 대한 지지 표명을 하지 않았지만, 자신의 사무실에서 웨이드가 사설 전화망과 험프리 부통령에게서 받은 은색 전화기를 이용해 레이크 카운티에서 선거 운동을 하게 해주었다.

테드 케네디를 포함해 인디애나에 대규모 선거운동원을 보낸 몇몇 케네디의 참모들은 웨이드를 경계했다. 이들은 웨이드가 흑인 표를 지나치게 강조한다고 생각했다. 그래서 바비에게 개리는 건너뛰고, 해처와는 적당히 거리를 유지하고, 레이크 카운티의 백인 반발 유권자 표를 얻는 데 집중할 것을 권했다. 웨이드는 그런 주장에 반박하며 케네디가 기록적인 수의 흑인 표를 끌어모아야만 인디애나에서 이길 수 있고, 어떤 식으로든 흑인 유권자들의 뜨거운 열기를 식히는 것은 패배로 이어질 거라고 반박했다. 또한 케네디가 인종차별 문제에 미온적으로 보이는 경우 시카고의 백인 리버럴과 흑인 운동가들을 레이크 카운티 선거 운동에 참여하도록 하기가 어렵게 될 것이라는 사실을 알았다.

몇몇 보좌관들이 4월 15일, 개리 시청에서 해처를 만나 자동차 퍼레이드로 흑인 거주지를 통과하는 것을 피하기 위해 개리까지 비행기로 이동하는 것을 제안한 사실을 알게 된 웨이드는 이의를 제기하려고 케네디에게 전화했다. 웨이드가 연락한 것은 4월 9일 저녁 케네디가 킹 목사의 장례식에 참석하고 히코리 힐에 도착한 직후였다. 웨이드는 케네디에게 이렇게 말했다.

"개리를 '우회'해서 곧바로 백인 구역으로 가는 일은 없도록 하세요. 사람들이 후보가 인종적으로 계산된 선거운동을 한다고 생각하게 만드는 것은 위험해요."

그러면서 케네디가 개리의 시 경계에서 해처와 만나 함께 차량으로 이동하는 것과, 개리 시내에서 선거유세를 해서 케네디가 흑인 표를 당연한 것으로 여기지 않는다는 사실을 해처에게 재확인시켜주도록 건의했다.

케네디는 웨이드의 건의를 받아들여 4월 15일 저녁 해처와 함께 인디애나주 고속도로에서 개리로 빠지는 출구에서 존 니코시아 이스트 시카고 시장, 조지프 클렌 해몬드 시장, 프랭크 해렁거디 화이팅 시장을 만났다. 이들은 케네디에게 그 자리에 나온 것이 "공식적인 예의표명"의 차원일 뿐 공개적인 지지 표명은 아니라고 했지만, 네 명 모두 케네디가 탄 컨버터블의 뒷좌석을 꽉 채워 앉아서 케네디와 함께 길거리의 사람들에게 손을 흔들며 개리 시내로 이동했다. 거리에 나온 사람들은 예상보다 적었다. 익명의 제보자가 경찰에 어떤 남자가 총을 들고 고층 호텔로 가는 것을 봤으며 그가 케네디를 쏴 죽이겠다는 위협하는 말을 들었기 때문에 막판에 이동 경로가 바뀌었기 때문이었다.

케네디는 "RFK! RFK!"라는 환호를 들으며 개리 기념 강당에 들어갔다. 개리의 케네디 선거운동 자원봉사단 단장인 오디 윌리엄스 여사가 에설에게 장미꽃 부케를 건네는 동안 5000명에 달하는 대규모 흑인 청중은 "우리는 바비를 원한다!"라고 소리쳤다. 해처의 지지 표명에 가까운 소개를 받은 케네디는 연단에 서서 경제 이슈를 강조하고 민권 문제를 회피한 원고가 담긴 검정 바인딩 노트를 펼쳤다.

케네디는 청중을 쳐다보았다. 희망을 갈구하는 흑인 수천 명의 얼굴이 눈에 들어왔다. 케네디는 의료정책, 세금공제, 복지개혁 등의 이슈가 일곱 개의 정책으로 나뉘어 첫째, 둘째로 시작하는 문단으로 구성된 연설문을 내려다보았다. 연설문은 인디애나 남부에서나 관심을 가질 만한 내용이었다(개리는 인디애나의 최북단에 있다-옮긴이). 케네디는 연설문을 옆으로 치우고 이렇게 말했다.

"좀 더 공식적인 말씀을 드리기 전에 그냥 제 이야기를 들려드려도 될까요?"

케네디는 15분간 청중이 듣고 싶어 한 말을 했다. 지난 1주일 동안 자신이 미국 흑인들에게 선지자가 될 수 있다는 이야기를 듣고, 킹 목사 관 뒤로 행진을 했던 케네디는 자신이 흑인들에게 빚을 지고 있다고 느낀 것이 분명했다.

케네디가 "폭력을 끝내고, 화해를 시작할 시간입니다. 불의를 끝낼 시간입니다. 모든 미국인의 평등을 시작할 시간입니다"라고 말하자 강당은 환호로 넘쳐났다. "도심 빈민가의 폭력적인 청년들은 자신들의 전통에 저항하는 것이 아니라, 인간으로서 자신의 가치와 존엄을 주장하다가 파괴적으로 되고 문제가 더 커진 것입니다"라고 말하자 우레와 같은 박수가 쏟아졌다.

그러고는 준비한 연설 원고를 서둘러 읽었는데 말이 너무 빨라 일부 내용은 이해하기가 어려울 정도였다. 미리 받은 연설 원고를 들고 내용을 비교한 기자들은 케네디가 내용을 절반 이상 줄인 사실을 발견했다. 강당을 나서며 케네디는 웨이드에게 말했다.

"음, 그다지 성공적이지는 않았던 것 같네요."

웨이드가 답했다

"연설은 별로였지만 후보님은 잘하셨어요."

케네디가 차를 타고 개리를 떠나는 동안 아이들로 이루어진 인파가 오픈카를 쫓아 달렸다. 케네디는 팔을 깁스한 채 여동생의 손을 잡아끌면서 따라오는 흑인 소년을 발견했다. 운전사에게 차를 세우게 한 케네디는 소년과 소년의 여동생을 차에 태웠다. 좌석에 앉은 소년은 여동생의 얼굴을 두 손으로 감싸고 케네디 쪽으로 돌린 뒤 이렇게 말했다.

"봐! 케네디 상원의원님이셔."

케네디는 몇 분간 차로 이동을 하다 방향을 바꿔 아이들을 집까지 데려다주었다. 케네디는 아이들의 엄마에게 에설이 받은 장미 부케를 건네고 아이들을 칭찬했다. 아이들의 엄마는 울음을 터뜨렸고, 케네디는 나무로 만든 작은 집의 현관에서 아이들의 엄마 옆에 앉아 밖에서 차량이 기다리는 동안 아이스티를 마시며 대화를 나눴다. 그런 다음 시카고의 미드웨이 공항으로 이동해서 노스다코타주 파고로 가는 비행기를 탔다. 다음날에는 사우스다코타에 있는 파인리지 인디언 보호구역으로 이동했다. 열여섯 시간 만에 미국에서 가장 가난한 도시 중 하나에서 미국에서 가장 열악한 인디언 보호구역으로 이동했고, 가난한 유권자들이 투표를 잘 하지 않는 도시에서 주민들이 더 가난하고 더 투표를 하지 않는 카운티를 찾아다닌 것이다.

# 9장

# 인디언 소년과의 만남

1968년 4월 16~5월 11일

사우스다코타주 파인리지에는 레드클라우드 인디언 학교가 있다. 이 학교 교장인 피터 클링크 신부의 사무실 벽에는 로버트 케네디가 크리스토퍼 프리티 보이와 함께 침대 가장자리에 앉아 있는 사진이 하나 걸려있다. 당시 열 살짜리 라코타족 인디언이던 프리티 보이는 머릿결이 부드럽고 귀가 컸으며, 아이의 부모는 자동차 사고로 세상을 떠난 상태였다. 두 사람이 있던 오두막은 사고 뒤 프리티 보이를 비롯해 형제자매 세 명을 입양한 베로니카 제임스 부인의 집으로, 한 방에 아홉 명이 함께 살고 있었다. 케네디는 손을 바지 주머니에 쑤셔 넣고는 마치 북미에서 가장 열악한 인디언 보호구역 중에서도 가장 가난한 커뮤니티 중 하나였던 칼리코의 오두막에서 슬픔에 잠긴 고아와 함께 낡은 담요 위에 앉아 있는 것보다 더 좋은 일은 없다는 듯 웃고 있었다.

사진을 찍은 사람은 레드클라우드 교회의 예수회 신부였다. 케네디가 보좌관과 기자들에게 오두막 밖에서 기다려달라고 요청했기 때문에 이날 만남을 기록한 것은 클링크 신부의 사무실에 걸린 사진이 유일하다. 1997년 레드클라우드 고등학교 농구팀이 워싱턴 D.C.에서 토너먼트 경기를 했을 때 클링크 신부는 학생들과 함께 점심을 먹는 자리에 로버트 케네디의 딸 케리를 초청했다. 클링크 신부는 케리에게 사진의 사본을 액자에 담아 선물했다. 원본 사진의 뒷면에는 "1968년 4월 16일 파인리지 보호구역 내 칼리코 빌리지에서 촬영. 사진 촬영 1년 뒤에 크리스토퍼 프리티 보이와 로버트 F. 상원의원은 모두 세상을 떠남"이라는 메모가 적혀 있었다.

클링크 신부는 자신과 1968년 아홉 살에 불과한 케리 케네디가 사진의 의미를 찾으려고 애썼던 것을 기억한다. 그때 이후 클링크 신부는 "로버트 케네디가 미국에 바란 것과 자신에게 정치적으로 유리한 것은 종종 상충"했다는 사실을 보여주는 사진이라는 결론을 내렸다.

그날 제임스 부인의 집 밖에서 기다리던 기자와 보좌관들도 케네디가 프리티 보이를 만나는 것과 원주민에 대해 집착하는 이유를 이해하기 위해 애를 썼다. 로버트 케네디의 인디언 문제에 대한 관심은 법무부 장관으로 재직 시절에 시작되었다. 케네디는 당시 미국 법무부가 일상적으로 인디언의 부동산 권리 청구를 법정소송으로 끌고 간다는 사실을 알게 되었고, 곧장 해당 정책을 수정해서 인디언 권리를 아주 적극적으로 옹호했다. 그 결과 1963년 노스다코타주 비즈마크에서 열린 전미인디언회의에서는 케네디를 인디언의 일원으로 받아들여 브레이브하트라는 인디언 이름을 지어주었다. 케네디는 그 자리에 모인 90개 인디언 부족의 대표에게 인디언이 사회적·경제적 억압에 묶여 있다며 이런 상황은 "국가적 불명예"라고 했다. 그리고는 존 F. 케네디 행정부가 인디언에게 더 나은 주택과 교육, 의료 서비스, 직업의 기회를 제공하기 위해 애를 쓰고 있지만 "정신적인 응급처치" 이상이 되지 못하고,

제3부 공화당 우세지역

인디언은 더 많은 것을 누릴 수 있어야 한다고 했다.

케네디는 1965년 상원의원에 당선 뒤 업스테이트 뉴욕을 방문해 인디언이야말로 "자기 땅에서 인종차별을 당한 희생자"라고 했다. 케네디는 인디언 손도끼, 화살, 벨트를 너무 많이 모은 나머지 의원 사무실이 인디언 천막 내부처럼 보였고, "인디언으로 태어났으면 좋았을 것" 같다는 말을 한 적도 있었다.

로버트 케네디가 가장 관심을 가진 것은 인디언 교육이었다. 1966년 민주당 상원의원 선거운동을 하는 동안 노스다코타주의 한 인디언 보호구역 내 학교를 방문해 교장에게 학교 도서관에서 인디언의 역사와 문화에 관한 책을 보여달라고 요청했다. 도서관에서 발견한 유일한 인디언 책에는 체로키 인디언이 백인 정착민의 머리 가죽을 벗기는 그림이 담겨있었다(과거 일부 인디언은 싸움에서 승리한 후 전리품으로 적의 머리 가죽을 챙겼지만, 이는 서부영화 등에서 인디언에 대한 인종주의적인 시각으로 흔히 사용되었다-옮긴이). 교장은 케네디에게 인디언은 이렇다 할 역사나 문화가 없는데 그런 주제에 관한 책이 왜 필요하냐고 물었다. 당시 대화를 지켜본 케네디의 보좌관 딕 턱은 "(그 말을 들은) 바비는 분노했다. 아니, 분노했다기보다는 몹시 언짢아했다. 아니, 언짢았다기보다는 불같이 화를 냈다는 것이 맞다"라고 말했다.

케네디는 뉴멕시코에 있는 한 인디언 고아원에서 원장이 에설 케네디가 원생들이 정말로 귀엽다고 생각하면 한 명을 에설에게 팔겠다고 농담했을 때에도 화를 내며 나왔다. 한 인디언 기숙학교를 방문했다가 교통비가 책정되지 않아 학생들이 크리스마스에도 집에 갈 수 없다는 사실을 알고도 격노했다. 아이다호주 포카텔로 근처 인디언 보호구역을 방문했을 때도 인디언이 금발 여성의 머리 가죽을 벗기는 그림이 담긴 책을 도서관에서 발견하고 크게 화를 내자 NBC의 샌더 밴토커 기자는 케네디가 "거의 항상 분노한 상태"로 다니는 사람이라고 생각했을 정도였다.

1967년 케네디는 인디언 교육에 관한 소위원회를 만들어 자신을 위원장으로 앉혀달라고 동료 의원들을 설득했다. 캘리포니아주 LA를 방문했을 때에는 케네디 대통령의 언론 보좌관 출신인 피어 샐린저의 부인 니콜 샐린저를 설득해 교외에 있는 인디언보호구역에 갈 때 동행해 달라고 했다. 니콜 샐린저는 인디언보호구역 방문 때 만난 수줍음이 아주 많은 소년 세 명을 기억했다. 아이들은 케네디가 "담배 피우니?", "형제자매가 있니?" 같은 질문을 하자 말문을 열었다. 샐린저는 그런 장면이 케네디가 아이들의 눈높이에 맞춰 대화할 수 있음을 보여준 것이라고 했다.

케네디가 가장 분노한 것은 인디언 10대 청소년의 자살률이 높다는 사실이었다. 케네디는 대선 출마를 선언하면서 "어린 인디언 아이들이 전혀 희망이 없고 미래가 없다고 판단하고 보호구역에서 자살하도록 한 ⋯ 변명의 여지가 없이 추악한 박탈 행위"에 대해 비난했다. 케네디는 선거운동 기간 내내 인디언 이야기를 꺼냈다. 인디애나주 철강 노동자와 네브래스카주 농부들에게 인디언 보호구역은 국가적 불명예라고 이야기했고, 한 인디언 보호구역을 방문했을 때에는 바로 그날 인디언 아이 하나가 굶어 죽은 사실을 듣고는 "내 속의 작은 일부도 같이" 죽었다고 말했다.

선거운동 첫 달 동안 케네디가 참석한 행사 70여 개 중 10개는 인디언 보호구역이나 인디언 학교에서 이루어졌다. 보좌관들은 케네디가 시간을 허비한다고 생각하고 이런 일정을 없애려 애썼다. 케네디는 "남의 고통을 모르는 개자식들"이라며 일정을 다시 살려냈다. 프레드 더턴은 유권자 6000만 명 중 인디언은 20~30만 명에 불과하고, 그중에서도 실제로 투표를 할 사람은 "거의 0명"이라고 주장하면서 케네디에게 관련 일정을 줄일 것을 권유했다.

방문 일정 마지막 3일 동안 애리조나와 뉴멕시코에서 진행한 아홉 개 행사 중 네 개가 인디언 관련 행사였다. 3월 29일 뉴멕시코주 앨버커키에서 케네디는 학생당 하루 급식비로 22센트를 쓴다고 보고한 인디언학교 관리자에게 이렇게 말했다.

"제가 법무부 장관 시절 앨커트래즈 교도소에 수감된 죄수들 식사에도 그것보다는 돈을 더 썼습니다."

애리조나주 투산에서는 작은 프로펠러 비행기로 두 시간을 비행해서 애리조나주 나바호 부족의 수도가 위치한 윈도록으로 갔다. 불규칙한 기상 상황을 뚫고 항공기가 요동을 치면서 2열로 늘어선 차량의 헤드라이트로 불을 밝힌 비포장 활주로에 내려앉을 때 더턴이 쏘아붙이듯 이렇게 말했다.

"이건 선거운동이니 의원님은 인디언 관련 행사는 때려치우셔야 해요."

후두염을 앓던 케네디는 노란색 노트에 이런 대답을 적었다.

"내 선거운동을 하면서 나만큼 인디언을 좋아하지 않는 사람은 나쁜 사람입니다."

케네디가 윈도록에서 한 연설은 그 유세에서 가장 열정적인 연설이었다. 전반적으로 즉흥적이었고, 케네디의 마음을 *끄*는 세 가지 주제 즉 인디언, 아동, 교육에 관한 것이었다. 케네디는 인디언 사무국 직원들에게 앞줄에 앉아달라고 부탁하고는 이렇게 말했다.

"5세 정도 되는 어린 아이를 가족으로부터 1000마일이나 떨어진 기숙학교에 보내는 건 야만적이지 않습니까?"

최근 두 명의 소년이 인디언 보호구역 학교에서 도망쳐 나간 뒤 얼어 죽은 사실을 이야기하고는 다음과 같이 말했다.

"인디언 교육에 연간 1억 3000만 달러를 쓰면서 크리스마스에 아이들을 집으로 돌려보낼 비용이 없는 상황은 뭔가 아주 많이 잘못된 겁니다."

환호와 함성이 행사장을 울렸다. 케네디가 유세장을 나설때, 한 노인이 케네디의 손을 잡고 말했다.

"백인이 그런 말을 하기를 평생을 기다려 왔소."

케네디는 대선 출마를 결정하기 전 파인리지 인디언 보호구역에서 인디언 교육에 관한 소위원회 청문회를 4월 16일에 열도록 약속을 잡아두었다. 이 일정은 마음만 먹으면 6월 4일 사우스다코타 예비선거 뒤로 미룰 수 있었다. 존슨 대통령의 불출마 선언으로 6월 4일 선거가 아주 중요해졌기 때문이다. 사우스다코타는 케네디에게 분명히 힘겨울 것으로 예상되는 지역이었다. 경쟁자인 유진 매카시 의원은 사우스다코타와 인접한 미네소타를 지역구로 두고 있어서 사우스다코타 명예 주민 같은 대우를 받았다. 미네소타 출신의 또 다른 상원의원인 휴버트 험프리 부통령은 사우스다코타에서 나고 자란 인물이었다. 케네디와 매카시 외에도 공개적으로 험프리를 지지하는 존슨-험프리 측 대의원들의 이름도 투표용지에 올라와 있었다. 사우스다코타와 캘리포니아 예비선거는 모두 6월 4일에 실시될 예정이었는데, 도시화되고 다양한 유권자들이 사는 캘리포니아와 농촌이면서 보수적인 사우스다코타 양쪽에서 모두 승리한다면 시카고 데일리 시장을 비롯한 민주당 지도부에게 깊은 인상을 줄 수 있었다. 게다가 사우스다코타의 한 지역 신문에서 지적한 것처럼 "케네디가 '휴버트는 자기 지역구 표심조차 얻지 못했다'고 말할 수 있다면 전당대회에서 큰 설득력이 있을 것"

이기 때문이다. 케네디는 캘리포니아주에 걸린 대의원 수가 더 많아서 사우스다코타주에 단 이틀만을 할애할 수 있었고, 그래서 이틀 중 하루 대부분의 시간을 인구가 많지 않은 인디언 보호구역에서 보내기로 한 결정은 대단하거나 혹은 무모한 행동이었다. 케네디의 방문 일정을 도운 성묵주교회Holy Rosary Mission의 짐 피츠제럴드 신부는 마지막까지 케네디가 일정을 취소하리라고 생각했다. 피츠제럴드 신부의 표현대로 "솔직히 여기에서 표를 얼마나 얻을 수 있을지" 의문이었기 때문이다. 훗날 피츠제럴드 신부는 케네디가 기자단이 인디언 보호구역의 극심한 가난을 보게 하려고 일정을 강행했다고 생각했다. 그는 이것이 케네디의 "교육적 어젠다"의 일부라고 했다.

파인리지에서 가장 가까운 공항은 네브래스카주 챈드런에 있었다. 4월 16일 케네디가 비행기를 타고 챈드런에 내렸을 때 케네디 방문을 기념해 휴교한 이 지역의 보수적인 목장 및 농장 주인의 자녀들은 강철 울타리를 쓰러뜨리고 케네디가 탄 비행기로 몰려들었다. 공식 환영 파티에는 케네디의 파인리지 방문을 주관한 인디언 대학생인 주디 코넬리어스와 보호구역 기획실을 운영하는 예일대 출신의 인디언인 샘 델로리아도 참석했다. 델로리아는 기자들에게 브리핑하기 위해 기자단 버스에 올라탔다. 그가 90분 동안 버스에 있는 동안 기자들이 던진 질문은 "얼마나 가야 합니까?"와 "언제 다시 공항으로 돌아오죠?," 단 두 개였다. 버스가 칼리코에 있는 프리티 보이의 오두막에 멈춰서자, 기자들 대부분은 지루한 현장학습에 가지 않으려고 버티는 학생처럼 버스에 남아 있었다.

케네디는 그런 기자들을 끌고 포장된 도로가 약 100킬로미터 밖에 되지 않고 대중교통도, 슈퍼마켓도, 은행, 모텔, 도서관, 극장 어느 것 하나 없는 코네티컷주(미국에서 세 번째로 작은 주-옮긴이) 크기의 인디언 보호구역에 갔다. 도시에서는 집의 문을 열고 들어가야 가난이 보인다. 애팔래치아 산맥 주변에서는 숲과 골짜기가 가난을 숨겨준다. 하지만 파인리지의 대평원에서는 버려진 차와 다 허물어져 가는 판잣집을 볼 수밖에 없었다. 거주자의 절반은 "극빈자"로, 건물의 3분의 2는 "허물어져 가는" 건물로 분류되었다. 실업률은 75퍼센트에 달했고 전국에서 1인당 수입도 가장 낮았다. 가구들의 절반에만 전기가 들어왔고 수도가 들어오는 집은 그보다 더 적었다. 평균 기대수명은 남자 48세, 여자 52세로 전국 평균 대비 20세가 낮았고, 아이티를 제외하면 서반구에서 가장 낮았다. 청소년 자살률은 전국 평균 대비 세 배로, 파인리지 추장 존슨 홀리 록에 따르면 젊은 여성이 장작을 구하러 갔다가 나무에 목을 맨 채 발견되거나, 젊은 남성이 차량을 타고 고의로 전신주를 들이 받는 일이 드물지 않았다.

케네디 대통령이 죽은 뒤 로버트 케네디는 극단적인 육체적 도전을 추구했을 뿐 아니라, 극도의 가난과 고통을 찾아다니기도 했다. 4월 16일 사우스다코타주 칼리코에서 제임스 부인의 허물어질 듯한 오두막에서 고아가 된 프리티 보이와 함께 앉았을 때 케네디는 마침내 북미 지역에서 인간이 겪는 고난의 한 가운데 도달했다.

케네디가 오두막에서 나오기를 기다린 사람 중에는 데이비드 해리슨이 있었다. 해리슨은 테드 케네디가 노스다코타주와 사우스다코타주에서 선거운동을 조직하기 위해 채용한 매사추세츠의 명예 케네디가의 일원이었다. 해리슨은 4월 15일 저녁 자신이 머물던 파고 호텔에서 케네디가 노스다코타주 민주당 중진들을 만나는 자리를 준비했다. 케네디는 워싱턴에서 동트기 전에 비행기를 타고 인디애나에서 두 차례 차량 퍼레이드를 한 후 TV 녹화를 마치고 파고의 시민회관에서 농촌의 위기를 이야기하기로 했지만 준비한 연설을 무시하고 인종 문제를 이야기한 상태였고, 선거유세가 끝난 후에 지친 나머지 대의원들을 만나기 힘들다고 해리슨에게 말했다. 해리슨은 이렇게 케네디에게 간청했다.

"대의원 표를 얻으려면 최소한 만나기는 하셔야 합니다."

해리슨의 말에 동의한 케네디는 몇 분을 할애했다. 해리슨은 그런 일이 있고 나서 열두 시간이 지난 상황에서 케네디가 크리스토퍼 프리티 보이와 그렇게 긴 시간을 보내고 있다는 사실에 매우 놀랐다. 해리슨은 그때 상황을 이렇게 기억한다.

"잠깐 지나치는 것도 아니었어요. 케네디는 아이와 진짜 시간을 함께 보냈어요."

케네디는 프리티 보이의 손을 잡고 오두막을 나왔다. 둘이 칼리코를 걸어가는 동안 케네디는 종종 프리티 보이와 대화하려고 몸을 숙였다. 주디 코넬리어스는 이렇게 말했다.

"그런 모습을 보고도 케네디를 좋아하지 않으면 아마 심장이 없는 사람일 거예요."

케네디는 녹슨 배달용 밴에서 살면서 옆에 설치된 야외 오븐에서 빵을 굽고 있던 나이든 여성과 이야기하기 위해 멈춰 섰다.

"여러분이 사는 모습을 보니 슬픕니다. 여러분들이야말로 아메리카 대륙의 원주민들입니다. 제 말을 잘 기억해주세요. 몇 년 뒤 이곳에 새집이 생길 겁니다."

케네디는 버려진 차에서 자고 있던 한 아픈 아이를 깨워서 열이 나는 머리를 쓰다듬었다. 아이의 엄마에게 물어보니 병원 의사들이 너무 바빠서 아이를 진찰할 수 없다고 했다고 했다. 그 얘기를 들은 케네디는 보좌관에게 아이를 병원으로 데리고 가라고 지시했다.

프리티 보이와 케네디는 온종일 함께 있었다. 당시를 기록한 뉴스

영상은 하늘색 셔츠 차림으로 침울해하는 작은 소년 하나가 케네디의 왼손을 잡고 많은 인디언 사이를 걸어가는 모습을 보여 준다. 레드 클라우드 인디언 학교에서 케네디는 차량 후드에 올라가 주차장에 있던 학생들에게 소리쳤다.

"여러분은 가장 중요하고 특별한 미국인입니다!"

체육관에서 한 연설에서는 또 이렇게 말했다.

"여러분의 엄청난 문화는 미국 내 다른 어떤 그룹과도 비교할 수 없습니다!"

그리고는 파인리지가 가난한 이유는 "백인이 약속을 지키지 않았기 때문"이라고 했다. 케네디의 발언은 사우스다코타 전역에 보도되었고, 백인이 약속을 지켰다면 수 인디언에게 돌아갔을 땅을 소유한 유권자들을 불편하게 만들었을 것이다.

인디언 교육 소위원회는 빌리 밀즈 홀에서 열렸다. 빌리 밀즈 홀은 파인리지 출신으로 1964년 올림픽에서 메달을 딴 육상선수 빌리 밀즈의 이름을 딴 낮은 벽돌 건물이었다. 파인리지 인디언 보호구역에서는 가장 큰 공간이었지만, 관람석을 펼치고 접이식 의자로 농구 코트를 다 채워도 1000명 이상을 수용할 수 없었다. 지금도 이 지역 사람들은 당시 인디언 노인들이 벽을 따라 서 있는 것을 발견한 케네디가 행사 진행을 멈추고 의자를 찾아 앞자리에 앉게 했던 일을 기억하고 있다.


프레드 더턴은 인디언들이 케네디를 좋아한 이유는 누군가가 마침내 자신들에게 관심을 보였기 때문이라고 생각했다. 존 놀런은 인디언들이 케네디를 좋아한 이유는 케네디가 인디언들처럼 조용하고, 낮은 소리로 이야기를 하지만 화나게 하면 분연히 일어서는 성격이었기 때문이라고 생각했다. 케네디와 함께 파인리지에 동행한 조지 맥거번 사우스다코타주 상원의원은 인디언들이 금방 케네디를 좋아하기 시작하는 모습을 인상 깊게 보았다. 그는 인디언들이 원래 말이 빠른 백인들을 믿지 않았기 때문에 인기 없었던 휴버트 험프리를 비롯한 다른 정치인들에게는 보인 적 없는 "특별한 반응"을 보였다고 했다. 반대로 케네디는 인디언들처럼 조용한 목소리로 말하면서 문장 중간에 "아" 혹은 "음" 같은 소리를 내곤 했다.

심리학자 로버트 콜스에 따르는 케네디가 인디언처럼 가난한 이들에게 호소력을 가졌던 이유는 스스로에 대해 확신하지 않은 것처럼 보였기 때문이다. 콜스는 "머뭇거리는 태도"가 케네디의 몸에 배어 있고, 할 말은 많지만 어떻게 표현해야 할지 잘 모르는 사람, 즉 "생각은 많은데 어떻게 말해야 할지 모르는 사람"처럼 말하고 행동한다고 했다.

게다가 케네디는 한 달 동안 야외에서 선거운동을 하면서 피부가 검게 타고 주름이 깊어져서 인디언과 얼굴도 닮아 있었다. 훗날 인디언 활동가 바인 델로리아 주니어는 "케네디는 인디언의 영혼을 가졌습니다!"라고 했고, 케네디가 유명한 인디언 추장들처럼 무자비하다는 명성이 있어서 케네디가 인디언들에게 영웅이 되었다고 생각했다.

빌리 밀즈 홀에서 케네디의 무자비함은 보이지 않았다. 권력자가 아닌 힘없는 사람에게 묻는 자리였기 때문이었다. 케네디는 외딴 완블리에서 와서 잔뜩 긴장한 인디언 지방의회의 여성의원 레오나 윈터스에게 준비된 원고를 읽기보다는 질문에 답하라고 설득하면서 "자, 지금 잘하고 계세요"라고 말해주었다.

두 사람의 대화는 파인리지의 풍경만큼이나 황량하고 암울했다. 케네디가 완블리 지역의 실업률을 묻자 윈터스는 350명이 살고 있지만 "일자리가 하나도" 없다고 답했다. 윈터스가 병원이 일주일에 목요일에만 연다고 하자 케네디는 사람들이 실수로 목요일이 아닌 날에 아파서 병원에 가려면 얼마나 멀리 가야 하느냐고 물었다. 윈터스는 약 160 킬로미터를 가야 하는데 구급차가 없다고 답했다. 케네디는 "완블리 사람들은 뭘 먹나요?"라고 묻자 "옥수숫가루"라는 답이 돌아왔다. 윈터스의 답변이 끝나자 케네디는 미국이 베트남 전쟁에 300억 달러를 쏟아붓는 걸 고려하면 "이곳의 극심한 가난을 해소하기 위해 예산을 좀 쓸 수 있을 것으로" 보인다고 했다.

청문회가 진행되는 동안 맥거번은 미국 중서부대평원의 인디언에게 가장 중요한 장소는 그곳에서 멀지 않은 운디드니Wounded Knee라는 말을 했다. 그곳에는 1890년 미 육군 제7기병대가 여성과 아이들을 포함해서 수족 인디언 249명을 학살한 사건을 기리는 추모비가 있었다. 케네디가 그곳을 방문하자고 주장하자, 맥거번은 그날 저녁 사우스다코타주 래피드시티에서 열리는 중요한 유세에 이미 늦었다며 난감해했다. 케네디는 청문회 일정을 축소하고는 남은 증인들의 발언은 기록으로 남겨서 전달해달라고 했다.

해가 질 무렵 케네디와 프리티 보이는 운디드니에 도착해 황량한 초원이 멀리 내려다보이는 언덕 꼭대기의 기념비로 손을 잡고 올라갔다. 빅풋Big Foot 추장이 연방정부의 허가를 받지 않고 인디언 보호구역을 떠나자 군인 400명이 운디드니에서 추장 일행을 에워싸서 무기를 넘길 것을 요구한 적이 있었다. 그때 인디언 일행이 답하기도 전에 누군가 총을 쐈고 기병대가 사격을 개시했다. 기록 사진을 보면 군인들이 집단 매장지 곁에서 마치 사냥꾼이 쓰러진 사냥감을 겨냥하듯 총구를 아래쪽으로 향하고 있었다. 그 일이 있은 지 1년 후 희생자의 친척들은 상단에 항아리가 놓인 화강암 주춧돌을 세웠고 명판에는 이런 말을 새겼다.

"여기 아무런 잘못이 없는 여성과 아이들 다수가 잠들다."

제3부 공화당 우세지역

명판을 읽어본 케네디가 말했다.

"꽃을 가져 왔어야 했는데."

케네디는 불평등에 관한 이야기를 할 때 파인리지의 절망적인 빈곤 상황을 덧붙였다. 유세 연설을 할 때나 심지어 친구들과 이야기할 때도 그랬다. 일주일 후 포크 가수 존 스튜어트와 함께 오마하에 있는 호텔방에서 쉬는 동안에는 다섯 살 먹은 인디언 아이가 집에서 1000마일 떨어진 학교에 다닌다는 사실을 이야기했다. 스튜어트가 "도대체 누가 이런 일을 저지르는" 거냐고 묻자 케네디는 존 스튜어트를 빤히 쳐다보며 "당신입니다"라고 대답했다. 스튜어트가 남베트남의 민간인 사망에 대한 책임자가 누구냐고 물었어도 같은 답을 했을 것이다. 스튜어트가 자리에서 일어나려 하자 케네디는 방금 룸서비스로 달걀을 주문했다고 했다. 스튜어트가 파인리지에 대한 이야기를 듣고 나니 죄스러워서 먹지 못하겠다고 하자 케네디는 이렇게 말했다.

"그래요. 저도 그게 어떤 기분인지 잘 압니다."

로버트 케네디 이후로 미국 대선 후보가 파인리지를 방문하는 일은 없었다. 1999년 클린턴 대통령은 자신의 신시장계획New Market Initiative을 홍보하기 위해 다섯 개 주를 빠르게 도는 '빈곤 유세' 기간에 파인리지를 들렀다. 신시장계획은 로버트 케네디가 1968년에 제안한 것과 유사한, 빈곤 지역의 감세로 일자리와 경제활동을 늘리는 정책이었다. 클린턴이 파인리지를 방문한 지 5년 만에 이 지역을 다시 방문한 한 기자는 클린턴이 한껏 기대하게 한 것에 비해 별다른 결실이 없다는 사실을 알게 되었다. 사실 통계적으로 볼 때 파인리지는 (로버트 케네디가 방문한) 1968년 이후 변한 것이 거의 없다. 파인리지 주민들은 여전히 미국에서 가장 가난하고, 기대수명 역시 미국인 평균에 비해 20년이 짧다. 10대 자살률은 여전히 미국 평균 대비 세 배에 달하고 실업률은 약 75퍼센트이며, 전체 가구의 39퍼센트에만 전기가 공급되며(1968년 대비 1퍼센트 감소했다), 주민들은 아직도 버려진 자동차나 트레일러, 또는 케네디가 프리티 보이를 만난 오두막 같은 곳에서 생활한다.

케네디는 비행기를 타고 래피드시티로 가는 동안 보좌관에게 성묵 주교회에 연락해 신부들에게 자신이 프리티 보이 남매를 매사추세츠주 하이애니스포트에서 자신의 가족들과 함께 여름을 보내도록 초청한 사실을 알려주라고 했다. 그렇게 초대했다고 해서 케네디의 아이들이 놀랄 일은 없었다. 케네디 자신이나 자신의 아이들이 부모를 잃고 칼리코에서 살고 있다고 생각해보면 충분히 예상 가능한 일이었기 때문이다. 케네디의 딸인 캐슬린 케네디는 워싱턴의 가난한 동네를 아버지와 함께 차를 타고 지나가다 이런 말을 들은 적이 있었다.

"저기를 봐, 놀이터가 없어. 여기 사는 아이들에게는 놀 곳이 없단 말이야. 이곳 아이들도 너와 다를 게 없어. 네가 원하는 것, 필요한 것은 여기 사는 아이들도 똑같이 원하고, 필요하단다."

그 뒤 케네디는 놀이터 설치를 위한 기금을 마련해서 놀이터 개장식에 자녀들을 참석시켰다.

프리티 보이는 하이애니스포트에 결국 가지 못했다. 케네디처럼 프리티 보이도 그해 세상을 떠났다. 파인리지 주민 일부는 프리티 보이가 자동차 사고로 사망한 것으로 알고 있고, 일부는 자살했다고도 말한다. 프리티 보이는 일반적으로 자살하는 인디언보다 어리긴 했다. 실의에 빠진 동네 형이 모는 차에 올라탔다가 차가 길을 벗어나는 바람에 둘 다 사망했다는 얘기도 있다.

케네디가 좋아하는 인용구 중에는 카뮈의 이런 말이 있었다.

"우리는 아이들이 고통당하는 세상이 되지 않도록 막을 수 없을지도 모른다. 하지만 고통당하는 아이의 수를 줄일 수는 있다. 이게 가능

제3부 공화당 우세지역

하다고 믿는 사람들이 우리를 돕지 않으면 도와줄 사람이 세상 어디에 있겠는가?"(케네디는 연설에서 이 말을 인용할 때는 대개 "고통torture"을 고난suffering"으로 바꿔 말했다.)

케네디는 이 말을 1967년에 낸 저서『더 새로운 세상을 찾아To Seek a Newer World』의 경구로 사용했고, 그것은 케네디의 믿음을 지탱하는 두 기둥을 표현해주었다. 하나는 고통을 경감시킬 의무가 모두에게 있다는 것이었고, 다른 하나는 누구도 다른 사람의 고통을 외면하면서 완벽히 행복한 삶을 살 수는 없다는 것이었다.

영국의 유명한 TV 진행자 데이비드 프로스트가 케네디에게 당신은 후세에게 어떻게 기억되고 싶으냐고 묻자 이런 답이 돌아왔다.

"조국을 위해, 가난한 사람들을 위해 기여했다고 기억되고 싶습니다. 전 카뮈가 한 말을 떠올려 봅니다. 이 세상은 아이들이 어려움을 겪는 세상이지만 우리는 어려움에 빠진 아이들의 수를 줄일 수 있고, 우리가 그걸 하지 않으면 누가 하겠느냐는 말입니다. 전 그런 어려움을 줄이는 데 제가 일조했다고 느끼고 싶습니다."

프리티 보이를 여름에 하이애니스포트에 초대한 것은 케네디의 진심이었고, 자기 스스로 할 생각이 없는 일을 국민에게 요구하는 것이 아니었음을 보여주기에 충분했다.

래피드시티 공항에서 케네디를 만난 한 기자는 케네디를 "힘든 하루를 보낸 인물"이라고 묘사했다. 인디언 대의원들이 케네디에게 평화의 담뱃대(북미 인디언들은 화해의 상징으로 담배를 돌려가며 피웠다 - 옮긴이)와 모카신(인디언이 사슴 가죽으로 만든 신발-옮긴이)을 선물하자 케네디는 몸을 가누지 못할 정도로 전율했다.

케네디는 목장주이자 소 판매상인 빌 도허티와 함께 시내로 이동했다. 케네디가 도허티를 처음 만난 것은 1959년에 형 JFK를 위해 이 지역에서 유세할 때였다. 도허티는 1967년 가을에 이미 로버트 케네디 대선조직을 출범시켰다. 케네디의 참모 중 한 명이 도허티에게 전화해서 "대선에 출마할지 안 할지는 오로지 의원님 본인만이" 결정한다고 해도 개의치 않았다. 동생 테드 케네디의 요청을 받은 조지 맥거번이 도허티에게 케네디를 사우스다코타 예비선거 후보명단에 포함시키기 위해 탄원서를 돌리는 행동을 중단할 것을 요청하자(사우스다코타 예비선거에는 후보 본인의 서명이나 승인 없이도 표에 이름을 올릴 수 있었다) 도허티는 이렇게 대꾸했다.

"맘대로 하쇼, 나는 어쨌든 이름을 올릴 테니."

퍼붓는 빗속에서 2시간 전에 시작할 예정이던 집회를 향해 케네디와 함께 차를 타고 어둡고 인적이 드문, 공화당 강세 지역인 래피드시티를 통과하는 동안 도허티의 무한한 확신도 흔들렸다. 하지만 도허티가 입을 열어 "바비, 이번 유세는 성공할 것 같지 않군요"라고 말하는 순간, 차량이 코너를 돌아 4000명의 인파가 엄청난 환호를 보내는 시내 광장에 들어섰다.

케네디는 기대에 부응하기 위해 래피드시티로 오는 길에 러시모어산(Mt. Rushmore : 네 명의 미국 대통령 얼굴이 거대하게 새겨진 돌산-옮긴이) 상공을 지나오면서 "산에 아직 빈 자리가 많은" 것을 봤다고 농담을 했다. 하지만 지친 나머지 연설 실력을 제대로 발휘하지는 못했다.

이날 저녁 가장 기억에 남을 만한 발언은 맥거번이 했다. 케네디의 대선 출마로 맥거번은 입장이 난처했다. 휴버트 험프리와 유진 매카시는 맥거번과 개인적으로 친했고 사우스다코타주에서 인기 있었을 뿐 아니라, 맥거번은 그해 재선을 위한 힘든 선거에서 두 사람의 지원이 필요했다. 맥거번은 친구들에게 자신은 공식적으로 중립을 지키면서 "눈에 띄지 않게" 케네디를 도울 것이라고 말했다. 하지만 파인리지에서 케네디와 함께 보낸 후 맥거번은 래피드시티에 모인 청중들에게 로버트 케네디가 "우드로 윌슨의 확고한 정직성과 앤드류 잭슨의 리더십에 대한 피 끓는 열정을 가지고 있고, 에이브러햄 링컨의 개인적 비극을 가장 잘 알고" 있다고 했다. 그러고는 자신의 속내를 더 이상 감출 마음이 없다는 듯 이렇게 덧붙였다.

"여러분은 저의 케네디 대통령에 대한 애정과 존경심을 알고 계실 테지만, 로버트 케네디 상원의원이 대통령에 당선되면 우리가 사랑하는 고 케네디 대통령보다 더 깊은 경험과 더 큰 능력을 갖추고 불안한 우리나라를 새 시대의 빛으로 이끌 대통령이 되리라는 것이 저의 신중한 확신입니다. 로버트 케네디가 미국 대통령이 된다면 우리 역사상 가장 위대한 대통령 서너 명 중 한 명이 될 것입니다."

지지 표명이나 다름없는 발언이었다. 케네디의 라이벌 중 누구도 자신이 케네디 대통령보다 더 나은 대통령이 될 수 있다고 감히 말하지 못할 터였다. 맥거번의 연설이 끝난 뒤, 케네디는 맥거번의 손을 잡고 꽉 쥐었다. 케네디는 연설 중에 맥거번의 소개 발언에 대해 이의를 제기하지 않았다. 아마 본인도 같은 결론에 도달했기 때문일 것이다.

케네디는 두 번째이자 마지막 선거운동일인 5월 10일에 사우스다코타주로 돌아왔고, 이날은 맥거번의 고향인 미첼에 있는 콘팰리스에서의 연설로 일정을 마쳤다. 이 자리에서 맥거번은 뮤지컬 〈맨 오브 라만차〉에 나오는 '불가능한 꿈The Impossible Dream'이라는 노래 중 한 구절과 함께 케네디를 소개했다. 케네디 대통령이 뮤지컬 〈카멜롯〉 사운드트랙을 들었던 것처럼, 〈맨 오브 라만차〉는 로버트 케네디가 즐겨 들은 돈키호테에 관한 1966년 뮤지컬이다. 케네디는 래피드시티에서 맥거번이 한 소개말에 대한 보답으로 미국 전체 상원의원 중에 맥거번이 "가장 감수성이 높고, 가장 진실하게 일하는 인물"이라고 했다.

약 한 달 만에 케네디를 만난 맥거번은 케네디의 생기 없는 눈과 깊이 팬 주름에 충격을 받았다. 케네디는 두서없이 연설했다. 발음은 불분명했고, 즐겨 인용하는 조지 버나드 쇼의 말을 세 번이나 되풀이했다. 행사 뒤 저녁 식사 자리에는 거의 말을 하지 않았다. 고통스러울 만큼 침묵이 흐른 뒤 케네디는 마치 독백을 하듯 이렇게 말했다.

"제가 형만큼 유능하지 않거나, 단호하지 못할 때가 있다는 걸 알아요. 오늘처럼, 연설을 제대로 못한다고 생각할 때가 있어요. 이런 일은 형이 적격이었죠. 전 형이 아니에요. 제가 형처럼 할 수는 없습니다. 저는 형이 아니니까요."

맥거번을 포함해 식탁에 앉은 사람들을 깜짝 놀라 입을 열지 못했다. 낮은 목소리로 케네디가 물었다.

"조지, 아까 말한 것처럼 정말 이게 불가능한 꿈이라 생각하세요?"

맥거번은 후보로 지명되는 것은 불가능하지 않고 다만 힘이 들 뿐이라고 했다. 존슨 대통령이 험프리 부통령을 지원할 것이고, 일반 당원도 마찬가지일 터였다. 맥거번이 말했다.

"하지만 중요한 건, 의원님이 싸울 각오가 되어있다는 것이고, 저도 의원님이 잘하시리라 생각한다는 겁니다. 의원님이 이기든 지든 노력할 가치가 있다는 것을 국민도 이해했으면 합니다."

케네디가 말했다.

"제 생각도 그래요"

다음 날 아침 맥거번은 케네디를 차에 태워 공항에 내려주고 케네디가 엷은 안개를 뚫고 소형 전세기 쪽으로 걸어가는 것을 지켜보았다. 맥거번은 로버트 케네디가 시간과 장소에 따라 어떤 때는 커 보이고, 어떤 때는 가냘프고 연약해 보인다는 사실을 깨달았다. (케네디는 키가 약 175센티미터에 몸무게는 약 70킬로그램 정도였다) 이날 아침 맥거번이 보기에 케네디는 아주 작았다. 혼자 움추린 어깨로 고개를 숙이고 재킷을 어깨에 걸친 채 활주로를 가로질러 걸어가는 모습이 너무 연약해 보여서 맥거번은 케네디가 "엄청나게 깊은 슬픔"에 사로잡혀 있다고 했다.

맥거번이 살아있는 케네디를 본 건 이때가 마지막이었고, 그런 사실 때문에 기억이 윤색되었을지도 모른다. 맥거번만 그런 말을 한 것이 아니었다. NBC 방송은 케네디가 인디애나에 잠깐 들르는 동안 사진 몇 장을 찍었다. 케네디가 가장 좋아한 사진은 자신이 풀먼 기차에 혼자 앉아 있는 모습이 담긴 사진이었다. 데이비드 브링클리는 그 사진을 두고 "끔찍하게 가슴 아픈 작은 사진이자 바비 자체를 보여주는 사진일 뿐 아니라 다소 외로워 보이고, 덩치가 큰 정치 수행원 한가운데에서 다소 작아 보이는" 모습이라고 했다. 케네디와 인디애나에서 몇 주 동안을 함께 돌아다닌 후 존 버틀로우 마틴은 이렇게 말했다.

"대규모의 선거운동원이 있었어도 케네디는 대부분의 다른 후보보다 더 외로워 보였다. 케네디는 대개 있는 그대로 행동하고 말했다. … 오픈카에 올라타서 서 있을 때도 외로워 보였다. 사람들은 그가 너무나 외롭고, 다칠 것 같고, 너무 연약해 혹시 부서지지 않을까 걱정했다."

# 10장

# "제가 이곳에서 잘하고 있나요?"

1968년 4월 22~24일

케네디는 사우스다코타주 래피드시티를 떠난 후 주말에 자택이 있는 히코리힐로 돌아가기 전에 며칠간 오리건, 캘리포니아, 네브래스카에서 선거운동을 했다. 케네디가 미국 서부해안 지역에 있는 동안 존 바틀로우 마틴은 비행기로 워싱턴으로 돌아와 테드 케네디, 조 돌런, 테드 소렌슨에게 인디애나에서의 선거운동의 분위기와 방향을 바꾸도록 케네디를 설득해달라고 재촉했다.

자신은 프랭크 시나트라 처럼 보이기를 원치 않는다는 케네디의 주장에도 불구하고, 마틴은 선거유세가 여전히 지나치게 열광적이라고 생각했다. (4월 11일 케네디가 미시건주 그랜드래피즈에 등장한 후 "케네디 잠깐 방문에 대규모 팬 몰려", "팬 열광시킨 RFK 방문"이라는 신문 머리기사 제목이 나왔다.) 마틴은 도심을 통과하는 자동차 퍼레이드와 대학 캠퍼스 방문을 줄이는 대신 유적지와 각 카운티의 중심도시를 방문할 것을 건의했다. 월요일에

제3부 공화당 우세지역

인디애나주 빈센스를 방문할 때 미국 독립전쟁의 영웅인 조지 로저스 클라크 기념관과 윌리엄 헨리 해리슨 전 대통령의 생가에 들른 후, 오후에는 에이브러햄 링컨의 가족이 인디애나를 가로질러 자신들의 새 농가가 있는 곳으로 갈 때 이용했던 링컨 트레일Lincoln Trail에서 시간을 보내는 일정이었다. 또한 유명한 와바시 캐논볼 철로(Wabash Canonball : 인디애나주 포트웨인에서 오하이오주 톨리도까지 이어지는 철도-옮긴이)를 따라 선거 유세를 하자는 제안도 했다. 작은 산업 도시인 코코모와 매리언을 방문한 뒤, 인디애나 남부로 되돌아오는 경로였다. 코코모와 매리언에는 애팔래치아 산맥 지역에서 이주한 지 얼마 안 된 사람들이 많았는데, 이들은 레이크 카운티의 동유럽계만큼이나 흑인들에게 적대적이었다. 또한 인디애나 남부 지역은 공화당의 텃밭인 동시에 민주당 중진들이 베트남 전쟁에 대해 강경한 입장을 유지하고 브래니긴 주지사를 지지하는 곳이었다.

마틴이 제안한 계획의 문제점은 케네디가 열광적인 청중 대신 케네디를 언짢게 생각하고 요란스럽게 적대감을 나타낼 청중을 만나게 될 수도 있다는 점이었다. 빈센스는 보수적인 "통나무집과 옥수수 술"로 대표되는 녹스 카운티의 중심도시였고, 스카츠버그에서는 개신교 교회들이 1960년 대선 전날 교구민들이 모여 예배를 하면서 JFK가 낙선하도록 기도한 곳이기도 했다. 코코모에는 KKK단이 여전히 살아 있었고, 이 지역 민주당 시장은 베트남 전쟁과 브래니긴을 적극 지지했다. 또한 베드퍼드는 KKK단이 큰 영향력을 발휘하는 곳이었다. 다만 흑인 인구가 극히 드물어서 KKK단은 흑인 대신 가톨릭교도를 위협하며 성당 앞에서 횃불 행진을 했다.

히코리힐에서 마틴이 제안한 일정을 검토하던 케네디는 코코모의 보수적인 시골 사람들과 KKK단에 표를 호소하는 것이 정말 그럴 만한 가치가 있는지 물었다. 마틴은 코코모 같은 도시를 꼭 들러야 한다고 대답했다. 민주당 지지자가 많은 지역이기 때문이었다. 마틴은 폭도의 폭력과 인종차별을 똑같이 묵과할 수 없다고 비판하면 표심을 얻을 수도 있다고 했다. 그러고는 다음날 빈센스에서 예정된 기업인 오찬 자리에서 기업인들을 칭찬해 줄 것도 건의했다. 케네디는 자신이 설립한 베드퍼드-스타이베선트사의 목표도 기업의 빈민지역 투자를 장려하는 것이므로 기업인을 칭찬하는 데 문제가 없다고 했다. 하지만 마틴의 보고서를 보면서 놀랐고, 마틴이 작성한 빈센스 오찬 연설문의 내용을 지적했다. 그가 제안한 사적지 방문을 두고는 "시간 낭비"라고 하면서 자녀 몇 명을 데려가자는 제안에도 반대했다.

하지만 케네디는 다음 날 아침 데이비드, 코트니, 마이클 등 자녀 세 명을 데리고 국내선 공항에 나타났다. 그리고 빈센스에 착륙하자마자 이렇게 말했다.

"저는 이 나라가 가진 위대함의 씨앗이 과거의 위대함에 있다고 믿기에 이곳에 왔습니다. 우리가 주어진 책임을 다하기 위해 조지 로저스 클라크의 용기와 윌리엄 헨리 해리슨의 지략, 그리고 에이브러햄 링컨의 겸손과 지혜와 순수한 인류애가 필요합니다."

공항에서 케네디를 맞이한 사람은 짐 오스본이었다. 오스본은 정치 경험이 없는 23세의 고등학교 교사이자 이 지역 케네디 대선 위원회의 공동 의장이었다. 그는 오토바이 수리점을 하던 곳에 선거운동 본부를 열고, 케네디에게 주변 유적지를 안내할 도시 역사학자 거스 스티븐스를 섭외했다. 또한 지역의 유명 기업인들을 라마다 호텔에서 열리는 오찬에 초대하고, 혹시 있을지 모를 사태에 대비했다. 녹스 카운티 민주당 주류 세력의 브래니긴 지지는 확고했기 때문에 오스본은 단 한 명의 선출직 공무원도 케네디와 만나도록 설득하지 못했다. 오스본의 사촌인 프랭크 마이어는 이날 선거운동에 쓸 수 있도록 오픈카를 빌려주었지만, 자신이 브래니긴 지지자라는 이유로 차량을 직접 운전하는 것은 꺼렸었다. 하지만 이날 마이어가 올즈모빌을 직접 몰고 공항에 도착했을 때 일이 잘 풀릴지도 모른다는 첫 조짐이 나타났다.

클라크 기념관은 워싱턴 D.C.에 있는 기념관을 제외하면 미국 전쟁기념관 중 규모가 가장 컸다. 열여섯 개 기둥과 한 개 원형 홀, 독립전쟁 영웅 조지 로저스 클라크의 동상, 미국의 서부 진출 장면을 묘사한 벽화가 있는 고전 양식의 화강암 건축물이었다. 케네디는 스티븐스가 기념관에 초대한 다른 주요 인사보다 더 오래 그곳에 머물렀다. 벽화를 유심히 지켜본 케네디는 정말 멋지다며 혼잣말을 했고 "위대한 일은 잘 조직된 소수의 사람이 해냈다"와 같은 클라크의 선언문이 새겨진 명판을 소리 내어 읽기도 했다.

정오에 오스본은 선거운동 본부에서 예정된 리본 커팅 행사에 참석자가 없을까 봐 걱정했다. 하지만 11시에 사무실 정문이 열리더니 공화당 소속인 시장을 포함해 지역 정치인이 몰려와 좋은 위치를 차지하려고 다퉜고 환영 행렬을 만들었다. 케네디는 이들과 악수하며 "제가 이곳에서 잘하고 있나요?"하고 물었다. 공화당원조차 케네디에게 "아주 잘"하고 있다고 답했다.

윌리엄 헨리 해리슨 대통령의 선조가 살던 집이 있는 그라우스랜드에서는 빈센스대학교 학생 1200명이 케네디가 탄 차를 에워싼 채 큰소리로 질문을 던지는 바람에 케네디는 빈센스 시비탄 클럽에서 후원하는 "기업인 및 전문직 인사와의 오찬"이 열린 라마다 호텔에 한 시간 늦게 도착했다.

오찬이 60인분밖에 준비되지 않았는데 시비탄 클럽뿐 아니라 키와

니스와 로터리 클럽의 회원들도 여러 명 참석을 원하는 바람에 식사하지 않고 벽을 따라 서 있는 조건으로 80명을 추가로 받았다. 참석자의 절반은 케네디 지지자였고 나머지 절반은 그 자리에 참석할 만큼 케네디의 출마에 관심을 가진 사람들이었다. 케네디가 늦게 도착할 것이라는 안내가 있자 사람들은 먼저 식사를 하기 시작했다. 마침내 도착한 케네디는 솔즈베리 스테이크를 열심히 먹고 있는 중년의 백인 사업가로 가득 찬 연회장에 입장했다.

마틴이 이날 행사를 위해 준비한 연설문인 '사기업의 역할'은 케네디가 상원의원으로서 취한 입장을 정리한 것으로, 사업가로 구성된 청중에게 호소력을 가질 터였다. 케네디는 연설문을 형식적으로 전달했다. 케네디의 인디애나주에서 여러 일정을 기획한 존 놀런은 케네디가 이런 청중 앞에서 이야기를 잘 전달하지 못하는 모습을 종종 목격했고, 빈센스의 오찬 모임이 형편없었다고 기억했다. 놀런은 케네디가 변호사 협회와 키와니스 클럽 회원 앞에서 이야기는 것을 싫어했을 뿐 아니라 잘하지도 못했다는 것을 알았다. 마틴이 케네디가 자신을 이미 지지하는 빈곤층이나 소수인종 유권자들에게 너무 많은 시간을 할애한다고 비판하자 케네디는 마치 하소연하듯 이렇게 답했다.

"하지만 그 사람들이 제가 이야기하고 싶은 청중입니다. 그들과 함께 있을 때 편해요."

마틴은 훗날 쓴 글에서 케네디의 그 말에 동의했다.

"그건 사실이었다. 케네디는 소시민 계급과 교외 유권자들에게는 별다른 애정이 없었다."

케네디는 빈센스에서 받은 첫 질문에 대한 답을 "여러분 중 대부분이 공화당 지지자라는 사실을 알고 있습니다"라는 말로 시작했다. 사실은 그렇지 않았다. 하지만 당시 미국 상위 기업인 160명을 대상으로

제3부 공화당 우세지역

실시한 조사에 따르면 91명이 리처드 닉슨을 대통령감으로 선호한 반면, 단 3명이 케네디를 지지한 사실을 생각하면 케네디의 추측이 터무니없는 것은 아니었다.

빈센스의 청중은 케네디에게 총기규제와 연방정부가 인디애나주에 서머타임제 채택을 강요하는 문제, 그리고 의회가 도심 지역에서 쥐를 박멸하기 위한 예산을 배정한 것에 질문했다. 케네디가 준비한 연설에서 비판했던 연방정부의 예산 낭비에 쥐 박멸 예산도 포함되었을 거라고 짐작한 것이다. 하지만 케네디는 그 질문에 대한 대답 대신 강한 어조로 이렇게 말했다.

"여러분, 뉴욕 시민이 9백만 명인데, 뉴욕시에 사람보다 쥐가 더 많다는 사실을 아십니까?"

그러자 청중 사이에 어색한 웃음이 퍼졌다. 짐 오스본은 이날 청중 중에는 뉴욕에 가본 사람이 아무도 없었고, 그래서 대부분 케네디의 말을 농담으로 받아들였던 것 같다고 생각했다. 케네디의 표정이 굳어졌고 목에 핏줄이 튀어나왔다. 아마 쥐에 물려 얼굴에 흉터가 생긴 브루클린의 소녀를 떠올렸을 케네디가 천천히, 그리고 분명하게 말했다.

"웃지 마십시오!"

그 장면을 목격한 〈새터데이이브닝포스트〉 기자 톰 컹던은 이런 기사를 썼다.

"케네디는 모인 청중이 가장 관심을 가진 주제, 가령 법질서 확립 같은 주제에 관해 이야기해야 한다는 원칙을 던져버리고 자신이 가장 중요하게 여기는 문제를 호소하려 했다. 이날 청중 대부분은 건장하고 체중이 나가는 남성이었고, 점심을 열심히 먹으면서 연설을 듣고 있었다. 그런 클럽 회원에게 뉴욕에서 온 상원의원이 아동 결식 문제를 꺼냈고, '미국에서 굶주리고 있는 미국 아이들' 이야기를 했다. 반선동적 발언, 즉 청중이 듣고 싶어 하는 것과는 완전히 반대되는 이야기를 한 것이다."

컹던은 케네디가 쥐 이야기를 한 후 "장내가 조용해졌고, 참석자들이 당황스러워하는 사이에 행사가 끝났다"고 덧붙였다. 빈센스 오찬 행사는 케네디가 청중의 기분을 맞춰주는 데 한계가 있다는 것, 그리고 로터리 클럽 회원과 쥐에 물린 아이 중 하나를 골라야 한다면 후자를 선택할 것이라는 점을 보여주었다. 하지만 오스본은 그날의 일은 오해일 뿐이며, 민주당 중진 다수가 브래니긴을 포기하도록 설득한 성공적인 일정 중에 일어난 작은 흠에 불과하다고 생각한다. 사촌 프랭크 마이어도 지지 후보를 바꿨고, 케네디가 방문한 후로 계속해서 케네디에 대해 이야기하면서 가톨릭 후보에게 투표한 적이 없던 그의 어머니까지 케네디를 지지하도록 설득했다.

케네디는 오스본과 스티븐스에게 이날의 나머지 일정도 동행해달라고 부탁했고, 두 사람은 케네디와 차를 함께 타고 공화당이 막강한 힘을 발휘하고 있고 민주당원도 보수적인 성향을 지닌 농촌 카운티를 방문했다. 마틴은 이 지역 사람들이 "세상 문제에서 동떨어져" 있고 간섭받지 않기를 원할 것이라고 예상했지만, 재스퍼에서는 열광적인 독일계 미국인 민주당원들이 나와 케네디를 맞아주었다.

데이비스 카운티에서는 학생들이 케네디의 유세에 참여 할 수 있도록 학교 측이 단축 수업을 했다. 데이비스 카운티는 우파이자 공화당의 상징적인 인물인 호머 케이프하트 상원의원이 농장을 소유하고 있는 곳이었다. 1960년 대선에서 닉슨이 존 F. 케네디를 상대로 크게 승리한 곳이기도 했다. 지역 신문은 케네디가 "대개 여성들에게 인기 있는 배우나 받았을 환영"을 받았다고 보도했다. 케네디는 법질서를 강조하는 연설을 하는 대신 미국인이 자신들의 이름으로 행해지는 전쟁에 대해 도덕적 책임이 있다고 했다.

"우리 모두 일정 부분 책임이 있습니다. 미국이 베트남 전쟁에서 빠져나오기 위해서는 우리 모두 최선의 노력을 다해야만 합니다."

짐 오스본은 케네디의 느긋하고 편안한 스타일에 반했다. 오스본은 케네디가 자녀와 낱말 게임을 하는 모습이 좋았고, 자신과 마이어, 스티븐스가 명예 케네디가의 일원처럼 느끼게 해준 것도 좋았다. 일행이 황혼 녘에 마지막 방문지인 에번스빌로 이동하는 동안 오픈카 측면이 달걀 세례를 받는 일이 생겼다. 마이어는 핸들을 꺾어 차를 갓길에 세웠다. 케네디는 돌연 긴장하며 불안해했다. 케네디는 차에서 내려 걸어가서 최근에 열한 번째 아이를 임신한 아내 에설이 무사한지 확인했다. 오스본은 아무리 달걀처럼 사소한 물건이라고 해도 오픈카로 이동 중에 공격받는 것이 케네디에게 얼마나 큰 트라우마일지 깨달았다.

이틀 뒤 케네디는 인디애나주 블루밍턴에서 선거운동 기간 중 외교 문제와 관련해서 가장 중요한 연설을 했다. 인디애나대학교 4000명 학생을 상대로 한 연설이었다. 베트남 전쟁 문제는 존슨 대통령의 평화 구상과 재선 불출마 결정으로 이슈에서 잠시 밀려나 있었다. 하지만 케네디는 이날 연설로 이 문제를 다시 끄집어내서 자신이 왜 존슨의 정책에 반대하는지, 앞으로 이와 같은 대규모 정책 실패를 어떻게 막을 수 있을지 설명했다.

케네디는 "옛말에 '현명한 사람들은 언제든지 역사에서 교훈을 얻을 준비가 되어있다'라는 이야기가 있습니다"라는 말로 연설을 시작했다. 이어지는 연설 내용은 오늘날 읽으면 가슴이 아프다. "베트남"을 "이라크"로, "공산주의"를 "테러범"으로 바꾸면 이날의 연설은 40년 후 미국 대선 후보가 토씨 하나 바꾸지 않고 그대로 다시 사용할 수 있는 연설이기 때문이다. 예를 들면 이런 내용이다.

"타국 정부가 자국 내 위협에 대처하기 위해 자체적인 기관과 기구를 통해 동원할 수 있는 것보다 더 큰 지원을 해서는 안 됩니다. 도울 수는 있어도 그들 스스로 해야 할 일을 대신 해주려고 해서는 안 됩니다."

"예컨대 베트남 전쟁은 미국이 가진 힘을 다 쏟아부어도 타국 정부나 국민의 의지를 대신 제공하거나 만들어낼 수는 없다는 사실을 보여주었습니다."

"미군 파병은 한 국가 내 파벌 싸움을 외국의 지배에 대항한 독립 전쟁으로 바꿔놓을 수 있습니다. 미군의 참여는 우리가 제대로 이해하지 못하는 다양한 싸움의 결과에 미국의 위신을 거는 것을 의미합니다. 그렇게 되면 미국 정부와 국민이 필요한 희생을 거부하는 결과를 낳을 수 있습니다. 가장 큰 아이러니는 신중하지 못한 군사적 개입이 애초에 막으려 했던 공산주의자들의 영향을 오히려 키워줄 수 있다는 사실입니다."

케네디는 미국이 직면한 네 가지 진정한 위협을 나열했다. 첫 번째와 두 번째 위협은 각각 소련과 중국의 도전이었다. 세 번째는 "공허한 수사와 행동을 지나치게 사용"하고 "무조건 군사력을 동원"하는 태도였다. 네 번째 위협은 "여기 미국 내에" 있다고 하면서 이렇게 말했다.

"다른 나라의 문제에 몰두함으로써 미국 사회의 건강과 질을 등한시하는 결과를 초래하게 될 위협입니다. 다른 국가의 자유를 지킨다는 명목으로 수십억 달러를 쓰면서 정작 우리 국민이 필요한 것은 계속 거부하고 미루어서는 안 됩니다."

케네디는 미국이 군사 강국이 되었고 미국인은 그런 힘을 포기할 수 없다면서도 이렇게 덧붙였다.

"세상에서 진정으로 건설적인 힘은 폭탄이 아니라 창의적인 아이디어, 따듯한 연민, 너그러운 마음에서 나온다는 것을 잊어서는 안 됩니다. 이런 것들은 홍보 전문가들이 만들어낼 수 있는 게 아니며, 다른 사람을 적대하는 오만함이 없고 스스로 우월하다고 착각하지 않는 사람들, 자기 일에서 품위와 인간의 존엄을 추구하는 사람들, 우리가 만들어낸 사회의 현실에 단단하게 뿌리를 내린 이상을 지닌 사람들이 가진 본성입니다."

블루밍턴은 인디애나주에서 가장 진보적인 캠퍼스였고 학생들의 박수 소리 때문에 케네디는 연설을 열여섯 번이나 중단해야 했다. 질문 시간은 케네디가 학생들에게 각자 가난, 편견, 문맹 타파에 헌신하여 베트남 전쟁이라는 얼룩을 지울 것을 요청하면서 교회 부흥회 분위기로 바뀌었다.

이것이 케네디가 마틴에게 자신이 원한다고 했던 진지하고 실질적인 내용을 담은 연설이었다. 이 연설문의 초안은 애덤 월린스키가 작성했고, 피터 에델먼은 초안을 사흘에 걸쳐 워싱턴에 있는 외교 정책전문가에게 검토를 받았다. 연설문이 담고 있는 엄격하면서도 인간적인 외교 정책은 케네디가 형 케네디 대통령의 외교 정책 자문으로 일한 경험에서 비롯되었다.

1962년 쿠바 미사일 위기 중에 로버트 케네디는 쿠바에 구축된 소련 미사일 기지를 기습 공격하는 것은 일본이 진주만을 기습 공격하는 것처럼 비도덕적 행위라고 주장했었다. 자신이 쓴 쿠바 미사일 위기 회고록인 『13일』에서 케네디는 이렇게 말했다.

"전면전에 대한 가장 확실한 반대 의견, 그리고 아무도 (케네디 대통령이) 만족할 만한 대답을 할 수 없었던 주장은 미국이 기습공격을 한다면 미국이 전 세계에서 가지고 있는 도덕적 지위가 훼손되거나 일시에 무너지게 된다는 것이었다."

　케네디 자신이 이 점을 지적했다면서 대통령의 자문위원들이 "사건 발생 후 5일 동안 다른 어떤 문제보다 도덕적 문제에 더 많은 시간을 할애"했다고 덧붙였다. 당시 비상대책회의에 참석했던 더글러스 딜런 재무부 장관은 바비가 이런 말을 한 것을 기억했다.

　"진주만을 떠올릴 수밖에 없어요. 미국이 진주만 공격과 같은 행동을 할 수는 없습니다."

　딜런에 따르면 "방에 있는 모든 사람이 그 말에 완전히 동의했고 생각을 바꾸게 되었다. 그렇게 해서 방향을 바꾼 덕분에 결국 사태에 성공적으로 대처할 수 있었다"고 했다(로버트 케네디는 CIA를 동원해 피델 카스트로를 제거하는 비밀작전은 기습적인 군사공격만큼 비도덕적이라고 생각하지 않은 것 같다. 케네디가 이런 계획에 자신이 관여한 것을 후회했다는 증거는 찾을 수 없다).

　케네디는 베트남 문제도 쿠바 미사일 위기 때처럼 도덕적 시각으로 보게 되었다. 존슨 대통령의 확전에 반대한 이유는 베트남 전쟁이 실패하고 있기 때문만이 아니라, 베트남 국민에게 불필요한 고통을 주고 미국의 정신에 상처를 입혔기 때문이기도 했다. 『13일』에서 케네디는 자신이 쿠바에 대한 기습공격 반대했던 이유를 이렇게 설명했다.

　"미국이 전 세계에서 공산주의와 싸우는 것은 단순히 물리적인 생존보다 훨씬 더 중요한 의미가 있다. 그 핵심에는 우리의 전통과 우리의 이상이 존재한다. 이것들을 파괴할 수는 없다."

　1968년 미국 대학의 캠퍼스에서 도덕적인 근거를 들어 베트남 전쟁을 비판하는 것은 바싹 마른 장작더미에 성냥불을 던지는 것이나 다름이 없었다. 몇몇 학생들은 케네디의 말을 비도덕적인 전쟁에 저항하라고 장려하는 의미로 받아들였다. 학생들이 군대에 가야 할 상황에 처하면 어떻게 할 것인지 묻자, 케네디는 자신은 캐나다로 도피하거나(당시 미국의 반전주의자 다수가 징집을 피해 국경을 넘어 캐나다로 갔다-옮긴이) 감옥에 가기보다는 군 복무를 할 것이라고 답했다. 자신의 도덕적 열정과는 다소 배치되는 답이었다. 그해 2월 대학원에 다니거나 교사가 되려는 사람들에게 허락한 징집연기를 중단한 존슨 대통령의 행정 명령으로 인해 케네디는 더욱 난감한 입장에 처하게 되었다. 1968년에 대학을 졸업하는 남학생들은 이제 주방위군 들어가거나, 캐나다 도피, 군 입대, 또는 감옥행 중에서 하나를 선택해야 했다.

인디애나대학교에서 '케네디를 지지하는 대학생 모임' 대표인 제리 에이브럼슨도 그런 도덕적 딜레마에 직면했다. 에이브럼슨은 블루밍턴 캠퍼스에서 케네디를 소개했고, 나중에 자신은 징집 명령에 응하지 않고 캐나다로 도피하거나 감옥에 가는 것을 고려하고 있다고 했다. 에이브럼슨은 케네디와 함께 인디애나대학교의 다른 캠퍼스를 함께 방문하면서 자신이 처한 곤경에 대해 자주 이야기를 나누었다. 케네디는 감옥에 가기보다는 군대에 갈 것을 권했다. 데이비드 아이젠하워 (아이젠하워 대통령의 손자) 같은 유명인이 군 복무를 거부하고 감옥에 가면 그런 결정이 신문 1면을 장식하고 저항이 모종의 성과가 있겠지만, 에이브럼슨의 병역 거부는 지역 신문에도 언급되지 않을 것이고, 병역 거부로 인해 에이브럼슨의 저항운동은 영향력을 갖기 더 힘들어질 것이었다. 케네디는 일단 영향력 있는 인물이 되면 사회를 변화시킬 도덕적 의무를 갖게 되고, 베트남이나 빈곤 같은 이슈에 관심을 불러일으킬 수 있다고 했다. 결국 에이브럼슨은 징집되어 군에서 복무했고, 제대한 뒤 로스쿨에 다녔고, 자기 아들의 가운데 이름을 "로버트"라고 지었을 뿐 아니라, 공직에 진출해서 훗날 켄터키주 루이빌의 시장이 되었다. 에이브럼슨은 케네디가 자신에게 시스템 내에서 활동하고, 정정당당하게 행동하며, 영향력 있는 자리에 오를 때까지 기다린 후에 그런 영향력을 사회변화에 사용하라는 말을 했을 때 케네디가 대선 출마를 결정한 이유를 이야기하고 있다고 생각했다.

블루밍턴 방문한 뒤 케네디는 인디애나주의 남쪽으로 이동해 농촌 카운티의 중심도시를 더 방문했다. 마틴은 이 지역에서 케네디가 선거운동의 열기를 식히고 냉철함으로 인디애나 주민에게 깊은 인상을 남길 것으로 생각했다. 차량 행렬이 울리틱 고등학교에 도착한 후 케네디가 차에서 내리기 전에 사람들이 든 팻말을 읽는 모습이 어느 기자의 눈에 띄었다. 케네디는 "끝까지 가요, 바비 베이비"나 "저희가 뒤에 있어요, 바비" 같은 팻말이 보이지 않으면 내리지 않고 차를 타고 계속 이동하기라도 할 듯이 팻말을 읽고 있었다. 울리틱에 사는 사람들이 모두 나온 것처럼 청중 1000명이 실외운동장으로 걸어가는 케네디에게 환호를 보냈다. 울리틱 고등학교의 농구대표팀 주장이 케네디에게 농구공을 건네고 두 사람은 함께 슛을 했다. 베드퍼드에서 운영되는 〈데일리타임메일〉의 한 기자는 "케네디가 울리틱에 있던 5~10분의 짧은 시간 동안, 특히 고등학교 운동장으로 이어지는 인도에 서 있었을 때, 마치 그 동네 사람인 것처럼 보였다"라면서 "케네디가 지역 주민들의 마음을 거의 전부 빼앗았을지 모른다"고 결론 내렸다.

울리틱은 스스로 전 세계 석회암의 수도라고 홍보하는 마을이었다. 엠파이어 스테이트 빌딩과 펜타곤 건물은 이 지역 채석장에서 나온 석회암으로 지어졌다. 운동장에서 행사가 진행되는 동안 로렌스 카운티의 민주당 의장 앨 워커는 인디애나 모양의 석회암 문진paperweight을 선물했다. 마틴이 사전에 케네디에게 보고한 내용에 따르면 앨 워커는 브래니긴 지지자로, 케네디의 베드퍼드 법원 앞 유세에는 참석하지 않을 예정이었다. 하지만 워커는 차를 몰고 울리틱까지 와서 케네디와 함께

　　　　　　　　　　　　　　제3부 공화당 우세지역

베드퍼드로 갔고, 케네디를 연단으로 직접 안내하는 영광을 누렸다. 워커는 그렇게 하지 않는 것은 "모욕적인 태도"로 보였을 거라고 했지만, 그의 행동은 브래니긴에게 모욕적인 행동이었다.

두 사람이 차로 카운티의 중심도시이자 한 때 KKK단의 교두보였던 베드퍼드로 이동하는 동안, 케네디는 늘 하던 대로 "제가 잘하고 있나요"라는 질문을 워커에게 던졌다. 워커는 빈센스의 민주당 지도부보다는 좀 더 솔직히 답했다.

"이 카운티에서 이길 가능성은 없습니다."

하지만 두 사람이 도착했을 때 법원 청사 연단에 순회법원 판사 찰스 데이비스가 있는 것을 보고 깜짝 놀랐다. 데이비스는 자신이 평생토록 민주당을 지지하지 않았다는 사실을 자랑하기 좋아한 인물이었지만, 이날 만큼은 유세가 "자신의" 법원 청사에서 진행된다는 이유로 자신이 케네디를 소개할 영광을 가져야 한다고 주장했다.

우파 단체인 존 버치 소사이어티에 속한 한 고등학교 교사는 유세장에 케네디 반대 팻말을 가지고 나오라고 학생들을 설득했다. 케네디는 연설 중 그 팻말을 큰 소리로 읽었다.

"'하노이가 당신을 사랑해요, 바비.' 알려줘서 고맙군요."

"'인디애나 주민은 돈으로 살 수 없다.' 네, 저도 아닙니다."

"'더벅머리는 가라.' 여기 누가 더벅머리란 말이죠?"

청중이 큰 소리로 나무라자 학생들은 들고 있던 팻말을 내렸다. 케네디가 연설을 마치자 청중은 유세 트럭으로 몰려들었다. 더튼은 차량 후드에 뛰어 올라가 밀려드는 인파에서 케네디를 빼내려고 달려오는 경찰관들에게 케네디가 있는 위치를 알려주었다. 케네디는 사람들이 보여준 열정이 자신이 떠난 뒤에 사라지지 않을까 걱정하며 톨런에게 이렇게 말했다.

"제가 하는 말이 과연 변화를 가져올 수 있을지 모르겠어요. 사람들은 제 말에 귀를 기울이는 것 같지도 않아요."

"사람들이 듣지 않으니 당장은 별다른 변화가 없을 거예요. 중요한 건 의원님이 이곳에 있었다는 사실입니다. … 사람들이 의원님을 좋아하게 되었으니 나중에 후보님이 하려는 말에 귀를 기울일 겁니다."

케네디가 준비한 연설문을 실제로 유세장에서 사용했을 수도 있고 아닐 수도 있지만, 베드퍼드에서 목격한 것처럼 사람들은 케네디의 연설보다는 그를 직접 보는 것에 더 큰 감명을 받았다. 하지만 진보진영 사람들은 케네디의 연설에 불안감을 느꼈다. 아서 슐레진저는 마틴에게 전화를 해서 케네디의 인디애나 연설이 "동부 사람들의 신경을 거스를 내용"이 포함되었다며 불평했다. 〈뉴욕타임스〉는 "기업 규제를 풀어주려는 공화당의 찬가처럼" 들리는 연설을 통해 케네디가 "오른쪽으로 이동"하고 있다며 비난했다. 〈뉴리퍼블릭〉은 케네디가 "법질서"를 호소하고 복지가 아닌 일자리를 강조한다고 지적하면서, "선거 유세에서 믿기 어려울 정도로 '보수적인' 입장을" 취했으며, "연설이 기본적으로 반발 유권자를 염두에 둔 완곡한 표현들을 모조리 갖고 있다"고 비판했다. 한때 케네디의 팬이었다가 이제는 유진 매카시의 열렬한 지지자가 된 칼럼니스트 매리 맥그로리는 "RFK는 더 이상 횃불의 계승자가 아니다"라는 칼럼을 통해 케네디가 법질서를 강조하는 방향으로 가고 있으며, "마치 훌륭한 공화당원처럼 워싱턴의 어리석음을 나무란다"며 공격했다.

케네디의 연설이 진보진영의 신경을 거스른 이유는 정적과 기자들이 새로운 공격 포인트를 찾아내려고 종종 연설문에서 일부 내용만 골라 인용했기 때문이었다. 기록을 살펴보면 케네디가 흑인의 도심 폭력을 비판할 때는 반드시 똑같이 강한 톤으로 인종 불평등을 함께 비판했고, 여기에는 예외가 없었다. 하지만 좌우 양 진영의 케네디 비판세력은 인종 불평등에 관한 발언은 빼고 "법질서"에 관한 내용을 반복하거나, 1967년 이후 케네디가 청중이 어떤 인종으로 구성되어 있는지에 상관하지 않고 폭력과 인종 불평등을 규탄해왔다는 사실을 무시했다. 가령 유세 일정 중 케네디는 캘리포니아주 와츠의 흑인 청중에게 이렇게 말했다.

"저는 미국 거리에서 벌어지는 폭력에 대해 무슨 일이라도 해야 한다고 생각해서 대통령 선거에 뛰어들었습니다. 하지만 동시에 시민들에게 일자리와 주택을 가질 공평한 기회가 주어지길 원하기 때문에 대선에 출마했습니다. … 저는 이것이 단순히 정의의 문제라는 점을 이해하는 미국을 원합니다. 국민 모두에게 정의를 구현하기 시작하는 미국 말입니다."

법질서에 관한 입장을 가장 명확하게 보여주는 발언은 4월 17일 촬영해서 인디애나 전역에 방영된 30분짜리 TV 홍보물에 등장한다. 이 영상에서 케네디는 평범한 인디애나 주민들에게 즉흥적으로 이야기하고, 미리 선별하지 않은 질문에 답한다.

"의원님, 의원님께서 말씀하신 몇 가지 아이디어, 가령 도시 폭력문제 해결책 같은 것들이 효과를 내려면 시간이 오래 걸릴 겁니다. 법질서 유지를 위해서 어떤 조치들이 필요하다고 생각하십니까?"

케네디는 이렇게 답했다.

"우선 그게 그렇게 오래 걸릴 일인지는 모르겠습니다. 하지만 먼저 도시에서 일어나는 무법 행위와 폭력적인 시위를 그냥 지켜볼 수만은 없다는 것을 분명히 해야겠죠."

케네디가 백인 반발 표심에 영합하려 했다면 여기에서 멈췄을 것이다. 현직에 있거나 선거에 출마한 양당의 정치인들은 법질서를 강조하는 연설에서 여기까지만 말을 하고 멈췄다.

(이 당시 부활절을 맞아 의회가 휴회한 기간에 지역구를 방문하고 돌아온 의원 50명을 상대로 시행한 설문 조사에 따르면 유권자들은 법질서 이슈가 베트남 전쟁보다 중요한 이슈라고 생각하기 시작했다. 한 뉴잉글랜드 지역 의원은 기자에게 이렇게 말했다. "제 지역구의 로터리클럽 회원들은 시골 출신이어서 인종 위기에 대해 너무 모르니 그분들의 말은 도저히 못 들어주겠더라고요." 다른 의원들도 "주민들은 화해가 아니라 법 집행을 원합니다"부터 "사람들이 지역 경찰의 보호를 받지 못하면 개인적으로 범죄자를 응징할 겁니다"까지 다양했다.)

하지만 케네디는 거기에서 멈추지 않고 쉽게 편집이 가능했을 유료 홍보물에서 백인이 흑인의 고충을 해결해줘야 한다고 말하면서, 도심 폭력의 원인에 대한 다음과 같은 긴 분석을 덧붙였다.

"저는 미국에서 불평등이 설 자리가 없다는 것도 알고 있습니다. 젊은이나 아이들에게는 굶주리지 않을 권리가 있다고 생각합니다. 애완동물에게 30억 달러를 쓰는 우리 사회에서 아이가 굶어 죽어야 할 어떤 이유도 없다고 생각합니다. 그런데 그런 일이 여전히 미국에서 벌어지고 있습니다."

케네디가 보수 유권자들의 눈치를 보고 있다고 비판하는 사람들은 케네디가 복지개혁과 기업의 도심 지역 투자를 장려하기 위한 세금 공제와 지방기관의 권한 확대를 지난 몇 년 동안 지지해온 사실 등은 외면했다. 하지만 존 린지 기자의 보도를 바탕으로 한 〈뉴스위크〉 기사는 다음처럼 제대로 지적했다.

"'보수적인' 새 케네디와 '급진적인' 과거의 바비 사이의 차이점은 본질적이기보다는 뉘앙스나 강조의 문제에 가깝다. 실제로 케네디가 인디애나에서 옹호한 입장 대부분은 공식적인 대선 후보가 되기 전에 작성한 연설문이나 회보, 그리고 그의 저서 『더 새로운 세계를 찾아서』

에도 나온다."

케네디의 책 『더 새로운 세계를 찾아서』는 1965년 이후 케네디의 생각과 연설, 그리고 직접 쓴 글을 모은 것으로 사회문제에 대해 케네디가 취한 입장의 핵심을 담고 있다. 도시 정책의 근본에는 도심 지역이 연방정부의 관리대상이나, 주민들이 교외 지역으로 떠나고 남겨진 황무지가 아니라, 스스로 번영하고 자급자족하는 지역사회가 되어야 한다는 생각이 있었다. 케네디는 "지역사회의 업적"이 목표가 되어야 한다고 생각했고, 사람들이 "저는 베드퍼드-스타이베선트 출신입니다"라고 말할 수 있어야 하고, 그렇게 말하는 것이 자부심과 성취감의 표현으로 받아들여질 날이 오기를 기대했다. 케네디는 이것이 도심 지역에 새로운 기업과 제대로 된 일자리를 만드는 지역사회 재건 프로그램을 통해서만 가능하다고 믿었다. 연방정부의 거대한 프로그램이 아닌 기업과 지역조직 간의 협력을 원했고, 이는 존슨 대통령의 '위대한 사회' 프로그램과 상충되는 것이었다.

(케네디는 자신의 생각이 실행 가능하다는 것을 입증하기 위해 1966년 뉴욕 브루클린의 베드퍼드-스타이베선트 지역에 베드퍼드-스타이베선트 복원 법인을 창립했다. 케네디는 이 법인의 물리적인 혁신과 일자리 창출에 대한 강조가 다른 지역의 유사한 조직을 위한 시범 프로젝트이자 모범이 되길 희망했다. 베드퍼드-스타이베선트 복원 법인은 케네디가 많은 노력을 쏟아야 했고, CBS의 윌리엄 페일리, IBM의 토머스 J. 왓슨, 퍼스트 내셔널 시티 은행의 조지 무어 같은 업계 리더를 참여시키기 위해 개인적으로 일일이 설득해야 했다.)

케네디는 이념을 따르기보다 자신이 자라면서 받은 교육, 종교, 경험에 바탕을 둔 일련의 원칙에 따라 행동했다. 이 원칙 중 어떤 것들은 진보진영의 눈에 보수적으로 보였기 때문에 케네디를 불신했다. 한편 어떤 원칙들은 보수진영의 눈에 급진적으로 보였고, 그래서 그들은 케네디를 두려워했다. 케네디는 희생과 가족, 커뮤니티, 그리고 애국심을 믿었다. 케네디는 민주주의와 소비를 분리할 수 없다는 주장이나, 경제적 성장과 인간의 행복과의 연관성에 대해 회의적이었으며, 하나의 이데올로기를 따르지 않았다. 큰 정부가 추진하는 정책이 개인의 주도권을 빼앗지 않을까 걱정했고, 지역단체에 더 많은 권한을 부여했지만, 연방정부는 소수인종을 차별로부터 보호해야 한다고 믿었고, 다른 방법이 효과가 없으면 정부가 직접 고용해야 한다고 생각했다. 케네디를 바라보는 시각은 다를 수 있겠지만 적어도 케네디는 중도를 추구하는 타협주의자는 아니었다. 오히려 인디애나 연설을 통해 빈곤, 차별, 기아가 잘못된 것이고 희생과 도덕적 용기는 옳으며, 이 사실을 미국인들에게 이해시키는 것이 대통령의 의무라는 자신의 믿음을 드러냈다.

케네디는 자신의 보수적 견해를 얼마나 강조해야 할지를 두고 보좌관과 종종 충돌했다. 어떤 때는 자기 자신과 싸우는 것처럼 보였다. 케네디는 빈곤과 인종 간 화해에 초점을 맞추고 싶어 했지만, 정부의 더 많은 예산과 정책적 지원이 흑인들이 일으킨 폭동에 대한 모종의 "대가"라는 기미만 보여도 백인 유권자가 떨어져 나갈 수 있다는 것을 알고 있었다. 케네디는 대통령이 되고 싶었지만, 다른 한편으로는 자신의 선거운동 기간 중 인종차별로 인한 상처를 치유하는 일을 시작하고 싶었다. 극단적으로 분열된 나라의 대통령이 되고 싶지 않았기 때문이다.

케네디는 언론인 줄스 윗코버에게 인디애나 농촌 지역 백인은 "흑인이 무엇을 원하고, 무엇을 필요로 하는지에 대해 듣고 싶어 하지 않는"다면서, "그들의 관심사에 대해서 먼저 이야기를 해서 귀를 기울이게 한 다음 다른 문제를 설득해야" 한다고 말했다. 하지만 케네디는 비평가들이 "새로운 바비 케네디"라고 부르는 것을 너무 불편하게 여긴 나머지 마틴과 더튼에게 자신이 언제 한 번 "진보적인 하루"를 가질 수 있겠냐고 애처롭게 물었다.

애덤 월린스키가 법질서를 너무 자주 언급한다고 지적하면 케네디는 자신이 항상 법질서 확립과 인종 정의를 요구하는 것 사이에 균형을 맞춘다고 반박했다. 한번은 월린스키의 지적에 너무 화가 난 나머지 이렇게 쏘아붙였다.

"사람들 앞에 서 보세요. 인종 간의 화해에 대해 10분만 말하면 분위기가 싸늘하게 식어버려요. 이 나라를 어떻게 뭉치게 할 것인지에 대해 이야기할 겁니다. 법 집행을 해야 하고, 그래도 법망을 빠져나갈 겁니다. 지금 표를 얻으려는 거예요, 아니면 여기서 그냥 포기하려는 거예요?"

케네디는 월린스키와 제프 그린필드에게 연설문이 지루하다며 "맨날 전쟁과 흑인에 대해서 이야기하는 게" 지겹다고 불평하면서도, 정작 다음번 연설에서 이런 주제를 빼버리면 이렇게 물었다.

"여기에 베트남이나 인종 문제에 관한 내용이 들어가야 할 것 같지 않나요?"

케네디는 그린필드에게 매카시 캠프에서 선거운동을 돕는 학생들, 즉 자신이 간절하게 빼앗아 왔으면 하는 "공부를 잘하는 학생들"이 자신에 대해 어떻게 생각하는지 물었다. 그린필드가 그런 학생들은 법질서와 폭동에 관해 이야기를 많이 하는 걸 좋아하지 않는다고 하자 케네디는 이렇게 말했다.

"유진 매카시는 자신이 백인에 대해 신경을 쓴다는 걸 입증할 필요가 없어요. 민권을 위해서 한 일이 하나도 없잖아요. 하지만 저는 흑인이 지지하는 후보이기 때문에 백인에게 그들이 신경 쓰는 문제에 저도 관심이 있다는 걸 이야기해야 하죠."

동생 테드 케네디를 포함해 워싱턴에서 일하던 선거운동원은 대부분 케네디가 인디애나에서 법질서에 대해 더 많이 이야기하길 원했다.

리처드 웨이드, 제프 그린필드, 애덤 월린스키, 피터 에델먼 같은 젊은 참모들은 여기에 반대했다. 그 중간에 마틴과 테드 케네디의 의견에 더 공감하면서도 중재자 역할을 해야 한다고 생각한 프레드 더튼이 있었다. 결국 케네디는 두 그룹 모두에 귀를 기울이면서 때에 따라 이쪽저쪽을 오갔다. 인디애나주에서는 백인 중산층 노동자 표에 호소하는 것이 정치적으로 현명한 선택이라는 것을 알았지만, 가난한 흑인 청중과 안락한 백인 청중 앞에 서는 순간 머리보다는 가슴에 귀를 기울였다.

연설 원고만 읽으면 진보적인 동부지역 유권자의 심기를 건드렸을지 모르지만, 인디애나 주민이 들은 내용은 원고에 있는 내용만이 아니었다. 로버트 케네디가 즉흥적으로 한 발언 기록을 보면 빈곤과 인종평등, 화해에 대해 길게 이야기한 것이 드러난다. 마틴은 일기장에 이렇게 적었다.

"케네디는 대체로 스스로 행동하고 말한다. … 인디애나주를 돌면서도 애팔래치아 지역의 가난한 백인과 보호구역에서 자살하는 굶주린 인디언, 먼 대도시에서 실업자로 지내는 흑인의 어려움을 이야기했다. 인디애나 주민 중 절반은 케네디가 무슨 소리를 하는지 전혀 이해하지 못했지만 케네디는 그런 방향을 고수했다. 순전히 자신이 그 사람들을 아끼는 마음으로 청중이 자기 말을 듣게 했고, 그 결과 청중 가운데 일부는 케네디가 설명한 문제에 신경을 쓰게 되었을 수도 있다."

케네디는 네브래스카주에서도 똑같이 행동했다. ABC 방송의 스티브 벨은 "네브래스카에서 기자들은 로버트 케네디가 '빈곤층의 어려움에 대해 집착에 가까운 관심'을 갖고 있음을 불현듯 깨달았다"고 하면서 케네디가 "정치적으로 얻는 것보다 잃을 것이" 많은데도 불구하고 빈곤 문제를 계속 강조하고 있다고 덧붙였다.

4월 23일 포트 웨인의 콘코디아 칼리지에서 학생과 지역주민이 섞

제3부 공화당 우세지역

인 청중에게 한 연설이 좋은 예다. 케네디는 교육 개혁에 관한 짧고 건조한 연설을 한 뒤, 빈곤 문제를 이야기하는 데 30분을 할애했다. 기립박수를 받았음에도 불구하고 청중의 마음을 충분히 움직이지 못했다고 생각한 케네디는 박수를 멈추게 하고 부드러운 목소리로 이렇게 말했다.

"카뮈는 세상에는 고통받는 아이들이 항상 존재할 텐데, 저와 여러분이 그들을 돕지 않는다면 누가 돕겠느냐고 말했습니다."

그러고는 거의 속삭이듯 "도와주십시오"라고 덧붙였다. 크게 감동을 받은 청중은 아무 말도 하지 못했다.

마틴은 케네디가 인디애나 주민의 마음을 빼앗은 것은 정확하게 5월 1일 퍼듀대학교에서였다고 생각한다. 케네디가 준비한 연설을 하는 동안 분위기가 싸늘했고 청중은 아무런 반응을 보이지 않았다. 그러다가 청중 가운데 한 사람이 빈곤 문제에 관한 질문을 했다. 케네디는 게토에서 자라나는 아이의 삶을 생생하게 묘사하면서 "미국에서 가난한 사람과 그렇지 않은 사람 사이에 존재하는 넘을 수 없는 장벽"에 대해 이야기했고, 그의 말이 끝나자 목격자의 표현을 빌리면 "적대적 무관심"을 보이던 청중이 일제히 일어섰다. 마틴은 "케네디가 마음에서 우러나오는 말을 했다"며 이렇게 덧붙였다.

"청중은 휘파람을 불고 환호성을 지르며 자리를 박차고 일어나 우레와 같은 박수를 쳤다. 그의 모든 말에 진정성과 연민이 담겨있어서 청중의 마음에 닿았고 그들을 일으켜 세운 것이다. 청중이 케네디가 단순한 정치인이 아니라 이 문제에 진정으로 관심이 있는, 그리고 우리가 더 잘할 수 있다고 진심으로 믿는 사람이라는 점을 깨달은 것이 똑똑히 보였다."

퍼듀대학교 학생 하나는 리처드 하우드에게 케네디가 "흑인과 가난한 사람을 진심으로 아끼고, 그들의 입장에서 생각한다는 사실" 때문에 연설에 감동했다고 말했고, 한 기자는 강당을 떠나면서 그 자리에 있던 다른 기자에게 "(《뉴욕타임스》 기자이자 칼럼니스트인) 스코티 레스턴은 존 F. 케네디는 절대로 국민에게 국가에 관해 가르치려 들지 않았다고 했는데, 오늘 우리가 본 것 같은 사례는 미국 정치에서 찾기 힘들 것"이라고 했다.

케네디는 인디애나주 농촌에서 선거운동을 하면 할수록 자신이 인디애나주의 작은 마을을 좋아한다는 사실을 깨닫게 되었다. 기업인과 보수적인 학생으로 이루어진 청중과 만나면 불편한 감정을 숨길 수 없었던 것처럼 인디애나 마을을 방문하는 것을 즐기고 있다는 사실을 숨길 수 없었다.

인디애나주의 소도시에서 케네디를 만나고 연설을 들어본 사람 중에서 케네디가 자유기업 체제를 열렬히 지지했다고 기억하는 사람은 없다. 짐 오스본은 케네디와 이야기하는 동안 케네디가 오스본 자신 외에는 관심이 없는 듯했다는 사실에 감명을 받았다. 거스 스티븐스는 "케네디는 자신과 이야기를 나누는 사람이 누구든 상관없이 그 사람에게만 초점을 맞췄고, 대화에 집중하는 얼굴로 상대방이 사용하는 단어 하나하나에 귀를 기울였다"고 기억한다. 인디애나폴리스에서 열린 수많은 행사에 자동차로 에델을 태워다 준 빌 기거리치는 "로버트 케네디는 뭔가를 물어본 후에는 답변하는 사람의 말을 신경 써서 들었기 때문에" 감명을 받았다고 했다.

"방 안에서 이 사람 저 사람을 돌아다니면서 '어떻게 생각하세요?'라며 물었고, 모든 사람의 답변에 똑같이 무게를 두는 것 같았어요. 스물두 살짜리가 하는 대답에 대해서도 다르지 않았습니다."

4월 24일에 케네디와 스코츠버그로 함께 차를 타고 갔던 셜리 에이

제3부 공화당 우세지역

믹은 이런 말을 했다.

"의원님은 차 안에 의원님과 저밖에 없다는 느낌을 주었습니다. 정치인들은 대개 직접 만나면 실망하게 되는데, 의원님은 기대했던 그대로였어요."

케네디와 인디애나주 소도시 유권자 사이에도 유사한 관계가 형성되었다. 인디애나주의 농촌 카운티의 중심도시는 놀라울 정도로 서로 비슷해서, 대부분 작은 언덕 위에 지어진 법원 건물이 있고, 길거리는 가로수 그늘이 드리워졌고, 정면에 처마가 길게 나온 목조주택이 줄줄이 늘어서 있다. 게다가 전부 전쟁기념관이 하나씩 있고 사료 매장과 카페가 있는 것도 똑같았지만, 각 도시는 다른 도시와는 다르다는 자부심이 컸다. 와바쉬는 기차로 유명하고, 빈센스는 김블즈 백화점의 발상지고, 마틴스버그는 미국에서 금붕어가 가장 많이 생산하는 곳이었다. 페루는 웬델 윌키(1940년 대선에서 프랭클린 D. 루즈벨트에 패한 공화당 후보-옮긴이)와 콜 포터(브로드웨이의 히트곡을 많이 낸 작곡가-옮긴이)가 살던 곳이고, 우주비행사 거스 그리섬은 미첼 출신이며, 시무어는 미국 역사상 첫 열차 강도 사건이 일어난 곳으로 유명하다. 따라서 후보들은 각 도시가 자랑하는 역사를 연설 중에 언급하는 게 예의지만, 대부분의 정치인은 형식적으로만 얘기하고 넘어갔다. 하지만 케네디는 청중이 들고 온 팻말을 심지어 자신에 대해 적대적인 표현까지 소리 내어 읽었고, 연설보다 청중의 질문에 답하는 데 더 많은 시간을 할애하며 청중과 농담을 주고받았다. 게다가 인디애나 주민에게 케네디의 억양은 낯설고, 수행원은 전형적인 도시인인 데다가 주민 상당수가 지지한 베트남 전쟁에 반대하며, 케네디가 그곳 주민이 두려워하는 흑인 사이에 인기를 끌고 있음에도 불구하고 그들에게 진지하게 관심이 있고, 진심으로 좋아한다는 확신을 심어주었다.

마틴은 이런 소도시에서 선거운동을 하면서 인디애나주 예비선거에서 승리할 수 있었다고 생각했다. 그는 "정확하게 뭔지는 몰라도 마음속에 뭔가를 건드렸고 … 생각을 바꾸게 한 계기가 있었던 것이 분명하다"라며 그렇게 한 것이 무엇인지에 대해 이렇게 추측했다.

"인디애나 주민은 정부 정책을 원하지 않았다. 리더십을 원했다. 정부 정책에 대해 지겹게 들어도 나라 꼴은 엉망이었다. 주민들은 진짜 리더를 원했다. 그런 사람들의 마음에 케네디가 불을 댕긴 것이다."

제3부 공화당 우세지역

# 11장

# "여러분이 내야 하는 겁니다!"

1968년 4월 26일

4월 26일 케네디와 인디애나대학교의 의대생 사이에서 벌어진 소란스러운 충돌의 기원은 케네디가 상원의원 선거운동을 하기 위해 컬럼비아대학교에 방문한 때로 거슬러 올라간다. 그전까지만 해도 케네디는 눈에 띄는 후보가 아니었다. 사람들과 잘 소통하지 못하고 내성적인 데다가 목소리가 단조롭고 높았고 말을 더듬었다. 게다가 그때는 아직 형을 잃은 슬픔에서 벗어나지 못해서 형과 형의 집권기에 대해 자주 언급했다. 법대 강당을 가득 채운 학생 500여 명 중 상당수는 이상주의적이던 1960년대 초 평화봉사단 성향이 아니라, 훗날 번듯한 회색 양복을 입고 다닐 미래의 변호사였다. 이날 행사에 촬영팀을 데리고 간 광고전문가 프레드 패퍼트에 따르면 한 마디로 "건방지고 똑똑한 척하는 아이들"이었다.

케네디가 질문을 받겠다고 하자마자 한 학생이 워렌위원회가 케네디 대통령 암살이 리 하비 오즈월드의 단독범행이라고 결론 내린 것에 동의하느냐고 물었다. 케네디는 순간 아무 말도 못 하고 눈물을 숨기려고 고개를 돌려야 했다. 며칠 전 워렌위원회가 최종 보고서를 공개했을 때 케네디는 모든 일정을 취소하고 호텔방에서 나오지 않았다. 케네디는 감정을 추스른 후 학생에게 워렌위원회의 발표내용에 동의한다고 대답했다.

터틀넥 셔츠를 입고 두껍고 검은 뿔테를 쓴 여학생이 "(자택이 있는) 매사추세츠나 버지니아에서 출마하지 않고 굳이 뉴욕에서 출마하는 이유가 뭔지 이야기해주실 수 있나요?"라고 묻자 청중 속에서 박수와 환호성이 나왔다. 당시 상대 후보이자 뉴욕주 현역 상원의원인 공화당 케네스 키팅의 지지자들은 케네디가 기회주의자이고, 사는 곳을 버리고 유리한 지역에 출마할 뿐 아니라, 형의 명성에 올라타려고 한다고 공격했다. 〈뉴욕타임스〉는 뉴욕주의 진보개혁 성향 민주당원의 생각을 반영해서 "케네디 장관은 뉴욕주가 자신의 야망을 이루는 데 가장 빠르고 좋은 발판이라고 생각한 것으로 보인다"라는 내용의 사설을 게재하기도 했다.

케네디는 질문한 여학생에게 JFK의 전시 군 복무 시절에 관한 농담을 하는 것으로 대답을 시작했다. 하지만 표정이 금방 굳어져서 딱 부러진 목소리로 자신은 태어나서 첫 20년을 뉴욕에서 살았고, 그 후 어느 곳에서도 뉴욕만큼 오래 살지 않았으며, 후보가 뉴욕 억양을 사용하는지 매사추세츠 억양을 사용하는지로 당선 여부가 결정되어야 한다고 생각하는 사람은 다른 후보에게 표를 주라고 했다.

패퍼트가 보기에 케네디가 이런 학생에 대한 인내심의 한계를 느낀 바로 이 순간이 그가 선거운동의 방향을 바꾸고, 향후 이런 적대적인 청중을 어떻게 다루어야 하는지를 결정한 순간이었다. 패퍼트는 "기록 영상을 보세요. 케네디가 '왜 이 사람의 질문에 답하느라 시간을 쓰고

제3부 공화당 우세지역

있지?'하고 생각하는 게 보이는 듯합니다"라고 말했다. 케네디는 이런 말로 답변을 마쳤다.

"누가 여기에서 가장 오래 살았느냐로 (선거가) 결정된다면 제 경쟁자가 더 오래 살았습니다. 하지만 그런 식이라면 뉴욕에서 가장 나이가 많은 사람을 뽑아야겠죠."

양복에 넥타이까지 착용한 젊은 남성이 우쭐한 표정으로 일어서서 이렇게 물었다.

"이 문제의 핵심을 찌르는 질문을 하겠습니다. 제 질문이 너무 단도 직입적이라고 생각하셔도 어쩔 수 없습니다. 후보님께서 결국 대통령에 출마하시려고 뉴욕주를 발판으로 삼으시는 건 아닌가요?"

케네디의 대답도 똑같이 단도직입적이었다.

"이렇게 말씀드리죠. 지난 10개월 동안 제게는 두 가지 선택지가 있었습니다. 하나는 정계에서 은퇴하는 겁니다. 아버지가 돈을 많이 버셨기 때문에 그걸로 먹고 살 수 있습니다. 다른 하나는 계속해서 정부를 위해 일하는 겁니다."

그는 정부에서 일하는 것이 자기 집안의 전통임을 이야기하면서 "우리 집안사람이 미국 정부에서 일한 것이 나쁘다고 생각하지 않습니다"라며 해명에 지친 듯 이런 말까지 했다.

"솔직히 말하면 저는 직함이 필요 없습니다. … 돈도 필요 없고요, 사무실도 필요 없어요."

그러고는 아테네 정치가인 페리클레스의 장례식 연설을 인용했다.

"우리나라에서는 공공영역에서 일하는 것을 하찮게 생각하는 사람은 쓸모없는 사람이라고 생각합니다. 그게 우리나라가 다른 나라와 다른 점입니다."

그런 다음 교육에서 더 큰 혜택을 받는 사람들은 공공을 위해 일할 책무를 더 많이 가지고 있다는 말로 오히려 학생들을 다그쳤다. 패퍼트는 케네디가 컬럼비아대학교에서 학생들과 대화한 대용을 30분짜리 영상으로 편집해서 선거운동 내내 사용했고, 이 영상은 다시 4년 뒤 인디애나에서 사용한 홍보 영상의 본보기가 되었다. 길게는 30분 분량의 영상 다수가 케네디가 공격적인 질문에 답하는 모습을 담고 있다.

케네디의 보좌관들은 케네디가 생각의 전개가 빠르고 유머 감각이 있을 뿐 아니라 경쟁 본능이 있어서 질의응답이라는 형식에 강하고, 자신에게 적대적인 청중과 만났을 때 가장 뛰어난 모습을 보여줄 수 있는 것 같다고 생각했고, 컬럼비아대학교 질의응답을 보면서 자신들의 짐작이 옳았음을 확인했다. 케네디 자신도 케네디 대통령의 보좌관이었던 케니 오도널에게 이야기하면서 그 사실을 깨달았다.

"정해진 대로 진행되는 행사를 하면 사람들에게 그다지 깊은 인상을 남기지 못해. 하지만 질의응답을 할 때는 아주 잘 하지."

케네디는 반대하는 사람들을 마주하고 대화하지 않으면 생각을 바꿀 수 없다고 믿었다. '마침내 얻은 자유 유세'를 하는 동안 케네디는 적대적으로 보이거나 자신의 말을 믿지 못하는 표정을 하는 청중을 콕 짚어서 대화했다. 프레드 더턴은 케네디가 그게 너무 지나친 나머지 청중을 교육하기보다 "꾸짖는" 결과를 가져오기도 했다고 생각했다. 제리 브루노는 청중이 생각하는 대로 따라가는 대부분의 정치인과 달리 케네디는 그들의 생각을 이끌려고 했다고 말했다. 사람들이 저항할수록 케네디는 더 좋아했다.

사람들에게 듣고 싶은 것과 반대되는 생각을 이야기하고, 후보에게 동조하는 청중이 스스로 부끄러워하게 만드는 것은 정치적으로 위험한 전략이지만 케네디는 선거운동 내내 그렇게 했다. 캘리포니아의 항공우주산업 노동자들에게 "우주로 가는 경쟁은 속도를 좀 늦출 필요가 있다"라고 했고, 오리건에서 호전적인 학생이 북한을 상대로 군사력을 동원해야 한다고 주장하자, "지금이라도 늦지 않았으니 입대하세요"라고 말했다. 웨스트버지니아주의 가난한 백인들이 일자리가 없고 할 일도 없다고 불평하자 "길가에 버려진 고장 난 차부터 좀 치워보시는 게" 어떠냐고 대답하기도 했다. 5월 2일에 인디애나폴리스 부동산협회 회원들과 오찬을 하는 자리에서는 새롭게 입법된 열린주거법(open housing law : 1968년에 등장한 민권법 중 하나로, 집을 사거나 세를 들 때 인종차별을 받지 않을 권리를 보장하는 법-옮긴이)이 집주인들이 부동산을 팔기 힘들게 만드는 차별이 아니냐는 질문을 받았다. 케네디는 부동산협회 회원들이 이 법에 불만이 많은 걸 알면서도 그런 불만에 동의할 수 없다는 생각을 전혀 감추지 않고 대답했다.

"그건 여러분이 이 방에 편안하게 앉아 있는 동안, 물론 저도 편안하게 서 있습니다만, 다른 사람 보고 2만 킬로미터 넘게 떨어진 곳에 가서 전쟁을 벌이게 해놓고 그들에게 '당신이 우리를 위해 죽을 수는 있어도 집은 살 수 없다'라고 말하는 것과 같습니다."

〈인디애나폴리스스타〉는 케네디가 그 말을 한 후 "큰 박수를 받지는 못했다"고 전했다. 케네디가 청중에게 나무라는 말을 하게 만드는 가장 큰 주제가 학생징집유예법이었다. 3월 26일 아이다호 조 포커텔로에 위치한 아이다호대학교에서 학생들과 주고받은 대화가 전형적인 예다. 청중은 케네디가 존슨 행정부가 "무능하고 지긋지긋"하다면서 "미국을 자멸의 길로 이끌고" 있다고 비난했을 때만 해도 좋아했지만, 학생징집유예법을 폐지하고 싶다고 하자 박수가 멈췄다. 강당에 있던 학생 다수가 그 법 덕분에 베트남 전쟁에 끌려가서 죽는 것을 피했기 때문이다. 케네디는 모병제를 선호하지만 전쟁이 끝날 때까지는 학생 징집유예법을 추첨징병제로 바꾸려 한다고 했다. 그러고는 강당에 가득한 야유와 휘파람 소리에 말을 더듬으며 이렇게 말했다.

"이런 저의 입장에 실망하시는 것은 충분히 알고 이해합니다."

케네디는 청중의 정의감에 호소했다.

"이 전쟁이 결국 대학에 가지 못하는 가난한 사람들에 의해 수행된 다는 사실은 변하지 않습니다. 제가 이야기한 것처럼 미국인의 10퍼센 트가 흑인인데, 전쟁터에서 죽는 병사의 20퍼센트가 흑인입니다. … 주유소를 운영하는 것이 목표인 청년과 대학 진학이 목표인 청년을 생 각해보십시오. 왜 주유소를 차리려는 청년만 전쟁터에 끌려가야 합니 까? 그런 의지와 성실함으로 일하려는 사람은 국가의 발전에 기여하지 않는 사람입니까? 저는 그들도 국가에 기여한다고 생각합니다."

케네디와 학생들이 가장 크게 부딪힌 것은 인디애나대학교 의과대 학원에서 연설했을 때였다. 그 자리에 있던 청중은 컬럼비아대학교에 서 케네디를 화나게 한 학생들과 비슷한 특권의식을 가진 학생들이었 다. 케네디가 강당으로 걸어 들어 갈 때 한 흑인 청소부가 발코니에서 "우리는 바비를 원합니다!"라고 외쳤다. 그러자 아래 앉아 있던 학생들 은 즉각 "아뇨, 우리는 아닙니다!"하고 소리쳤다.

바비의 얼굴은 지쳐서 핼쑥하고 눈이 푹 꺼져있었다. 놓여있던 물 잔을 든 케네디의 손도 떨리고 있었다. 케네디를 몇 주 만에 본 존 놀런 은 케네디가 아픈 줄 알았다고 한다. 케네디는 청중이 보이는 쌀쌀한 태도를 두고 가벼운 농담을 하면서 연설을 시작했다.

"인디애나에서 저를 지지하는 의사들을 모으려고 한다고 들었는 데, 아무 소식이 없는 걸 보니 쉽지 않은 모양입니다."

그리고는 의사가 되기 위해 몇 년째 공부하고 있는 학생들에게 미 국의 의료제도에 심각한 문제가 있고, 의료계가 가난한 사람을 치료하 지 못하고 있다고 지적하면서 자신은 의료제도의 구조를 뜯어고쳐서 전문 의료인이 아닌 사람도 동네 의료센터에서 기초적인 의료서비스를 제공할 수 있게 하고, 그 비용을 국가가 부담하게 하겠다고 했다. 그러면서 아리스토텔레스의 말을 인용했다.

"인간에게 주어진 권리가 있다고 믿는다면, 그들에게는 사회가 제공할 수 있는 건강의 척도에 대한 절대적으로 도덕적인 권리가 있다."

케네디는 학생들에게 "충분한 의료서비스가 부자들만 누릴 수 있는 사치가 아니게" 할 책임이 있고, 의료서비스와 가난은 분리할 수 없는 이슈라고 말하면서 이렇게 주장했다.

"우리가 질병의 밑바탕을 이루는 불의한 조건들을 이해하지 않는다면 그 어떤 정책도 국민의 건강을 개선할 수 없습니다. 아이가 굶주리고 있는데 병만 치료해주면 된다고 생각하는 것은 착각입니다."

케네디는 21분간 이야기했는데, 〈뉴욕타임스〉 기자에 따르면 청중들은 "대체로 적대적인" 반응을 보였다. 발언이 끝난 후에는 박수도 없었고, 케네디가 자리를 떠도 말릴 사람도 없는 상황이었다. 케네디는 청중 한 명의 생각도 바꾸지 못했음을 알고 있었다. 케네디는 질의응답 시간을 시작하면서 청중 중에서 자신에게 가장 동의하지 않는 것으로 보이는 키가 크고 마른 남학생을 지목해서 질문을 받았다. 그 학생은 연설 내내 '레이건'이라고 적힌 풍선을 들고 있었다. 남학생이 큰 소리로 물었다.

"의원님이 제시한 정책을 실현하는 데 필요한 돈은 어디에서 나옵니까?"

"연방정부도 일부 지원해야 할 겁니다."

"돈을 댄다는 것은 정부가 통제한다는 의미일 텐데요."

케네디는 "배리 골드워터가 4년 전에 바로 그런 싸움을 하다가 패했죠"라고 하면서, 자신은 연방정부의 지원으로 사회보장정책을 시행하되 지역 주민이 운영하는 방식이 옳다고 생각한다고 설명했다.

한 학생은 케네디가 제안하는 동네 클리닉은 불필요하고 비용도 많이 든다고 했고, 또 다른 학생은 왜 노인 사회보장에 지출을 늘리려고 하느냐고 물었다. 흑인은 어차피 의료서비스를 사용하지도 않는데 도심 빈민가에 있는 의료센터의 질이 좀 낮은 게 왜 문제가 되느냐는 학생도 있었다. 역시 정부 지원을 문제 삼은 어떤 학생은 이렇개 물었다.

"말씀하시는 프로그램은 다 좋고 훌륭한데요, 도대체 그 돈은 누가 내나요?"

컬럼비아대학교에서와 마찬가지로 케네디는 더 이상 참을 수 없는 상태에 이르렀다. 케네디는 질문한 학생을 손가락으로 가리키며 소리쳤다.

"학생이 내야죠!"

그리고는 레이건 풍선을 들고 있는 학생을 가리키면서 "학생도 내야 하고요"라고 말한 뒤 강당에 있던 청중을 향해 손가락으로 일일이 가리키며 말했다.

"학생도! 학생도! 학생도 내야 하고요! … 여기 있는 여러분이 내야 하는 겁니다!"

그리고는 잠시 멈췄다가 이렇게 말했다.

"방금 나온 질문을 포함해서 여러분이 질문하시는 내용의 핵심을 이야기해보죠. 중요한 것은 미국에는 고통받고 있는 사람들이 존재하고, 우리는 그들에 대한 책임이 있다는 것입니다. 오늘 여기에 계신 분들을 살펴보는데 의사가 될 흑인 학생은 별로 보이지 않습니다. 가난한 사람들은 의사라는 직업 세계에 들어가는 것 자체가 아주 힘든 것이 현실입니다."

이 말에도 박수는 별로 나오지 않았지만 케네디는 말을 계속했다.

"문명화된 사회라면 가장 부유하지 않은 학생도 의과대학원에 진학할 수 있게 할 책임이 있습니다. 여러분 옆에 도심 빈민가나 인디언 보호구역에서 온 학생이 얼마나 됩니까? 멕시코계나 푸에르토리코 출신은요? 테네시나 켄터키에서 온 가난한 백인 학생을 의과대학원에서 얼마나 보셨습니까? 그들은 아주 아주 어렵게 살고 있습니다. 저는 그 학생들이 의과대학원에 진학할 수 있도록 학자금 융자 프로그램을 만들고 싶습니다. 동의하시나요?"

여전히 박수는 나오지 않았다. 케네디는 "저를 지지하는 의사들의 모임을 만드는 게 쉽지 않은 이유가 이겁니다"하고 농담을 했다. 한 학생이 일어나서 자신은 인디언 보호구역이나 도심 빈민가의 학생들이 교육을 받도록 할 책임은 국가에 있다고 생각한다고 말했다. 케네디는 가난한 동네의 학교가 이 지경이 된 책임은 모두에게 있다고 대답하면서, 베트남 전쟁에서 가장 많이 죽어 나가는 사람들이 가난한 미국인이므로 그들은 양질의 교육을 받을 권리가 있다고 했다.

"다시 말씀드리지만, 의과대학원에 앉아 있는 건 백인입니다. 이 학교만 그런 게 아니라 미국 어디를 가도 마찬가지입니다. 그리고 베트남 전쟁의 가장 무거운 짐을 지는 것은 흑인입니다."

그러자 학생들은 야유를 보내며 이렇게 소리쳤다.

"우리도 가요! 우리도 갑니다!"

"벌써 입영 신청 끝낸 사람들입니다!"

존 놀런은 상황이 걷잡을 수 없이 나빠지고 있어서 이러다가 케네디가 야유를 받으며 무대에서 쫓겨날 수도 있겠다 싶었다. 케네디는 "문제는 전쟁이 '지금' 진행되고 있다는 겁니다"라고 하면서 여기에 있는 학생들이 베트남에 파병되기 전에 전쟁은 끝날 수 있다고 했다. 그러는 동안 흑인은 백인에 비해 높은 비율로 전사할 것이고, '여기' 있는 학생 중에는 흑인을 찾아보기 힘들다고 했다. 그러자 흑인 간호사 한 명이 일어나서 손을 흔들었고, 흑인 학생 하나가 "여기요! 없는 건 아닙니다!"하고 소리쳤다.

케네디는 "네, 보입니다"라고 하면서 "그런데 눈에 금방 띄네요"라고 했다. 그 말에 일부 학생들이 웃었고 긴장이 누그러뜨려졌다. 케네디는 의대생을 위한 입영연기 제도를 없앨 생각이냐는 질문을 받고 이렇게 대답했다.

"오늘 와보니 아마 그래야 할 것 같습니다."

그러자 더 큰 웃음이 터졌고, 한 학생이 일어나서 이렇게 말했다.

"여기에 있는 많은 학생이 의원님의 이야기에 동의합니다."

케네디는 환호와 박수를 받으며 무대를 떠날 수 있었지만, 그날 청중이 보인 반응이 어떤 것인지는 똑똑히 인지했다. 그는 월린스키에게 낮은 목소리로 이렇게 말했다.

"여기에서 표를 기대하기는 힘들겠군요."

인디애나폴리스에서 와이오밍 주로 이동하는 비행기 안에서 케네디는 계속 머리를 내저으며 "참 편한 환경에 있는 학생들이야. 참 편하게들 살고 있어"라는 말을 반복했다.

사흘 후 밸파라이소대학교에서는 유진 매카시의 지지자들이 케네디가 연설하는 중에 소란을 피웠고, 케네디는 빈곤과 싸우는 일에 연방정부의 돈을 사용하려 한다고 공격을 받았다. 그런 공격은 오히려 케네디의 투지를 일깨웠다.

"그럼 여러분이 답을 해보시기 바랍니다. 여기에 계신 분 중에서 몇 분이나 지난 여름, 혹은 방학 동안 흑인이 사는 빈민가나 켄터키주 동부, 혹은 인디언 보호구역에서 일해보셨나요? 연방정부가 굶주린 아이들을 위해 무슨 일을 하고 있느냐고 묻는 대신 제가 이렇게 질문을 바꿔보겠습니다. 여러분은 어떤 책임을 지고 있습니까? 여러분은 그 아이들을 어떻게 할 생각인가요? 제 생각에는 여러분이 지금 이 자리에서 모임을 결성하고 뭐든지 해봐야 할 것 같은데요?"

5월 14일로 예정된 네브래스카주 경선 하루 전날에는 오마하의 크레이튼대학교 캠퍼스의 뜰에서 연설했다. 점심시간에 나온 약 4000명의 청중은 대부분 백인 중산층 출신의 학생이었다. 화창하고 따뜻한 날이어서 학생들은 잔디밭에 눕거나 건물 창틀에 앉아서 들었고, 셔츠 차림의 케네디는 그 전 몇 주와 비교하면 편안하고 충분히 휴식을 취한 모습이었다. 케네디는 학생들에게 그들이 받는 교육을 가난한 사람들의 삶을 개선하는 도구로 생각해달라는, 그다지 무겁지 않은 연설을 했다. 크레이튼은 가톨릭 예수회에서 세운 학교여서 가톨릭인 케네디에게 우호적인 환경이었고, 학생들도 메시지를 잘 받아들였다.

질의응답 시간도 가벼운 질문으로 시작되었다. 한 남학생이 케네디에게 자신이 유진 매카시와 어떤 점이 다르다고 생각하냐고 물었고, 케네디는 매력과 유머 감각이라고 답하면서 "매카시는 종종 '무자비'할 때가 있는 것 같아요"라고 했다. 그렇게 좋은 분위기로 끝날 수 있었지만 케네디는 학생징집유예 제도를 추첨을 통한 입영방식으로 바꾸겠다는 말을 해서 분위기를 뒤집어버렸다. 청중이 "우-"하고 야유를 보내자 케네디는 학생들이 징집유예를 받아야 한다고 생각하는 사람들은 손을 들어보라고 했다. 많은 학생의 손이 일제히 올라갔다.

"어떻게 그렇게 주장할 수 … 한 번 여러분 주위를 둘러보세요. 이 자리에서 흑인 학생이 몇 명이나 보입니까?"

그는 목소리를 높이며 물었다.

"인디언 학생은 몇 명이나 됩니까? 멕시코계 학생은요? 하지만 베트남에 파병된 공수부대를 보면 45퍼센트가 흑인인 것이 현실입니다. 이런 현실을 어떻게 괜찮다고 생각할 수 있습니까?"

학생들의 야유가 이어지는 동안 케네디는 이렇게 말했다.

"제가 이해하지 못하는 것은 여러분들이 이런 문제를 가지고 토론조차 하지 않는다는 사실입니다. 여러분은 세상에서 가장 특권을 많이 누리는 소수에 속합니다. 그런데 여기에 엉덩이 깔고 앉아서 아무것도 하지 않을 생각입니까? 아니면 그냥 팻말을 들고 시위만 할 건가요?"

케네디는 그 뒤에도 다른 말로 학생들을 꾸짖고 나서 "이게 제가 하고 싶었던 말입니다!"라고 했다.그때 한 남학생이 일어나서 이렇게 물었다.

"하지만 군대는 가난한 흑인이 빈민가를 벗어나는 방법 아닌가요? 그렇다면 파병은 도심빈민가 문제의 해결책 아닌가요?"

충격을 받은 케네디는 이렇게 물었다.

"가톨릭 대학교라는 이곳에서 어떻게 가난한 사람들을 베트남에 보내서 빈곤 문제를 해결할 수 있다는 말이 나옵니까? 지금 미국에는 연방정부가 저지른 실책과 린든 존슨 정부의 잘못, 그리고 민권법안을 통과시키지 못한 의회의 잘못을 질책하는 거대한 도덕적 반성의 움직임이 있습니다. 그런데 그게 여러분 자신의 문제, 여러분 개인의 삶에 영향을 줄 문제가 되면 여러분은 학생이 징집에서 유예되어야 한다고 말합니다."

〈워싱턴포스트〉는 이날 케네디의 유세가 끝날 때쯤 크레이튼대학교의 학생들이 "얼굴이 붉어진 채 침묵했다"고 했다. 케네디가 학생징집유예 문제에 그토록 관심을 가진 이유는 케네디의 애국심의 중심을 이루는 사상, 즉 '희생의 균등한 부담'에 반하기 때문이다. 그는 형 JFK와 마찬가지로 미국인이 평등하게 태어났을 뿐 아니라 미국의 정치, 미국이 벌이는 전쟁에 참여해야 할 동등한 책임이 있다고 믿었다. 또한 학생징집유예가 자기 집안 사람이 전쟁 시 감수했던 희생에 대한 모욕이라고 생각했다. 큰 형 조지프 케네디와 매형 빌리 하팅턴은 제2차 세계대전에 참전해서 전사했고, JFK 역시 국가를 위해 봉사하던 중에 사망했기 때문이다. 케네디가 정책의 혜택을 받는 사람들이 직접 참여하도록 독려하지 않는 연방정부 정책에 반대한 이유가 바로 '희생의 균등한 부담'이라는 원칙에 위배되기 때문이었고, 지역 기업인과 도심에 사는 가난한 사람들이 도심 재건과 부흥을 도와야 한다고 생각한 것도, 인디애나대학교 의과대학원생들과 크레이튼대학교 학생들의 태도에 분노한 것도 같은 이유에서였다. 그는 희생을 균등하게 부담해야 한다는 신념의 연장 선상에서 미국인은 미국 정부가 국민의 이름으로 하는 일에 대한 책임을 공유한다고 주장했다. 이 생각을 가장 열정적으로 주장한 것이 상원에서 했던 이런 연설이다.

"우리는 풍요롭게 살면서 이 나라의 젊은이를 사지로 보냅니다. 우리가 떨어뜨린 화학약품이 (베트남의) 아이들을 태워버리고, 우리가 투하한 폭탄이 (베트남의) 마을을 쓸어버립니다. 우리 모두 이 일에 동참했습니다."

오마하의 선거캠프에서 유세가 예정된 케네디는 크레이튼대학교에서 오마하의 도심빈민가로 자동차 퍼레이드를 했다. 비가 내리기 시작했지만 케네디는 행인들이 자신을 보고 만질 수 있도록 오픈카의 지붕을 닫지 않았다. 길모퉁이를 돌자 1000명의 군중이 쏟아지는 비를 맞으며 서 있는 것을 보고 케네디가 이렇게 소리쳤다.

"이분들이 저의 지지자입니다!"

케네디는 정부의 지원책을 약속하는 대신 이렇게 말했다.

"무법과 폭력, 폭동은 오마하에서도 미국 어디에서도 용납될 수 없습니다."

나중에 오마하에서 오하이오주 콜럼버스로 이동하는 비행기에서 케네디는 잭 저몬드 기자 옆에 앉았다. 저몬드가 "그 아이들"에 대해서 어떻게 생각하는지 물었다. 저몬드는 크레이튼대학교에서 만난 학생들을 어떻게 생각하느냐고 물은 것이었지만, 케네디가 이야기하고 싶었던 아이들은 오마하 빈민가에서 자신의 행렬 옆에서 뛰고 빗속에서 자신의 말을 듣던 아이들이었다.

저몬드가 빈민가에서 본 아이들의 삶은 자기 자식들의 삶과는 분명히 다를 거라고 말하자 케네디는 '어떻게' 다를 것 같으냐고 물었다. 그러고는 저몬드의 딸들은 어느 학교에 다니는지 물은 뒤, 오마하 빈민가의 아이 중 그곳을 벗어날 아이가 몇 명이나 될 것 같은지, 벗어난다면 어떻게 벗어날 수 있는지 물었다. 케네디는 자기 자식들을 보라면서 상상할 수 있는 모든 기회가 주어지고 인생에서 두려워할 게 하나도 없는 부잣집 자식이라고 했다.

케네디는 버번을 한 잔 더 주문하고 비행기로 이동하는 내내 아이들에 관해 이야기했다. 두 사람의 대화는 공개되지 않았다. 케네디는 자신에 관해서 좋은 기사를 써 주라고 은근히 요구하는 대신 그저 자신이 선거운동을 하게 만드는 원동력에 관해서 이야기하고 싶어 했다. 그 원동력은 크레이튼대학교의 학생들이 아니라 땋은 뒷머리에 분홍색 리본을 맨, 그날 본 흑인 여자아이 같은 아이라고 했다. 케네디는 "그 아이는 똑똑해 보였고, 미소도 참 예뻤죠"라고 한 뒤 이렇게 말했다.

"그런데 그 아이가 자라서 성인이 되면 어디에서 무슨 일을 하고 있을 것 같으세요?"

# 12장

# 차기 대통령과 함께하는 퍼레이드

1968년 4월 27일

케네디는 인디애나대학교 의과대학원에서 출발해 와이오밍주 샤이엔까지 날아가 그곳에 있는 프런티어 파빌리온에서 우호적인 청중을 상대로 연설을 했다. 다음 날 아침은 쌀쌀해서 전날 밤에 살짝 내린 눈이 녹지 않고 있었다. 케네디는 유니언퍼시픽(Union Pacific : 서부 23개 주를 연결하는 미국의 2위 철도회사-옮긴이)의 7량짜리 전세 열차에 올라 12시간 동안 네브래스카주를 가로질러 800킬로미터를 달리는 열차 유세를 시작했다. 케네디의 연설문 작성을 담당한 제프 그린필드는 이날이 "드디어 효과가 나타나기 시작한" 날로, 케네디 선거운동 중에서 가장 성공적인 하루라고 생각하고 케네디도 이날 유세 이후 민주당 후보지명을 따낼 수 있다고 믿기 시작했다.

케네디가 탄 열차는 아이오와 출신의 돈 오브라이언이 준비했다. 오브라이언은 명예 케네디가 사람으로 케네디 대통령의 장례식 후 법무부에 들러 바비의 책상 위에 이런 메모를 한 장 남긴 적이 있었다.

"로버트, 의원님만 준비되면 전 언제든 준비가 되어있어요."

오브라이언은 기차역이 있는 작은 도시에 서서 연설을 하고 떠나는 이번 유세를 준비하기 위해 일주일 전에 샤이엔과 오마하를 오가는 객실 열차를 타고 가면서 각 역에서 케네디의 열차가 정확하게 서야 할 지점을 계산해두었다. 오마하에서는 유니언퍼시픽 담당자와 함께 유니언퍼시픽 조차장에 들러 열차 맨 뒤가 트여서 열차에 탄 채 청중을 만날 수 있는 비즈니스 차량을 전부 살펴본 후, 해당 구간에서 가장 좋은 열차가 "아덴Arden"이라는 모델이고, 유니온퍼시픽의 설립자인 E. H. 해리먼의 가족이 소유하고 있다는 사실을 알게 되었다. 오브라이언은 설립자의 아들인 애버릴 해리먼에게 연락했고, 해리먼은 아덴을 샤이엔으로 보냈다. 4월 27일 케네디는 철도재벌 소유의 화려한 열차를 타고 와이오밍주 동부와 네브래스카주 서부의 밀밭과 소떼, 풍차와 농장의 곡물창고를 지났다. 열차는 고급 나무패널로 마감되어 있고, 밖으로 나갈 수 있게 트인 열차 뒤편은 반짝이는 철제 창살로 둘러싸였으며, 식당칸은 유니언퍼시픽 로고가 찍힌 찻잔과 접시가 갖춰져 있었다. "로버트 F. 케네디 프레지덴셜 스페셜"로 명명된 여섯 개의 붉은색과 노란색의 객실차에는 도시에서 비즈니스 정장을 입고 찾아온 사람, 선거캠프 사람, 유니언퍼시픽의 임원이 올라타서 서로 좋은 자리에 앉기 위해 경쟁을 했고, 네브래스카주에서 여러 번 같이 커피를 함께 마셨던 잡지 기자들도 있었다.

존슨 대통령이 출마를 포기하기 전까지만 해도 케네디의 보좌관들은 그가 네브래스카주에서 승산이 없다고 생각했다. 전통적으로 바비를 지지하는 흑인과 블루칼라 노동자는 각각 주 인구의 5퍼센트, 15퍼센트에 불과했다. 케네디는 네브래스카 주민에게 중요한 목장 운영과 농업에 관한 경험이나 배경 지식이 전혀 없다시피 했을 뿐 아니라, 네브래스카주 예비선거가 인디애나주 예비선거 한 주 뒤, 오리건주 예비선거 두 주 전이어서 선거유세를 할 시간도 많지 않았다. 게다가 유진 매카시는 중서부 출신으로 농업 문제를 잘 이해했고, 너무 나서지 않고 조용한 매카시의 스타일이 농부들에게 좋은 인상을 줄 터였다. 이미 인쇄된 투표용지에는 존슨 대통령의 이름이 찍혔고, 험프리 부통령의 지지자들은 자서식 투표를 유도하고 있었다. 일주일 전 케네디가 네브래스카주를 돌며 선거운동을 하던 중에 들른 스콧츠블러프의 대학생들은 연설을 야유로 계속 방해하는 바람에 결국 화가 난 케네디가 "이제 지겹지 않나요? 집에 가세요!"라며 쏘아붙이듯 내뱉었다. 웨인에서는 유진 매카시 지지자들의 팻말이 케네디 지지자들이 들고나온 팻말보다 많았고, 케네디가 탄 차가 도심으로 진입할 때는 "매카시는 기회주의자가 아니다"라는 현수막 밑을 지나갔다. 노퍽에서는 학생들이 닉슨을 지지하는 팻말을 들고 케네디를 맞았고, 시장은 노퍽시의 열쇠(key to the city : 시를 방문하는 유명인에게 상징적으로 선물하는 것으로 명예 시민증과 유사하다-옮긴이)를 증정했지만 뒤에서는 이렇게 말했다.

"그렇다고 케네디를 지지하는 것은 아닙니다. 그냥 대외적인 제스쳐일 뿐이죠. … 이곳은 닉슨지지 지역이고 저도 닉슨을 지지합니다."

4월 27일 기차역 유세의 첫 정차역인 네브래스카주 킴벌에 도착했을 때는 비가 흩뿌리는 차가운 날씨였음에도 1500명이나 되는 청중이 케네디를 기다리고 있었다. 케네디가 기차 뒤편 난간에서 서서 내려다보니 집에서 입는 빛바랜 평상복을 입은 여성들과, 짙게 그을리고 주름진 얼굴에 마찬가지로 빛바랜 작업복을 입은 남성들이 팔짱을 끼고 무표정하게 서 있었다. 그렇게 서서 열차를 올려다보는 청중의 눈에는 푸른 정장에 하얀 셔츠, 커프스단추와 넥타이핀, 그리고 왼쪽 가슴에 손수건까지 꽂은 정치인이 무릎 위로 올라오는 빨간색 코트와 무늬가 새겨진 하얀 스타킹을 입은 아내와 함께 서 있는 것이 보였다.

그들의 눈에 비친 케네디라는 정치인은 소도시나 농장에서 살아본 적이 없고, 미국이 하는 전쟁에 반대하며, 흑인들의 영웅이었다. 케네디의 눈에 비친 네브래스카 주민은 평생을 농장과 목장에서 열심히 일해온 시골 사람이고, 반전 시위대를 증오하며, 아마 평생 흑인을 본 적이 없었을 사람이었다. 케네디는 킴벌에서 열차가 정차해있는 15분 안에 자신이 그들을 이해하고 중요하게 생각하고 있다고 설득해야 했다.

"아마 잘 모르시겠지만 저도 농장이 많은 주 출신입니다. 시고 맛없는 체리로는 뉴욕이 1등 산지죠."

케네디의 농담에 앞에 있던 10대 아이들 몇몇이 웃었고, 아이들의 부모 한두 명이 미소를 살짝 보였다. 케네디는 사람들이 들고 있던 닉슨 지지 팻말을 가리키면서 이렇게 말했다.

"리처드 닉슨은 이 열차 맨 앞에서 유세하고 있어요. 그 사람 보러 나온 사람이 아무도 없어서 앞으로 보냈죠."

이번에는 모든 청중이 웃음을 터뜨렸다. 헤이즈 고리는 케네디가 정차하는 역에서 그토록 빠르게 청중의 마음을 빼앗는 것을 보고 감탄했다. 고리에 따르면 "사람들이 케네디를 보러 역으로 올 때는 다들 곱지 않은 표정을 하고 있었고 … 물론 돌아갈 때도 얼굴을 펴지 않는 사람도 없지는 않았지만, 대부분은 케네디가 준비한 연설을 시작하기도 전에 얼굴에 웃음이 퍼졌다."

제프 그린필드에 따르면 "화가 그랜트 우드('아메리칸 고딕'으로 잘 알려진 미국 화가. 미국 중서부 농촌 사람을 엄격하고 무표정한 모습으로 그린 것으로 유명하다-옮긴이)의 그림 속에 등장할 법한" 청중은 케네디가 말을 시작하기 전에는 마치 "그래, 뭐라고 지껄이는지 보자"라는 자세로 팔짱을 끼고 노려보았지만, 몇 분이 지나지 않아 케네디에게 마음을 빼앗겼다. 그린필드는 케네디가 "정치적으로 전혀 다른 유권자 집단을 다룰 줄 아는 능력"
과 "케네디 자신과 전혀 공통점이 없는" 사람들의 공감을 끌어내는 기
술이 있다는 것을 그때 처음 알게 되었다. 그린필드는 이날이 전담 기
자와 보좌관들에게는 새로운 발견을 하게 된 날이라고 했다.

케네디가 킴벌을 비롯해 기차역에서 한 연설문은 기록으로 남아 있
지 않고 다만 언론 보도와 현장에 있던 사람들의 기억으로만 존재할 뿐
이다. 어떤 역에서는 케네디가 농부와 목장주에게 자기 가족의 소고기
와 우유 소비량이 엄청나게 많으니 지지해달라고 하면서 "우리 가족이
아침 식사하는 모습을 보셔야 합니다!"라고 하기도 했고, 아내 에설을
가리키며 이렇게 말하기도 했다.

"보세요, 이렇게 아이를 많이 낳아 키우는 착한 사람이 친구들에게
'그이가 네브래스카에서 졌어'라고 말하게 하실 건가요?"

어떤 때는 종이 한 장을 손에 들고 있다가 바람에 날려 보내고는
"앗, 누가 저 종이 좀 잡아주세요! 제 농촌정책이 저 한 장에 다 들어있
는데!"라고 농담을 하기도 했다. 청중의 반응이 냉담할 때는 "제가 말
이 되는 소리를 할 때마다 자연스럽게 박수 주세요"라고 하고는 사람
들이 박수를 치면 순진한 표정으로 "혹시 박수를 스물한 번 이상 치신
분 계신가요?"하고 묻기도 했다. 청중 중에 닉슨 지지자들이 보이면 닉
슨이 1960년에 네브래스카에서 자기 형을 누른 사실을 이야기하면서
"설마 그런 일이 또 일어나게 하시렵니까?"하고 물었고, 사람들이 "아
뇨!"하고 소리치면 "그럼 달고 계신 닉슨 배지를 던지고 밟아버리세
요!"라고 했다.

〈워싱턴포스트〉의 워드 저스트 기자는 케네디가 기차역에 모인 청
중과 소통하는 모습을 보고 "가장 자연스럽고 재치 넘치는 우리 세대
정치인"이라고 했다. 코미디언 앨런 킹은 케네디가 네브래스카와 인디

애나에서 좋은 반응을 끌어낸 비결이 솔직하고 자조적인 농담을 잘 구사해서 사람들이 케네디를 "뉴잉글랜드 출신의 중서부 사람"처럼 받아들였기 때문이라고 했다.

케네디가 선보인 유머 대부분은 정치유세가 의례적이고 진실하지 못하다는 사실과 그의 청중은 뻔한 말에 넘어갈 만큼 어리석지 않다는 사실을 기반으로 하고 있었다. 자신의 농촌정책이 종이 한 장에 다 들어있다고 한 말이나, "자연스럽게 박수 쳐주세요"라고 부탁한 것, 작은 도시에 들른 유일한 이유가 에설의 꿈에 이 동네가 나타났기 때문이라고 한 것은 솔직하고 자조적인 표현인 동시에 청중이 정치적이고 뻔한 말에 속지 않을 만큼 현명하다고 생각한다는 일종의 존중이기도 했다. 가장 좋은 예가 4월 16일에 사우스다코타주의 파인리지로 가는 도중 수폴즈에 정차했을 때의 일이다. 지역의 기업인 한 명이 케네디에게 수폴즈시에서 연방정부에 제출한 도시재개발지원신청을 우선순위로 고려해줄 수 있냐고 물었다. 그런 신청서를 제출한 사실을 알 리 없는 케네디는 다른 정치인처럼 관심 있는 척하거나, 신청한 사실을 아는 척하는 대신 이렇게 말했다.

"최우선순위로 생각하고 있습니다! 그렇지 않아도 며칠 전에 아내와 대화하다가 제가 그랬습니다, '내가 대통령이 되면 제일 먼저 하려는 일 중 하나가 수폴즈가 도시재개발지원금을 받게 하는 일'이라고 말입니다."

청중들은 기분 나빠하는 대신 박수 치며 웃었다. 킴벌을 떠나면서 케네디가 열차 난간에 기대서 닉슨 배지를 단 소년에게 혹시 마음을 바꿨냐고 묻자 "아뇨!"라는 대답이 돌아왔다. 하지만 케네디와 만난 후 마음을 바꾼 사람이 있는 것은 분명했다. 킴벌의 예비선거 투표율이 평소보다 높았고, 케네디는 68퍼센트를 득표해서 킴벌에서 승리했기 때문이다. 네브래스카 평균보다 17퍼센트 높은 득표율이었다.

유니언퍼시픽 철도는 네브래스카주 시드니를 출발한 후 콜로라도주 동북부를 잠깐 지나면서 줄스버그를 통과한다. 줄스버그는 프레드 더턴의 아버지가 한때 의사로 일한 곳이었다. 케네디 일행이 탄 열차가 지나는 기차역 맞은편 붉은 벽돌의 상업용 건물에 더턴의 아버지가 일하는 병원이 있었다. 에설은 줄스버그에서 치밀한 장난을 계획했다. 원래는 그냥 통과할 예정이던 줄스버그에 열차를 세우고 모든 사람이 열차 칸에서 뛰쳐나와 "프레드는 멋져요!", "뛰어들어요, 프레디!" 같은 팻말(사람들이 바비에게 사용한 표현에서 이름만 바꾼 것-옮긴이)을 흔들며 "우리는 프레드를 원합니다!" 하고 소리를 질렀다. 더턴도 장난에 응해서 열차 뒤편 난간에서 케네디의 연설을 흉내 내며 케네디가 즐겨 사용하는 "우리는 이것을 용납할 수 없습니다!"라는 말을 외쳤다.

줄스버그를 지난 후 케네디는 더욱 느긋해졌다. 닉슨 선거 포스터를 들고 있는 청중을 향해 "오오오오, 닉슨은 여러분에게 신경을 쓰지 않아요! 그 사람은 여러분을 당연하게 생각해요. 그 사람은 캘리포니아 주지사에 출마하는 줄 알았는데, 다음에 무슨 일이 있었나요?"(닉슨은 1962년 캘리포니아 주지사 선거에 출마했다가 패배했다-옮긴이)라며 농담을 했고, 자신이 존슨 대통령과 사이가 좋지 않은 것을 두고 이런 말도 했다.

"존슨 대통령이 저보고 '서쪽으로 가게, 젊은 친구'라고 한 적이 있어요. 저는 그때 캘리포니아에 머무르고 있었기 때문에 이분이 지금 저보고 무슨 말을 하고 싶은 건지 고민을 했었습니다."

일주일 후에 네브래스카주로 돌아간 케네디는 윌버에서 체코마을 Czech Village이라는 이름의 노인센터 기공식에 참석해서 청중에게 이렇게 말했다.

"제 자식 중에 체코계 아이는 없지만 요즘 같은 상황이 계속되면 체코계 아이가 생길지도 모르겠습니다. 제가 말을 하고도 이게 무슨 말인지 모르겠지만, 저와 여러분이 좀 더 가깝게 느껴지게 해주는 말이라고 생각해주세요."

이렇게 황당한 얘기는 케네디가 행복하고 느긋할 때 나오곤 했고, 케네디가 애쓴 것이 무엇인지를 보여주는 것이기도 하다. 즉, 자신과 청중 사이의 모든 물리적·심리적 장벽을 없애고 싶어 했다.

네브래스카주 오갈랄라 역에서는 청중에게 다른 후보 중에 그곳에 들른 사람이 있느냐고 물었다. 청중이 일제히 "아뇨!"하고 외치자 케네디가 말했다.

"누가 이곳에 제일 먼저 왔는지 기억해주시고, 누가 오갈랄라를 진정으로 아끼는 후보인지 기억해주십시오. 사람들이 제게 왜 네브래스카주에서 선거운동을 하려고 하냐는 질문을 했을 때 저는 이렇게 대답했습니다. '오갈랄라에 가고 싶어서요!'"

뻔한 농담이기는 했지만, 적어도 그 말을 듣는 사람들 뇌리에 그곳에 들를 만큼 정성을 들인 후보는 정말로 케네디가 유일하다는 생각을 확실하게 심어준 것도 사실이다. 인디애나 주민과 마찬가지로 네브래스카주의 소도시에 사는 주민은 케네디가 방문한 사실을 고맙게 생각했다. 네브래스카주 노스플랫에서 발행되는 〈텔레그램〉은 기사에서 영국, 프랑스, 일본, 캐나다를 비롯해 외국에서 온 기자들이 케네디를 따라다니고 있어서 케네디의 노스플랫 방문으로 이 소도시가 "전 세계적인 관심"을 받게 되었다고 했다. 〈텔레그램〉 기자가 "확고한 공화당 지지자"라고 스스로를 밝힌 여성에게 케네디의 선거용 팻말을 집으로 가져가는 이유를 묻자 해당 여성은 "그 사람이 이렇게 작은 도시에 들르고 우리 같은 주민을 생각한다는 사실에" 놀랐다고 대답했다.

각 역에 정차하기 전에 케네디는 깨끗한 셔츠로 갈아입고 청중이 기다리는 열차 뒤에 나타나기 전에 일부러 시간을 몇 분 더 끌어서 긴장을 고조시켰다. 연설 끝부분에는 항상 "어떤 사람은 현상을 보고 왜 이런 일이 일어나느냐고 묻지만, 나는 존재하지 않는 것을 꿈꾸며 왜 이런 일이 일어나지 않느냐고 묻는다"라는 조지 버나드 쇼의 말을 인용해서 열차에서 내려서 취재 중인 기자들에게 이제 올라타라는 신호를 주었다. 열차가 출발하면 맨 뒤에 홀로 서서 뛰어서 지칠 때까지 열차를 따라오는 사람들을 보곤 했다.

역과 역 사이를 이동하는 동안에 케네디는 자신이 탄 전용칸에 순서대로 몰려드는 정치인을 붙들고 질문을 퍼부었고, 기자의 인터뷰에 응했다. 그렇게 인터뷰했던 〈오마하월드헤럴드〉의 돈 파이퍼 기자는 케네디가 "솔직히 이런 일을 좋아하지 않아요"라고 말하는 것을 듣고 놀랐다.

헤이즈 고리는 열차 내 커다란 식탁에 혼자 앉아있는 케네디를 발견했지만 너무 지쳐 보여서 칸에서 다시 나가려고 했다. 케네디는 그런 고리를 손짓으로 불러서 앉히고는 속마음을 털어놓았다.

"안 피곤해요. 사람들이 저보고 피곤해 보인다는 말을 하는데 그거랑은 다른 것 같아요. 알다시피 제가 지금 하고 싶은 건 (선거유세가 아닌) 다른 일인데, 선거에서 이기려면 유세를 안 할 수 없죠. 가령 소도시에 사는 사람들을 한 번 보세요. 킴벌이나 시드니 주민은 후보가 찾아오는 걸 고맙게 생각합니다."

케네디는 유진 매카시라면 그런 주민에게는 TV를 통해 메시지를 전달할 것이라는 점을 알고 있었다.

"하지만 사람들이 후보를 직접 만나는 것은 여전히 의미 있는 일이라고 생각해요."

선거에 관해 묻는 고리의 질문에 이렇게 말했다.

"다른 어떤 집단과 마찬가지로 흑인(여기에서 케네디는 흑인을 가리켜 "Ne-gro"라는 표현을 썼다. 지금으로서는 상상할 수 없는 일이지만 1960년대 당시에는 별 문제 없이 사용되었다-옮긴이)과도 협력할 수 있을 것 같아요. 저는 흑인이 백인과 협력해서 일할 수 있게 독려할 수 있습니다. 알다시피 흑인과 가난한 사람이 미국에 아주 많은 건 아니죠. 하지만 그들이 처한 상황은 이 나라의 문제입니다. 스코티 레스턴(《뉴욕타임스》의 제임스 레스턴 기자)은 휴버트 험프리가 민주당과 미국을 다시 뭉치게 하기에 적임자라고 하는데, 미국에서 일어나는 진짜 분열이 뭔지를 모르는 거예요. 노사를 하나로 묶는 건 문제가 아닙니다. 그 둘은 이미 하나예요. 기업, 노동계, 정계의 기득권층은 모두 함께 뭉쳐있습니다. 소외된 것은 젊은이고, 가난한 사람이고, 흑인이에요. 진짜 문제는 이들의 분열입니다."

케네디는 고리에게 매카시와의 차별점을 이야기하면서 이렇게 말했다.

"(대통령직을) 정말 원합니다. 어떻게든 대통령이 되고 싶습니다."

그러고는 잠시 말을 멈췄다가 이렇게 덧붙였다.

"선거에서 떨어지면 무슨 일을 할지 몰라요."

케네디는 함께 열차에 오른 지역 정치인의 마음도 사로잡았다. 플랫 카운티에서 케네디 선거운동을 이끌던 제리 마이섹은 노스플랫에서 기차에 올랐다가 네 시간 후 콜럼버스에서 하차했다. 네브래스카주 콜럼버스는 마이섹 집안이 인기있는 술집을 운영하는 곳이고, 아버지가 시장으로 일하는 곳이기도 했다. 이전에 이미 마이섹은 험프리의 지지자인 아버지에게 케네디와 함께 열차를 타고 싶으면 케네디에게 투표하겠다고 약속해야 한다고 했다. 마이섹의 아버지는 아들과 일주일 동안 옥신각신하다가 결국 그렇게 하겠다고 했다. 그렇게 해서 열차에 올라 여러 시간을 케네디와 보내고 콜럼버스에서 연설할 때 함께 열차 뒤에 서 있던 마이섹의 아버지는 바비 케네디가 "시대를 앞선" 인물이라며 JFK보다 더 훌륭한 대통령이 될 것 같다고 했다. 존 F. 케네디를 우상처럼 생각하는 사람에게서 기대하지 않은 말이었다.

더그 저먼과 월버 클로퍼링은 노스플랫에서 열차에 올라 케네디와 함께 렉싱턴으로 향했다. 저먼은 평화봉사단에서 일한 적이 있었고, 렉싱턴에서의 유세를 준비한 인물이다. 저먼은 이날 케네디를 처음 만났는데, 케네디가 열차 복도를 걸으면서 피로로 쓰러질 듯 휘청거리는 것을 보고 충격을 받았다. 클로퍼링은 덩치가 큰 독일계 농부로 공화당이 절대 강세인 도슨 카운티에서 몇 안 되는 민주당원을 이끌고 있었다. 1964년 대선에서 도슨 카운티에서 승리한 후보는 공화당의 배리 골드워터였다. 클로퍼링은 나중에 저먼에게 이렇게 말했다.

"케네디가 속이 꽉 찬 사람이라고 생각은 했지만 악수할 때 팔을 잡아봤는데, 꽉 찼어. 꽉 찬 사람이야."

그들이 탄 열차는 클로퍼링이 소유한 목장을 가로질러 달렸고, 클로퍼링은 "세상에, 미국의 차기 대통령과 열차를 타고 달리면서 내 소떼를 확인하다니. 이게 흔한 일은 아니지"라고 말했다. 케네디가 렉싱턴에 정차해서 연설할 때는 저먼과 클로퍼링이 양옆에 서 있었다. 도슨 카운티는 보수적인 동네로 알려져 있었지만 케네디는 베트남 전쟁을 비판하는 발언을 이어갔다. 그는 북베트남이 존슨 대통령의 협상 제안을 거부하면 미국은 병력을 베트남의 주요 도시로 이동하고 시골 지역은 남베트남이 지키게 해야 한다고 했다.

"남베트남인들이 케산을 그렇게 중요하게 생각하면 직접 싸우게 합시다."

도슨 카운티에 속한 소도시 세 곳은 스포츠 시합에서 격렬한 라이벌이었는데 케네디는 세 도시 주민들이 손을 들고 환호해 달라고 요청했다. 그러고는 마지막으로 "윌슨 아일랜드에서 오신 분들은 모두 손을 들어주세요!"라고 말해서 청중의 폭소를 끌어냈다. 윌슨 아일랜드는 도시도 아니고 그저 도로 가운데 있는 장소로, 클로퍼링을 포함해 고작 주민 다섯 명이 사는 동네였다. 케네디에게 그 이야기를 들려준 건 저먼이었고, 저먼은 청중이 "바비 케네디가 어떻게 그 동네를 알고 있지?"하고 신기하게 여겼을 것으로 생각했다. 케네디의 요청에 윌슨 아일랜드에서 온 주민 세 명이 손을 들자 케네디는 "이 지역 민주당원은 전부 윌슨 아일랜드에 사시네요!"라고 농담을 했고 골드워터를 지지했던 공화당원도 큰 소리로 웃으며 환호했다. 저먼은 "미국의 차기 대통령이 제가 들려준 이야기를 청중에게 하는 걸 들으면서 곁에 서 있는 건 정말 기분 으쓱해지는 일"이었다며, "열차에 탄 사람들이 다들 우리가 미국의 차기 대통령과 열차를 함께 타고 있다고 생각했던 것이 가장 기억에" 남는다고 했다.

저먼은 네브래스카주 주민이 케네디에게 마음을 연 이유가 케네디가 터프하지만 왜소한 인물tough little runt로, 거대한 조직과 기관에 맞서 용감하게 싸우는 사람으로 보였기 때문이라고 생각했다('runt'는 한배에서 태어난 새끼 중 가장 약한 녀석을 가리키는 말인데, 실제로 바비의 아버지 조지프 케네디는 아들 중에서 바비가 제일 별 볼 일 없는 아이라며 'runt'라고 부른 것으로 알려져 있다. 바비는 자라면서 그런 아버지의 관심을 끌기 위해 애썼다고 한다-옮긴이). 1968년 무렵 네브래스카 주민은 거대 기관이 자신들을 대하는 태도에 분노하고 있었다. 케네디는 자신에게 적대적인 팻말이 보이면 그냥 두지 않았고, 모욕하는 말을 들으면 절대로 가만두지 않는데 이런 행동이 그의 터프한 면모를 보여준 것이다. 케네디가 자신을 모욕하는 상대에게 하는 말은 겉으로는 부드러울지라도 날카로운 가시가 들어있었다. 한 번은 소도시의 시장이 케네디를 자기 도시의 청중에 소개하는 자리에 닉슨 지지 배지를 달고 나왔다. 그걸 본 케네디는 연설을 시작하면서 "닉슨 배지를 달고 이 자리에 나오셔서 저를 소개해주신 시장님께 제가 깊게 감사드린다는 사실을 기억해주셨으면 합니다"라고 말했다.

케네디는 자신이 농부를 진심으로 좋아한다는 사실을 농부들에게 확신시키는 데 성공했다. 케네디의 보좌관인 피터 에델먼은 케네디가 네브래스카에서 선거유세를 하는 모습을 본 후 바비 케네디가 조용하면서도 장난을 좋아하는 농촌 사람과 있을 때 최고의 실력을 발휘한다고 생각했다. 에델먼이 아는 바비는 원래 사석에서 수줍음을 타면서도 재치있는 사람이었기 때문이다. 하우드에 따르면 그와 동료 기자들이 생각하기에 케네디가 "순수한 후보"로 변한 것도, "일종의 순수함이 그의 선거유세의 특징이 된" 것도 모두 네브래스카에서였다.

네브래스카 주민은 케네디가 중서부 스타일의 유머 감각이 있고, 중서부 사람처럼 부를 자랑하지 않을 뿐 아니라, 근면과 책임, 가정을 중시하는 중서부 사람의 가치관을 지닌 사실을 좋아했다. 그들은 케네디가 농업 전문가가 아니라는 것을 알았지만 다른 정치인처럼 전문가인 척하지 않는다는 사실에 좋은 인상을 받았다. 어느 역에서는 한 농부가 고리에게 케네디가 "우리의 지적능력을 존중하는 것 같아서" 마음에 든다고 하기도 했다. 케네디는 뻔한 농업 정책을 반복하는 대신 농부들에게 그들이 고통받는 것을 알고 있으며, 떨어지는 농산물 가격과 오르는 이자 비용 사이에서 힘들어하는 것을 이해한다고 했고, 그들이 미국의 국부에 기여하는 사실에 감사했다. 농부들에게는 케네디가 말을 반복하기도 하고 더듬거리는 것이 마치 농부처럼 정직하고 꾸미지 않는 태도로 받아들여졌다. 케네디는 농부들의 고생한 얼굴을 보고, 그들의 고통을 목격한 후 고통받고 도외시된다고 생각한 미국인에 농부들을 포함시켰다.

케네디와 네브래스카 주민 사이의 좋은 관계는 아메리카 인디언과 치카노 사람들, 그리고 도시 빈민가의 흑인과 케네디의 관계와 마찬가지로 케네디의 도덕적 상상력, 즉 그들의 삶을 자기 삶처럼 느낄 수 있는 케네디의 공감 능력 때문에 가능했다. 형의 암살과 가난한 사람을 직접 만나 얻은 경험은 도덕적 상상력에 깊이를 더해주었고, 그 결과 1968년에 이르면 케네디는 네브래스카의 농부나 계절 농장노동자, 혹은 고통받는 그 누구의 입장에서도 생각할 수 있었고, 그런 그가 그렇게 힘들어하는 사람과 이야기할 때면 그들은 케네디의 말에서 단순한 동정심을 넘어 진정한 교감과 친밀함을 느낄 수 있었다.

케네디의 도덕적 상상력은 케네디의 선거운동이 지닌 조용하지만 핵심적인 정서였다. 흑인들이 케네디를 두고 "푸른 눈의 소울 브라더"라고 하거나 조지 월리스를 지지한 유권자가 기자들에게 "케네디가 마음에 들어요. 왠지 모르겠지만 마음에 듭니다"라고 한 것도 그런 이유에서였다. 그런 도덕적 상상력이 감성적인 비축분이 되어 케네디는 하루 열일곱 시간의 유세를 견딜 수 있었고, "이제 인디언 이야기는" 그만하라는 보좌관의 사정에도 굴하지 않을 수 있었다. 케네디가 자기 아들들은 대학교에 보낼 수 있지만 가난한 집 아이들은 그렇게 못하는 것을 지적하면서 "왜 우리 아들들만 다르게 대우해야 하느냐?"는 말로 학생징집유예에 반대한 것도 바로 그 때문에 가능했다. 케네디의 도덕적 상상력은 심지어 반대하는 사람의 마음마저 헤아릴 수 있게 해주었다. 인디애나주 포드 자동차 공장을 시찰하면서 조립공정에서 일하는 백인 노동자에게 손을 내밀어 악수를 청하자 백인 노동자가 "흑인 좋아하는 더러운 손"을 치우라며 악수를 거부한 적이 있었다. 케네디는 그 노동자가 흑인 노동자들 몇 명과 바로 옆에서 일하고 있는 것을 보고 나중에 이렇게 말했다.

제3부 공화당 우세지역

"그 사람이 속으로 어떨지 상상해보세요! 흑인과 함께 일하면서 그렇게 느끼는 게 어떤 건지 말입니다!"

케네디가 네브래스카주 노스플랫과 렉싱턴 사이에서 유세하는 동안 휴버트 험프리 부통령은 민주당 대선 후보 지명을 위한 출마를 선언했다. 제2차 세계대전 이후로 가장 가슴 아프고 힘들었던 한 달이 지난 시점이었고, 존슨 행정부는 큰 희생자를 내면서 국민이 등을 돌린 전쟁을 치르고 있었고, 마틴 루서 킹 목사가 암살당하고 미국 역사상 최악의 인종 갈등이 일어난 지 3주밖에 지나지 않았고, 컬럼비아대학교 학생들이 학교 행정실 건물을 점거한 지 얼마 지나지 않은 4월 30일에 경찰과 유혈충돌이 발생할 시점이었다. 험프리는 워싱턴의 호텔 연회장에 모인 노조 간부와 당원에게 다음과 같은 말로 출마 선언을 했다.

"우리는 미국 정치의 전통을 따라 이 자리에 모였습니다. 행복의 정치, 목적의 정치, 기쁨의 정치! 지금부터 쭉 그렇게 갈 것입니다."

험프리가 후보지명을 받기 위해 사용한 방식은 역사 속으로 사라질 구정치Old Politics의 마지막 장면이었다. 주요 정당의 후보가 예비선거에 하나도 등록하지 않고, 전당대회 이전의 어떤 당내 후보 토론회에도 참석하지 않고 당의 후보지명을 따내려고 한 마지막 대통령 선거였다. 험프리는 이미 대규모 노조의 지지를 받아냈고, 대부분의 민주당 하원의원과 상원의원의 지지도 받은 상태였다. 존슨 내각에 있던 사람 중에 험프리가 출마 선언을 하기도 전에 지지선언을 하는 사람이 너무 많아서 험프리가 행정부 관료를 선거운동에 이용한다는 비판을 듣지 않기 위해 지지선언을 자제해달라고 부탁할 정도였다. 험프리는 예비선거가 열리지 않는 주의 대의원을 이미 확보하고 있었고, 당내 중진과 비밀회동을 셀 수 없이 많이 가졌기 때문에 출마 선언을 하는 시점에서 이미 후보지명을 거의 따내다시피 한 상황이었다.

　험프리의 가장 큰 약점은 지지세가 사람들이 그를 정말로 좋아한 결과라기보다는 민주당 내 기존 세력이 그에게 보내는 보답에 가까웠다는 것이다. 케네디와 매카시를 지지하는 사람들은 열정적이던 반면, 험프리 지지자는 의무적이었고, 험프리를 좋아한다기보다는 케네디나 매카시가 대통령이 되는 것을 두려워서 지지했다. 게다가 1960년 예비선거 당시 험프리가 실망스러운 성적을 냈고, 부통령으로서 존슨 대통령의 베트남 정책에 아무 소리 못 하고 옹호한 전력이 큰 짐으로 작용했다. 제시 잭슨 목사는 훗날 험프리를 두고 "희망의 포도가 린든 존슨이라는 햇볕을 만나 말라붙은 절망의 건포도가 되었다"라고 말했다.

　험프리는 자신이 불안하게 선두를 지키고 있음을 알았고, 4월 24일 〈뉴욕타임스〉와의 인터뷰에서 후보지명 승리에 가장 큰 위협은 케네디가 인디애나, 네브래스카, 오리건, 캘리포니아 예비선거에서 잇달아 압승을 거두게 되는 시나리오라고 인정했다. 케네디가 그렇게 예비선거에서 승리하면 "매체들이 앞다투어 보도"하게 되는 이점을 누릴 것이었기 때문에, 험프리로서는 케네디와 매카시가 예비선거에서 치열한 대결 끝에 비기는 사이에 전국을 돌면서 대의원을 확보하는 것이 최선의 전략이었다. 매카시는 사실상 후보지명을 따낼 가능성이 없었고, 사람들은 매카시가 후보에서 사퇴하면 지지하던 대의원이 케네디를 지지할 것으로 예상했다. 한편 케네디로서는 최대한 빨리 매카시를 기권하게 만들어서 험프리 공략에 집중해야 했다.

　케네디는 험프리에 대해서는 마음속으로 갈등했다. 험프리는 매카시보다 훨씬 강한 적수일 뿐 아니라, 케네디가 지지를 끌어내기 힘들어하는 대도시의 민주당 중진, 노동조합, 남부 주지사, 유대계 미국인의 열렬한 지지를 받고 있었다. 그럼에도 불구하고, 그리고 험프리가 존슨 대통령의 베트남 전쟁을 지지하고 있음에도 불구하고 케네디는 매카시보다 험프리를 더 좋게 생각했다. 험프리가 가난한 사람들에 신경을 쓴다는 것, 그리고 JFK의 암살 소식을 들은 후 책상에 머리를 대고 엎드려 30분 동안 운 사실 때문이었다.

케네디는 네브래스카를 달리는 기차에서 험프리가 출마 선언을 하면서 발표한 '기쁨의 정치' 원고를 받아 읽고 다음 정차역에 모인 청중들에게 이렇게 말했다.

"뻔하고 낡은 정치적 수사를 듣고 싶으신 분은 다른 후보에게 투표하십시오. … 여러분이 저처럼 미시시피 델타에서 굶어 죽어가는 흑인 아이를 직접 보신다면 '기쁨의 정치'라는 말은 나오지는 않을 겁니다."

케네디는 험프리를 직접 거명하지 않으면서도 선거유세 내내 '기쁨의 정치'를 조롱했다. 디트로이트에서 한 말이 대표적이다.

"풍족하게 사는 사람들은 행복의 정치를 이야기하는 게 쉬울 겁니다. 하지만 여러분 … 인디언 보호구역에 사는 사람들의 절망을 목격한다면, 미국의 모든 것이 만족스럽지는 않다는 것을 아실 겁니다."

험프리의 '기쁨의 정치'가 얼마나 현실과 동떨어진 구호였는지를 보여주는 사건이 험프리가 출마 선언을 한 4월 27일 오후 시카고에서 일어났다. 시카고 경찰이 그랜트 파크에서 시빅센터까지 행진하던 반전 시위대 6000명에게 폭력을 행사한 것이다. 시위대는 대부분 백인 중산층이었고, 거리행진에 필요한 허가도 전부 받았을 뿐 아니라 (평소처럼) "돼지들아!(미국에서 경찰을 조롱하는 표현-옮긴이)"하고 소리를 지르는 도발 행위도, 베트콩 깃발을 든 사람도, 돌이나 달걀을 던지는 사람도, 욕하는 사람도 없었다. 그럼에도 경찰은 몽둥이로 시위대를 공격하고 최루 스프레이를 뿌려댔다. 한 청년의 긴 머리채를 잡고 군중 사이에서 끌고 나와 때리고, 옆에서 지켜보던 무고한 시민도 폭행했다. 4개월 후 민주당 전당대회에서 벌어지게 될 훨씬 더 크고 잔인한 경찰의 시위 진압의 전조였다. 이 폭력 사태로 험프리의 승리는 의미가 퇴색하고, 그로 인한 오명은 민주당을 이후 수십 년 동안 따라다니게 될 것이었다.

케네디의 열차 유세는 오마하(네브래스카주 최대 도시-옮긴이)에서 1만 2000명을 수용할 수 있는 대강당에서 유세하면서 끝날 예정이었다. 오마하는 민주당에 악명이 높은 도시였다. 1948년 트루먼 대통령이 그곳의 대형 강당에서 선거유세를 할 때 청중이 너무 적게 모이는 바람에 좌석이 텅 빈 유세장 모습이 다음날 전국의 신문에 실렸기 때문이다. 바비 케네디는 1960년 오마하에서 형의 당선을 위한 선거유세를 했을 때도 750명밖에 오지 않은 경험이 있어서 오마하 유세를 걱정했다. 그런 걱정은 현실이 되는 듯했다. 선발대로 오마하에서 유세를 준비하던 빌리 폴리가 오마하의 유니언 역에서 열차에 올라타서 이렇게 외쳤다.

"의원님을 열차에서 내리지 말게 하세요! 열차에 계시게 해요. … 청중이 500명밖에 모이지 않았어요. 강당을 채울 수가 없어요! 강당을 못 채운다고요!"

케네디는 폭발했고, 훗날 프레드 더턴은 사람들에게 "밝고 부드러운 면은 바비 케네디의 참모습이 아니"라는 말을 할 때 들곤 했던 예가 바로 이날의 케네디였다. 하지만 케네디를 태운 자동차가 강당으로 가는 동안 7000명이 더 모였다. 강당으로 걸어 들어가던 케네디는 폴리를 돌아보면서 이렇게 말했다.

"저를 좀 믿어주세요."

케네디가 연설을 시작하기도 전에 한 청년이 두 손을 입에 대고 큰 소리로 이렇게 외쳤다.

"대통령감이 아니잖아!"

케네디는 그렇게 연설을 방해하는 사람들이 생기면 당황할 때도 있었지만 그날 저녁은 오히려 야유하는 사람이 있다는 사실에 안도하는 표정으로 이렇게 말했다.

"저분 때문에 네브래스카주에서는 만장일치에서 한 표가 모자라겠네요. 뭐, 어쩌겠습니까."

뉴욕 〈데일리뉴스〉의 데이비드 브레스테드 기자는 케네디가 청중이 많을 때는 항상 긴장한다고 생각했다. 앞에 앉은 청중의 눈에는 긴장한 것으로 보이지 않았지만 케네디의 옆에 앉은 브레스테드의 눈에는 케네디가 이를 악물고 "있는 힘을 다하는" 모습이 보였다.

케네디는 연설에서 이념보다 이성에 의지하고, 진보적인 목표를 이루기 위해 보수적인 전략을 사용하자고 호소했다. 그는 복지제도가 미국인의 가정에 미치는 악영향을 언급하면서도 "스스로 챙기기 힘든 사람들이나 도움이 필요한 국민을 정부가 돕는 것은 배려이며 옳은 일"이라고 생각한다면서, 연방정부의 정책이 작동하지 않는 것은 "선의나 의도에 문제가 있어서가 아니라, 판단과 이해의 실패일 뿐"이라고 말했다.

브레스테드 기자는 워싱턴으로 돌아오는 비행기에서 기타를 연주했고 일행은 에설이 주도해서 '슬룹 존 B'와 '라디오 세이브드'를 함께 불렀다. 케네디는 얼음을 넣은 잔에 버번위스키를 담아 검지로 저으며 비행기 복도를 걸어 다니며 기자들과 대화를 나눴다.

AP통신 기자 조 모배트는 케네디에게 유니언역 연설 때 사람들이 몰리는 바람에 에설이 기둥과 사람들 사이에 끼어 사고가 날 뻔했다고 알려주면서 선거유세 중에 다칠 걱정은 하지 않느냐고 물었다. 케네디는 자신이 하는 선거유세 방식이 위험할 수 있음을 인정하면서도, 더 중요한 것은 사람들이 자신에게 가까이 오고 직접 접촉할 수 있는 것이라고 했다. 그 말을 들은 모배트는 분위기가 편안하고 케네디의 기분도 좋은 것을 확인하고 아무도 감히 묻지 못한 질문을 그에게 던졌다.

"암살 가능성을 생각해보셨습니까?"

케네디는 침착한 목소리로 대답했다.

"그런 걸 걱정해봤자 아무 쓸데 없어요. 죽으려고 덤벼들면 막을 수 없습니다. … 자, 그런 이야기는 그만하죠."

그렇게 말한 케네디는 모배트 옆에 앉더니 그 이야기를 했다. 존슨 대통령이 타는 유리로 어항처럼 둥그렇게 두른 방탄차 이야기를 하면서 이런 말을 했다.

"이건 분명하게 말할 수 있어요. 제가 대통령이 되면 그런 멍청한 차는 타지 않을 겁니다. 미국은 대통령이 사람들을 만나는 걸 두려워하는 그런 나라가 되어서는 안 됩니다."

그러고는 잠시 후 이렇게 말을 이었다.

"물론 가족과 아이들은 어떻게 될까 하는 걱정이 들죠. 하지만 우리 가족은 어려움 없이 살 수 있고, 제가 뭐 어떻게 할 수 있는 일도 없어요, 안 그런가요? 그러니 제게 일어날 일에 대해서는 신경 쓰지 않습니다."

이번에는 오래 침묵한 후에 이렇게 덧붙였다.

"이렇게 사는 게 행복한 삶은 아니죠, 그렇죠?"

제3부 공화당 우세지역

# 13장

# 마더인

---

1963년 5월 3~14일

1861년 어느 날 에이브러햄 링컨 대통령이 탄 열차가 인디애나주 그린 즈버그에 정차했다. 링컨은 그곳에서 단 10분 동안 머물렀지만, 그린 즈버그의 역사에는 그날이 "영원토록 자랑스럽게 기억될" 날로 기록되어 있다. 하지만 사람들이 기억하는 것은 링컨의 연설이 아니라, 모인 사람들이 다 같이 '합중국의 깃발Flag of the Union'을 불렀고, 주민 사이에 인기가 많은 엉클 조 도크스가 링컨에게 커다란 사과를 건네준 일이다. 로버트 케네디가 5월 3일 그린즈버그에 들렀을 때도 다르지 않았다. 짐 라일 같은 주민이 기억하는 것은 케네디의 연설이라기보다 케네디의 모습과 행동 같은 것들이다. 라일은 그날 케네디가 탄 1968년형 올즈모빌 오픈카와 함께 그때의 기억을 소중하게 간직하고 있다.

그린즈버그 공항 활주로에서 처음 케네디를 본 라일은 충격을 받았다. 우선은 너무 지쳐 보여서 놀랐고, 다음으로는 청중을 발견하자마자 곧바로 얼굴에 생기가 도는 모습에 놀랐다. 라일에 따르면 케네디는 활주로에 라일의 10대 딸아이와 친구가 서 있는 것을 보고 "누군가 스위치를 켠 것처럼" 얼굴이 밝아졌고, 아이들과 몇 분 동안 이야기를 나눴다. 케네디는 또한 작업복과 고무 부츠 차림의 농부가 농업 문제에 관한 질문을 적은 노란색 노트를 들고 있는 것을 보고 일행이 기다리는 사실에 개의치 않고 농부와 길게 이야기를 나눴다. 그러고는 농부가 건네준 질문지를 주머니에 넣고 도시로 들어가는 동안 라일에게 이렇게 말했다.

"각종 서류와 타이핑된 편지를 늘 받지만, 손으로 쓴 편지를 받으면 더 주의해서 읽습니다."

법원이 위치한 광장에 10대들이 모여서 "사랑해요, 바비!"라는 팻말을 들고 서 있는 것을 본 케네디는 "저 아이들 중에 투표권이 있는 친구가 좀 있었으면 좋겠네요"라는 농담으로 연설을 시작했다. 〈인디애나폴리스스타〉는 청중 대부분이 투표권이 없는 학생이라는 이유로 케네디의 인기를 깎아내리는 기사를 자주 냈지만, 이날 그린즈버그 유세장에 있던 700명의 고등학생 중 대부분은 부모의 결석동의서를 받아 제출하고 나온 것이었다. 공화당 지지자가 대부분인 소도시에 사는 부모들이 케네디의 유세에 아이들이 가도 좋다고 허락한 것이다.

케네디가 청중에게 젖소 우유를 짜는 법을 아는 친구가 몇 명이나 되느냐고 묻자 수십 명이 손을 들었다. 케네디는 "우유 짜는 법은 모르지만 농업 정책은 있습니다"라고 말했다. 가는 비가 흩뿌리기 시작했지만 아무도 유세장을 떠나지 않았고, 케네디는 비를 맞으며 자신의 이야기를 들어주었기 때문에 대통령이 되면 반드시 그린즈버그를 다시 찾아오겠다고 약속했다.

그린즈버그를 떠나기 전 케네디는 한 여성 클럽 회원들과 함께 키일러 레스토랑에서 커피와 도넛을 먹었고, 그 지역의 〈데일리뉴스〉 신문사 사무실을 방문해서 편집장과 함께 사진을 찍었다. (공화당을 지지하는 〈데일리뉴스〉 신문은 다음 날 "주민들 환호와 함께 케네디 환영"이라는 호의적인 제목과 함께 케네디의 방문을 소개하는 기사를 실었다). 케네디가 라일의 오픈카에 오를 때 부러진 팔에 깁스를 한 아이가 다가와서 깁스한 팔에 사인을 해달라고 했지만 고개를 저으며 이렇게 말했다.

"다친 곳이나 안 좋은 일이 생긴 곳에 사인하고 싶지는 않구나."

케네디는 5월 3일 하루 동안 같은 카운티 내의 세 곳을 더 방문했고, 그곳에서 보낸 열네 시간 동안 약 5만 명이 케네디를 보고, 만지고, 연설을 들었다. 그런 다음 케네디 일행은 전세기인 록히드 엘렉트라에 올랐다. 보좌관과 전담 기자는 이 전세기를 "마더십The Mother Ship"이라고 불렀고, 마더십을 타고 돌아온 인디애나폴리스 공항 옆에 있는 홀리데이인 호텔을 "마더인Mother Inn"이라고 불렀다.

지난 몇 주 동안 케네디와 수행원들은 마더십을 타고 인디애나 전역을 돌아다닌 후 저녁에 마더인으로 돌아와서 묵는 일정을 반복했다. 그렇게 함께 돌아다니고 같은 숙소에 묵다 보니 보좌관들과 기자들은 서로 특별한 친밀감을 느꼈다. 실비아 라이트는 마더인을 "우리집"이라고 불렀고, 딕 하우드가 오랜만에 집에 갔다가 호텔로 돌아오자 라이트는 하우드를 두 팔로 안고서 "집에 돌아와서 기뻐요. 모두가 기다렸어요. 저도 집에 남편과 가족이 있지만, 진짜 집은 여기예요"라고 했다. 한 번은 하우드의 딸이 하우드에게 케네디와 선거운동을 하는 게 어떤 느낌이냐고 물었다. 하우드의 대답은 이랬다.

"수행하는 모든 사람이 함께 생활해서 마치 집에 있는 것 같다. 물론 전부 성인이고 다들 비슷한 나이라서 그 집에 엄마 아빠는 없지만, 모두 형제자매 같고 서로 아끼고 사랑했지."

에설은 마더십을 총지휘하는 역할을 맡아서 생일을 맞은 사람이 있으면 케이크를 주문하고, 함께 노래하는 기회를 만들고, 사람들을 놀라게 할 장난을 준비했다. CBS 기자인 로저 머드가 마더십에서 술을 지나치게 많이 마신다고 보도하자 (전세기 승무원들은 술을 아낌없이 제공했고, 기자 중에는 술고래가 있었다) 에설은 전설적인 금주 운동가 캐리 네이션의 사진이 박힌 앞치마를 입고 나타나서 호텔 바에 "헌병사령관 로저 머드의 명령으로" 음주를 금한다는 팻말을 붙여두기도 했다. 케네디는 비행기와 호텔에서 기자들과 자유롭게 어울렸다. 하우드는 케네디가 "우리 모두를 포함하는" 아주 폭넓은 관계를 유지해서 사람들의 마음을 샀다고 했다. 그 관계 안에서는 출신 집안이나, 계층, 피부색, 재산이 무의미했다. 누구나 "서로를 아끼고 너그러이 받아 들여주는 공간에서 함께 머무는 사람 중 하나"에 불과했다.

〈라이프〉의 루던 웨인라이트도 하우드와 마찬가지로 처음에는 케네디에 대해 심드렁했다. 그랬던 그가 마음을 바꾸게 된 것은 케네디가 백인 아이가 그린 그림과 흑인 아이가 그린 그림의 차이에 대한 연구에 관해 이야기하는 것을 듣게 된 후였다. 그 연구에 따르면 가난한 집 흑인 아이들은 집 위에 해를 그리는 일이 드물었다. 케네디는 웨인라이트를 바라보면서 "가난한 집 아이가 부잣집 아이보다 눈이 더 초롱초롱하고 밝다는 사실 아세요?"라고 묻고는 그런 가난한 집 아이의 얼굴에 드러나는 호기심과 기대감은 청소년기가 되면서 사라져버린다고 했다. 훗날 웨인라이트는 "그런 이야기를 하는 후보를 미워하기는 힘들다"라고 했다.

칼럼니스트 조 크래프트는 케네디가 "윌리 로먼(아서 밀러의 희극 〈세일즈맨의 죽음〉에 나오는 주인공-옮긴이)처럼 나이 먹고 흥미를 잃은 기자"의 마음을 사로잡은 사실에 깊은 인상을 받았다. 케네디의 매력에 끝까지 넘어가지 않던 〈뉴욕타임스〉의 톰 위커 기자는 그가 "기자라면 쉽게 반하게 될 인물이고, 많은 기자가 실제로 케네디에게 반했다"라고 했다.

케네디가 선거유세를 시작할 때만 해도 까다롭고 어려운 사람이라는 평판이 자자했던 것을 생각하면 기자들과의 관계가 그렇게 좋았던 건 놀라운 일이었다. 1966년 중간선거 때 케네디를 따라 웨스트버지니아주를 돌아다녔던 존 린지는 당시만 해도 케네디가 "나무처럼 뻣뻣하고 아주 차가운" 사람이었을 뿐 아니라, 질문을 받으면 아무 말 없이 창밖을 몇 분씩 바라보는 거슬리는 버릇이 있었다고 회상했다.

하우드는 케네디의 선거운동이 "재미있는 일"이었다고 했고, CBS의 찰스 퀸은 "거대하고 신나는 모험"인 동시에 "중요하고 큰 의미가 있는 모험이었지만, 우리도 케네디도 어떻게 끝나게 될지 몰랐습니다. … 하지만 정말 재미있었어요"라고 했다. 웨인라이트는 5월 초가 되자 케네디의 전담 기자단이 "편파적이고 후보의 미래에 집착하는 집단으로 변해있었습니다. … 후보의 안전과 성공을 걱정하기에 이르렀죠"라고 밝혔다. 〈샌프란시스코이그재미너〉에서 케네디에 관해 비판적인 기사를 쓰자 〈뉴욕포스트〉의 칼럼니스트 지미 브레슬린이 자신의 모텔 앞에 있는 신문자판기에서 신문을 모조리 사서 거리에서 불태워버린 적도 있었다. 어떤 기자는 열광한 청중 때문에 케네디가 다칠 것을 염려해서 자원해서 청중 관리를 돕기도 했다. 조 모배트는 오픈카에 올라선 케네디를 환호하는 군중이 끌어내리지 못하게 허리춤을 잡고 있기도 했다. 그는 기자로서 넘지 말아야 할 선을 넘고 있다는 걸 알았지만 케네디가 다치는 일은 꿈에도 생각하기 싫었다.

5월 3일 그린즈버그 유세를 마치고 마더인으로 돌아온 케네디는 기자와 보좌관과 함께 늦은 저녁을 먹었다. 짐 톨런, 〈룩〉의 워렌 로저스, 존 프랑켄하이머 감독, NBC 방송국의 데이비드 브링클리, 연설보좌관 리처드 굿윈 등이 함께 한 자리였다. 케네디는 이런 저녁 식사 자리를 유세가 어떻게 진행되었는지 확인하는 기회로 생각해서 사진기자나 TV 카메라맨에게 의견을 물었고, 그들이 무엇을 봤는지, 자신이 청중에게 다가가고 사람들의 마음을 움직이려면 어떻게 하는 것이 좋은지 물었다. 그런 저녁 식사에 여러 차례 참석했던 〈뉴요커〉의 짐 스티븐슨은 그날 식사를 회상하면서, 기자와 보좌관들은 케네디를 즐겁게 해주려고 했지만 "이미 자정을 넘긴 12시 30분이었고, 케네디는 탈진한 표정이었다. 그래도 케네디는 미소를 짓고, 최대한 상냥하게 대답하려고 애썼다. 그러다가 어두운 창밖으로 인디애나의 밤 풍경을 바라보고 있는 케네디를 보면 이미 마음은 저 멀리 다른 곳에 있다는 걸 알 수 있었다"고 했다.

5월 3일 나눈 대화는 케네디가 계속 길거리 유세를 하는 게 좋을지, 아니면 일부 보좌관의 제안처럼 미디어를 활용해서 유세하는 게 좋을지에 관한 것이었다. 한 사람이 TV를 통한 유세가 좋은 쪽으로 사용될 수 있다면서 "나쁜 사람들을 밀어내는" 역할을 할 수 있다고 했다. 그러자 다른 참석자가 "TV가 끌어들이는 나쁜 사람들은 어쩌구요?"라고 반문하면서 캘리포니아의 로널드 레이건 주지사를 언급했다. 호텔 식당에 있던 손님 몇몇이 케네디에게 사인해달라며 찾아왔고, 손님들이 떠난 뒤 케네디는 마음을 바꾼 듯 TV 스튜디오에서 선거유세를 하면서 현장의 소란을 피하는 게 좋을지 모르겠다고 했다. 하지만 평소 TV를 많이 이용하자고 했던 리처드 굿윈은 이렇게 말했다.

"아뇨. 현장으로 나가셔야 합니다. … 의원님이 유권자들을 무시하지 않고, 중요하게 생각하고 계시는 걸 사람들에게 보여줘야 해요."

케네디는 식탁에 앉은 사람들을 상대로 여론조사를 했다. 지금과 같은 선거유세를 계속해서 자동차를 타고 다니며 매일 수만 명을 직접 만나는 것과 "매끈하게 잘 짜인 TV 연설"에 의존하는 것 중에서 어느 쪽이 낫겠냐고 물었다. 워렌 로저스는 케네디가 길거리 유세를 잘하니까 그걸 선호하는 거라고 지적하면서, "유진 매카시처럼 TV 연설을 잘하시면 그쪽을 선호"할 거라고 말했다.

케네디는 "네, 그 말이 맞을 거예요"하고 인정하면서 한 손으로 얼굴을 비비며 쏟아지는 졸음을 물리치려 하면서 "그래도 선거유세는 제가 원하는 방식대로 합니다"라고 했다. 로저스는 "의원님은 정치인으로서는 마지막 남은 공룡 같아요"라고 대답했다. 미래에는 후보들이 전부 TV 스튜디오에서 선거유세를 할 것이라는 예측이었다.

"그럴 수도 있겠죠. 하지만 그거 알아요? 저는 그런 식으로는 도저히 못 해요."

케네디가 길거리 유세를 선호한 이유는 그 방식이 먹힌다는 것을 알았기 때문이다. 그는 자신에 대해서 처음에 확신이 없던 청중이 유세가 끝난 후에 언제나 더 크게 박수를 친다는 사실을 알고 있었고, 사람들은 자동차 퍼레이드를 하는 케네디를 보면 자신의 연설을 듣는 것만큼이나 감동한다는 사실을 깨달았다. 말을 더듬는 버릇, 수줍음, 귀에 거슬리는 목소리는 TV에서는 불리하게 작용하지만 사람들을 직접 만날 때는 그런 단점이 오히려 더 인간적으로 보이게 하고 사람들에게 더 쉽게 다가가게 한다는 사실을 알았다. 길거리 유세는 가난한 사람들에게 다가갈 수 있는 좋은 방법이고, 가난한 사람일수록 자신이 직접 만나고 만져본 후보에게 표를 준다는 것도 알고 있었다. 그리고 자신이 신체적 매력이나 수사적 화려함보다는 직접 몸이 닿는 데서 느껴지는 신비로운 카리스마를 가지고 있음을 알았기 때문에 사람들에게 자신을 직접 보고, 만지고, 교감하게 해야 한다는 것을 이해했다.

케네디가 가진 무언의 교감능력은 아이들에게 가장 잘 통했다. 사진기자인 버트 글린은 케네디를 취재하면서 가끔 아내와 함께 다녔는데, 글린의 아내는 케네디가 두 손가락만으로 아이의 얼굴을 부드럽게 쓰다듬거나 자신의 손가락으로 아이들의 손가락을 살짝 건드리는 모습에 감동했다. 그리고 다른 정치인들이 하듯 어린아이의 뺨에 입맞춤하기를 거부하는 대신 아이들의 생각을 느끼려는 듯 머리를 가볍게 만지는 모습에서도 깊은 인상을 받았다.

이틀 전 케네디는 인디애나폴리스에서 인디애나주가 자랑하는 시인인 제임스 위트콤 라일리의 집에 들렀다. 침울해 보이는 빅토리아풍 주택이었지만 인디애나폴리스를 방문한 후보라면 반드시 들러야 하는 곳이었다. 케네디는 라일리의 집 바로 옆에 있는 결손가정 아이들을 위한 유치원도 방문했다. 낡고 보잘것없는 놀이터에서 놀던 아이들이 케네디를 보기 위해 뛰어왔고, 철망으로 된 울타리 사이로 손가락을 내밀었다. 케네디는 놀이터로 들어갔는데 〈시카고선타임스〉의 데이비드 머리 기자에 따르면 "어린 여자아이 둘이 케네디에게 다가가더니 머리를 케네디의 허리에 기대고 케네디의 손을 잡아 자기들의 머리 위에 얹었다. 가슴이 아파서 차마 보기 힘든 장면이었다. 그 순간 그 아이들은 케네디가 어디에 있는지 모르는 아빠나 오빠처럼 느끼고 있었기 때문이다. … 케네디가 앉아서 아이들의 말에 귀를 기울면서 가끔 조용한 목소리로 한두 마디를 하는 모습을 보면서 내 머리에 가장 강하게 떠오르는 단어는 '연민compassion'이었다. 다섯 살짜리 아이들을 겪어본 사람들이라면 누구나 알겠지만, 선거유세에서 많은 사람을 속일 수는 있어도 … 외로운 어린아이들은 진심이 아닌 어른들에게 다가와서 무릎에 머리를 얹지는 않기 때문이다."

케네디는 많은 청중을 필요로 했다. 프레드 더턴에 따르면 케네디는 군중을 만나면 "마치 술 한두 잔"을 걸친 것처럼 기운이 났다. (케네

제3부 공화당 우세지역

디의 유세를 준비한 경험이 많은 존 놀런은 이렇게 말했다. "케네디는 아이를 좋아했고, 흑인을 좋아했고, 인디언을 좋아했고, 군중을 좋아했는데, 그가 제일 좋아한 건 군중이었습니다. 사람들이 많이 모인 걸 정말 좋아했어요.") 케네디는 유권자를 직접 만나는 것이 자신에게 붙은 "무자비한 사람"이라는 오명이 잘못된 것임을 증명하는 유일한 방법이라 믿었다(시어도어 화이트에 따르면 그 말이 케네디에게는 "큰 상처"가 되었다). 청중이 열광하고 반응이 빠를 경우 케네디의 연설은 더 열정적이고 유창해졌고, 청중이 적고 반응이 없으면 활기를 잃었다. 케네디는 보좌관을 청중 속에 보내서 간단한 조사를 시키곤 했고, 더턴은 케네디가 자동차 퍼레이드를 할 때 내려서 뛰면서 구경나온 사람들에게 질문을 퍼붓고는 돌아와서 들은 내용을 보고했다.

케네디와 청중 사이에는 섹슈얼한 에너지도 흘렀다. 비틀스의 첫 미국 공연 투어를 촬영한 사진기자 빌 에프리지는 비틀스와 청중 사이에 존재한 것과 같은 성적인 긴장을 케네디의 유세에서 느꼈다. 케네디를 수행하던 기자 중에서 케네디와 물리적으로 가장 가까운 거리에서 많은 시간을 보낸 조 모배트에 따르면 전담 기자 중에서 바람기가 있는 사람들의 '작업'이 쉬웠다고 한다. 케네디가 사람들 깊숙한 곳에 있는 열정을 깨우곤 해서 모인 사람들은 성적으로 흥분한 상태가 되었기 때문이다. 모배트는 길게 늘어서서 손을 내밀며 열광하는 사람들 앞에서 자동차 퍼레이드를 할 때 케네디의 얼굴은 빛이 나면서 황홀감이 돌았고 거의 성적인 흥분에 가까웠다고 했다. 그는 캘리포니아주 샌디에이고에서 열린 야외 유세에서 케네디 선거캠프에서 자원봉사를 하던 한 젊은 여성이 무대 가까이에 서 있다가 케네디가 연설을 하는 동안 큰 신음을 내면서 주저앉는 장면을 보고는 "지금도 그 여성이 오르가슴을 느끼고 있었다고 확신합니다"라고 말했다.

케네디를 화나게 하는 건 자신에게 적대적인 청중이 아니라, 소규모 청중이었다. 세자르 차베스가 모여있는 농장노동자들이 소란을 피워서 미안해했을 때 케네디는 "중요한 건 저분들이 여기에 모였다는 거죠"라고 말했고, 케네디 앞으로 사람들이 내민 손을 넝쿨을 쳐내듯 치우는 것을 보고 "아니. 아니. 아니. 사람들 아프게 하지 마세요"라고 하기도 했다.

케네디는 수줍음이 많아서 그런 식의 선거유세가 쉽지 않았고, 때로는 군중 속으로 뛰어들기 전에 단단히 각오하면서 준비하는 모습도 보였다. 게일 쉬히 기자가 그렇게 사람들이 많은 곳에서 어떻게 버티느냐고 묻자 케네디는 "저 자신이 그 자리에 없다고 생각하는 거죠. 생각이 다른 곳에 있는 경우가 많아요"라고 답했다.

쉬히 기자는 그래도 그런 유세를 하는 것을 좋아하느냐고 물었다.

"제가 선택을 할 수 있다면 차라리 집에 있거나 다른 곳에 있고 싶죠. 그렇게 사람들이 끊임없이 만져대는 건 싫습니다. 하지만 사람들은 후보에 관한 이야기는 얼마든지 들을 수 있어도, 자기가 만져본 후보는 잊지 않거든요."

그렇게 무방비로 노출하다 보니 위험도 따랐다. 인디애나주 미샤와카에서는 한 여성이 오픈카 뒤에서 케네디를 잡아서 끌어내자 케네디가 떨어지면서 이빨이 깨지기도 했다. 미시간주 칼라마주에서는 한 여성이 케네디의 신발 한 짝을 훔쳐 달아났고, 캘리포니아주 LA에서는 한 소년이 신발 한 켤레를 모두 훔쳐 가서 학교 무도회 때 신고 가기도 했다.

케네디에게 욕하는 사람도 있었다. 해치려는 사람도 있었고, 큰 소리로 "당신 형과 다른 게 뭐죠? 하나는 죽었고 하나는 살아있다는 거 말고는 없잖아요?", "성이 케네디가 아니라면 선거에 나설 수 있었다고 보세요? 기회를 엿보고 무자비하게 끼어든 것뿐이잖아요?" 같은 질문을 던지는 사람들도 있었다.

코미디언 앨런 킹이 케네디에게 그렇게 사람들 앞에 무방비로 자신을 드러내면 정적에게 해코지를 할 기회를 줄 수 있다고 경고하자 케네디는 이렇게 답했다.

"저를 미워하는 사람이 너무나 많으니까 저를 좋아하는 사람들에게 제게 다가올 기회를 줘야 해요."

케네디의 선거유세장에서 자주 노래를 부른 포크 가수 존 스튜어트는 케네디가 시골길을 빠르게 달리는 오픈카 트렁크에 아무것도 잡지 않고 앉아있는 모습을 보고 충격을 받았다. 그렇게 달려 작은 농촌 마을에 들러 "레드넥(rednecks : 교육수준이 낮고 보수적인 성향의 미국 시골 사람을 낮춰 부르는 표현-옮긴이)이 가득한 군중" 속으로 들어갔다. 스튜어트는 케네디가 "그들이 보는 앞에서 웃었다"면서 "비웃은 게 아니라 위험을 즐긴 것"이라고 했다.

존 바틀로우 마틴의 아내 프랜 마틴은 사람들이 케네디에게 몰려드는 것을 보고 전설적인 스페인의 투우사 마놀레테와 열정적인 팬을 떠올렸다. 마틴도 아내의 말에 동의하면서 마놀레테의 전기를 쓴 바나비 콘래드가 한 말을 인용했다. 팬이 마놀레테에게 점점 더 많은 것을 요구하고, 마놀레테는 계속 그 요구에 부응하다가 "결국 더 줄 수 있는 것은 목숨밖에 남지 않게 되자, 마놀레테는 자신의 목숨을 내어주었다."(갈수록 고난도의 기술을 선보이던 마놀레테는 1974년 경기 중 투우의 뿔에 찔려 사망했다-옮긴이)

보좌관들은 케네디의 군중 중심의 유세전략에 대해 의견이 엇갈렸다. 프레드 더튼은 케네디가 전쟁을 끝내고, 미국인에게 빈곤을 가르치고, 흑인과 반발하는 백인을 하나로 묶고 싶다면 "사람들을 만나야 합니다. 사람들과 함께 있어야 합니다. … 사람들을 이끌기 위해서는 밖으로 나가야 하고, 그들 앞에 서야 하고, 용기를 내야 합니다"라고 했다. 하지만 아서 슐레진저는 4월에 작성한 보고서에서 1968년은 "전통적인 스타일의 정치 조직이 끝나는" 해가 될 것이라고 정확하게 예측했다. 그는 휴버트 험프리가 대도시 정당조직이나, 남부 주지사, 노조, 농장노동자를 이끄는 지도자가 후보를 선택하는 방식으로 선출될 마지막 후보가 될 것이고, 유진 매카시는 힘이 없어 보여도 새정치New Politics에 완벽한 스타일을 갖고 있었다. "월터 크롱카이트 쇼에 등장해서 5000만 명의 시청자 앞에서 2분간 자신을 드러내는 것이 강당에 모인 1200명을 열광시키는 것보다 중요하기 때문"이라는 것이다. 슐레진저는 유진 매카시가 강당에 모인 청중의 기대에는 미치지 못하지만 TV에서는 이성적이고 사려깊은 사람으로 보인다고 결론지었다. 그와 달리 케네디는 현장에 모인 청중을 상대로는 능숙했지만 "수많은 시청자 앞에서 2분이라는 짧은 시간 안에 요약해서 전달할 경우 감정적이고, 너무 주장이 강해 보이며, 심하면 선동가처럼 보일 가능성이 매우 크다"라고 했다.

인디애나주에서 방송된 케네디의 선거홍보 영상은 1964년 케네디가 컬럼비아대학교에서 했던 집회를 프레드 패퍼트가 30분 분량으로 편집한 것으로, 길게 느껴지고 대화로 채워져 있었다. 영상에는 케네디가 학생, 참전군인, 가정주부, 노인이 하는 질문에 답을 하는 모습이 등장하고 초등학교에서는 다른 정치인이 하는 것처럼 아이들에게 책을 읽어주는 대신 옆에 앉아서 가난한 아이들이 어떻게 사는지 설명해주고 있다. 케네디는 교외의 주택에 살면서 거실에 앉아 TV를 보고 있었을 주부들에게 도심 빈민가의 생활환경을 이야기하면서 "이들의 삶을 우리가 파괴하고" 있다고 했다. 또한 전쟁에 참전한 군인들에게 베트남 전쟁에 뛰어든 것을 사과하면서, "제가 깊숙이 관여한 정권이 많은 책임을 져야 할 것입니다. 그리고 그 책임은 정권에게만 있는 게 아니라 제 개인에게도 있습니다"라고 인정했다. 그는 경쟁 후보의 이름을 언급하지도 않았고, 그들의 됨됨이나 애국심을 의심하는 말도 절대 하지 않았다.

길거리 유세의 장단점에 관해 토론을 마친 케네디는 식당을 나서서 짐 톨런과 함께 산책했다. 케네디는 자신이 정말로 이런 식으로 선거유세를 하는 마지막 남은 공룡 같은 정치인인지 궁금해했다. 그럴 수 있다는 사실이 그를 불편하게 했다. 정치인은 자신이 유권자와 대면 소통을 잘하든 못하든 상관없이 쉽게 다가갈 수 있도록 해야 할 의무가 있다고 생각했기 때문이다. 케네디는 톨런에게 말했다.

"알렉시스 드 토크빌이 말했듯이 우주를 다스리는 신처럼 민주주의에서 유권자가 가장 막강한 권력을 가지고 있습니다. 사람들이 교회에 가서 그들이 믿는 신께 예배하듯, 정치인은 사람들을 찾아가야 합니다. 권력이 유권자에게 있으니까요. 그런 일은 TV 카메라 앞에 앉아서 할 수 있는 일이 아닙니다. … 정치는 그런 게 아닙니다. 그렇게 하면 사람들이 필요로 하는 것들로부터 동떨어져 버립니다."

토크빌이 살아 있다면 케네디와 같은 이유에서 자동차 퍼레이드를 좋아했을 것이다. 그토록 짧은 시간 안에 그토록 많은 유권자 앞에 직접 나설 수 있는 방식의 유세는 없기 때문이다. 지붕이 없는 오픈카를 타고 천천히 이동하는 자동차 퍼레이드의 인기가 줄어든 것은 단순히 암살 위험 때문만은 아니었다. 길에는 아무나 나올 수 있고, 정해진 장소에 사람들이 모일 때와 달리 행사를 주관하는 사람이 청중을 걸러내거나 관리할 수 없다. 따라서 사람들은 후보를 조롱하는 팻말을 들고나

오거나 지나가는 후보에게 야유를 보낼 수 있고, 그런 모습이 TV 카메라에 잡혀 그날 저녁 뉴스에 등장할 수도 있기 때문이다.

인디애나 예비선거를 하루 앞둔 5월 6일, 케네디는 미국 정치사에서 가장 길고 요란했던 자동차 퍼레이드를 했다. 무려 아홉 시간 동안 인디애나주 북부에서 160킬로미터를 달리는 퍼레이드였다. 줄스 윗코버는 이 퍼레이드를 두고 "미국 선거유세 역사상 후보 개인에게 유권자들이 이토록 엄청난 감정을 쏟아부은 적이 없었다"고 했다.

케네디는 인디애나폴리스에서 아침 식사를 하면서 그날 하루를 시작했다. 에번스빌의 공항에서 유세한 뒤 비행기로 포트웨인으로 이동해 법원에 모인 청중에게 케네디가 자주 하는 대로 "우리는 폭력과 불의를 용납할 수 없습니다"라는 말을 했고, 그 말을 들은 청중은 요란한 환호성으로 화답했다. 케네디는 공항으로 돌아오는 길에 졸리 콘티넨털 레스토랑이라는 곳을 지나다가 '헝가리 피자 전문'이라는 문구를 보고는 들르자고 졸랐다. 인디애나주를 도는 내내 케네디는 보좌관에게 "블루칼라 노동자 표를 꼭 따낼 겁니다. … 블루칼라 노동자 표를 꼭 얻을 겁니다"라고 말했고, 공장 입구나 가톨릭 성당, 졸리 콘티넨털 레스토랑 같은 식당을 보면 예정에 없이 들르곤 했다. 헝가리 자유의 투사(Hungarian freedom fighters : 소련의 점령 정책과 정부에 반대하여 일어난 1956년 헝가리 혁명의 주역-옮긴이) 출신인 식당 주인 졸탄 허먼은 특별한 날을 위해 보관하던 와인을 꺼내왔고, 케네디는 그곳에서 맥주와 피자, 유럽식 애플파이를 점심으로 먹었다. 더턴과 배리가 걱정스러운 눈으로 시계를 바라보자 케네디는 장난스럽게 의자 위에 올라서서 "조지 버나드 쇼가 이런 말을 했습니다"라고 소리쳤고, 기자들은 웃으며 들고 있던 잔을 비웠다. 케네디는 공항에 거의 두 시간 늦게 도착했다.

케네디 일행은 인디애나주 사우스벤드에서 시카고까지 160킬로미터를 세 시간 반 동안 이동하면서 중간에 라포트와 화이팅에 잠깐 들를 예정이었다. 하지만 아주 천천히 달리면서 자주 서는 바람에 무려 아홉 시간이 걸렸고, 자정이 다 되어 퍼레이드를 끝냈다.

엄청나게 많은 군중이 세인트조지프 카운티와 라포트 카운티의 시골 도로에 나와서 케네디가 탄 차량은 자전거를 타고 따라오는 아이들의 속도에 맞춰 천천히 달렸다. 케네디는 차 옆에서 달리는 아이와 농구공을 던지며 주고받기도 했고, 교차로에서 인사한 젊은 여성이 다음 교차로까지 뛰어가서 기다렸다가 다시 인사하기를 십여 차례 반복하기도 했다. 케네디가 뒷좌석에서 일어서서 두 손을 내밀자 사람들은 손을 붙잡기도 하고 손을 마주치기도 했다.

화창했던 봄날 오후에 시작한 퍼레이드가 해 질 무렵까지 이어지면서 날이 차가워졌다. 인디애나주 개리를 지날 무렵 케네디를 태운 차량이 갑자기 길을 벗어나 길섶에 멈췄다. 일행을 쫓아가던 버스에 탄 기자들은 케네디가 탄 차량 뒷좌석 인원이 몸을 움츠리는 것을 보고는 긴장했다. 알고 보니 에설 케네디가 너무 춥다고 오버코트를 입기 위해 몸을 숙인 것이었다.

퍼레이드 차량은 개리와 해먼드 시내 곳곳을 돌았다. 여러 철도 건널목을 덜컹거리며 건너고, 복잡하게 얽힌 고압선 밑을 지나고, 거대한 공장과 화염을 내뿜는 굴뚝을 지났다. 공장 주변은 서둘러 지났고, 벽돌과 나무로 지어진 단층집이 늘어선 길을 지날 때는 속도를 늦췄다. 백인 동네는 흑인 동네 옆에 붙어 있었고, 흑인 동네 옆에는 히스패닉 동네가 붙어 있었다. 흑인, 히스패닉, 백인이 손을 흔드는 모습은 마치 작물이 바람에 흔들리는 것처럼 보였다. 눈을 감고 들으면 해먼드의 백인 동네를 지나는지 개리의 흑인 동네를 지나는지 알 수 없을 만큼 어느 동네에서나 똑같이 큰 환호성을 들을 수 있었다.

케네디는 미국 최초의 흑인 시장인 리처드 해처와 개리에서 가장 유명한 백인으로 폴란드계 미들급 복싱 챔피언으로 별명이 '강철 사나이'인 토니 제일을 태우고 오픈카 승용차의 뒷좌석에 일어서서 달렸다. 케네디는 흰 손과 검은 손이 악수하는 그림을 배경으로 TV 연설을 하거나 흑인 동네는 리처드 해처와 다니고 백인 동네는 토니 제일과 함께 다니는 대신, 두 사람의 허리에 팔을 두르고 흑인 동네와 백인 동네를 오갔다. 케네디 일행이 개리의 쇠락해가는 중심가와 아직도 백인이 남아있는 밀러의 교외를 지나는 모습은 위태로울 수 있었다. 흑인 과격 단체가 난동을 부렸다면 사람들은 케네디가 부추겼다고 생각했을 것이고, 흑인들이 제일을 향해 야유를 보냈다면 레이크 카운티 바로 옆에 사는 데일리 시카고 시장이 그 이야기를 전해 들었을 것이기 때문이다.

해처와 제일은 해먼드를 방문해 조지프 클렌 시장을 차에 태울 때까지도 케네디와 함께 있었다. 한 주 전에 케네디와 차를 타고 다니면서 케네디의 인기를 확인한 클렌 시장은 세인트 마이클 우크라이나 홀에서 케네디를 두고 "미국의 차기 대통령"이라고 소개함으로써 청중을 깜짝 놀라게 했다. 그전까지만 해도 클렌은 중립을 지키겠다고 했었기 때문이다. 리처드 웨이드는 정치인이 청중 앞에서 공개지지하는 후보를 바꾼 것은 그때가 처음이라고 생각한다.

케네디가 해먼드와 화이팅에서 예정에 없던 장소에 멈춘 것만 열다섯 번이었다. 세인트 캐시미어 교회의 신부와 담소를 나누고, 잠옷을 입은 아이 세 명이 자동차 지붕에 묶어둔 매트리스 위에서 자는 것을 보고 아이들을 깨워서 아이들의 부모와 이웃과 함께 커피를 마셨다. 케네디는 그중 한 여성이 남편이 마치 케네디의 아버지처럼 뇌졸중을 겪었다고 하자 자동차 퍼레이드를 멈추고 언덕을 올라가 그 여성이 사는 집을 찾아가기도 했다. 케네디는 개리의 흑인에게 한 말과 똑같은 말을 해먼드의 백인에게도 했다. 즉, 빈곤은 나쁘고, 복지제도는 상황을 악화시키고 있으며, 구호금을 나눠주는 것보다 일자리를 제공하는 것이 낫고, 베트남 전쟁을 끝내는 방법은 협상밖에 없다는 말이었다.

프랑스 신문인 〈프랑수아〉의 아달베르 드 스공자크 특파원은 케네디와 인터뷰할 때 말이 너무 없고 질문에 짧게 답을 하는 바람에 답답했는데, 케네디의 마음을 움직이는 질문을 던지자 달라졌다고 했다.

"말문이 터지기 시작했습니다. 케네디의 말은 마음속 아주 아주 깊은 곳에서 나오는 것이라는 사실을 알 수 있었죠. … 신념이었습니다."

드 스공자크는 케네디가 해먼드 같은 도시의 블루칼라 백인에게 이야기할 때도 같은 모습을 목격했다. 자신이 진심으로 믿는 바를 말했기 때문에 동의하지 않는 사람에게서도 박수를 받은 것이다.

케네디가 마지막으로 방문한 화이팅은 동유럽계와 애팔래치아 산맥에서 온 백인이 정유공장과 미시간 호수, 일리노이주 경계 사이에서 사는 이층집으로 이루어진 아주 조그마한 도시였다. 1968년 화이팅 고등학교 졸업앨범에는 흑인 학생이 한 명도 없었다. 화이팅 주민은 근처 정유공장에서 일하는 흑인이 얼씬거리는 것을 싫어했기 때문에 화이팅 고등학교와 시청 앞 도로에서 케네디를 맞이한 1500명은 전부 백인이었을 것이다. 화이팅 주민들은 무려 네 시간 동안 케네디를 기다렸고, 마침내 주인공이 도착하자 일제히 그에게 몰려갔다. 주민들은 케네디가 화이팅의 악명높은 대기오염에 대해 농담하자 크게 환호했다. 다음날 실시된 예비선거에서 화이팅이 케네디가 예상치 않게 승리한 도시인 점으로 보아 화이팅 주민은 케네디가 한 연설에 공감한 것으로 보인다.

케네디는 자정이 넘어서야 숙소가 있는 인디애나폴리스로 돌아왔고, 자신을 위해 열린 선거 전야파티에도 참석하지 못했다. 그날 하루 수천 명과 악수하고, 수십 번 연설하고, 약 10만 명을 만난 케네디는 흥분이 가라앉지 않아 잠을 이루지 못했다. 케네디는 마더인에 있는 바에 들러서 늦은 밤까지 술을 마시는 줄스 윗코버, 잭 저몬드 기자의 술자리에 합류했다. 그 자리에서 케네디는 이렇게 말했다.

"자, 이제 할 수 있는 건 다 했습니다. 어쩌면 저를 위한 시간이 온 것일 수도 있죠. 하지만 인디애나에서 배운 것이 있습니다. 미국이 변하고 있어요."

그러고는 샘즈 애틱 레스토랑에서 늦은 저녁을 먹으면서 보좌관과 기자 몇 명을 초대했다. 인디애나폴리스에서 자정이 넘어서도 영업을 하는 유일한 식당이었다. 일행은 테이블 두 개를 붙여서 앉았고, 케네디는 선거유세에 관해 두서없이 이야기를 시작했다.

"인디애나가 좋아요. 이곳 주민은 저를 공평하게 대우했어요. 기회를 주고 제 말을 귀담아들었어요. 인디애나 주민은 워싱턴이나 뉴욕 사람들처럼 예민하거나 가식적이지 않아요. 싫으면 싫다고 말하고 좋으면 좋다고 이야기합니다. 훨씬 더 직설적입니다. 저는 육체노동을 하는 시골사람이 좋아요. 그분들에게는 뭔가 건강한 면이 있어요. 여기에 와서 할 수 있는 건 다 했으니 여기에서 지면 제가 유권자의 눈높이를 맞추지 못한 것이라고 봅니다."

케네디는 자동차 퍼레이드를 하면서 본 농부와 철강 노동자의 얼굴에 대해 설명했고, 자동차 지붕 위에서 잠을 자던 아이들에 대해 이야기했다. 식사하는 내내 한 사람에 관해 거듭 이야기했는데 "야, 이 불량한 인간아!"라는 팻말을 들고 차량 옆에서 쫓아오던 남자였다. 케네디에 따르면 그 남자의 얼굴은 증오와 분노로 일그러져 있었고, 케네디가 내민 손을 잡더니 뼈가 부스러질 정도로 꽉 쥐었다고 했다.

"제 손의 뼈를 전부 부러뜨리려는 것 같았어요."

케네디는 자신을 해치려는 사람이 존재하는 이유가 궁금했다. 왜 사람들은 케네디를 미워했을까? 좋지 않은 일로 케네디가 기분이 언짢았던 것은 그때가 처음은 아니었고, 전에도 그런 고민을 한 적이 있었다. 케네디가 지나치게 민감하다고 생각하는 기자들도 있었지만, 그들은 얼굴을 모르는 사람에게 분노를 일으키는 게 어떤 것인지, 환호하는 청중 사이에 숨어서 자신을 해치려는 사람을 마주하는 것이 어떤 것인지 알지 못했다.

케네디는 인디애나주 예비선거에서 42퍼센트의 득표율로 승리했다. 브래니긴은 31퍼센트, 매카시는 27퍼센트를 얻는 데 그쳤다. 케네디가 원하던, 그리고 언론이 케네디가 목표로 삼아야 한다던 50퍼센트에는 미치지 못했고, 매카시를 사퇴하게 할 만큼 압도적이지도, 데일리 시카고 시장과 민주당 중진이 케네디가 험프리 부통령보다 더 폭넓은 지지층을 가지고 있다는 신뢰를 줄 만큼의 지지율은 아니었다. 하지만 케네디가 직면한 장애물, 예컨대 늦은 출마 선언, 많은 백인 반발표, 민주당 중진과 인디애나주에서 가장 영향력 있는 신문의 반대를 고려하면 고무적인 승리였다.

케네디는 인디애나주의 11개 선거구 중 10곳에서 승리했고, 92개 카운티 중에서 51개에서 이겼다. 그중에는 과거 KKK단의 거점도 있었다. 경쟁 후보인 브래니긴 주지사가 사는 소도시와 그곳이 속한 카운티와 선거구에서 승리했고, 메이슨-딕슨 선(Mason-Dixon Line : 메릴랜드주와 펜실베이니아주의 경계선으로, 남북전쟁 당시 남부와 북부를 가르는 선-옮긴이) 남쪽에서 이주한 백인 1세대가 많이 사는 인디애나주 남쪽 카운티 25개 중 17개에서 승리했다.

이 결과는 케네디가 길거리 유세를 고집한 것이 옳은 결정이었음을 보여주었다. 케네디는 자신이 선거유세를 한 인디애나주 남동부 카운티 전체에서 승리했고, 와바시 캐논볼 철로를 따라 열차를 타고 유세한 농촌 카운티에서도 모두 승리했으며, 링컨 트레일을 따라 자동차로 방문한 카운티 중에서 한 곳을 제외하고 모두 승리했다. 또한 블루칼라 노동자와 노조원이 많은 먼시, 로건포트, 포트웨인, 테러호트, 코코모 같은 도시에서도 승리했다. 특히 레이크 카운티에서는 흑인 표의 85퍼센트, 전체의 46퍼센트를 얻어서 주 평균 득표율을 4퍼센트 웃도는 성적을 냈고, 과거 월리스에게 투표한 유권자의 지지도 일부 얻었다. 케네디는 승리를 선언한 후 래리 오브라이언에게 이렇게 말했다.

"다양한 유권자층에서 지지를 받을 수 있다는 걸 증명했습니다. 저의 입장에서 물러서지 않고도 흑인과 백인을 연결하는 다리 역할을 할 수 있습니다."

기자와 정치 전문가 다수도 그런 생각에 동의했다. 〈뉴스위크〉는 "단순한 통계상 숫자보다 케네디가 승리한 방식이 훨씬 더 큰 의미를 지닌다"라며, 그가 흑인 표를 쓸어 담았을 뿐 아니라 백인노동자로 이루어진 반발층에서도 크게 앞섰다고 보도했다. 〈뉴욕타임스〉는 케네디가 "가능할 것 같지 않던 흑인과 저소득층 백인의 연합"을 끌어내는 데 성공했다면서, "공장 지역의 블루칼라 노동자와 농촌 백인 사이에서" 선전하고 있다고 했다. 칼럼니스트인 에번스와 노박은 케네디가 개리와 사우스벤드의 폴란드계가 사는 선거구에서 두 배의 표차로 압승했다면서, 65퍼센트 득표율을 보인 사우스벤드의 세인트 에델버트 교구를 예로 들었다. 여론조사 전문가인 루 해리스는 케네디가 도시에서 쉽게 승리했고, 작은 마을과 농촌지역에서는 브래니긴 주지사와 비등한 득표율을 보였고, 작은 대학도시와 교육수준과 소득이 높은 유권자층에서만 매카시에게 뒤졌다고 했다. 해리스는 인디애나주에서의 승리는 케네디가 "1968년 대선에서 흑인과 도시에 사는 백인 저소득층 표를 가져올 가능성이 가장 큰 후보라는 점을 보여주는 중요한 신호"라고 했다.

케네디의 선거운동을 도운 윌리엄 밴든 휴벌과 밀튼 그워츠먼은 1970년에 쓴 책 『그만의 방식On His Own』에서 이런 해석에 의문을 제기했다. 두 사람은 바비 케네디의 마지막 4년을 긍정적으로 기술하면서도 레이크 카운티의 득표율을 바탕으로 "케네디가 화해의 메시지를 설득력 있게 전달한 것은 사실이지만, 정작 그런 메시지를 꼭 들었어야 할 백인들은 듣지 않았다"라고 결론을 내렸다. 두 사람은 레이크 카운티의 결과만으로 그렇게 주장했는데, 레이크 카운티에서의 승리가 케네디가 흑인과 중간 및 저소득층 백인의 연합을 형성하는 데 성공했다는 증거로 사용된다는 것이 그 이유였다. 밴든 휴벌과 그워츠먼은 레이크 카운티 선거 결과 연구에 따르면 케네디가 개리에서 압도적으로 백인이 많이 사는 70개의 선거구 중 59개에서 패했고, 폴란드계가 사는 2개의 선거구에서만 2배 차이로 승리한 것을 보여준다고 했다. 두 사람은 레이크 카운티에서 케네디에게 승리를 안겨준 1만 5500표 차이는 전부 개리에서 왔다면서, 케네디가 개리의 흑인 지역에서 80퍼센트를 득표한 반면, 백인이 모여 사는 70개 선거구에서는 "겨우" 34퍼센트를 득표한 것을 지적했다.

'케네디 신화'를 부정하는 로널드 스틸 같은 사람도 훗날 밴든 휴벌과 그워츠먼의 레이크 카운티 득표 분석을 받아들였다. 스틸은 자신의 책 『밤과 사랑에 빠져In Love with Night』에서 케네디가 백인 노동자 표를 얻었다는 것이야말로 "케네디 신화의 핵심"이라고 하면서, "분석에 따르면 이것은 단지 희망 사항이거나 오해, 그리고 후보에게 유리한 해석을 조합한 것"이라고 주장했다. 스틸은 이 주장의 뒷받침으로 밴든 휴벌과 그워츠먼의 레이크 카운티 득표 분석을 든다.

『로버트 케네디』의 저자 로저 둘리도 밴든 휴벌과 그워츠먼의 분석을 바탕으로 "케네디가 인디애나주 예비선거에서 승리하는 데 필요한 표의 절반 가까이를 흑인 표에 의존했으며, '반발한 백인 유권자'가 많은 지역에서의 지지는 전혀 인상적이지 못했다"라고 결론 내렸다.

밴든 휴벌과 그워츠먼의 분석은 그렇게 포괄적인 주장을 하기에는 너무나 한정적일 뿐 아니라 오류가 있다. 두 사람은 인디애나주 민주당 예비선거에 나온 70만 표 중 약 10퍼센트가 공화당 지지자가 매카시나 브래니긴에게 던진 크로스오버 표라는 사실(예비선거primary의 경우 지지하지 않는 당의 당원으로 등록한 사람도 참여해서 투표할 수 있다. 이런 사람들을 크로스오버 투표자라고 한다-옮긴이), 그리고 그런 표가 아니었으면 케네디는 50퍼센트에 가까운 득표를 할수 있었다는 점도 간과했다. 두 사람은 "백인 유권자가 모두 모여있는 개리의 70개 선거구에서 케네디는 34퍼센트밖에 얻지 못했다"라고 했는데, 여기에서 '밖에'라는 표현을 사용하는 바람에 마치 케네디가 실망스러운 성적을 거둔 듯한 느낌을 주고 있다. 하지만 개리가 북부에서 인종적으로 가장 양극화된 도시였고, 1967년 이 70개 선거구의 백인 유권자 중 95퍼센트 이상이 흑인인 리처드 해처가 아닌 백인 후보에게 표를 준 사실과, 개리가 철강노조의 힘이 강한 곳이고 철강노조가 케네디 반대 운동을 열심히 펼친 사실, 레이크 카운티와 포터 카운티의 회원 8만 명의 AFL-CIO(미국노동총연맹 산업별조합회의) 중앙노동협의회에서 브래니긴 지지를 선언한 사실, 그리고 케네디가 과거 개리의 유권자에게 인기 있던 조지 카카리스 시장을 부패혐의로 기소한 사실을 모두 고려하면 개리의 백인 선거구의 3분의 1을 획득한 것은 상당한 성취였다. 그리고 70개 백인 선거구 중에서 59개를 잃은 것도 밴든 휴벌과 그워츠먼이 암시한 것처럼 나쁜 성적이 아니었다. 이들 선거구는 대통령 선거인단과 달리 승자독식 방식이 아니었기 때문이다. 케네디에게 가장 취약하고 매카시가 강세를 보인 곳은 개리의 남쪽에 사는 중산층이었고, 매카시는 교외 지역 주민에게는 꾸준히 인기를 끌고 있었다.

밴드 휴벌과 그워츠먼이 개리에만 초점을 맞춘 것도 문제였다. 두 사람은 케네디가 반발한 백인유권자에게는 인기가 없다고 생각해서 레이크 카운티의 다른 도시나 인디애나주 전역에서 비슷한 백인 유권자에게서 득표를 많이 하지 못했을 것으로 추측했다. 하지만 케네디는 백인 주민으로만 이루어진 화이팅과 레이크 카운티에서 한때 반발한 백인 유권자가 사는 지역에서 승리했고, 한때 인디애나주에서 가장 인종차별적인 지역으로 여겨진 농촌 지역인 스캇 카운티에서도 1300표를 얻어 900표를 얻은 브래니긴, 500표를 얻은 매카시에게 승리했다. 또한 농촌 지역 백인에게서도 놀라울 만큼 든든한 지지를 받아서 인디애나주 남부 카운티의 3분의 2에서 승리했을 뿐 아니라, 조지 월리스가 1964년에 승리한 일곱 개 카운티에서 모두 승리했다.

〈뉴욕타임스〉 칼럼니스트 톰 위커는 케네디의 승리가 단순히 개리와 인디애나폴리스의 흑인 표를 얻기만 한 것이 아니라 "오하이오 강 주변의 남부 성향의 카운티에서도, 공업 도시에 사는 소수 슬라브계 백인 사이에서도 확실한 승리를 거둔 것"이라고 지적했다. 케네디가 친월리스 성향의 카운티에서 좋은 성적을 거둔 5월 7일, 마침 갤럽의 여론조사가 발표되었다. 갤럽 조사에 따르면 5월 7일 대통령 선거가 치러진다면 공화당이나 민주당의 어떤 후보도 월리스를 이길 수 없었다. 따라서 케네디가 예비선거에서 과거 월리스에게 투표한 유권자표를 얻은 것은 더욱 큰 의미가 있다.

반발한 백인 유권자는 케네디의 정책보다 성격에 더 끌린 것으로 보인다. 짐 톨런은 케네디가 흑인의 희망을 대변하는 후보임에도 불구하고 백인 유권자의 호감을 얻은 것은 케네디가 그들에게 "터프한 아일랜드계 경찰관"처럼 보였기 때문이라고 생각했다(보스턴을 중심으로한 미동부에 정착한 아일랜드계 이민자 중에는 경찰과 소방관이 많은 것으로 유명하다-옮긴이). ABC 방송국의 스티브 벨은 4월 2일 위스콘신주 예비선거에 앞서 한 공장 앞에서 블루칼라 노동자를 인터뷰한커 결과 많은 노동자가 존슨 대통령이나 매카시 후보에게 투표할 생각이 전혀 없다는 사실을 알고 깜짝 놀랐다. 벨은 위스콘신 노동자들이 정치성향이 전혀 다른 케네디와 월리스 사이에서 고민하는 것을 보고 이런 현상을 논리적으로 설명할 수 있는 유일한 이유는 월리스와 케네디가 둘 다 기성정치세력을 두려워하지 않는 '터프 가이'로 비쳤기 때문이라고 생각했다.

칼럼니스트이자 명예 케네디가의 일원인 아트 부크월드도 1968년에 바비를 지지했지만 케네디가 암살당하는 바람에 대선 본선투표 때 월리스에게 투표한 사람들을 인터뷰하면서 비슷한 결론을 내렸다. 부크월드에 따르면 백인 유권자들은 월리스와 케네디를 "그들 개인의 권리를 지켜줄 힘있는 후보"로 생각했다.

케네디가 농촌에 사는 백인 유권자에게 호소력이 있다는 사실은 5월 14일 네브래스카주의 예비선거에서 51퍼센트를 득표해서 확인되었다. 케네디는 인디애나주보다 더 보수적이고 백인이 많은 네브래스카주의 93개 카운티 중 88개에서 승리했다. 직접 방문해서 선거유세를 한 25개 카운티 중 24개 카운티에서 승리했고, 농촌 유권자와 블루칼라 노동자 사이에서 각각 60퍼센트의 지지율을 기록했다. 매카시는 사전 여론조사에서 불리하게 나오자 네브래스카를 포기해서 31퍼센트를 얻었고, 뒤늦게 후보를 사퇴하는 바람에 투표용지에 이름이 남아있던 존슨 대통령은 8퍼센트를 얻었다. 뒤늦게 경선에 뛰어들어서 투표

용지에 이름이 인쇄되지 못한 험프리 부통령은 유권자가 직접 후보의 이름을 적어넣는 자서식 투표 운동을 열심히 진행했고, 오마하에서 제퍼슨-잭슨의 날 만찬(토머스 제퍼슨과 앤드류 잭슨 대통령의 이름을 딴 민주당의 연례 모금행사-옮긴이)에서 연설을 하기도 했지만 6퍼센트 득표에 그쳤다.

케네디는 네브래스카주에 탄탄한 선거운동 조직을 가지고 있었을 뿐 아니라 테드 소렌슨의 형이자 네브래스카 부주지사를 역임한 필 소렌슨의 훌륭한 조언을 들었고, 인구 8000명 이상의 도시를 전부 방문했다. 〈뉴욕타임스〉는 기사에서 케네디가 "농부들에게도 지지를 받았고, 도시뿐 아니라 소도시에서도 지지를 얻은 점도 중요하다"라고 했고, 평소 케네디에게 호의적이지 않던 〈타임〉도 네브래스카주가 "케네디가 도시 사람들과 흑인, 가난한 사람들에게만 인기가 있다는 주장을 무색하게 만들었다"고 했다.

인디애나주와 네브래스카주 예비선거 승리만큼 중요한 사건이 5월 13일 오하이오주 콜럼버스에서 일어났다. 그날 케네디는 아직 지지 후보를 정하지 않은 오하이오주 민주당 대의원을 만났다. 바비 케네디의 하버드대학교 동창이자 JFK의 보좌관으로 일한 케니 오도널이 주선한 자리였다. 오도널은 이날 내내 케네디에게 전화해서 제발 자리에 늦지 말라면서 이렇게 말했다.

"대의원들은 네가 선거유세에서 얼마나 사람들을 많이 끌어모으는지에는 관심 없어. 그냥 본선에서 이길 수 있는지, 그리고 네가 어떤 사람인지 알고 싶어 해. 현재로서는 너를 싫어하고 있어! 이번 미팅에 늦지 마. 그 사람들은 자기들이 왕이라고 생각하니까."

케네디는 콜럼버스 공항에 예정보다 일찍 도착했지만, 대의원들이 기다리는 닐하우스 호텔로 바로 가지 않고 흑인이 사는 동네에 들르기로 했다. 군중이 케네디를 보기 위해 몰려나와 거리를 가득 메웠고, 엄청난 교통혼잡이 일어났다. 콜럼버스의 한 정치평론가는 "이 도시 역사에 후보를 보러 몰려나온 군중이 이토록 즐거워하는 모습은 본 적이 없었다"라고 했다.

케네디는 약속보다 3시간 가까이 늦게 대의원들이 기다리는 호텔에 도착했다. 지지자들을 만난 후여서 셔츠가 바지에서 빠져 펄럭이고, 누군가 커프스단추도 빼가서 잃어버린 채로 대의원들을 만났다. 대의원들은 기다리다가 화가 났고, 무뚝뚝한 표정에 술까지 마신 상태였다. 케네디는 그런 그들의 마음을 완전히 바꿔놓았다. 오도널은 그곳에서 케네디가 대의원들에게 한 말을 두고 "내 생애 최고의 연설"이라고 했다. 케네디는 형과 거리를 두는 말로 연설을 시작했다.

"저는 여러분께 잘 좀 봐달라고 부탁하는 것이 아닙니다. 여러분이 8년 전 형에게 호의를 보여주셨다는 이유로 부탁을 드리는 것이 아닙니다. 제가 여러분이라도 지금 여러분처럼 지지표명을 보류하고 기다릴 겁니다. … '바비 케네디는 캘리포니아 예비선거까지 가서 암살을 당할 수도 있어'. … 제가 대통령에 당선되지 못할 것 같으면 표를 주지 마세요. 제가 캘리포니아 예비선거에서 승리하지 못하면 대통령에 당선되지도 않을 겁니다. 여러분께 드리는 부탁은 이것 뿐입니다. 여러분 한 분 한 분 따로 만나서 제가 대통령이 되어서 할 일을 설명해 드리기 전까지 결정 내리지 말고 기다려주십사 하는 겁니다."

그 말에 오도널은 열광했다.

"바비는 대의원들이 듣고 싶은 말이 뭔지 정확하게 알았고, 그 자리에 있는 것이 너무나 행복하다는 듯 연기했어요. … 정말 완벽하게 행동했죠. 꼭 케네디 대통령을 보는 것 같았습니다. 환상적이었어요. 그 자리에 있던 여자분들은 케네디에 흠뻑 빠졌고요. 대의원들은 모두 같은 의견이었습니다. 나이든 정치 베테랑들이 자신들이 바비를 그만큼 좋아한다는 사실에 스스로 놀라워했어요. 그동안 기사에서 접한 무자비하고 건방진 젊은이가 아니었거든요. 다들 '완전히 잭을 보는 것 같아! 잭하고 똑같아!'라고 했어요. 제가 바비가 완주하겠구나, 하고 생각하게 한 게 바로 그때였습니다. 케네디가 캘리포니아에서 이기면 데일리 시카고 시장의 지지를 얻을 것이고, 나이든 중진들은 모두 케네디를 좋아할 테니까요. 본선 투표는 전혀 걱정하지 않았어요."

바비는 "잭하고 똑같지" 않았다. 더 이상 형과 비슷한 존재가 아니었다. 하지만 형이 그랬던 것만큼이나 간절하게 후보지명을 원했고 그래서 형처럼 대의원들의 마음을 빼앗았다. 케네디가 미팅을 끝내고 떠난 후 후보지명에 중요한 역할을 하게 될 오하이오주 대의원 115명 중 80명이 지지를 결정하지 않고 기다리겠다는 의사를 밝혔다. 케네디가 콜럼버스에서 보여준 모습은 헤이즈 고리에게 당선될 수 있다면 "목이 부러져라" 뛰겠다고 했던 말이 진심이었음을 증명했다.

제4부

# 미국 서부

---

THE WEST COAST

# 14장

# "이 정도는 아무것도 아닙니다"

1968년 5월 15~28일

케네디는 5월 15일 온종일 오리건주 포틀랜드에서 선거운동을 하고 나서 유진 매카시에게 오리건을 빼앗길 수 있다는 걸 알게 되었다. 낮에 포틀랜드 시티클럽에서 만난 사업가들은 냉담했고, 전기톱을 만드는 공장에 들러서도 노동자들의 냉대를 받았다. 양로원 노인들도 케네디를 무시했다. 빈곤퇴치센터에서 열린 집회에서는 찾아온 사람이 너무 적은 것을 보고 "저 많은 청중을 경찰이 저지해주니 고맙군"이라고 자조했을 정도였다.

케네디는 벤슨 호텔의 스위트룸으로 돌아오자마자 존 놀런과 조 돌런, 래리 오브라이언을 포함해 경험 많은 조언자에게 전화해서 난관에 봉착했다고 이야기하고 오리건으로 오라고 했다. 그러고는 그날 저녁 선셋 고등학교에서 열린 모의 정치집회에 참석했다. 거기에 모인 학생들에게 자신이 이야기하려는 내용이 학생들이 그닥 듣고 싶지 않은 주

제일 거라고 말한 뒤, 비록 포틀랜드는 다른 도시가 겪는 심각한 인종 갈등을 피할 수 있었지만 이런 갈등을 무시할 수는 없다고 했다. 케네디는 미국은 한 지역, 한 종교, 한 인종으로 이루어진 나라가 아니기 때문이라고 설명했다. 고등학생들은 대개 로버트 케네디를 열렬하게 지지했지만, 케네디가 행사장을 떠난 뒤 선셋 고등학교 학생들은 휴버트 험프리를 후보로 지명했다. 험프리는 오리건주 예비선거에 등록하지도 않은 후보였다.

케네디가 처한 난관 중 하나는 오리건이 인디애나와 다르다는 사실에서 비롯되었다. 인디애나의 경우 당내 중진이 케네디에 반대했고, 케네디는 명예 케네디가 사람들에 의존해야 했다. 반면 오리건에서는 당내 중진의 지지를 받았고, 그중에는 의지가 확고한 여성의원인 이디스 그린이 있었다. 그린은 선거운동의 관리자로서는 역량이 부족했다. 오리건주의 인구구성도 케네디에게 불리했다. 오리건의 노조는 영향력이 있었고, 특히 포틀랜드에서 힘을 발휘했는데, 노조 지도부는 과거 매클렐런 위원회 청문회 때 케네디가 노조 지도자를 거칠게 심문한 사실에 원한을 품고 있었다. 또한 오리건에서는 적극적인 반전 움직임이 있었고 일찍부터 주민들은 베트남 전쟁에 반대했기 때문에 자연스럽게 유진 매카시에게 호감이 있었다. 가톨릭 유권자는 적었고, 히스패닉 인구도 희박했다. 흑인이 주 전체 인구의 1퍼센트도 되지 않았고, 포틀랜드의 흑인 빈민가는 다섯 블록밖에 되지 않았다. 오리건주는 교외에 거주하는 교육받은 중산층 백인이 다수를 이루고 있었고, 이들은 매카시의 강성 지지자인 경우가 흔했다. 케네디의 열광적인 선거운동 방식은 이곳 주민에게 두려움을 주었다. 다른 곳에서는 케네디가 푸른 눈의 소울브라더나 주류에 반대하는 터프한 아일랜드계 경찰의 이미지를 주었다면, 오리건주에서는 대중을 들쑤시는 선동꾼으로 비친 것이다.

유진 매카시가 오리건에서 영리하고 에너지 넘치는 선거운동을 하는 동안, 케네디는 인디애나와 네브래스카에서 열여덟 시간 동안 선거운동을 한 후 진이 빠진 채 도착했고, 다른 곳에서라면 기운을 불어넣어 줬을 청중도 만나지 못했다.

케네디는 자신의 약점을 알고 있었다. 캘리포니아에서 들뜬 하루를 보낸 후 포틀랜드로 이동하는 비행기에서 케네디는 복도를 돌아다니며 오리건주가 거대한 하나의 교외라는 사실에 불만을 품은 채 이렇게 말했다.

"문제가 있는 사람들이 저를 좋아하는 게 사실이죠."

포틀랜드에서는 포크 가수인 존 스튜어트, 버피 포드와 함께 저녁을 먹으며 "오리건에서는 정말 발판이 만들어지지 않네요. … 이곳 주민은 사는 게 너무 편해요"라면서 자신을 위해 선거운동을 하는 학생들이 한 동네를 다 돌아다녀도 한 명의 지지자도 찾지 못했다고 했다. 케네디는 좌절한 목소리로 "왜 사람들이 저를 싫어하는지 모르겠어요"라면서 "심리상담사가 필요 없는 도시도 있어요. 쌓인 분노는 전부 제게 쏟아부으면 되니까요"라고 했다. 스튜어트는 케네디에게 만약 오리건에서 지면 어떻게 되느냐고 물었다.

"그럼 다 끝나는 거죠. 저는 모든 주에서 승리할 수 있다는 걸 보여줘야만 하거든요."

케네디는 자신이 왜 오리건에서 질 가능성이 있는지 알았고, 오리건 예비선거 패배가 치명적인 결과를 낳을 거로 생각하면서도 유권자의 생각을 바꾸기보다 표를 얻는 일에 집중해야 한다는 사실에 집중하지 못했거나, 그렇게 하기를 의식적으로 거부했다. 케네디는 주민들이 기쁘고 행복한 주에서 휴버트 험프리의 '기쁨의 정치'를 계속 공격했고, 흑인 인구가 극소수에 불과하고 인종 문제가 거의 없고, 가난이 심각한 문제가 아닌 주에서 빈민과 인종 문제를 강조했다. 오리건 주민에게 와닿지 않는 문제를 해결해야 한다고 주장한 것이다. 〈뉴욕타임스〉의 톰 위커 기자는 케네디가 미국의 인종과 가난 문제를 이야기하며 탄식했지만 "청중은 그게 관심을 보이지 않았다"라고 보도했다. 딕 하우드는 케네디가 어느 쇼핑센터에서 늘 하던 대로 행동과 희생을 촉구하는 말을 했을 때 도심 빈민가와 인디언 보호구역을 본 적이 없는 청중이 하나같이 미소를 머금고 있는 걸 목격했다.

오리건 유권자와 소통하려는 시도는 열성적이지도 치밀하지도 않았다. 공장 내부를 돌아다니면서 높은 생활비를 비판했지만, 임금에 만족하는 노동자들은 별다른 반응을 하지 않았다. 오리건 주가 가진 자연의 아름다움을 찬양하고 산림 문제에 대해서 이야기해도 청중은 박수를 치지 않았다. 포틀랜드의 한 교외에서 열린 집회에서는 군인 수천 명이 시위대를 저지하기 위해 워싱턴으로 진입하는 상황에서 자신은 '행복의 정치'에 참여할 수 없다고 했지만 사람들은 그저 예의상 박수를 조금 쳐 주었다. 하루는 오전 내내 윌러멧강에서 관광용 유람선을 타고 지역 관료들과 환경 문제와 해양 문제를 논의했지만 한 명의 유권자도 만나지 못했다. 케네디는 배에서 내리면서 줄스 윗코버 기자에게 "문제가" 있다고 했다. 무슨 뜻이냐고 묻는 기자에게 케네디는 "정치부 기자 아니신가요? 상황을 보면 모르나요"하고 쏘아붙였다.

예비선거 기간에 케네디는 극과 극을 오갔다. 몇 분 사이에 부드럽다가도 시무룩했고 좋아서 어쩔 줄 모르다가도 금방 침울해졌다. 아무 말 없다가 흥분하기도 했다. 자기 자신을 비꼬는 농담을 연달아서 하고, 가난과 희생에 관해 즉흥적으로 이야기하다가 갑자기 절망했다. 길고 실망스러운 하루를 보내고 벤슨 호텔의 복도에서 딕 드레인을 만난 케네디는 "재미있는 농담 좀" 들려달라고 했다. 드레인이 의원님이 농담하는 게 더 재미있다고 하자 "글쎄요, 제가 그럴 기분이 아니네요"라는 답이 돌아왔다.

케네디는 마치 눈앞에 구명튜브를 두고 손이 닿지 않아 허우적대며 물에 빠져드는 사람 같았다. 포틀랜드에서 열린 집회에서는 미식축구 선수 출신의 루즈벨트 그리어와 함께 듀엣으로 '스패니시 할렘에 장미 한 송이가 피었어요There Is a Rose in Spanish Harlem'를 불렀지만 청중은 아무런 반응이 없었다. 아스토리아에서는 옷을 벗고 사각팬티 바람으로 해변을 걷다가 차가운 파도 속으로 뛰어들기도 했는데, 해수욕을 즐기기에는 이른 시기에 바닷물에서 수영하지 않는 오리건주 사람들의 눈에는 그저 신중하지 못한 행동으로 보였고, 케네디가 오리건을 잘 모르고 대통령이 될 만한 진지함을 갖추지 못했다는 선입견을 강화했을 뿐이었다.

오리건에서 패배할 가능성이 점점 커지면서 케네디는 더욱 우울해했고, 선거운동을 하러 다니는 비행기 안에서 가까운 사람들과의 관계에 천착했으며, 아이들을 만나는 데서 행복감을 얻었다. 그걸 잘 보여주는 사례가 기차를 타고 이동하던 중 윌라메트 밸리에서 진행한 짧은 유세였다. 케네디가 연설하는 동안 열차가 서 있던 승강장 가장자리에서 어린 여자아이가 얼굴을 빼꼼히 내밀고 있었다. 케네디는 연설을 멈추고 "안녕? 그거 뭐야?"하고 물었다. 아이는 아무 말 없이 케네디에게 초콜릿을 듬뿍 묻힌 체리가 담긴 상자를 건넸다. 케네디는 상자를 열고 아이에게 너도 하나 먹겠느냐고 했고, 아이는 고개를 끄덕이면 받아서 한입 먹었다. 케네디도 아이를 따라 체리를 먹는데, 또 다른 아이가 승강장 한쪽에 보였다. 케네디는 "얘가 화난 거 같아요"라면서 남자아이에게도 체리를 건네줬다. 청중이 몇 분을 기다리는 동안 케네디 그렇게 혼자 이야기하면서 아이들과 체리를 먹었다.

오리건을 떠나 캘리포니아에서 선거운동을 하기만 하면 케네디의 기분이 좋아졌다. 샌프란시스코 남쪽의 교외에서 소규모 청중을 상대로 연설을 한 케네디는 샌프란시스코로 돌아와서 트윈픽스(Twin Picks : 샌프란시스코 중심에 있는 산봉우리-옮긴이)를 지나 대부분 텅 빈 거리를 통과하면서 점점 더 침울해졌다. 그러다가 유세차량 행렬이 카스트로 거리에 들어서자 많은 청중을 만났다. 멕시코계 사람들은 또띠아가 담긴 접시를 들고 있었고, 아일랜드계 사람들은 쉴레일리(shillelagh : 아일랜드에서 무기로 사용하던 전통 곤봉-옮긴이)를 휘두르며 케네디가 탄 차로 몰려왔다. 케네디는 짐 톨런에게 고개를 돌려 "고향에 온 것 같아요, 고향에!"라고 외쳤다. 톨런은 그 순간이 케네디가 자신을 이미 좋아하는 유권자를 흥분시키는 일에만 집중하면 캘리포니아에서 승리할 수 있을 거라고 결론을 내린 순간이라고 생각한다.

케네디는 카스트로 거리에서 받은 환영으로 너무 흥분한 나머지 샌프란시스코의 프레스 클럽에서 기자들에게 "제가 예비선거에서 어느 한 곳에서라도 지면 승산이 있는 후보가 아닐 겁니다"라며 불쑥 속마음을 털어놓았다. 케네디는 나중에 자신이 한 말을 주워 담으면서 지지자들에게 더 열심히 선거운동을 해달라고 북돋운 것뿐이라고 애써 의미를 축소했지만 이미 늦었다.

사흘 후 케네디는 오리건주를 다시 떠나 5월 24일 금요일에 캘리포니아주 LA에 도착했다. 할리우드가 주최하는 케네디를 위한 선거자금 모금행사가 LA 스포츠 아레나에서 열릴 예정이었기 때문이다. 케네디가 이용한 웨스트코스트 전세기는 히코리 힐의 자택 역할을 했다. 유명인사와 가족, 명예 케네디가 사람, 그리고 아내 에설과 함께 다니는 "절친들"이 전세기를 가득 채웠다. 히코리 힐에서 그랬듯 에설은 비행기에서 사람들과 깜짝 놀랄 장난을 계획하고 재미있는 일을 꾸몄다.

LA로 가는 중에는 경호원인 빌 배리의 깜짝 생일파티를 열기 위해 비행기 내부를 붉은색, 흰색, 파란색 종이로 장식하고 붉은색, 은색 풍선으로 가득 채운 후 남편과 빌 배리가 그려진 생일 케이크를 주문했다. 행복한 분위기에서 파티가 진행되던 중 풍선 한 개가 터지자 총소리인 줄 안 케네디는 손으로 얼굴을 가렸다.

케네디를 위한 할리우드 모금행사는 그해 봄 케네디에게 형의 대선 선거운동을 떠올리게 만든 몇 가지 사건 중 하나였다. 1960년 민주당 전당대회가 같은 장소인 스포츠 아레나에서 열렸고, 바비는 그때 이후로 처음으로 현장을 방문하게 된 것이다. 영화배우 라켈 웰치는 케네디를 소개하면서 이렇게 말했다.

"분열된 이 나라를 다시 하나로 뭉치게 해줄 사람이 있다면 그 사람이 바로 존 … 의 동생 로버트 F. 케네디라고 생각합니다."

웰치의 말실수에 1960년을 떠올린 케네디는 피곤하고 무거운 표정으로 무대 위에 올랐다. 케네디는 다른 사람이 써준 농담 몇 개를 이야기한 뒤 1960년 당시 형의 사진이 담긴 포스터를 대의원들이 흔들던 큰 홀에서 앤디 윌리엄스, 마할리아 잭슨, 그룹 버즈Byrds가 노래를 부르는 것을 들었다. 케네디는 연설 중에 젊은이들이 베트남에서 불필요하게 희생되고 있다는 이야기와, 미시시피에서 아이들이 굶주리고 있다는 이야기를 하다말고 멈추더니 "그러니 누구를 위하여 종이 울리느냐고 묻지 마시기 바랍니다. 종은 여러분을 위해서 울립니다"라고 말했다. 그러자 유명인들로 가득한 청중이 갑자기 조용해졌다.

행사가 끝난 후 케네디는 녹화를 위해 TV 스튜디오로 향했고, 기자와 수행원은 전세기로 돌아와 노래를 불렀다. 실비아 라이트는 근본주의 기독교 가정에서 자랐고, NBC 방송의 리처드 하우드와 존 하트는 둘 다 아버지가 성직자여서 다들 침례교와 감리교의 찬송가를 알고 있었다. 존 스튜어트와 버피 포드도 마찬가지여서 다들 술을 따르고 양복 재킷을 벗고 셔츠의 팔을 걷어 올린 채 '믿는 사람들은 주의 군사니', '저 장미꽃 위의 이슬', '죄짐 맡은 우리 구주' 같은 찬송가를 합창했다. 특히 "주는 어찌 좋은 친구인지"라는 구절은 "바비는 어찌 좋은 친구인지"로 바꿔 불렀다. 또한 킹 목사의 장례식 때 사람들이 부르며 울었던 '큰 죄에 빠진 날 위해', '낡고 위대한 깃발', '양키 두들 댄디', '공화국 찬가'도 불렀다. 케네디가 새벽 두 시에 비행기로 돌아오자 에설이 이렇게 말했다.

"여보! 정말 즐거운 시간을 놓쳤어. 여기에 내가 세 시간 누워있었고 사람들이 노래했어. '공화국 찬가'를 부르는 걸 들었어야 했는데."

케네디는 스웨터와 편한 바지로 갈아입은 뒤 전체 노래를 다시 부를 수 있냐고 묻고는 '공화국 찬가'를 함께 불렀다. 노래에서 "나리꽃의 아름다움 속에 그리스도께서 바다 건너 나셨노라"라는 대목에 이르자 라이트와 하우드는 교회의 성가대에서 흔히 부르듯 느리게 불렀지만 케네디는 속도를 늦추지 않고 치고 나갔다. 하우드는 케네디에게 "가만히 계시면 그 부분은 어떻게 불러야 하는지 알려드릴게요"하고는 다 같이 그 부분을 느리게 다시 불렀다. 라이트는 그 순간을 회상하면서 이렇게 말했다.

"노래는 아주 아름다웠고, 그래서 케네디는 아주 슬퍼졌어요."

비행기 좌석에 줄지어 앉아서 화음을 섞어 노래를 부르기 쉽지 않았기 때문에 케네디는 복도로 나와서 바닥에 앉았다. 그러자 다른 사람들도 복도로 나와서 의자에 기대거나 서로에게 기대어 앉았다. 다 같이 노래를 부르는 동안 케네디는 실비아 라이트의 꽁지머리를 살짝 당기고, 버피 포드의 금발 머리를 손가락으로 별 생각 없이 쓰다듬었다. 마지막으로 부른 노래는 '꽃들은 모두 어디로 갔는가(Where Have All the

Flowers Gone : 한국 전쟁과 베트남 전쟁에서 희생된 젊은이들을 추모하는 대표적인 반전 가요-옮긴이'였다. 이 노래를 몇 번이고 반복해서 불렀는데 케네디가 제일 좋아하는 노래 중 하나라는 걸 알았기 때문이다.

새벽이 밝아올 때쯤 사람들은 서로 엉켜서 잠이 들었다. 라이트는 눈을 붙이지는 않았지만 하우드가 무릎 위에 엎어져서 자는 바람에 움직이지 못했다. 라이트는 케네디가 힘겹게 일어서서 기내를 돌아다니면서 담요와 코트를 모으는 모습을 지켜봤다. 케네디는 그렇게 모은 담요와 코트를 자는 사람들에게 덮어준 뒤 빈자리 위에 켜진 기내 등을 껐다. 그러고는 복도에 오래도록 서서 잠든 사람들을 지켜봤다.

포틀랜드에 착륙한 지 몇 시간 후 케네디는 고등학교 두 곳, 집회 다섯 곳, 아트센터·쇼핑센터·양로원 한 곳을 열두 시간 안에 방문하는 하루 일정을 시작했다. 벤슨 호텔을 떠나기 전, 케네디는 유진 매카시가 TV 토론을 하자는 제안을 거절한 자신의 결정을 더턴과 함께 논의했다. 매카시는 라디오와 TV 광고를 통해 케네디가 겁쟁이라고 주장하며 압박하고 있었다. 매카시는 이날 돈을 써서 저녁 시간 30분 TV 방송을 산 후 케네디에게 스튜디오로 오라며 도전장을 내기도 했다. 인디애나와 네브래스카에서 승리한 케네디는 매카시를 무시하고 휴버트 험프리 부통령에게 집중하기로 했다. 이 전략의 문제점은 험프리가 오리건주 예비선거에 참여하지 않았고, 케네디와 매카시 간 지지율이 팽팽하다는 여론조사 결과였다.

애덤 월린스키와 팻 루시를 비롯한 보좌관은 전주 내내 케네디에게 마음을 바꿔서 매카시와 토론을 하라고 설득했다. 케네디는 듣지 않았다. 케네디는 매카시가 TV 카메라를 잘 받는 사실을 알았고, 워낙 느긋한 일정으로 선거운동을 하는 사람이어서 휴식을 충분히 취해서 산뜻한 컨디션으로 카메라 앞에 서는 반면 자신은 지친 모습으로 등장하는 상황을 두려워했다. 더턴도 할리우드 행사와 밤을 새우며 노래를 한 케네디가 그날 저녁 토론회에서 좋은 모습을 보이기는 힘들 것으로 생각했다. 케네디가 토론에 반대한 또 다른 이유는 매카시가 토론을 원한다는 것을 알기 때문이었다. 5월 25일 즈음 케네디는 매카시를 행복하게 만들어줄 기분이 아니었다.

로버트 케네디와 유진 매카시는 친한 적이 없었다. 매카시는 자신의 연설문 작성자인 리처드 굿윈에게 케네디가 사람들이 한 번도 자신을 "고맙게 생각"한 적이 없다고 했고(굿윈은 후에 케네디 캠프로 자리를 옮겼다), 케네디는 개인적으로 매카시가 대통령감이 아니라고 생각했다. 두 사람이 오리건에 도착할 때쯤 서로에 대한 막연한 경멸감은 지독한 혐오로 발전한 상태였다. 케네디는 매카시를 게으르고, 건방지고, 정직하지 못한 인물로 생각했다. 매카시는 케네디를 버릇없는 부잣집 아들로 생각했다. 둘 다 성당에 다니는 가톨릭 신자이고, 원한을 품고 사는 성격이라는 것을 제외하면 둘 사이에는 공통점을 찾기 어려웠다. 케네디는 기자들과 관계를 잘 유지했고 어울리기를 좋아한 반면 매카시는 기자들을 신뢰하지 않았다. 케네디는 열정적으로 선거운동을 했지만 매카시는 선거운동에 시큰둥하고 게을렀다. 케네디는 사람들 앞에서 자조적인 농담을 했지만, 매카시는 스스로를 진지하게 생각했다. 케네디는 소수인종과 노동자계급의 유권자에게 다가갔지만 매카시는 흑인이 사는 동네와 공장을 피했고, 케네디가 가장 취약했던 교외와 대학도시에서 힘을 발휘했다. 케네디는 집단적인 죄의식과 구원을 믿었지만, 매카시는 청중에게 베트남 전쟁이나 인종 불평등에 책임이 있다고 말한 적이 한 번도 없었다.

매카시는 자의식이 강한 사람이었는데, 케네디는 매카시를 무시함으로써 매카시의 자의식에 거듭 상처를 주었다. 매카시는 5월 22일 샌프란시스코의 카우팰리스에서 한 연설에서 케네디에게 반격을 가했다. 케네디 대통령 시절 베트남 정책과 연계해서 케네디를 '낡은 정치인'으로 치부한 것이다. 매카시는 심지어 케네디의 코커스패니얼종 애완견을 조롱하면서 "프레클즈를 데리고 다니는 게 이슈를 중심으로 선택하게 하는 데 어떤 도움이 되는지 아직도 이해가" 안 된다고 했다.

오리건에서 열린 기자회견 중에는 고학력자일수록 케네디보다 자신을 더 지지한다면서 케네디 지지자를 매카시 지지자보다 지적으로 열등한 사람들로 치부했다. 오리건주 코발리스에 모인 학자들을 상대로 이야기할 때는 자신을 거부한 인디애나 주민을 비하했다.

"그(인디애나) 사람들이 계속 어느 시인 얘기를 하길래 제가 셰익스피어를 이야기하는 거냐고 물었어요. 아니면 제 친구인 로버트 로웰 시인을 이야기하는 건지. 그랬더니 제임스 위트콤 라일리(James Whitcomb Riley : 인디애나의 대중 시인으로 불린 인물로, 일반인들이 이해하기 쉬운 시와 어린이를 위한 동시를 쓴 것으로 유명하다-옮긴이)랍니다. 그런 조건에서 이기기는 힘들죠."

오리건주립대학교 학생들에게는 "1968년 선거에서 대통령이 되겠다고 하는 사람의 인간성에 대한 교양있는 판단이 필요합니다"라고 했는데, 그 말인즉슨 케네디에게 승리를 안겨준 네브래스카와 인디애나의 주민이 교양있는 판단을 할 수 없는 사람이라는 뜻이었다.

매카시는 오리건 선거유세 중에 케네디가 도저히 용납할 수 없는 발언을 했다. 매카시가 종종 장난삼아 말을 하곤 했고, 기자들과 농담을 하던 중에 나왔다는 설명도 있지만, 매카시가 "케네디를 암살하려는 시도가 있었다는 얘기를 케네디 진영에서 흘렸다는 기사를 읽게 될 것"이라는 말을 기자들에게 한 것이다.

다음 날 아침 딕 턱이 케네디가 있는 욕실에 들어와 해당 발언을 들려주었다. 딕 턱은 욕조에 몸을 담근 케네디에게 간추린 신문기사를 소리 내어 읽어주던 중 매카시의 발언을 읽다가 중간에 멈췄다. 암살 우려에 대해서는 케네디가 절대 농담하지 않았기 때문이다. 수상하게 여긴 케네디가 매카시의 발언을 끝까지 읽으라고 했고, 그러고는 아무 말도 하지 않았다. 케네디에게는 충격적인 발언이었다.

토요일에 케네디가 몇 군데 실망스러운 선거운동 집회에 참석한 후 오후에 벤슨 호텔로 돌아오자 월린스키, 루시, 샐린저, 밴든 휴벌 등이 생각을 바꿔 매카시와 토론을 하라고 간청했다. 케네디는 이디스 그린 하원의원에게 전화했다. 그린은 토론에 참가하지 말라는 기존 입장을 고수했다. 케네디는 다시 매사추세츠주의 정쟁에 경험이 많은 래리 오브라이언과 이야기했다. 오브라이언은 토론에는 찬성했지만, 득표에 그다지 영향이 없다고 판단해서 강요하지는 않았다. 케네디는 "가망이 없을까요?"하고 물었다. 오리건 예비선거 얘기였다. 오브라이언은 그럴지도 모르겠다고 대답했고, 케네디가 자신이 토론에 응하면 다급한 것처럼 보일 것을 우려해 참가하지 않을 것으로 생각했다.

케네디는 결정을 번복하지 않겠다고 선언하고는 잠시 눈을 붙이겠다며 사람들을 방에서 내보냈다. 하지만 월린스키를 비롯한 몇몇은 케네디가 치명적인 실수를 한다고 생각하고 더턴에게 찾아가 케네디와 이 문제를 다시 논의해달라고 사정했다. 월린스키 일행은 케네디의 방으로 돌아가 케네디를 깨운 후 자신들의 주장을 다시 전달했다. 케네디는 생각을 바꾸려 하지 않았다. 마침내 더턴이 이렇게 말했다.

"이제 끝내야 할 단계가 있다고 생각합니다. 이걸 계속 반복하실 수는 없어요."

케네디가 방에서 나가 달라고 하자 월린스키 일행은 복도에 서서 큰 소리로 이야기하고 웃었다. 케네디는 발로 복도 쪽 벽을 걷어차며 월린스키와 자리에 없는 제프 그린필드를 향해 이렇게 소리질렀다.

"연설보좌관들이 호텔 복도를 서성이면서 웃는 것 외에 특별히 할 일이 없으면 집집마다 돌아다니고 전화라도 하면서 선거운동을 해야 하는 거 아닙니까? 게다가 연설보좌관들이 왜 항상 기타를 들고 다니는 건지도 모르겠어요."

케네디는 신경을 거스르는 일이 있으면 종종 화를 내곤 했지만, 보좌관들이 기억하기에 이번처럼 인정사정없이 화를 낸 적은 없었다. 아마 매카시와 토론해야 한다는 것을 알아서 화가 났을 것이다.

예비선거 하루 전날 케네디는 오리건주 남부에 있는 로즈버그로 날아갔다. 케네디는 인디애나와 네브래스카 시골에서 거둔 승리를 로즈버그에서도 거두고 싶었다. 케네디가 보고받은 바에 따르면 총기규제가 이 지역의 주요 관심사고, 우편 주문을 통해 총을 사는 행위를 규제하는 연방법안이 상정되어 있는데, 그 법안에 반대하는 사람들을 만날 수 있다고 했다. 매카시는 법안에 반대했고, 그것이 오리건 선거에서 매카시에게 도움이 되고 있었다. 하지만 리 하비 오스월드가 다른 사람의 이름으로 우편 주문을 통해 산 총으로 형을 암살한 사실을 아는 로버트 케네디로서는 이 문제를 유연하게 넘어가기 힘들었다.

케네디와 일행을 태운 프로펠러 비행기는 로즈버그에 착륙하던 중 충돌사고를 낼 뻔했다. 케네디는 비행기에서 내리자마자 벌목공용 셔츠를 입은 남성들을 마주하게 되었다. 남성들은 총기를 보유하고 소지할 권리를 보호하자는 팻말을 흔들고 있었다. 총기규제에 반대하는 사람들은 로즈버그 시내에 있는 더글라스 카운티 법원 앞에 있던 군중의 대다수를 차지하고 있었다. 자신의 가족사를 고려하면 케네디는 놀라울 만큼 침착했다.

"총기에 관한 팻말이 보이는군요. 누가 올라와서 설명을 좀 해주셨으면 합니다.”

그러자 덩치가 큰 남성이 '총기를 보유하고 소지할 권리를 지키는 모임'의 대표라고 자신을 소개한 후, 문제의 법안이 통과될 경우 궁극적으로 모든 총기를 등록해야 하는 쪽으로 발전할 것이라고 주장했다. 케네디는 “이 법안은 총기가 범죄자와 정신병자, 그리고 아이들의 손에 들어가지 않게 막으려는 것일 뿐”이라면서 이렇게 덧붙였다.

“미국에서 일어나는 모든 폭력과 살해, 살인사건을 생각해보면 권총이나 소총을 소지해서는 안 되는 사람이 소지하지 못하게 해야 한다는 말에 동의하시리라고 생각합니다.”

청중 중 일부가 야유를 보냈다. 누군가 나치 독일은 총기를 등록하게 하는 것부터 시작했다고 소리쳤다. 케네디는 법안에 대한 찬성의견을 계속 주장했다. 하지만 흑인 폭동세력이나 무장단체가 우편으로 총기를 살 수 있다는 말은 하지 않았다. 그렇게 주장했더라면 청중들의 동의를 구할 수 있었겠지만, 케네디는 해당 법안에 상세 규정이 있고, 총기를 우편으로 구매할 수 있는 사람들은 총기를 다룰 자격이 있음을 보장한다며 법안을 옹호했다.

“여러분이 총기를 보유하고 소지할 수 있게 하려는 겁니다. 범죄자가 아닌 한 이 법안은 여러분의 총기 보유를 막지 않습니다. 자동차를 등록하거나 약품 처방 내용을 등록하는 것이 민주주의를 무너뜨렸다고 생각하지 않습니다. 총기를 등록하는 것도 마찬가지입니다.”

케네디가 연설장을 떠날 때 팻말을 든 사람들의 일부는 환호성을 질렀다. 예비선거일에 케네디는 캘리포니아로 가서 선거운동을 했다. 전담 기자단은 패배를 예상하고 케네디에게 조심스럽게 대했다. 하지만 칼럼니스트 조지프 알소프는 워싱턴 D.C.에서 온 지 얼마 안 되었고 케네디의 출마에 반대했었기 때문에 그런 죄책감이 없었다. 그래서 알소프는 캘리포니아로 이동하는 비행기 안에서 이런 말을 했다.

"오리건 상황이 안 좋아 보이고 캘리포니아도 의원님께 등 돌리고 있어요. 정치적인 자해 행위을 하고 계신데 도대체 왜 그러셨습니까?"

케네디는 지금 와서 지난 결정을 판단하고 싶은 기분이 아니었다. 그래서 고개를 저으며 말했다.

"그 얘기는 하고 싶지 않습니다. 친구들과 노래를 부르고 싶어요."

케네디는 근처에 기타를 들고 앉아 있던 바비 대린을 쳐다봤고 일행은 나머지 비행시간 내내 함께 노래를 불렀다. 케네디는 밥 딜런의 노래가 우울하다고 종종 불평했는데, 그래도 대린이 딜런의 노래 '바람만이 아는 대답Blowing in the Wind'을 부르는 것은 좋아해서 반복해서 함께 불렀다.

이날 마지막 행사는 자동차 행렬로 캘리포니아주 옥스나드를 통과하는 것이었다. 케네디가 달리는 오픈카 뒷좌석에 서서 손을 흔들고 있을 때 누군가 소리쳤다.

"저 사람 총 들고 있어요!"

"엎드리세요! 엎드려요!"

보좌관 하나가 소리치며 케네디가 탄 차로 달려갔다. 사람들이 총을 든 남자에게 덤벼들어 땅에 쓰러뜨렸다. 총은 장난감 총으로 밝혀졌다. 케네디는 그런 사실을 몰랐지만 엎드리기를 거부했다. 케네디가 포틀랜드로 돌아가는 전세기에 오를 때에는 한 기자가 이런 말을 했다.

"밥, 안 좋은 뉴스가 있어요."

투표가 아직도 진행 중이었지만 방송사들은 매카시가 압도적으로 앞선다는 전망을 내놓았다.

"안 좋군요."

케네디가 조용한 목소리로 말했다. 비행기에 탄 사람 중에는 케네디가 패배한 소식을 침착하게 받아들이는 모습에 놀라는 사람들도 있었다. 하우드의 표현을 빌면 "케네디가에서 선거에서 진 첫 번째 인물이 되었다는 사실에 손을 부들부들 떨거나 비통해하는" 모습이 없었기 때문이다. (최종집계에 따르면 케네디는 6퍼센트 차이로 졌다. 총 27개 예비선거와 본선을 연속으로 승리한 케네디 가문의 기록이 끝난 것이다.) 누군가 오리건의 패배가 보좌관들의 탓이라고 말하는 것을 들은 케네디가 말했다.

"그건 말도 안 되는 소리예요. 제가 이겼으면 저 때문에 이겼다고 했을 텐데, 그럼 진 것도 저 때문에 진 거죠."

케네디는 자리를 피하는 대신 기자들과 함께 앉아서 패배한 이유를 짐작해봤다.

"때론 제가 미국의 분위기를 제대로 감지한 건지 의문이 들기도 합니다. 제대로 감지했다고 생각합니다만, 완전히 틀렸을 수도 있죠. 어쩌면 사람들이 변화를 싫어하는 건지도 몰라요."

케네디는 매카시를 과소평가한 점을 인정하면서 이렇게 말했다.

"그 사람이 저를 너무 싫어해서 저를 막으려는 게 아닌가 싶기도…."

케네디는 말을 끝내지 않고 끝을 흐렸다. 헤이즈 고리가 케네디에게 캘리포니아 선거전략을 바꾸겠느냐고 물었다.

"아뇨. 제가 믿는 프로그램이 있어요. 그걸 계속 밀고 나갈 겁니다. 미국의 분위기를 잘못 판단했을 수도 있지만, 저는 그렇게 생각하지 않아요."

만약 후보지명을 받는 데 실패하면 미국의 빈민과 소수인종은 어떻게 될 것 같은지, 험프리나 매카시가 빈민이나 소수인종과 친밀한 관계를 유지하고 있다고 생각하는지에 대해 질문을 받은 케네디는 이렇게 답했다.

"두 사람 다 안 그런 것 같습니다."

케네디는 아내 에설을 위로하러 복도를 걷는 동안 얼굴에 미소를 머금고 있었다. 에설은 케네디에게 방금 예비선거에서 패배하고도 어떻게 행복한 표정을 하고 있느냐고 물었다. 케네디는 "정말 좋은 하루를" 보냈다면서 옥스나드에서 자신을 맞이한 마리아치 밴드(멕시코 전통 복장을 하고 연주하는 밴드-옮긴이)에 대해 이야기했다. 어떤 기자들은 찬송가를 부르며 기분을 풀어주려 했다. 딕 턱은 가톨릭 학교에서 행진곡으로 사용하는 '가톨릭 액션'이라는 노래를 불렀다.

"우리의 마음은 순전하고, 생각은 분명하다네. 우리의 투구에는 죄의 때가 묻지 않았고 … 하나님의 무적의 성인들이 우리를 이끄네. 하지만 우리는 평화를 부르고, 자애로운 왕의 법은 빛이고, 생명이요, 사랑이라네."

한 기자가 에설이 패배를 어떻게 받아들이고 있느냐고 딕 턱에게 묻자 이런 답이 돌아왔다.

"에설은 역경이 뭔지 아는 사람이죠. 이 정도는 아무것도 아녜요."

# 15장

# 부활의 도시

1968년 5월 29일

〈LA타임스〉는 오리건주 예비선거 결과가 로버트 케네디에게 "커다란 충격"이었다고 보도했다. 〈월스트리트저널〉은 휴버트 험프리가 오리건주의 진정한 승자라고 했고, 〈뉴욕타임스〉는 사설에서 유진 매카시를 "말 없는 사나이(The Quiet Man : 존 웨인 주연의 1952년 영화 제목으로, 경기 중에 의도치 않게 상대 선수를 죽인 권투선수가 미국을 떠나 자신이 태어난 아일랜드로 돌아가면서 시작한다. 매카시가 아일랜드계인 것을 염두에 둔 표현-옮긴이)", "거인 킬러 진(Gene the Giant Killer: '진'은 유진 매카시의 애칭으로, 1962년에 나온 영화의 제목을 바꿔서 케네디를 상대로 한 승리를 묘사한 것-옮긴이)"으로 부르면서 이 승리로 매카시가 민주당의 지명을 받을 수 있는 자격을 갖춘 후보가 되었다고 썼다. 〈뉴욕타임스〉는 케네디와 "그의 수행원"이 "권력만 추구해서 지나치게 공격적으로 몰아붙였다"라면서 케네디의 선거운동은 "선거자금이 너무 많고, 지나치게 화려하며, 당연히 이길 수밖에 없다고 자신하는 듯한 느낌마저 다소 풍긴다"고 했다. 또한 매카시가 "지나친 과장과 후보들이 흔히 사용하는 지나친 단순화"를 피하고 "지적인 공격과 재치있는 여담, 사색적이고 절제된 표현, 그리고 시"를 사용했다고 칭찬했다. 이 문장은 민주당 내의 진보적 지식인과 노동자계급 유권자가 얼마나 멀리 떨어졌는지를 극명하게 보여주었다.

다음 날 아침 케네디는 캘리포니아에서는 마지막 선거운동을 시작하기 위해 비행기를 타고 LA로 돌아갔다. 공항 기자회견에서 케네디는 지나칠 정도로 솔직하게 말했다. 오리건은 "큰 부담이 되는 패배"라면서 "상황이 바뀌었기 때문에" 매카시와 토론하기로 했다고 밝힌 것이다. 아직도 한 주의 예비선거라도 패배하면 더 이상 "승산이 있는 후보"가 아니라고 생각하느냐는 질문에 생각이 바뀌었다고 답했고, 이제 캘리포니아가 후보지명의 "궁극적인 시험대"라고 생각하느냐는 질문에는 "제가 느끼는 것과 아주 가깝다고 보면" 된다고 답했다.

과거 선거를 보면 승자독식제인 캘리포니아 예비선거는 후발주자가 선두주자를 쓰러뜨려서 고전하던 선거운동에 생명을 불어넣는 등 후보지명에 결정적인 역할을 했다. 1964년 배리 골드워터 상원의원은 몇 차례의 예비선거에서 넬슨 록펠러 뉴욕주지사에게 졌지만 캘리포니아에서 아슬아슬하게 승리하면서 민주당 후보지명을 따내는 동력을 얻을 수 있었다. 로버트 케네디는 캘리포니아에서 골드워터보다 지지율이 높았다. 어떤 비공식 통계에서는 휴버트 험프리가 후보지명을 받을 수 있을 만큼을 확보한 것으로 나타났지만 지지가 그다지 확고하지 않았고, 시카고의 리처드 데일리 시장처럼 대규모 대의원을 거느린 주의 당내 중진들은 케네디가 캘리포니아에서 얼마나 선전하는지 지켜보고 있었다.

데일리와 웨이드는 예정대로 인디애나 예비선거 후 수요일, 그리고 네브래스카 예비선거 후 수요일에 만났다. 데일리는 두 번 모두 케네디의 선거결과에 기쁜 표정을 보였고, 웨이드에게 노골적으로 윙크를 하면서 축하 인사를 건네며 "중요한 건 예비선거예요, 예비선거. 예비선거가 중요한 겁니다"라고 강조했다.

웨이드는 케네디가 오리건 예비선거 승리를 자신한 나머지 선거 후 수요일에 다른 약속을 잡았다. 그날 저녁 데일리는 웨이드에게 전화해서 "오늘 볼 수 있을 줄 알았어요. 만났으면 합니다"라고 했다. 웨이드는 케네디가 오리건에서 지는 것을 본 데일리가 험프리 지지 의사를 밝히려는 줄 알았다. 웨이드는 다음 날 아침 데일리의 집무실로 가서 전날 찾아오지 못한 데 대해 사과했다. 데일리는 살찐 손을 흔들며 "걱정하지" 말라고 했다. 웨이드는 데일리가 "어제 만나지 못한 일을 걱정하지 말라"는 것으로 생각했다. 하지만 데일리가 "예비선거를 하다 보면 온갖 일이 생겨요. 케네디가 캘리포니아에서 잘 해주기만 하면 아무 문제 없을 겁니다"라고 말하는 것을 듣고 비로소 케네디가 오리건에서 패배한 것을 두고 한 말이었음을 깨달았다. 데일리는 캘리포니아에 모든 것이 걸렸다고 말하고 있었다. 웨이드는 데일리 시장과 헤어지면서 데일리는 케네디가 캘리포니아에서 이겨서 자신이 케네디를 지지할 근거가 생기기를 원한다고 확신하게 되었다.

캘리포니아 선거운동 마지막 주에 현지에 도착한 수십 명의 명예 케네디가 사람들은 케네디가 캘리포니아에서 확실히 이기면 매카시를 탈락시키고 아직 결정하지 못한 민주당 중진의 표심을 확보할 수 있다고 생각했다. 케네디처럼 중진들도 캘리포니아에서 케네디가 근소한 차이로 지기만 해도 후보지명에 치명적일 뿐 아니라 정치 경력에 큰 오점이 되고, 1972년 대선도 가망이 없어진다는 것을 알고 있었다.

캘리포니아 예비선거가 갖는 이런 중요성 때문에 가뜩이나 감정적이고 치열한 케네디의 선거운동이 더욱 열기를 띠었다. 특히 캘리포니아에는 다른 어떤 주보다 케네디를 좋아하는 유권자와 싫어하는 유권자가 모두 많았다. 〈새터데이이브닝포스트〉는 "사람들은 그를 왜 그렇게 미워할까?"라는 제목의 칼럼을 실었다. 글을 쓴 정치 칼럼니스트 스튜어트 알소프는 케네디가 '부적절,' '부도덕' 같은 강한 언어를 구사하는 바람에 중산층이 두려워한다고 했다. 게다가 긴 머리 때문에 "화가 난 것 같은, 나이든 히피"라는 인상을 준다고도 했다. 알소프에 따르면 케네디를 가장 싫어하는 사람은 상류층, 혹은 중상류층 사람과 재계에 있으며, 그들이 케네디를 싫어하는 이유는 케네디가 좌파 성향이어서가 아니라(케네디는 좌파 이데올로기를 갖고 있지 않았다), 진지하게 가난 문제를 해결하려는 이상주의자이기 때문이라고 했다. 알소프는 케네디의 대통령 당선이 "미국에서 대규모 소득 재분배로 이어질 수 있다"고 했다.

반면 캘리포니아에 있는 좌파 급진주의자들은 케네디가 자신들이 계획한 혁명을 방해할 수 있는 기득권 배신자로 치부했다. 그들은 "바비와 함께 배신을" 혹은 "누가 당신의 형을 죽였는가?" 같은 팻말을 들고 유세장에 나타났고, 자동차 퍼레이드를 방해하기도 했다.

케네디의 선거운동 중 가장 불미스러운 사태는 케네디가 4월 19일에 샌프란시스코대학교에서 연설하던 도중에 일어났다. 케네디가 청중 속을 통과해서 연단으로 올라가던 중 한 학생이 케네디의 얼굴에 침을 뱉고 "이 파시스트 돼지야!"라고 외친 것이다. (나중에 케네디는 친구들에게 "어떤 사람이 나를 '파시스트 돼지'라고 부르고 침을 뱉더라고. 누굴 두고 파시스트 돼지라고 부르는 건가, 하고 둘러보는데 나한테 한 말이었어!"라고 이야기했다). 케네디가 연설을 시작하자 '평화와 자유당Peace and Freedom Party' 사람들이 "베트콩에게 승리를!", "휴이 뉴튼(Huey Newton : 흑인 혁명조직인 블랙팬서의 공동 창립자-옮긴이)은?" 같은 구호를 외쳤다. 케네디는 결국 연설을 멈추고 질문을 받았다. 케네디는 소란스러운 구호 너머로 청중에게 이야기하기 위해 마이크에 대고 큰소리로 외쳐야 했다. 케네디가 대학생 징집유예와 징집거부자 사면에 반대한다고 말하자 한 소년이 "야, 이 게으른 인간아!"하고 소리를 지르기도 했다. 케네디는 미국이 "옳건 그르건 내 나라"라고 생각하느냐는 질문에, "카뮈가 말한 것처럼, 저는 우리나라를 사랑합니다. 하지만 우리나라가 정의로울 때 가장 사랑합니다"라고 답했다(카뮈는 "나는 우리나라를 너무 사랑하기 때문에 민족주의자가 될 수 없다"고 말했다). 케네디는 결국 포기하고 사람들에게 이렇게 말했다.

"이런 즐거운 시간, 이런 촌극도 이제 끝을 맺어야 합니다. 원래 '여러분을 만나서 즐거웠습니다'라고 말하려고 했지만, 그런 실수를 하지 않아서 다행입니다."

박수 치는 학생도 있었고 먹던 사과를 케네디에게 던지는 학생도 있었다. 케네디는 5월 15일에 LA 밸리 칼리지에서 연설을 했다. 톨런은 주변 동네에서 일반인이 많이 와서 자리를 채워주기를 기대했다. 하지만 일반인 대신 학생이 일찌감치 몰려와서 유세장을 가득 채웠고, 입장하는 케네디에게 "뉴햄프셔에서는 어디에서 뭐 하고 있었냐?"라고 고함을 질렀다(비판적인 사람들은 케네디가 뉴햄프셔의 예비선거에 뛰어들지 않은 것은 유진 매카시가 현직 민주당 대통령에 먼저 도전하는 것을 지켜보고 기회를 노린 것으로 생각했다-옮긴이). 집회가 끝난 후 케네디는 톨런에게 불같이 화를 내면 이렇게 소리 질렀다.

"제가 대학교에는 가고 싶지 않다고 그렇게 이야기를 했는데 왜 자꾸 대학교로 보내는 거예요!"

차를 타고 이동하는 중에는 육교에 올라간 사람들이 오픈카를 타고 가는 케네디에게 작은 물건을 던졌다. 톨런은 돌멩이라고 생각했는데 알고 보니 키세스 초콜릿이었다. 하지만 케네디를 미워하는 사람들이어서 다치게 하려고 세게 던진 것이었다.

캘리포니아에서 로버트 케네디를 가장 좋아하는 사람들은 치카노 농장노동자였다. 가톨릭 신자인 치카노 농장노동자는 로버트 케네디가 최초의 가톨릭 대통령인 존 F. 케네디의 동생이어서, 자신들에게 처음 관심을 가진 주요 정치인이어서, 그리고 자신들의 노조인 농장노동자연합을 지지해주어서 좋아했다. 그들의 리더인 세자르 차베스는 1966년 케네디가 상원 이주노동자 소위원회 소속 의원 자격으로 델러노를 방문했을 때 만났다. 당시 소위원회는 농장노동자연합이 전국노동관계법에 따라 적법한 노동조합 자격을 갖췄는지를 확인하는 청문회를 진행했다. 뉴욕주에서 온 상원의원이 캘리포니아의 농장노동자를 지지할 특별한 이유는 없었다. 노조를 인정하지 않으려는 농장주들은 부유하고 영향력이 있는 반면, 치카노 다수는 외국인이고 시민권이 있는 경우에도 투표권을 많이 행사하지 않았다(당시 캘리포니아 주지사였던 로널드 레이건은 치카노들은 "신체가 땅에 가깝기 때문에" 허리를 굽히고 하는 농장노동에 이상적이라고 말했다. 당시 캘리포니아 공화당 사람들의 생각이 반영된 말이었다). 케네디는 처음에 치카노 문제에 개입하고 싶지 않았었다. 하지만 농장노동자들이 사는 집과 그들이 요구하는 구호가 적힌 팻말을 보고, 농부와 일꾼들의 증언을 들은 후에는 자신이 왜 그곳에 있는지 알았고, 부패한 권력을 무자비하게 추궁하는 사람이라는 자신의 평판이 틀리지 않다는 사실을 증명했다.

당시 캘리포니아주 컨 카운티의 보안관 로이 게일렌은 팻말을 들고 시위하는 농장노동자를 체포했다. 농부들이 고용한 깡패들이 폭력을 행사하려 한다는 소문을 들었다는 것이 그 이유였다. 케네디가 게일런에게 자신이 한 행동에 대해 해명하라고 요구하자 이런 답이 돌아왔다.

"글쎄요, 폭동이 시작될 거라고 믿을 만한 이유가 있고, 누군가 제게 미리 조치를 취하지 않으면 문제가 생길 거라고 제보했다면 그걸 미리 막는 게 제 임무죠."

"그건 제가 들어본 가장 흥미로운 개념입니다. 누군가 질서를 지키지 않거나 법을 어길 거라는 얘기를 어느 날 들으셨단 거죠. 그 누군가는 아직 아무것도 한 게 없고요. 법을 어기지도 않았는데 어떻게 사람들을 체포할 수 있죠?"

"금방이라도 법을 어길 태세였어요, 다시 말하면—"

"제안을 하나 해도 될까요? 이따가 점심시간에 보안관과 지방검사 두 분이 미국 헌법을 좀 읽어보시는 건 어떻습니까?"

방청석에 있던 농장노동자들은 환호성을 질렀고, 청문회에서 오간 대화는 빠르게 치카노 사람들 사이에 퍼져나갔다. 청문회가 끝난 후 케네디는 농장노동자연합 시위대에 합류했다.

1968년 3월 10일 케네디는 세자르 차베스의 단식 중단 행사에 참여하기 위해 델러노로 돌아왔다. 당시 케네디가 연설하기로 예정된 공원으로 가는 길에는 치카노 4000명이 줄지어 서서 쓰고 있던 야구모자를 벗어 흔들며 "바비! 바비! 바비!"를 연호했다. 뺨에 눈물이 흘러내리는 남자들이 연단으로 걸어가는 케네디의 옷을 붙잡았고, 손과 입에 입맞춤하며 스페인어로 "위대한 인물! 위대한 인물!"이라고 외쳤다. 피터 에델먼과 함께 군중을 통과해 케네디를 안내하던 돌로레스 후에르타는 케네디가 다칠 것을 우려해서 "뒤로 물러서세요! 뒤로 물러서세요!"하고 소리쳤다. 케네디가 사람들이 자신을 만지는 것을 좋아한다는 것을 아는 에델먼은 후에르타에게 "아무 말 하지 마세요! 걱정하지 마세요. 괜찮습니다"라고 말했다.

캘리포니아에 치카노, 흑인, 학생, 노동자가 많다는 점을 고려하면 캘리포니아 선거는 케네디에게 유리했다. 이들은 케네디가 자기 지지층이라고 하는 "문제가 있는 사람들"이었다. 하지만 캘리포니아는 워낙 크고 인구가 많아서 케네디가 다른 주에서처럼 길거리를 누비며 사람들과 직접 만나는 방식을 이어나가기가 쉽지 않았고, TV 스튜디오에서 방송을 통해 선거운동을 하는 것이 타당했다. 또한 세대 간 격차가 크고 캠퍼스가 급진적일 뿐 아니라, 젊은이들은 소외되어 있고 흑인들은 분노할 곳이 없어서 미국 내의 격차와 분열을 해결하는 다리가 되겠다는 후보에게 쉽지 않은 주였다.

캘리포니아 선거운동은 오리건에서와 마찬가지로 출마 초기부터 표류했다. 4월 25일 작성한 내부 보고서에 따르면 케네디의 선거운동은 "답보 상태"였다. 선거 캠프 직원 몇몇은 캘리포니아 주의회 의장인 제시 언루에게 책임이 있다고 생각했다. 영향력이 막강한 제시 언루는 케네디를 공개적으로 지지한 민주당원 중 전국적으로 가장 영향력 있는 인물이었다. 케네디의 보좌관들은 변덕스러운 성격의 언루에게 항의하느니 차라리 '케네디를 위한 자원봉사단'이라는 별도의 조직을 만들어서 독자적으로 운영하는 쪽을 택했다. 언루는 선거운동 우편물 발송과 TV 광고를 통한 전통적인 캘리포니아식 선거운동을 통해 교외에 사는 유권자에게 호소하기를 원했고, 흑인과 치카노 표는 쉽게 매수할 수 있으니 굳이 그들을 상대로 선거운동을 할 필요가 없다고 생각했다. 또한 케네디가 히스패닉 동네나 흑인들이 사는 빈민가에서 자동차 퍼레이드를 하는 것은 무의미하다고 주장했다. 히스패닉들은 그런 방식의 선거운동에 별로 반응하지 않고, 흑인 동네에 가면 교외에 거주하는 백인이 소외된다는 것이 그 이유였다.

선거운동원 중 캘리포니아 출신 일부는 케네디가 어차피 자신을 지지할 소수인종에게 지나치게 관심을 쏟는 반면, 오렌지 카운티의 교외에 사는 100만 명의 당원들에게는 관심을 주지 않는다고 생각했다. 또한 케네디가 진보적인 샌프란시스코에 너무 많은 시간을 쏟고, 캘리포니아의 나머지 지역에는 신경을 쓰지 않는다고 생각했다. 그들은 언루와 마찬가지로 케네디가 TV 스튜디오에서 선거운동을 하고 중산층을 끌어들이기를 원했다.

케네디가 법무부 장관이던 시절 보좌관이었다가 나중에 〈LA타임스〉의 편집자가 된 에드 거스먼은 집회와 자동차 퍼레이드를 줄이고, 그 대신 교외에 사는 백인과 소규모로 요란스럽지 않게 대화를 나눌 기회를 여러 차례 갖은 뒤 녹화 영상을 캘리포니아 전역에 방송하는 것을 권했다. 오리건에서 이겼다면 케네디는 거스먼의 충고에 귀를 기울였을지 모르지만, 교외에 사는 백인이 압도적으로 많은 오리건에서 패배한 후 자신의 정치적인 미래를 똑같은 성향의 유권자에게 맡기기를 주저했다. 그래서 선거운동 마지막 주에는 중산층 유권자의 의식을 깨우려는 노력을 중단하고 이미 자신을 좋아하는 사람들이 투표소에 가도록 하는 데 집중했다. 그렇다고 나머지 유권자들을 완전히 포기한 것은 아니었다. 대학 캠퍼스나 베벌리힐스에 있는 부자 동네에서 선거운동을 할 기회가 있으면 아서 슐레진저, 패트 모이너핸, 조지 플림프턴 같은 동부에서 온 명예 케네디가 사람들을 보냈고 교외도 몇 곳 방문했다. TV 방송을 무시하지도 않았다. 저녁 뉴스에 나갈 수 있도록 캘리포니아에서 가장 큰 미디어 시장인 샌프란시스코, LA, 샌디에이고에서 여러 날을 보내며 선거운동을 했다. 그러면서도 소수인종 유권자들을 흥분시키는 기차역 유세, 자동차 퍼레이드, 길거리 유세도 계속했다.

케네디의 열정적인 선거운동 스타일이 암살을 부추겼는지는 알 수 없다. 하지만 오리건에서 케네디가 이겼다면 캘리포니아에서 지지자를 열광시키기 위해 그렇게 열띤 선거운동을 해서 이미 흥분할 대로 흥분한 사람들이 넘치는 캘리포니아를 더 흥분시키지 않았을 수 있다. 케네디를 이미 좋아하는 사람들의 열기를 부추기는 전략은 케네디를 싫어하는 사람들에게도 비슷한 효과를 냈을 수 있다. 게다가 캘리포니아에는 불안해하거나 불만을 느끼거나 소외당하는 사람들이 상당수 존재했다.

저널리스트였던 시어도어 화이트는 선거운동 마지막 주에 케네디와 함께 다녔는데, 케네디의 강도 높은 선거운동이 때로는 선거에 무관심한 사람들이 지닌 마음의 평화를 깨뜨렸다고 생각했다. 화이트는 기사에서 베벌리힐스나 패서디나 주민이 케네디가 와츠에서 소수인종 사람들을 향해 온 힘을 다해 소리를 높이며 선거운동을 하는 모습을 TV로 보면서 위협을 느꼈을 수도 있다고 했다. 화이트는 케네디가 다른 어느 주에서보다 캘리포니아에서 정치적인 상황을 진정시키기보다 더욱 흔들어놓으려는 사람으로 보였다고 했다.

"케네디는 평화를 깨뜨리는 사람이었다. … 그는 자신이 하는 말을 믿는 사람이었다. 당선되면 약속한 바를 이행할 사람이었고, 미국은 변화할 터였다."

2000년 로버트 케네디 탄생 75주년을 기념하는 행사가 LA에서 열렸을 때 테드 소렌슨은 케네디가 선거운동을 그토록 열정적이고 무모한 방식으로 하도록 한 책임이 자신에게 있다고 말하면서 그가 선거운동을 한 방식과 암살을 완곡하게 연결 지었다.

"저는 1968년 선거운동에 관해서 이야기하는 게 여러모로 힘듭니다. 죄책감도 분명히 있다고 생각하고요."

그러고는 이렇게 덧붙였다.

"제가 바비의 출마에 반대한 건 잘 알려진 사실입니다. … 저의 반대로 케네디의 대선 출마가 지연된 건 아닌지 항상 궁금했고 걱정스러웠습니다. 그리고 그렇게 출마가 지연된 탓에 선거운동이 더욱 열정적이고 어렵게 된 건 아닌지, 그렇지 않았다면 더 나은 결과가 나오지는 않았을까 생각하게 됩니다."

소렌슨이 말한 "더 나은 결과"는 아마 케네디의 생존을 의미했을 것이다.


마지막 주 선거운동 중에서 가장 떠들썩한 행사는 5월 29일에 공항에서 LA 중심가로 향하는 자동차 퍼레이드였다. 케네디는 공항 기자회견에서 "캘리포니아에서 이길 것 같습니다. 바라건대, 지금 수천 명의 지지자가 기다리고 있어서 이제 이동해야 합니다"라고 말하고 오픈카에 올라탔다. 차량 13대의 행렬이 두 시간 동안 흑인과 멕시코계가 사는 동네를 지나 LA 중심가를 통과해 베벌리 힐튼 호텔에 도착했다. 5월 6일에 인디애나에서 진행된 케네디의 자동차 퍼레이드는 미국 정치사에서 최장 시간 퍼레이드였다. 3월 24일에 LA에서 한 퍼레이드는 LA에서는 유례없이 요란한 퍼레이드였지만, 5월 29일 퍼레이드는 그보다 더 요란했다. 소수인종이 사는 지역에서는 사람들이 거리를 가득 메워서 자동차 행렬이 아주 천천히 움직여야 했다. 사람들은 케네디에게 사인해 달라고 종이를 내밀었고, 이름을 외쳤다. 케네디가 누군가와 악수를 하는 순간에는 여러 명의 손이 튀어나와서 케네디의 손목, 손가락, 팔을 닥치는 대로 붙잡았다. 케네디는 때때로 확성기를 통해 짧은 연설을 하고 투표를 독려했다. 사람들이 케네디가 탄 차량 주변에 몰려들어 환호하자 케네디는 주먹으로 허공을 찌르며 소리쳤다.

"저를 지지하는 분들입니다! 저를 지지하는 분들이라고요!"

한 번은 케네디를 뒤쫓는 사진기자들이 탄 차량으로 달려가서 이렇게 소리쳤다.

"이제부터 LA는 제게 부활의 도시입니다!"

케네디가 그때만큼 지지자들이 필요했을 때는 없었다. 지지자도 그런 사실을 알았다. 코러스걸 복장의 어떤 여성은 케네디 차를 얼마간 따라오면서 "오리건은 무시하세요! 오리건은 무시하세요!"라고 외쳤다. 치카노들은 "케네디 만세!"를 외치며 케네디의 머리카락을 쓰다듬었다. 한 소년은 기자들이 탄 버스 창문에 고개를 들이밀고 "제 이름을 기억해두세요! 에르네스토 후아레즈입니다!"라고 외쳤다. 케네디를 보자 자신을 중요하게 생각하게 된 것 같았다. 한 치카노 무리가 케네디를 차에서 끌어내리는 바람에 LA의 사복경찰이 케네디를 구출하려고 했다. 케네디는 "우린 괜찮으니 그냥 좀 놔두실래요?"라고 소리쳤다.

케네디는 사복경찰이 자신을 에워싸는 것을 싫어했다. 하지만 케네디나 보좌관들은 자동차 퍼레이드를 하려면 경찰이 차량을 막고 거리를 통제해야 한다는 사실을 알고 있었다. 다른 도시에서는 경찰이 케네디의 퍼레이드에 거리 통제 서비스를 제공했지만, LA 경찰서는 케네디가 "특별 인사"가 아니라는 이유로 거부했다. 케네디 캠프는 대개 영화촬영이나 장례식 행렬이 지나갈 때 교통 통제 서비스를 제공해주는 은퇴한 LA 오토바이 경찰들을 고용했다. 5월 29일 퍼레이드에서도 이런 경찰들이 동원되었지만 LA 경찰서 대변인은 케네디의 퍼레이드 차량이 100건의 교통 위반을 했다고 했다. 대부분 일단정지와 빨간 신호등을 무시한 것이었다. 샘 요티 LA 시장의 명령에 따라 경찰은 선거캠프에 교통 위반 딱지를 23건 발부했다.

(교통 위반 딱지는 1960년 민주당원인 요티가 공화당의 리처드 닉슨을 지지하면서 시작된 케네디와 요티 사이의 오랜 반목의 결과였다. 케네디는 청문회에서 게일렌 보안관을 심문하면서 치카노 사이에서 인기를 끈 것처럼, 1965년 와츠 폭동 때에는 요티 시장을 추궁하면서 요티는 케네디에게 완전히 등을 돌렸다. 당시 요티 시장이 폭동의 원인이 된 모든 문제가 자신의 책임은 아니라고 말하자 케네디가 화를 내며 이렇게 말했다. "시장님은 … 여기에서 열리는 청문회에 전부 참석해야 할 것 같습니다. 그래도 된다고 생각하는 이유는 제가

시장님의 말을 들어보니 시장님이 LA에 돌아가봤자 할 일도 없으실 것 같아서입니다.")

케네디의 자동차 행렬이 LA 중심가의 좁은 길을 지날 때는 빌딩 사무실에서 일하던 사람들이 신문과 전화번호부를 자른 종이를 뿌렸다. 케네디의 셔츠는 땀에 흠뻑 젖어 종이가 등에 달라붙었다. 케네디는 차량 뒷좌석에서 일어서서 휘날리는 종잇조각 속에서 하늘을 향해 주먹을 뻗으며 외쳤다.

"여러분의 도움이 필요합니다! 여러분의 도움이 필요합니다!"

"저희가 돕겠습니다! 저희가 돕겠습니다!"

"저들에게 한 방 날려요, 바비!"

"6월 4일 선거에서 저를 도와주시겠습니까?"

"네! 네! 네!"

베벌리 힐튼 호텔에서도 케네디는 선거운동원들에게 "제가 오리건에서 죽었다면, LA는 부활의 도시가 되길 바랍니다"라고 말했다. 그 말을 들은 헤이즈 고리는 케네디가 평소보다 더 불안해한다는 느낌을 받았다. 고리는 "케네디의 자신감이 아주 작긴 해도 분명히 줄어들었고, 약간 더 말을 더듬는" 것을 눈치채고, "오리건이 케네디에게 충격을 주었다"고 결론을 내렸다.

케네디는 힐튼 호텔을 출발한 후 여덟 시간 동안 자동차 퍼레이드를 해서 샌개브리얼밸리, 샌버나디노, 리버사이드의 중산층과 노동자들이 사는 마을을 찾아다녔다. 지역 선거캠프 한 곳의 개소식에 참석하고, 고등학교 강당에서 연설하고, 길거리 유세를 하기도 했다. 이런 곳들은 케네디에게 호의적인 곳이 아니었다. 와츠 폭동이 일어난 후 캘리포니아 주민은 차별을 금지하는 주거법을 폐지하자는 안에 투표했고, 당시 가장 최근에 한 조사에 따르면 61퍼센트의 캘리포니아 주민이 "로버트 케네디는 대부분의 시간을 소수인종의 환심을 사는 데 보낸다"라고 생각하고 있었다. 샌버나디노의 알 볼라드 시장은 와츠 폭동 때 소방차에 산탄총을 가지고 다니게 하고 주민들에게 스스로 무장하라고 이야기한 것으로 악명을 날렸지만, 케네디를 열정적으로 소개했다. 케네디의 선거유세는 자정까지 이어졌고, 이번에는 누군가 케네디의 구두를 벗겨서 기념품으로 가져가 버렸다. 빌린 신발을 돌려준 케네디는 절뚝거리며 전세기의 복도를 걸었다. 그러고는 존 린지가 앉은 자리 옆에 서서 팔걸이에 양말을 신은 발을 올려놓고 이렇게 말했다.

"설마 미국인들이 나를 좋아하지 않는다는 말은 마세요. ⋯ 그나저나, 사람들이 원하는 건 제 신발뿐인가 봐요."

# 16장

## "마지막 남은 믿을 만한 인물"

1968년 5월 30일~6월 3일

5월 30일 목요일 로버트 케네디가 기차를 타고 짧은 유세를 하기 위해 샌와킨밸리에 도착했을 때 형 JFK가 1960년에 선거운동을 하기 위해 기차를 타고 같은 장소에 도착해서 봤던 포도원과 들판과 과수원을 보았다. 형도 같은 역에 정차했고 케네디의 연설을 듣는 사람 중에는 형의 연설을 들은 사람도 있을 것이었다. 형도 자신처럼 지지자로부터 과일, 채소, 견과류를 선물로 받아서 형이 탄 열차 칸도 자신의 열차 칸처럼 식료품 가게처럼 보였을 것이다. 하지만 닮은 점은 거기까지였다. 케네디는 후보지명을 따내기 위해 유세를 하지만, 형이 그곳에 들렀을 때는 이미 후보지명을 받은 후였다. 케네디는 자신의 정치 경력에서 가장 중요한 선거를 5일 앞두고 있었지만, 형은 대선 본선을 두 달 앞두고 있었다. 그래도 케네디는 형보다 훨씬 느긋했다. 자신의 대가족에 대해서 농담하고 허술한 선거운동용 장식품을 두고도 농담했다.

케네디는 "세계 칠면조 생산의 수도"라고 자랑하는 털록에 모인 청중에게 자신의 가족이 털록에서 생산된 칠면조를 먹고 산다며 "아침 식사도 칠면조를 먹습니다!"라고 농담하고 군중과 이런 대화를 주고받았다.

"닉슨이 털록 칠면조를 먹었나요? 아뇨! 닉슨이 털록 피자를 먹었나요? 아뇨! 닉슨이 털록 포도를 먹었나요? 아뇨! 제 생각에는 아닙니다. 그런데 저는 다 먹어봤어요!"

"닉슨이 더 잘 생겼어요!"

"누구에게나 별로 안 좋아 보이는 날이 있어요."

케네디는 프레즈노역에 모인 군중에게 "화요일에 저희를 도와주시겠습니까?"하고 묻자 "네!"라는 답이 돌아왔다. 자신이 쓴 책을 읽어보셨냐고 하자 마찬가지로 "예!"라는 답이 돌아왔다. 케네디는 웃으면서 이렇게 말했다.

"거짓말을 하시는군요!"

농담과 장난이 끝난 후 연설이 시작되었다. 연설은 농장주가 아닌 농장노동자를 향한 내용이었다. 프레즈노에 모인 사람들은 대부분 흑인과 치카노였다. 케네디가 "미국 사회 모든 계층의 사람들이" 먹고 살만한 일자리와 주택, 그리고 학교가 있어야 한다고 역설하자 환호했다. "폭력과 폭동, 무법 행위"를 비난했을 때도 환호했다. 〈시카고선타임스〉의 데이브 머리 기자는 케네디가 기차역에서 사람들과 교감을 하는 모습에 감동해서 취재 내용을 적는 것을 멈추고 현장을 지켜보았다. 데이브 머리에 따르면 케네디는 손가락을 하늘을 향해 찌르며 대략 다음과 같은 말을 했다.

"여러분, 저는 여러분을 데리고 산꼭대기로 올라가서 우리 모두 함께 노력하면 이 나라가 어떻게 달라질지 보여드리겠습니다."

데이브 머리는 속으로 "그래요! 갑시다!"하고 대답했다. 형 JFK는 철로 주변에 모인 수백 명을 상대로 연설했지만, 바비 케네디의 연설을 들으러 온 사람은 수천 명에 달했다. JFK는 구름이 낀 평일에 들렀지만, 바비 케네디가 방문한 날은 해가 쨍쨍한 현충일 휴일이었다. JFK가 준비한 연설은 다소 차갑고 형식적이었다. 사람들이 JFK에게 선물로 주어서 열차 칸에 쌓인 과일과 채소는 아주 낮은 임금을 받으며 힘겨운 육체노동을 하는 사람들이 직접 밭에서 따온 것이었지만 JFK는 그런 사실을 모르거나 별로 관심이 없어 보였다. JFK는 청중에게 더 나은 노동조건을 약속하는 대신 냉전 승리를 약속했고, 모데스토에서는 미국이 "전 세계 자유에 대한 책임을 완수해야" 한다고 했으며, 머세드에서는 "미국이 콜롬비아와 콩고, 인도네시아에서 일어나는 일에 관심을 가져야" 한다고 했다. 세자르 차베스가 1960년 선거 당시 JFK를 지지한 치카노보다 50배나 많은 사람이 1968년 선거에서 바비 케네디를 지지한다고 한 것은 바로 이 때문이다.

그해 봄 내내 케네디 선거캠프 사람들은 록과 찬송가, 포크송을 부르며 다녔다. 월린스키와 그린필드는 기타를 치며 밥 딜런과 비틀스 노래를 불렀다. 기자들은 포크송 분위기의 '무자비한 대포알The Ruthless Cannonball'이라는 노래를 작곡해서 와바시 캐논볼 열차를 타고 유세를 다닐 때 부르기도 했다. 케네디가 캘리포니아에서 유세할 무렵 포크 가수 존 스튜어트와 버피 포드가 케네디 선거운동의 공식 가수가 되었다. 스튜어트는 킹스턴 트리오에서 활동하던 가수로 그룹 몽키스의 노래 '백일몽을 믿는 사람Daydream Believer'의 작곡자이기도 했고, 포드는 긴 금발에 맑은 음색을 가진 여성 가수였다. 두 사람은 케네디의 전세기에서 노래를 불렀고, 유세장에서 케네디가 등장하기 전에 분위기를 띄우는 역할을 했다. 케네디가 늦은 밤 호텔 스위트룸에서 초콜릿 시럽을 부은 아이스크림을 먹는 동안 말동무가 되어주기도 했다.

5월 30일 스튜어트와 포드는 샌와킨데일라이트 열차의 맨 뒤 난간에 서서 '내게 망치가 있다면If I have a hammer', '바람에 날아가고 있다네 Blowing in the Wind', '우리 승리하리라We Shall Overcome' 같은 노래를 불렀고, 열차가 세계에서 가장 비옥한 곡창지대를 지날 때는 '이 땅은 당신의 땅This Land Is Your Land'을 불렀다. 역에 도착할 때쯤에는 "나는 정의를 만들어내고, 자유를 만들어내리라"라는 소절을 불렀다. 이제 막 경제적인 자유를 누리기 시작한 농장노동자들이 사방에서 환호성을 지르며 열차를 향해 몰려오고 케네디가 열차 뒤 난간에 서서 무수한 흑인, 치카노, 백인과 악수할 때면 노래의 가사를 바꿔서 "이 사람은 당신의 지지자"라고 노래했다.

눈부신 오후 바비 케네디와 함께 이동하던 친구와 보좌관과 기자는 이렇게 유명한 포크송을 들었고, 케네디가 희생과 화해와 고귀한 미래를 약속하는 것을 들었고, 젊은이들의 빛나는 얼굴과 농장노동자들의 희망에 찬 얼굴을 보았다. 또한 7년 전 추웠던 1월 어느 날 존 F. 케네디가 취임사를 통해 전달한 희망이 마지막으로 밝게 빛나는 순간을 목격했다.

존 스튜어트는 샌와킨스페셜 열차를 타고 가며 '덜컹덜컹Clack Clack/살아있는 맏아들The Oldest Living Son' 메들리를 작곡해서 역과 역 사이를 이동하는 동안 불렀다. 어떤 소절은 이렇게 시작한다.

"덜컹, 덜컹, 덜컹, 열차가 선로를 달리네, 나를 집에 데려다주기 위해, 내가 있어야 할 곳으로."

그리고 이렇게 끝난다,

"하지만 달아날 곳이 없다네, 살아있는 맏아들."

스튜어트는 훗날 이 노래를 케네디의 장례 열차에서 부를 수도 있었겠다는 생각을 했다. 또 다른 발라드곡인 '링컨의 열차Lincoln's Train'

는 작은 소년 하나가 반딧불이를 잡는 동안 링컨의 시신을 실은 열차가 아이가 사는 마을로 들어오는 내용으로 시작한다. 이 소년은 "사람들의 말소리 너머로 열차 소리가 들리네 / 저 열차는 링컨이 살던 평원으로 그를 다시 데려가는 열차"라고 말하고 이런 후렴구로 이어진다.

"저 열차는 위대한 샌와킨을 위한 꿈을 싣고 있고 … 오늘은 5월 30일 / 나는 이 열차를 끝까지 타고 / RFK와 함께 끝까지 타고 / 캘리포니아로 가는 열차에서 … 열차가 지나갈 때 / 영원히 죽지 않을 꿈을 노래하네 / 내 고향 캘리포니아의 풀처럼."

스튜어트에 따르면 이 가사는 케네디가 링컨의 꿈을 이룰 것이고, 링컨의 최후를 반복하지는 않을 것이라는 의미였다. 스튜어트는 케네디와 함께 열차 맨 뒤 난간에 함께 서서 기차역을 떠나는 사람들이 멀어지는 것을 보면서 케네디에게 오리건에서 패배하면 "모든 것이 끝"이라고 말한 사실을 상기시켰다.

케네디는 "음, 캘리포니아에서 이길 수만 있다면"이라고 말하며 목소리가 흐려졌다. 케네디와 나눈 마지막 대화는 스튜어트의 뇌리에 깊게 새겨졌다. 열차가 로디를 떠날 때 자전거를 탄 어떤 소년이 열심히 페달을 밟으며 열차를 따라왔다. 바비는 난간에 기대어 소년에게 이렇게 소리쳤다.

"너는 절대 대-대-대-대통령에 출마하지 마라!"

말을 더듬은 케네디는 이렇게 덧붙였다.

"아주 피곤하단다."

케네디는 이번 선거운동 중 가장 긴 하루를 아주 험악한 분위기에서 끝내게 되었다. 샌프란시스코만의 해안 지역에서 수백 명의 흑인 지도자, 활동가를 웨스트 오클랜드의 테일러기념감리교회에서 만났다. 케네디의 법무부 장관 시절 보좌관으로 일한 존 세이겐탈러는 캘리포니아 북부에서 케네디의 선거운동을 이끌고 있었는데, 캘리포니아 북부 흑인 간부회의의 도움을 받아 이 모임을 주선하게 되었다. 세이겐탈러는 주의회 의원인 윌리 브라운에게 사회를 맡겼다. 모임이 난장판으로 끝나는 상황을 막을 수 있을 것으로 믿었기 때문이다. 무장혁명조직인 흑표당Black Panther Party의 본부가 오클랜드에 있었다. 오클랜드는 흑표당원들과 경찰 사이에 난폭한 대치상황이 여러 번 일어난 곳으로, 4월 6일에 90분 동안 벌어진 총격전에서 흑표당원인 바비 허튼이 사망하기도 했다. 세이겐탈러는 무장단원들이 모임에 참석해서 케네디를 공격할 지도 모른다는 사실을 알면서도 케네디가 호텔방에서 비공개로 진행하기는 했지만 인디애나폴리스와 애틀랜타에서 몇 차례의 비슷한 모임을 무사히 했기 때문에 충분히 감수할 만한 위험이라고 생각했다.

케네디 본인도 이 모임에 대해 불안해했고 세이겐탈러에게 "아주 무질서한 행사가 될 것 같고, 분노도 표출될 것" 같다고 했다. 그럼에도 불구하고 케네디는 이 지역의 유명 흑인 지도자들이 대부분 참석하고, 자신이 흑인 유권자의 표를 당연한 것으로 생각하지 않는다는 것을 보여주기 위해 모임에 참석하기로 결정했다.

우주비행사 존 글렌은 5월 30일에 케네디와 함께 유세하고 케네디와 함께 웨스트 오클랜드까지 차로 이동했다. 케네디는 어려운 모임을 앞두고 마음을 다지면서 글렌에게 이렇게 말했다.

"존, 이건 즐거운 경험은 아닐 거예요. 이 사람들은 백인에게 심한 적대감을 품고 있고 그럴 만한 이유가 충분히 있거든요. … 저를 계속 비난할 겁니다. 이런 일을 전에도 겪어봤는데요, 아무것도 하면 안 돼요. 그냥 잘 듣고 생각해서 대답하도록 노력해야 합니다. 아무리 욕을 먹더라도 그 사람들과 진심으로 소통하는 것을 시도해야 해요."

모임은 밤 10시로 예정되었지만 기차역 유세가 늦어져서 케네디는 11시가 넘어서야 교회에 도착했다. 복도를 걸어서 단상에 올라간 케네디는 청중을 보며 난간에 기대어 섰다. 교회 좌석에는 흑표당원, 변호사, 교사와 공무원, 미국흑인지위향상협회의 온건파, 비폭력학생협력위원회의 활동가가 앉아 있었다. 참석자 일부가 케네디가 지각한 것이 자신들을 무시하는 신호로 여겨 모임은 시작부터 좋지 않았다. 첫 질문자는 미국 정부가 흑인을 가둘 집단수용소를 만든다고 주장했다. 케네디가 사실이 아니라고 하자 "당신 말은 안 믿어!"하는 고함이 여기저기서 터져 나왔다.

사람들은 케네디에게 백인은 원하는 게 있을 때만 흑인 동네를 찾는다고 했고, "그냥 집안 재산을 가져와서 사람들에게 나눠주지 그러냐", "왜 킹 목사의 전화를 도청했느냐?", "흑인에 대해 어떻게 생각하느냐?" 같은 질문을 던졌다.

케네디는 차분한 목소리로 "좋아하는 흑인도 있고, 안 좋아하는 흑인도 있습니다"라고 말하고 백인들에 대해서도 똑같이 느낀다고 했다. 붉은색 스웨터를 입은 한 남자가 벌떡 일어나서 이렇게 소리쳤다.

"그저 말, 말, 말, 말, 말만 하지. 그래 도련님, 계속 말, 말, 말, 말만 하세요."

그러고는 케네디 집안 사람 전체를 비난하는 말을 퍼부었다. 윌리 브라운이 나서서 케네디가 답변을 할 수 있게 하자고 했다. 그러자 사람들은 브라운에게 고함을 지르고 "총천연색 검둥이Technicolor Nigger"라고 욕했다. 레이퍼 존슨은 "도저히 참고 듣기" 힘들다며 사람들의 거친 말에 대해 케네디에게 사과했다. 그러자 케네디가 답했다.

"아뇨. 가만히 계세요. 이 사람들은 제게 이야기하러 온 거예요."

가장 난처한 질문은 커티스 베이커에게서 나왔다. 그는 '검은 예수'

라는 별명의 키가 큰 지역활동가로, 큰 지팡이를 들고 금색 망토와 검은 터번, 각종 부적과 목걸이를 주렁주렁 걸고 다니는 인물이었다. 베이커는 자기가 보낸 편지를 케네디가 무시했다고 불평한 후 그와 그의 가족들이 웨스트 오클랜드에 은행을 열어서 각자 100만 달러씩을 예치할 것을 요구했다. 케네디가 대답을 하려고 하자, 베이커가 말했다.

"이봐, 당신이 하는 개소리는 듣기 싫어! 뭘 어떻게 하려는 건데, 이 자식아 …. 니들은 우리를 위해서 한 게 아무것도 없잖아? 우리가 알고 싶은 것은 니들이 우리를 위해서 뭘 할 거냐는 거야. 표를 원해? … 그럼 흑인들을 위한 은행을 만들고 우리가 돈 좀 빌릴 수 있게 해줘."

케네디는 자신이 뉴욕에서 실행 중인 베드퍼드-스타이베선트 프로젝트를 설명하고 비슷한 조직이 오클랜드에서도 가능할 거라고 대답하면서도 약속을 하기는 거부했다. 케네디는 거의 두 시간 동안 비슷한 공격을 받았고 마침내 윌리 브라운이 마지막 질문 하나만 더 받겠다고 했다. 질문에 답한 케네디는 이렇게 말했다.

"두 분이 손을 더 들었습니다. 그분들 질문에도 답해도 될까요?"

브라운은 문답을 계속하려는 케네디를 보고 깊은 인상을 받았다. 나중에 브라운이 말했다.

"저는 마지막 두 질문을 잊지 못합니다. 의원님을 덫에서 풀어주려고 했는데 탈출하고 싶어 하지 않으셨죠."

샌프란시스코로 돌아오는 길에 케네디는 글렌과 세이겐탈러에게 모임을 어떻게 생각하는지 물었다. 글렌은 절망스러운 표정으로 고개만 저었다. 케네디는 미소를 지으며 이렇게 말했다.

"저는 아까 같은 상황을 즐깁니다."

세이겐탈러가 말했다.

"제 생각에 의원님이 모임에 참석하는 순간 얻을 표는 모두 얻은 것 같아요."

"네, 저도 가길 잘했다고 생각해요. 그렇게 생각하는 이유는 … (이제는) 아무도 그들의 문제를 하루아침에 해결해주지 않는다는 것을 그들도 알게 되었고, 적어도 저는 이야기를 들을 것이고, 지키지 못할 약속은 하지 않을 것이라는 점을 알게 되었기 때문입니다."

함께 페어몬트 호텔의 로비로 걸어 들어오면서 세이겐탈러가 브라운에게 모임에 대해 "(분위기가) 상당히 좋지" 않았다고 말했다. 하지만 브라운은 동의하지 않았다. 그는 "좋은 결과가 나올" 거라면서 이렇게 말했다.

"오늘 그 모임에 나온 사람들은 모두 케네디를 도와줄 거예요."

브라운의 말은 옳았다. 이날 참석자 중 다수는 이 지역에서 가장 영향력 있는 흑인신문의 발행인이자 케네디 지지자인 톰 버클리에게 전화해서 선거운동을 돕겠다고 했고, 선거사무소를 차리겠다고 했다. 예비선거일에 오클랜드에 있는 흑인선거구 중에는 케네디에게 표를 90퍼센트를 준 곳도 있고, 투표율은 100퍼센트에 육박했다.

케네디는 호텔 로비를 걷다가 세이겐탈러를 돌아보며 "아, 아이스크림이 좀 먹고 싶네"하고 말했다. 늦은 시간이어서 호텔에 있는 빵집은 문을 닫은 상태였지만 호텔 종업원이 특별히 다시 문을 열어주었다. 열여덟 시간의 유세를 마친 케네디는 글렌, 더턴, 세이겐탈러와 함께 아이스크림을 먹으며 자신이 웨스트 오클랜드로 가기로 한 것은 정말, 정말 잘한 결정이었다고 했다.

다음날 케네디는 커먼웰스클럽에서 베트남전에 관한 연설을 했다. 비록 베트남 전쟁은 존슨 대통령의 3월 31일 연설로 덜 중요한 이슈가 되었지만, 파리에서 평화회담이 아주 더디게 진행되는 동안 미군의 전사자가 계속 발생하면서 다시 관심을 받기 시작했다.

케네디는 존슨 대통령이 북베트남에 대한 폭격을 중지하고 협상에 임하는 태도가 "미국의 전쟁 정책에 하나의 분기점"으로 보고, "무의미한 무력사용의 확대가 드디어 끝날 것" 같다는 것은 인정했다. 하지만 미국이 "앞으로 6개월 더 무의미한 파괴를" 계속할지도 모른다고 우려했고, 존슨 대통령이 협상을 지연하면서 그 사이에 군사적인 승리가 있기를 기대하고 있거나, 아니면 1969년 1월 20까지만 버텼다가 후임 대통령에게 떠넘기려 한다고 비난했다. 케네디는 커먼웰스클럽 회원들에게 "우리는 아직도 우리의 군사적 힘에 대한 순진한 믿음을 가지고 있는 것" 같다면서 "적을 무찌르거나 계속해서 싸우려는 적의 의지를 꺾을 수 있다는 헛된 꿈을 버려야" 한다고 말한 후, 전쟁의 부담을 남베트남 군대에 넘기고 미군 병력 대부분을 교전의 우려가 없는 지역으로 옮길 수 있는 조치들을 제안했다. 남베트남에서 완전히 철수하기 전에 먼저 전방에서 철수시키자는 것이었다.

케네디가 오리건에서 패배하기 전에 계획한 5월 31일 일정에 따르면 새너제이와 롱비치를 방문할 예정이었다. 케네디는 계획을 바꿔서 오클랜드로 돌아가기로 했고 자동차 퍼레이드로 도시를 통과하면서 교차로, 작은 공원, 공공건물 앞에 멈춰서 짧은 연설을 하고 루스벨트 그리어와 함께 '스패니시 할렘에 장미 한 송이가 피었어요There Is a Rose in Spanish Harlem'를 불렀고, 10만 명이 자신을 볼 수 있게 하고 만질 수 있게 했다. 자동차 퍼레이드는 디프레머리 공원에서 끝나는데, 그곳에서 진행된 유세 규모는 웨스트 오클랜드 역사상 최대였다.

유세장에는 유진 매카시 지지자들이 팻말을 들고 나타나 유인물을 뿌리기도 했고, 흑표당원들이 주먹을 허공에 찌르며 "휴이를 석방하라!"고 외치기도 했다(휴이는 구속된 흑표당의 지도자 휴이 뉴튼을 의미했다). 청중이 너무 많아 사람들은 케네디를 들어 올려 연단으로 보냈다. 케네디가 입을 열자 사람들은 구호를 외치는 흑표당원들을 조용하게 했고, 매카시 지지자들은 들고 있던 유인물을 내려놓았다. 케네디가 전날 모임에 늦게 나타난 데 대한 사람들의 분노는 오클랜드의 지역활동가인 핵터 로페즈의 표현을 빌면 "열광과 기쁨, 그리고 순수한 열정"으로 바뀌어 있었다. 이들은 유명인을 본 적이 없는 인디애나 시골의 고등학생이나, 케네디를 보고 JFK를 떠올린 블루칼라 가톨릭 신자들이 아니었다. 미국에서 가장 가난하고 가장 분노한 도심에 사는 주민이었다.

디프레머리 공원 연설의 원고는 남아 있지 않지만 신문기사와 현장에 있던 사람들의 증언으로 전해진다. 프레드 더턴과 짐 톨런, 조 모배트 기자 같은 사람들은 비슷한 유세를 너무나 많이 봤기 때문에 훗날 어느 집회가 어느 집회였는지 구분하기 힘들어했다. 저널리스트 시어도어 화이트도 현장에 있었지만 자신이 쓴 책『1968 대통령 만들기 The Making of the President, 1968』에는 여러 집회가 뒤섞여 등장한다. 화이트가 흑인들이 "케네디가 탄 차를 보고 마치 화산봉우리처럼 끓어올라 '바비, 바비, 제발! 오, 바비, 바비!'라며 마치 성적으로 흥분해서 내는 신음에 가까운 소리를 냈다"고 한 집회는 아마도 이날 디프레머리 공원 유세를 두고 한 말일 수 있다. 화이트에 따르면 케네디는 이런 집회에서 종종 "몇 명이나 투표자 등록을 하셨습니까? 손 들어보세요"라고 묻곤 했다. 손을 많이 들지 않으면 그는 "창피한 줄 아셔야 합니다! 가서 등록하세요. 몇 명이나 투표하실 겁니까? 손들어보세요. 남편과 이웃도 투표하게 하세요"라고 말했다.

케네디는 연설이 끝난 후 수천 명의 군중 사이에 갇혔다. 로페즈는 사람들이 "정신 나간 백인 남자를 만져보려고 애를 썼다"라고 했다. 위에서 내려다보며 케네디를 찍은 사진을 보면 케네디가 거미줄처럼 엉킨 검은 팔 가운데 갇힌 걸 볼 수 있다. 사방에서 손이 뻗어 나와서 케네디가 입은 흰 드레스셔츠 소매와 옷깃을 잡아당기고 있고, 셔츠가 찢어지는 소리가 들리는 듯하다. 디프레머리 유세 후 로페즈는 흑인들이 케네디를 진심으로 믿는다고 결론을 내렸다. 그들에게 케네디는 "위대한 리버럴 중에 마지막 남은 사람"이 아니라, "위대하고 믿을 만한 인물 중에서 마지막 남은 사람"이었다.

전날 밤 모임에서 케네디의 말을 방해했던 흑표당원들은 이날 사람들을 밀쳐내고 케네디가 차로 이동하는 길을 터주었다. 커티스 베이커는 케네디 앞에서 망토 차림에 터번을 쓰고 지팡이를 들고 걸어가면서 마치 모세가 홍해를 가르듯 두 손을 높이 들고 외쳤다.

"저는 케네디 의원의 대리인입니다."

케네디는 커티스 베이커에게 차에 타라고 해서 맥주를 권했다. 베이커는 케네디가 마시던 술을 마시겠다고 했고, 둘은 버번위스키 잔을 주고받으며 베이 브리지를 건넜다. (베이커는 허풍기가 있는 사람이었지만 케네디와 차를 타고 간 일은 믿을 만하다. 직접 겪지 않았으면 몰랐을 일이 많았기 때문이다. 가령 "케네디가 코커스패니얼 개를 차에 태우고 다니고, 스카치가 아닌 버번위스키를 좋아한다는 걸 그때 처음 알았다"라고 한 것이 그렇다). 샌프란시스코에 도착한 후 헤어지면서 케네디는 베이커에게 예비선거일에 LA에 와달라고 했고, 집권할 경우 맡길 자리에 관해 이야기하면서 이렇게 말했다.

"선생님을 잊지 않고 함께 갈 겁니다."

"의원님이나 지지자들을 실망시키지 않겠습니다."


기대를 모았던 케네디와 매카시의 토론은 지루했고 실망스러웠다. 하지만 대부분의 이슈에 대해 생각이 같은 두 정치인의 토론인 만큼 짐작 가능한 일이었다. 흥미로운 것은 케네디가 토론을 대충 준비했다는 사실과 그가 토론 중에 한 말이 일으킨 논란이었다.

케네디 선거캠프 직원들은 방대한 브리핑 책자를 준비했었다. 6월 1일 토요일 오전 9시에 맨키위츠, 소렌슨, 에델먼, 언루, 더턴은 페어몬트 호텔에서 케네디가 묵은 스위트룸을 가득 채우고 케네디에게 질문을 쏟아냈다. JFK를 도와 닉슨과의 토론을 준비한 적이 있는 테드 소렌슨은 로버트 케네디가 꼭 언급해야 할 포인트를 확인하면서 토론준비를 엄격하게 하려고 했다. 하지만 케네디는 이상할 만큼 별 관심이 없었다. 비단 가운을 입고 긴 소파에 누워 두 팔로 다리를 감싸 안은 채 말을 길게 하지 않고 창밖의 아름다운 날씨와 샌프란시스코만의 화려한 경치에 정신이 팔려있었다. 윌린스키에 따르면 "혼자서 둥둥 떠다니는 듯" 했다. 토론준비는 90분 만에 끝났고, 케네디는 피셔맨스워프에 가서 관광을 하며 JFK가 좋아하던 클램 차우더를 먹었다.

오후에 다시 시작된 토론준비 시간에는 윌리엄 밴든 휴벌이 금 유출과 국제통화기금의 특별인출권에 대해서 설명하려고 하자 케네디가 반대했다.

"어떻게 할지 말씀드리죠. '아주 흥미로운 질문입니다. … 밴든 휴벌 씨를 불러서 답을 들려드리겠습니다'라고 말할 거예요."

케네디는 TV 스튜디오의 대기실에서 출연 준비를 하는 동안 존 프랑켄하이머가 "평소처럼 행동"하라는 말을 계속하는 바람에 살짝 짜증이 났다. 그래서 "평소처럼 안 하면 어떻게 할 수" 있냐고 물었다.

토론에 점수를 매기던 기자들은 케네디가 총점에서 앞섰다고 선언했다. 〈LA타임스〉가 전화 여론조사를 한 결과 캘리포니아 예비선거에서 케네디가 2.5대 1로 매카시를 누를 것으로 예측했다.

매카시는 화장을 진하게 하고 긴장한 반면, 햇볕에 피부가 그을린 케네디는 편하게 행동했다. 토론에서 케네디가 점수를 가장 많이 잃은 순간은 최종 발언 때였다. 케네디는 자신의 후보 자격을 말하면서 더듬거리고 확신을 주지 못한 반면, 매카시는 잘 준비된 발언을 명쾌하게 했다. 케네디는 더턴과 뉴필드에게 방송 PD가 시간이 다 되었다고 했을 때 최종 발언을 해야 되는 줄 몰랐다고 말했다.

"믿어지지 않겠지만 딴생각에 빠져 있었어요."

케네디는 저녁때 아내와 어디에서 밥을 먹을까 하는 생각을 했다고 주장했다. 재미있는 변명이기는 하지만 믿을 만한 설명은 아니었다. 즉 문즉답에 능한 사람이 왜 그렇게 어이없이 당했는지, 혹은 형이 닉슨과 토론하는 것을 봤다면 토론 말미에 최종 발언을 하는 것이 후보토론의 형식이라는 점을 몰랐을 리 없는데 왜 준비하지 않았는지 설명이 되지 않았다. 케네디는 다음 날 아침 일요일 미사에 참석하러 이동하던 중에 함께 탄 기자에게 좀 더 나은 설명을 했다.

"사람들에게 어떻게 나를 찍으라고 말할 수 있겠습니까? 기자님은 사람들한테 '저기 가서 서라, 저기 앉아라, 내가 제일 위대한 사람이다'라고 말할 수 있나요? 그럴 수 없죠."

"글쎄요, 그냥 말하면 되는 거 아닌가요. 의원님은 후보이시잖아요. 저야 그냥 기자일 뿐이고요."

"어떻게 사람들에게 그렇게 말할 수 있죠? 사람들은 행동을 보고 찾아와서 당신이 믿는 게 무엇인지, 무엇을 하려는지 알아봅니다. '표를 주세요'라는 말은 정말 무의미한 말입니다. 그건 수사일 뿐이고, 정말 중요한 것은 행동입니다."

케네디와 매카시의 토론은 둘 사이의 공방 중에 케네디가 교외에 사는 유권자를 끌어들이기 위해 인종주의적인 수단을 썼다는 비난을 받게 될 말을 하는 바람에 사람들의 기억에 남았다. 이 공방은 매카시가 정부와 민간 부문이 협약을 맺어 도심 빈민가에 일자리와 주택을 제공하자는 케네디의 계획이 "인종분리정책" 같다고 지적하면서 시작되었다. 매카시는 그렇게 하는 것보다는 도심 빈민가에서 사람들을 교외로 이주시키고, 빈민에게 주택을 제공하기 위해 매년 50~60억 달러를 정부 기금으로 마련하는 게 좋다고 했다. 하지만 이 방법은 도심 근교의 활성화를 위해 수년간을 보낸 케네디로서는 용납할 수 없는 방법이었다. 케네디는 이렇게 답했다.

빈민을 도심 빈민가에서 나오게 하는 건 얼마든지 찬성입니다. 현재 미국에는 1400만 명의 흑인이 도심 빈민가에서 살고 있습니다. 이곳 캘리포니아에 사는 멕시코계 미국인 중 100만 명이 흑인 다수보다 더 심한 가난에 허덕이고 있죠. '흑인 1만 명을 오렌지 카운티로 옮긴다고 해봅시다'. 고등학교를 졸업하는 사람들 … 고등학교를 졸업하는 학생은 학력이 중학교 졸업반 수준입니다. … 100명을 옮기는 거라면 모르겠지만 대도시에서 이 문제를 해결하려고 빈민가에서 데리고 나와서 그들이 집을 살 수 없는 교외에 정착시키면 자녀들은 학교에서 학업에 뒤처지고, 그들은 직업을 얻을 만한 기술도 없어요. 그런 정책은 재앙이 될 겁니다.

저는 애초에 그들이 미국으로 이주했을 때와 마찬가지 방식이었으면 합니다. 일자리를 찾거나, 취업교육을 받거나 하면서 말이죠. 그러면 빈민가에서 자력으로 빠져나와 미국 내 다른 지역에 살 수 있게 되고, 새로운 동네에서 받아들여지고 일자리를 찾고 고용이 되는 겁니다. 하지만 그런 건 존재하지 않습니다. 그런 건 없죠. 우리가 현재 마주하고 있는 조건은 그렇지 않습니다.

케네디의 대답에서 가장 문제가 된 "흑인 1만 명을 오렌지 카운티로 옮긴다고 해봅시다"라는 대목은 매카시에게는 부당한 표현이었다. 매카시는 구체적으로 어느 정도 인원을 이주시키겠다거나 오렌지 카운티로 옮기겠다고 한 적이 없었다. 그런 발언은 아서 슐레진저에게도 선동적으로 들렸다. 하지만 슐레진저는 "케네디의 일관된 태도를 생각하면 듣기만큼 그렇게 선동적인 표현은 아니었다"라고 했다.

사실 케네디가 공개적으로, 혹은 개인적으로 한 이야기를 보면 오렌지 카운티의 교외에 사는 백인 유권자의 공포를 이용하기 위해 매카시의 계획에 반대했다고 생각할 근거는 없다. 케네디는 흑인을 교외로 이주시키는 것이 현명하지 못하고 현실적이지 못한 계획이기 때문에 반대한 것이다. 토론회 하루 전인 5월 31일에 케네디는 "도시위기에 대한 대처방안"이라는 보고서를 발표했다. 이 문서는 도심에 상업지구를 개발하고, 의료제도를 개선하고, 일자리를 찾은 사람에게 혜택을 주는 복지제도를 요구하는, 미래를 내다본 계획이었다. 보고서 내용 중 다음 구절은 밑줄을 쳐서 강조되어 있었다.

"진정으로 통합된 사회를 만들기 위해서는 가난한 지역사회의 경제적 자립과 안정이 우선되어야 함. 그렇게 되어야만 이런 지역에 사는 주민들이 사회에서 자유롭게 이동할 수 있는 금전적 수단이 생기기 때문임. 따라서 도심 빈민촌의 식민주의colonialism를 종식하고자 하는 사람들은 지역사회의 경제적·사회적 발전이 완전한 이동성을 만들려는 정책의 핵심임을 깨달아야 함."

케네디는 작가이자 명예 케네디가의 일원인 버드 슐버그가 1965년 폭동 직후에 와츠에 세운 극단과 글쓰기 워크숍을 보고 깊은 인상을 받았다. 버드 슐버그는 케네디에게 와츠의 지역사회 지도자들을 소개해주고 함께 와츠에서 선거운동을 했다. 5월 29일 자동차 퍼레이드로 와츠를 통과할 때 케네디가 리처드 굿윈에게 고개를 돌리더니 말했다.

"제게 무슨 일이 일어난다면, 이 사람들은 앞으로 더 이상 백인 정치인은 믿지 않을 거예요."

그러고는 흑인 문화의 깊고 풍성함을 이야기하면서 덧붙였다.

"우리가 하려는 일을 성공적으로 끝낸다면 미국은 하나의 거대한 중산층이 되겠죠. 그렇게 되면 잃을 것이 얼마나 많은지 아세요?"

미국 흑인이 어느 날 갑자기 백인 중산층이 사는 교외로 흩어져버린다면 미국 흑인 문화에 큰 손해가 생길 것을 두려워한 말이었다.

케네디가 암살당하지 않았다면, 캘리포니아의 선거운동 마지막 며칠 동안 일어난 일들은 사람들의 기억에 남지 않았을 것이다. 짐 톨런은 케네디가 선거운동 중 종교집회에 종종 참여했음에도 불구하고 자신이 기억하는 것은 6월 2일에 샌프란시스코에서 참석한 미사뿐이라는 사실에 의미를 두었다. 존 루이스는 6월 3일 케네디가 완전히 노출된 채 자동차 퍼레이드로 와츠를 통과하는 도중 환호하는 군중에 휩싸이는 모습을 보면서 "케네디 의원이 이렇게 돌아다니는 건 너무 지나친 걸 … 누가 죽이려고 할 텐데"라고 생각했다. 조지 플림턴은 6월 2일 케네디 선거운동의 일환으로 진행한 라디오 방송 도중 청취자로부터 이런 전화를 받은 사실을 기억한다.

"바비 케네디는 준비됐나요?"

플림턴이 "무슨 준비를 말하는 건가요?"하고 묻자 전화를 건 사람이 이렇게 소리쳤다.

"죽을 준비가 됐냐고. 그 인간은 이제 끝이야! 끝이라고!"

헤이즈 고리는 "6월 3일은 뭔가 다르게 느껴졌다"라며 그날은 "이상하게 우울하고 일이 체계적으로 돌아가지 않았다"라고 했다. 줄스 윗코버는 그날을 케네디 선거운동이 "대통령 선거 역사상 가장 감격스럽고 힘든 날" 중 하나였다고 했다. 세자르 차베스는 케네디를 위해 선거운동을 하다가 케네디를 좋아하면서도 도저히 표를 줄 수 없다고 하는 여성을 만난 일을 기억했다. "혹시라도 그 사람에게 무슨 일이 일어나면 죄책감을 느끼고" 싶지 않다는 게 그 이유였다.

선거운동 초기에 헤이즈 고리는 기사에서 이런 말을 했다.

"우리가 전에도 이야기한 것을 되풀이하자면, 케네디는 흑인, 인디언, 청년, 빈민 등에 대해 관심 있는 척하는 것이 아니다. 그런 모든 사람을 걱정하는 시늉을 할 수는 없다. 물론 그렇게 하면 정치적으로 이득이 될 수 있다. … 하지만 그런 사람 전부를 속이기에는 케네디의 연기력은 좋지 않다. 케네디는 흑인 아이들을 들어서 껴안는다. 그중에 정말 지저분한 아이가 있어도 움츠리지 않는다. 표정을 보면 안다. 싫어하는 기색이 보이지 않는다. 케네디는 고통을 겪었고, 목표의식이 있다. 케네디는 대통령이 되려는 욕망에 사로잡혀 있다."

케네디는 생애 마지막 며칠 동안 더욱 목표의식에 사로잡혀 있었다. 주변 사람들은 케네디가 육체적으로나 감정적으로 한계에 도달하고 있다는 것을 감지했다. 얼굴에 난 주름은 깊어졌고, 눈은 푹 꺼지고 빨갛게 충혈되었다. 말을 더듬고 생각의 끈을 놓쳤다. 손이 낮에는 떨렸고 밤에는 피가 났다. 감정이 북받쳐 올라서 기아와 가난에 대해 이야기할 때는 몸이 떨렸다.

이 기간에 리처드 하우드 〈워싱턴포스트〉 기자는 편집장에게 "그 사람을 정말 좋아하게" 되었다며 케네디 선거운동 취재에서 빼달라고 요청했다. 그런 결정에 하우드는 나중에 이렇게 설명했다.

"우리(케네디 전담 기자단)가 갈수록 편파적으로 변해가고 있었다고 생각합니다. 치어리더가 된 건 아니지만 그럴 위험에 처했죠."

시어도어 화이트는 앰배서더 호텔방 침대에 쓰러지면서 선거운동을 둘러싼 감정 소모와 격렬함 때문에 피로하다고 했다. 다음 며칠간 케네디는 아침마다 화이트의 방에 찾아가서 침대에 누운 화이트를 놀리고는 전날 있었던 행사를 요약해줬다. 화이트가 생각하기에는 케네디야말로 침대에서 휴식을 취해야 했다. 화이트는 케네디가 "육체적·감정적 소모의 한계"를 시험하고 "열정이 에너지를 넘어서게" 하면서 "순전히 정신력으로" 선거운동을 하고 있다고 판단했다.

예비선거 하루 전인 6월 3일 케네디의 정신력은 마침내 바닥났다. 선거 직전에 실시한 여론조사에서 39퍼센트의 지지율을 보인 케네디는 지지율 30퍼센트를 기록한 매카시를 앞섰다. 험프리를 지지하는 것으로 추정되는 "지지를 밝히지 않은" 대의원은 13퍼센트, 결정을 내리지 않은 사람은 18퍼센트였다. 앞선 예비선거에서 결정을 내리지 않은 유권자들은 매카시를 지지했었다.

이날 케네디는 샌프란시스코로 날아가면서 하루를 시작했다. 차이나타운 자동차 퍼레이드를 준비한 짐 톨런과 팀 해넌은 케네디를 공항에서 만나 빌린 중국인 쿨리(coolie : 막노동을 하는 아시아계 사람을 가리키는 말- 옮긴이) 복장을 입혀서 인력거 옆에 세웠다. 먼저 출발한 더턴은 그들에게 "아마 세계 최고의 유세가 되거나, 의원님이 너무 뻣뻣하게 굴어서 완전히 망치거나 둘 중 하나"라고 했다. 하지만 케네디는 웃었고 그 바람에 기분이 좋아졌다.

톨런은 바비와 에설에게 폭죽이 터질 수 있다며 주의하라고 했다. 실제로 샌프란시스코 차이나타운에서 세 블록을 들어갔을 때 퍼레이드 차량 옆에서 여러 발의 폭죽이 터졌다. 에설은 한 발이 터질 때마다 몸을 움찔하면서 팔을 가슴으로 가져가고 자동차 바닥으로 몸을 숙였다. 바비도 움찔했지만 아주 살짝 보인 반응이라서 기록영상을 여러 번 돌려봐야 눈치챌 수 있을 정도였다. 케네디는 자동차 뒤에서 뛰면서 따라오던 리처드 하우드에게 에설 옆에 앉아서 안심시켜달라고 했다. 자동차 퍼레이드는 피셔맨스워프에서 끝났고, 디마지오 레스토랑에서

"케네디를 지지하는 이탈리아계 미국인의 모임"이 오찬 행사를 열었다. 행사가 너무 조용해서 잭 뉴필드는 케네디가 "몹시 피곤한 상태"라고 생각했지만, 행사 후에 공항으로 가는 차 안에서 케네디 부부는 노래 한 곡을 목청껏 불렀다.

케네디는 캘리포니아주 롱비치로 이동해서 대규모 집회에서 연설했다. 한 남성이 무대 옆에 서서 "누가 의원님의 형을 죽였습니까? 누가 의원님의 형을 죽였습니까?"라는 말을 외쳐대는 바람에 케네디가 긴장하기도 했다. 케네디는 연설을 조리 있게 하지 못했다. 자동차 퍼레이드가 콤튼, 와츠, 베니스를 지나는 동안 프레드 더턴은 케네디에게 조심스럽게 "아까 말씀하실 때 약간 힘들어하신 것" 같다고 말했다.

캘리포니아 남부에서 진행한 자동차 퍼레이드 대부분은 눈부신 햇살 속에서 이루어졌다. 하지만 6월 3일은 하늘에 구름이 가득하고 스모그가 끼었고, 와츠에 모인 사람들은 평소보다 적었다. 큰 군중이 밀려들어서 요란스러운 장면이 저녁 뉴스에 방송되는 것을 피하려고 큰길 대신 작은길을 이용해서 그런 것도 있었다. 하지만 구경꾼들은 여전히 천천히 이동하는 케네디의 오픈카에 몰려와서 부딪혔고, 수백 명이 손을 내밀어 케네디의 손바닥을 쳤고, 케네디는 마치 전기충격을 받은 듯 몸이 흔들렸다. 사람들이 케네디를 차에서 끌어 내리지 못하게 하려고 빌 배리와 레이퍼 존슨, 로지 그리어홀딩이 사슬처럼 서로의 허리를 잡고 케네디를 붙들고 있어야 했다. 턱수염을 기른 술 취한 젊은 남성 하나가 케네디가 탄 차의 후드에 올라타서 몇 블록을 가면서 "케네디를 위해 길을 비켜라!"고 외치기도 했다. 케네디는 자주 멈춰서 사람들에게 물었다.

"내일 투표를 하실 건가요?"

"네!"

"여러분 혹시 지금은 제게 손을 흔들어주시고 내일 제가 떠나면 저를 잊으실 건가요?"

"아니요!"

"아니면 내일 투표를 하실 건가요?"

"예!"

마침내 자리에 앉았을 때 케네디의 얼굴에는 아무런 표정이 없었고 눈에도 초점이 없었다. 자동차에 치일까 봐 케네디가 들어서 차에 태운 다섯 살짜리 흑인 소녀는 뒷좌석에 앉아서 희고 커다란 토끼 인형을 가지고 놀고 있었다. 케네디는 아이를 무릎 사이에 세우고는 귀에 대고 뭐라고 속삭였다. 자동차 퍼레이드가 끝나자 케네디와 소녀는 차에서 내려서 어둑어둑해진 시간에 큰길 중간에 서 있었다. 소녀는 한 손으로는 케네디를, 다른 한 손에는 토끼 인형을 꼭 붙들고 서서 자신을 부모에게 데려다줄 차가 도착하기를 기다렸다.

와츠를 떠난 후 케네디는 어지러움을 호소했다. 더턴은 식료품 가게로 달려가서 진저에일(생강 맛이 나는 탄산음료-옮긴이)을 사 와서 케네디가 정신을 차리게 해줬다. 자동차 퍼레이드는 LA 공항에서 끝났다. 케네디는 톨런과 해넌에게 피곤해 보이니 예비선거 후에 잠시 쉬라고 했다. 톨런은 그날 저녁 비행기로 뉴욕으로 가서 금요일에 나이아가라 폭포에서 케네디가 등장할 집회를 준비해야 한다고 했다. 케네디는 에설을 향해 이렇게 소리쳤다.

"이 사람들이 어디에 가는지 알아? 버펄로(Buffalo : 뉴욕주의 도시-옮긴이)에 간대! 금요일에는 내가 버펄로에서 연설해야 한다네."

샌디에이고에서는 엄청난 군중이 케네디를 보기 위해 엘코르테즈 호텔로 몰려오는 바람에 선거운동원들은 사람들을 두 그룹으로 나누어야 했다. 사람들 앞에 처음 나서서 입을 연 케네디는 말이 너무 빨랐고, 횡설수설했다. 자신을 싫어하는 사람들에게 욕을 듣고, 눈물을 흘리는 치카노에게 입맞춤을 받고, 암살당한 형에 대한 기억을 떠올리고, 백악관으로 가는 길에서 총이 기다리고 있다는 생각을 해야 했던 몇 주가 지난 후, 캘리포니아 주민에게 모든 힘을 쏟아부은 케네디에게는 드디어 더 이상 줄 것이 남아있지 않았다. 잿빛 얼굴을 하고 몸을 떨면서 어지러움을 느끼던 케네디는 연설 중에 갑자기 말을 멈췄다. 케네디는 무릎이 꺾이면서 무대 가장자리에 주저앉아 손에 머리를 묻었다.

배리, 존슨, 그리어가 케네디를 들어 올려 화장실로 데리고 갔다. 화장실에서 구토를 한 케네디는 30분 후에 돌아와서 두 번째 그룹의 청중을 상대로 연설했다. 손에는 꽃을 들고 있었는데, 명예 케네디가인 가수 로즈메리 클루니는 케네디가 든 꽃이 계속 떨리는 것을 보았다. 연설을 마치자 하우드를 비롯한 기자들은 지역 방송사에서 호텔 로비에 설치한 카메라의 전원을 뽑아버렸다. 케네디가 컨디션이 좋지 않아 정신을 제대로 차리지 못하는 모습이 촬영되고, 그 상태로 인터뷰를 해서 망신당하게 하고 싶지 않아서였다.

케네디는 LA로 가는 비행기에서 침대칸으로 올라가 비행시간 35분간 눈을 붙였다. 에설은 리처드 하우드와 또 다른 기자 사이에 앉아서 불안한 모습으로 내일 선거결과가 어떻게 나올 것 같은지 물었다. 하우드는 에설에게 안심하라고 했다. 마지막 여론조사에 따르면 바비는 매카시를 누르고 있었다. 에설은 "그렇게 생각하실 것 같았어요"라고 말하면서 "하지만 그이를 좋아하는 청중은 항상 보지만 그렇지 않은 사람들의 말은 듣지 못하잖아요"라고 했다. 기자 중 한 명이 말했다.

"걱정 그만 하세요. 내일 이 시간이면 기분 좋아지실 겁니다."

# 17장

# "이렇게 끝이 나는군"

1968년 6월 4~5일

케네디는 구름과 안개가 낀 예비선거일을 말리부 해변에 있는 존 프랭 컨하이머 감독의 집에서 쉬면서 보냈다. 오전에 AP통신 기자 솔 펫과 의 인터뷰에서 케네디는 이렇게 말했다.

"누가 미국 대통령을 총으로 쏘고 싶어 한다면 그다지 어려운 일은 아닐 거예요. 그냥 어느 날 저격용 총을 들고 높은 빌딩 위로 올라가기 만 하면 되죠. 그럼 막을 사람이 없습니다."

바다가 거칠었지만 케네디는 자녀들과 함께 파도 속으로 뛰어들었 다. 거대한 파도가 케네디와 12살이 된 아들 데이비드를 덮쳤다. 케네 디가 다시 물에서 나왔을 때는 데이비드의 손을 쥔 채 이마에 멍이 들 어있었다.

그날 오후 케네디는 CBS 여론조사 결과 유진 매카시를 7퍼센트 포 인트 차이로 앞선다는 소식을 들었다. 케네디는 시어도어 화이트에게 캘리포니아의 도시 지역과 사우스다코타의 농촌 지역에서 같은 날 모두 승리한다면 민주당 중진들이 자신을 지지하게 될 것이라고 했다.

연설보좌관인 리처드 굿윈이 프랭컨하이머의 집에 들렀다. 굿윈은 뒤뜰 쪽 유리문을 내다보다가 케네디가 수영장 옆에 의자 두 개를 붙여 놓고 그 위에 널브러져 있는 모습을 보았다. 굿윈은 케네디의 머리가 의자 바깥쪽으로 축 처진 것을 보고 순간적으로 죽었다고 생각했다. 결국 케네디가 잠이 든 것뿐이라는 것을 알게 된 굿윈은 "아, 우리 중 누구도 존 케네디의 죽음에서 벗어나지 못할 것 같군"이라고 생각했다.

대개 선거 당일 저녁에는 호텔의 연회장에 지지자들이 모이고, 스위트룸은 친구와 선거캠프 직원으로 가득 찼다. 사람들이 모여서 후보와 이야기하고 함께 축하하거나 최소한 후보와 같이 있고 싶어 하지만, 케네디는 그날 저녁만큼은 그런 떠들썩한 모임을 생략하기로 했다. 지난 몇 달간 친구들과 모르는 사람들에게 끊임없이 자신을 드러내야 했기 때문에, 자신의 정치 인생에서 가장 중요한 날 저녁은 말리부에서 가족과 친구들과 함께 선거결과를 지켜보고 싶었다. 그래서 TV 방송사에 취재 장비를 프랭컨하이머의 집으로 보내 달라고 했지만 방송사는 취재진과 기술진을 이미 앰배서더 호텔로 보냈기 때문에 그럴 수 없다고 버텼다. 케네디는 어쩔 수 없이 저녁 식사를 앞당겨서 한 후 프랭컨하이머가 운전하는 차로 호텔로 향했다. 케네디는 처음에는 이미 늦어서 프랭컨하이머에게 속도를 내자고 했지만, 프랭컨하이머가 고속도로 나들목을 놓치자 이렇게 말했다.

"존, 그냥 천천히 가요. 인생은 아주 짧아요."

케네디가 앰배서더 호텔에 도착한 저녁 7시 15분부터 호텔 주방 통로에서 총에 맞은 0시 16분 사이는 케네디가 의식이 있던 생애 마지막 다섯 시간이었다. 그 다섯 시간은 선거운동의 중요한 전환점이기도 했다. 케네디의 당선 가능성을 의심하던 기자와 보좌관도 케네디가 민주당 후보가 될 수 있다고 믿기 시작한 시점이 바로 이때였다.

케네디는 그 시간의 대부분을 호텔 5층의 로열 스위트룸에서 보냈다. 로열 스위트룸은 긴 복도와 거실, 침실 두 개가 있는 넓은 호텔방이었다. 케네디 선거캠프는 로열 스위트룸 건너편에도 방을 하나 빌렸지만, 다들 후보와 같은 방에 있고 싶어 해서 케네디가 머문 방에는 지지자와 보좌관, 유명인사와 기자, 그리고 케네디의 친구들이 모여들었다. 끊임없이 울려대는 여러 대의 전화벨 소리와 큰소리로 주고받는 대화, 시끄러운 TV 소리가 뒤섞여 야단법석이었다.

케네디는 거실과 침실 두 곳을 오가며 개표결과를 지켜보면서 가벼운 인터뷰에 응했다. 사람들은 케네디를 쫓아다니며 질문을 던지고, 도움이 될 말을 들려주며 유세에 찾아온 청중이 그랬던 것처럼 어떻게든 그와 같이 있고 싶어 했다.

케네디는 호텔에 도착하고 얼마 안 가 빌 도허티의 전화를 받았다. 도허티는 사우스다코타주 수시티의 한 호텔에 선거운동원과 함께 있었다. 도허티는 부분적인 개표 상황을 보면 케네디가 50퍼센트 이상 득표할 것 같다고 했다. (최종 집계에 따르면 케네디는 50퍼센트, 존슨-험프리는 30퍼센트, 매카시는 20퍼센트를 얻었다). 사우스다코타주에서 몇 차례 유세를 하면서 언론에 크게 보도되고 자신이 나온 고등학교에서 졸업 연설까지 한 험프리 부통령에게는 충격적인 패배였다. 험프리의 지지자들은 투표지에는 존슨 대통령을 지지하는 것으로 표시되어 있지만 전당대회에서 험프리를 지지하기로 선언한 대의원들에게 투표해서 사우스다코타 출신을 백악관에 보내자며 비싼 돈을 주고 홍보했다. 사우스다코타주의 대선 예비선거 역사상 투표율이 가장 높았다. 다음날 보수적 성향의 〈래피드시티저널〉은 험프리 지지자들이 벌인 "치열한 싸움"에도 불구하고 케네디가 험프리를 지지할 것으로 생각된 블루칼라 노동자가 사는 동네에서 "압승"을 하는 등 "대승"을 거두었다고 보도했다.

조지 맥거번 상원의원도 케네디에게 전화해서 승리를 축하하면서 케네디가 대선 후보가 되려는 것이 "불가능한 꿈"인 것처럼 말한 일에 대해서 사과했다. 케네디는 도허티에게 다시 전화해서 지지자들에게 스피커폰으로 감사의 마음을 전하고 싶다고 했다. 도허티는 이 전화를 테이프에 녹음했다. 녹음 내용은 놀랄 만큼 깨끗하다. 케네디의 목소리는 젊고 흥분한 듯 들리고, 자신의 취임식 때 지지자 모두를 볼 수 있기를 기대한다고 했다. 도허티가 케네디에게 "인디언 유권자 다수가 표를 줬습니다. 우리가 파인리지를 방문한 것이 큰 효과가 있었어요"라고 하자 케네디가 "인디언 유권자에게 고맙습니다"라고 말한 뒤 이렇게 덧붙였다.

"(인디언 사이에) 백인이 이 땅에 살아도 되는가 하는 의문, 멀리 오리건까지 갔어야 했는가 하는 의문이 있었을 거라고 늘 생각했습니다."

케네디는 저녁 내내 사우스다코타에 대해서 이야기했고, TV에서 캘리포니아에서 선두를 지키고 있다고 나와도 마찬가지였다. 케네디가 옷을 갈아입는 동안 〈룩〉의 워렌 로저스 기자와 ("케네디는 끝까지 갑니다!"라고 외쳤던) 스탠리 트레틱 사진기자가 침실 앞에 도착했을 때 케네디의 첫 마디는 "인디언 표 이야기 들었어요?"였다. 케네디는 문틈으로 머리만 내밀고 "인디언 얘기해드려요? 사우스다코타의 한 카운티에는 인디언 유권자가 858명이 있었는데, 제가 856표를 얻었고, 휴버트 험프리가 두 표를 얻었답니다"라고 말했다. 그러고는 짓궂은 미소를 짓고는 말했다.

"매카시는 한 표도 못 얻었고요."

캘리포니아주 예비선거 개표는 더디게 진행되었다. LA에 천공 카드식 투표기가 처음 도입되었기 때문이었다. 교외 투표 결과가 먼저 나왔다. 개표 초기에는 유진 매카시가 앞선 것으로 나타났지만, CBS 방송은 케네디가 넉넉하게 앞서는 것으로 예측했고, 흑인과 히스패닉 유권자가 전례 없이 투표에 적극적으로 참여했을 뿐 아니라 압도적으로 케네디를 찍었다고 보도했다. 최종 결과에 따르면 히스패닉 인구가 모인 선거구에서는 케네디가 95퍼센트에 가까운 득표를 한 곳이 많았고, 100퍼센트 득표로 이긴 선거구도 한 곳 있었다.

캘리포니아와 사우스다코타 두 곳에서 모두 승리할 가능성이 커지자 스위트룸은 더 흥분된 분위기로 가득 찼다. 보좌관과 기자들은 각자 술을 찾아 마셨고, 대화 중 목소리가 점점 커지고 같은 말이 반복되었다. 한 기자가 케네디에게 승리를 어떻게 기념할 계획이냐고 물었다. 케네디는 "한 잔하세요. 아니, 석 잔 드세요"라고 대답했다. 케네디는 기자들을 한 사람씩 불러내서 LA의 트렌디한 디스코텍에서 열릴 선거 승리 축하파티에 초대하다가 결국 기자단 전체를 초대해버렸다. 케네디는 보좌관인 피터 스미스에게 "우리, 여기서 꽤 잘하지 않았나요? 그렇죠?"하고 물었다. 스미스는 케네디가 "흥분으로 제정신이 아닌" 듯했다고 했다. 에설은 바비가 캘리포니아에서 반드시 이긴다고 주장하던 기자에게 입맞춤했다. 누군가 에설에게 "생각만큼 사람들이 남편분을 미워하는 것 같지는" 않다고 하자 에설은 손가락으로 상대방을 찌르면서 이렇게 말했다.

"사람들이 제 남편을 싫어한다고 생각해본 적이 한 번도 없어요."

호텔 복도에서 즉석에서 이루어진 기자회견에서 케네디는 유진 매카시가 케네디의 상원 활동 기록을 왜곡한 것에 대해서 화가 나지 않느냐는 질문을 받았다. 케네디는 존 F. 케네디가 좋아한 저자 중 한 사람을 언급하면서 "트위즈뮤어 경이 정치와 정치인에 대해서 쓴 글을 읽어보세요"라고 말했다. 케네디는 트위즈뮤어가 정치를 "명예로운 모험"이라고 했다면서 비록 기록을 왜곡하는 것은 명예로운 일이 아니지만, 자신은 "정치를 좋아하고, 정치인들을 좋아합니다"라고 말했다.

밤 10시 30분이 되자 LA 카운티에서 충분히 개표가 이루어졌고, 그곳에서 케네디가 얻은 흑인 표와 치카노 표 덕분에 매카시가 교외에서 얻은 표를 넘어선 것이 확실해졌다. CBS는 케네디가 50퍼센트 이상의 득표로 캘리포니아 예비선거에서 승리했다고 선언했다. 나중에 개표가 완료된 후에 밝혀진 득표율은 케네디가 46퍼센트, 매카시가 42퍼센트였다.

승리 자체보다 놀라운 것은 케네디가 사우스다코타와 캘리포니아에서 이긴 방식이었다. 케네디는 사우스다코타에 단 이틀만 머물고 승리를 거두었다. 케네디는 모든 후보가 방문하는 러시모어산에 가는 대신 인디언 소년 크리스토퍼 프리티 보이와 함께 인디언 학살 장소인 운디드니를 돌아다녔고, 농업문제를 잘 아는 척하는 대신 웃으며 전혀 아는 게 없다고 솔직하게 털어놨다.

케네디는 제시 언루 캘리포니아 주의회 의장 같은 전문가의 충고를 듣지 않고도 캘리포니아에서 승리를 거두었다. TV를 통한 선거운동이나 교외에서 선거운동을 하는 대신 기차를 타고 샌와킨밸리를 돌아다니며 역에서 유세했고, 와츠와 오클랜드에서 자동차 퍼레이드를 했으며, 오클랜드에서 적대적인 질문 공세를 몇 시간이나 견뎌냈다. 형의 죽음을 안타깝게 생각하는 유권자들의 애정을 이용하지 않고, 민주주의 시민들을 "우주를 지배하는 신처럼" 떠받들라는 알렉시스 드 토크빌의 조언을 따랐다. 그리고 그렇게 해서 인디애나와 네브래스카에서와 마찬가지로 캘리포니아와 사우스다코타에서도 승리했다. 케네디는 JFK와는 다른 이슈들을 가지고, JFK와 다르게 선거운동을 했기 때문에 6월 4일이 되자 그와 형 사이에 남은 가장 큰 유사점은 매사추세츠 억

양과, 애국과 희생은 분리할 수 없다는 믿음밖에 없었다.

언루는 케네디에게 호텔 아래층에 있는 엠버시 연회장에 내려가서 TV 방송의 미 동부 방송 시간이 끝나기 전에 승리를 선언하라고 재촉했다. 케네디는 먼저 굿윈과 더턴을 데리고 화장실에 가서 문을 닫은 후 전략을 논의했다. 케네디는 자신이 6월 18일에 있을 뉴욕주 예비선거를 위해 선거운동에 매달려있는 동안 휴버트 험프리가 전국을 돌면서 대의원을 더 많이 확보할 수 있다는 사실을 걱정했다. 케네디는 "그 기간에 여러 주를 돌아다니면서 대의원을 만나야 해요, 더 늦기 전에 말이죠"라면서 "전국을 돌아다니면서 휴버트를 바짝 추격해야 저한테 기회가 생길 거예요. 그러면 휴버트가 포기할 수도 있으니까요"라고 말했다. 케네디는 선거운동 초기에 유진 매카시에게 국무부 장관 자리를 주는 조건으로 경선을 포기하게 하자는 굿윈의 제안을 거절했다. 케네디가 싫어하는 정치적인 거래였고, 매카시의 성격과 능력에 대해 안좋게 생각했기 때문에 더더욱 싫어했다. 하지만 후보지명의 가능성이 점점 커지자 케네디는 스스로 그 아이디어를 다시 꺼냈다. 케네디는 굿윈을 한쪽으로 데려가서 낮은 목소리로 이렇게 말했다.

"그 사람에게 얘기해서 지금 경선을 포기하고 저를 지지해주면 국무부 장관을 시켜주겠다고 말해야 할 것 같아요."

아래층으로 내려가기 전 케네디는 워싱턴의 메이플라워 호텔에서 댄 로스텐코우스키와 함께 선거결과 중계 방송을 보던 케니 오도널에게 전화했다. 로스텐코우스키는 시카고 데일리 시장과 가깝고 영향력 있는 일리노이주 의원이었다. 오도널은 케네디에게 축하 인사를 건넨 뒤 민주당 후보에 지명될 것으로 보인다고 했다. 케네디는 "어쩌면 그렇게 될 것" 같다면서 이렇게 덧붙였다.

"처음으로 형의 그림자를 떨쳐버린 것 같아. 내 힘으로 해냈다는 느낌이 들어."

케네디는 로스텐코우스키에게 지지를 부탁했다. 로스텐코우스키는 이렇게 말했다.

"저는 데일리 시장 편입니다. 저는 데일리가 하자는 대로 해요. … 의원님이 캘리포니아에서 승리하고, 데일리 시장의 지지를 받으면 우리(일리노이주 대의원들을 의미한 것으로 보인다-옮긴이)는 함께 갑니다."

오도널도 데일리와 연락을 주고받는 사이였고, 리처드 웨이드와 마찬가지로 케네디가 캘리포니아에서 승리하면 지지할 생각이었다. 게다가 로스텐코우스키가 일리노이주 대의원들이 데일리 시장의 의견을 따를 것을 확인해 준 것이다. 오도널은 로스텐코우스키에게서 전화기를 건네받아 이렇게 말했다.

"바비, 네가 정말 해냈어! 내일 보자고."

케네디의 선거운동에서 기분이 아찔할 만큼 행복했던 두 차례 순간은 맨 처음과 맨 마지막에 있었다. 캔자스주립대학교에서 요란한 환영을 받으면서 케네디가 어쩌면 "끝까지 갈 수 있을 것" 같아 보였을 때와 사우스다코타와 캘리포니아에서 이겨서 후보지명의 가능성이 더욱 커졌을 때였다. 케네디는 그 두 순간 모두 일종의 해방감을 느꼈다. 캔자스주에서는 몇 달간 겁을 내고 조심스러워 했던 일로부터, 캘리포니아주에서는 형의 그림자로부터 벗어나는 해방감을 느낀 것이다. 캔자스주에서 돌아오는 비행기에서 케네디는 "해방!"된 것 같고 "다시 태어난" 것처럼 느낀다고 했고, 사우스다코타와 캘리포니아에서 이긴 후에는 시가에 불을 붙여 물고 스위트룸을 돌아다니면서 주먹으로 자신의 손바닥을 치면서 "험프리를 잡겠어. … 나랑 토론하게 만들겠어. … 전국에서 그 인간을 바짝 쫓을 거야"라고 말했다. 케네디가 그렇게 거칠게 말하는 것을 본 적이 없던 〈룩〉의 워렌 로저스는 케네디가 용기를 얻고 신이 나서 그러는 거로 생각했다. 로저스는 케네디에게 "제 생각이기는 하지만, 가능할 것 같아요"라며 이렇게 덧붙였다.

"전에는 그렇게 생각하지 않았지만 지금은 가능하다고 봅니다. 험프리를 누르고 후보지명을 받으실 수 있을 것 같아요."

케네디는 빙그레 웃으며 이렇게 말했다.

"드디어 로저스 기자님의 지지를 받아냈네요. 대세에 합류하신 걸 환영합니다."

케네디는 거실 구석으로 가서 쭈그리고 앉아서 개표결과를 TV로 지켜보면서 시가를 피웠다. 버드 슐버그가 다가와서 승리 선언을 할 때 흑인 표의 중요성을 언급하라고 조언하면서 이렇게 말했다.

"누구 때문에 캘리포니아에서 이긴 건지 아시잖아요."

"흑인 유권자의 85~90퍼센트, 치카노 유권자의 100퍼센트가 저를 찍었다는 얘기를 하려는 거죠?"

"의원님은 미국에서 그 사람들이 신뢰하는 유일한 백인입니다."

케네디와 슐버그는 몇 분간 슐버그가 와츠에서 운영하는 글쓰기 워크숍과 더글러스 하우스 극장에 관해서 논의하면서 케네디가 뉴욕의 베드퍼드-스타이베선트 지역에 기업들이 투자하도록 장려해온 것과 비교했다. 케네디는 도심 지역에 두 가지 종류의 프로젝트가 모두 필요하다고 생각했다.

"도심에서 기계를 다루는 기술이나 직업뿐 아니라 창의적인 재능도 장려해야 해요. 저는 와츠의 더글러스 하우스 극장에서 아주 뛰어난 재능과 강한 자기표현이 발휘되는 것을 봤습니다. 그런 일이 연방정부의 지원으로 미국 전역에서 일어나는 것을 보고 싶습니다. 제가 할 수 있는 모든 것을 할 겁니다."

케네디가 아래층으로 내려가기 전에 흑인인 존 루이스에게 "오늘 좀 실망했습니다. 멕시코계 유권자들이 흑인 유권자보다 표를 더 많이 줬어요"라고 농담하자 방에 있던 모든 사람이 웃음을 터뜨렸다. 케네디는 "잠깐만 기다려주세요"라고 하고는 "15분, 20분 후에 다시 올라올게요"라고 말했다. 루이스는 케네디가 너무나 행복해 보였다고 기억하며 "공중에 붕 떠서 방을 나갔다고 해도 틀린 말이 아닐 것"이라고 말했다.

케네디의 친구와 보좌관 중 일부는 시끄럽고 요란한 엠버시 연회장에 가는 대신 스위트룸에 남아서 TV로 승리 연설을 보기로 했다. 하지만 여전히 케네디를 따라 내려가려는 사람들이 많아서 엘리베이터로 가는 복도가 막혔다. 복도에서 열한 살짜리 딸 코트니와 마주친 케네디는 아이에게 오늘 하루가 어땠냐고 물으며 몇 분을 서 있었고, 사람들은 부녀가 이야기하는 동안 기다렸다. 그러고는 칼럼니스트 조지프 크래프트와 이야기를 하느라 다시 한번 멈췄다. 크래프트는 예전에 케네디에게 예비선거를 포기하고 매카시를 지지하고, 험프리가 매카시를 이겨서 민주당 후보가 되면 본선에서 험프리를 지지하라고 권했었다. 험프리가 닉슨에게 지면 케네디가 당을 이끌 수 있게 된다는 것이었다. 그런 크래프트는 "이제 선택의 여지가 없네요"라며 농담했다. 캘리포니아에서 이겼으니 전당대회까지 유세를 계속할 수밖에 없다는 얘기였다. 크래프트가 한 말의 의미를 이해한 케네디는 미소를 지으며 고개를 끄덕였다.

개표가 느리게 진행되어서 엠버시 연회장에 있던 사람들은 몇 시간째 기다리고 있었다. 연회장은 활기찬 분위기에서 극도의 흥분으로 바뀌었고, 현장에 있던 사람들에 따르면 연회장의 청중은 "동물적인 에너지가 가득"했고, "무서운 폭력성을 억누르고" 있었다. 자정이 다 되어 마침내 케네디가 연단에 올라서자 젊은 선거운동원은 서로 어깨에 손을 얹어 기차놀이를 하면서 "저들에게 한 방 날려요, 바비!"라고 외치고, 기타를 치면서 "그는 당신의 편. 그는 나의 편. 그의 이름은 로버트 케네디이이이!"라며 노래를 하고 껑충껑충 뛰었다.

케네디는 연회장에 모인 사람들에게 15분 정도 연설을 했다. 즉흥적으로 이야기하기도 하고 프랭크 맨키위츠가 전달한 노트를 참고하기도 했다. 연설은 아카데미상 시상식 수상자의 소감처럼 다소 두서없이 이루어졌다. 케네디는 제시 언루, 자신의 여동생과 동서인 스티브, 진 스미스, 자신의 어머니와 "케네디가의 모든 이들," 반려견 프레클즈, 아내 에설 등 무작위로 생각나는 이름을 언급하며 감사의 뜻을 표했다. 아내보다 반려견의 이름을 먼저 말한 것을 두고 농담을 했고, "미국 내에서 굶주리는 사람들"을 돕겠다고 거듭 약속했으며, 말이 너무 길어지는 것을 걱정하면서 "여러분의 시간을 1~2분만 더 사용할 수 있다면"이라고 했다.

그러고는 슐버그의 충고대로 "흑인 사회에 있는 제 친구들 모두"에게 감사를 표했다. 또한 세자르 차베스와 돌로레스 후에르타를 언급하며 "선거운동 중에 우리가 이야기한 동료 시민에 대해 의무와 책임이" 있다면서, 대통령이 되면 책무를 다하겠다고 약속했다. 마지막으로 에설의 옆에 서서 활짝 웃으면서 "여러분 모두에게 감사드리며, 우리 모두 (전당대회가 열리는) 시카고에서 승리합시다"라고 말했다. 케네디의 이 말은 공식 석상에서 한 마지막 발언이고, 승리의 순간을 너무나 완벽하게 표현했기 때문에 이후 여러 날 동안 방송을 탔고 1960년대를 이야기하는 다큐멘터리에도 빠지지 않고 들어갔다.

케네디는 처칠처럼 손가락으로 승리의 V자를 그린 후 연단을 떠나서 "우리는 바비를 원해요! 우리는 바비를 원해요!"라고 외치는 청중 속으로 들어갔다. 그러고는 평소처럼 군중 속을 통과해서 연설장을 떠나지 않고 자신의 팔을 붙들고 안내하는 부수석 웨이터 칼 유커의 안내를 받아 주방 창고 쪽으로 걸어갔다.

빌 배리는 케네디가 강당을 관통해서 나갈 것으로 생각해서 먼저 사람들 사이로 이동하면서 케네디가 통과할 길을 내고 있었다. 하지만 케네디가 주방 창고 쪽으로 이동하는 것을 보고 서둘러 쫓아갔다.

케네디가 왜 그쪽으로 가기로 했는지는 분명하지 않다. 흥분한 청중 때문에 놀라고 불안했을 수도 있고, 지난 82시간 동안 사람들에게 치인 탓에 지쳐서 그랬을 수도, 혹은 콜로니얼실에서 예정된 인쇄 매체 기자들과의 회견을 서둘러 가진 후 팩토리 디스코텍에서 열릴 축하파티에 가려고 했을 수도 있다. 훗날 더턴은 케네디가 예정에 없이 주방을 통과해서 이동하기로 한 것을 막지 못한 자신을 탓하며 "항상 제게 책임이 있다고 생각해왔습니다"라고 말했다.

케네디는 주방 쪽으로 걸어가다가 전미자동차노조의 지역위원장이자 자신을 일찍부터 지지해온 폴 슈레이드를 발견하고는 "폴, 제스와 함께 저 좀 봐요"라고 말했다. 슈레이드는 케네디가 기자회견이 예정된 콜로니얼실로 같이 가자는 말로 이해하고 뒤따라가며 이렇게 생각했다.

'여태껏 싸워온 게 바로 이 순간을 위해서야. 드디어 우리가 원하는 대통령을 얻게 되었어.'

케네디가 주방 창고의 작업대 위로 손을 뻗어서 주방에서 일하던 사람과 악수를 하려던 순간, 성과 이름이 똑같이 시르한 시르한이라는 젊은 팔레스타인계 남성이 사람들 사이에서 나와 권총을 케네디의 머리를 향해 쏘았다.

(시르한 시르한은 미국에서 12년을 거주한 24세의 팔레스타인 남성으로, 암살을 저지른 후 40년 넘게 캘리포니아의 형무소에서 형을 살고 있다. 케네디가 이스라엘을 지지한다

는 이유로 죽였다는 주장도 있었지만 그게 사실이라면 죽였어야 할 대선 후보가 한둘이 아니었다. 영화 〈맨츄리안 캔디데이트〉의 시나리오처럼 마피아나, CIA, 아리스토틀 오나시스에 의해 세뇌되어 범행을 저질렀다는 주장도 있었다. 하지만 유명인을 죽여서 자신도 유명해지고 싶었던 정신장애를 가진 청년이었다는 것이 가장 설득력 있는 설명이다.)

총소리는 차이나타운에서 들을 수 있는 폭죽 소리처럼 들렸다. 하지만 누구도 폭죽 소리로 착각하지는 않았다. 더턴은 이렇게 말했다.

"저는 2차 세계대전 때 보병으로 복무했습니다. 그 소리를 듣는 순간 무슨 소리인지 바로 알았습니다."

시르한은 22구경 권총을 사용했다. 이 권총은 가까운 거리에서 맞아도 생존하는 일이 있을 정도로 꼭 치명적이지는 않아서 전문적인 암살범이 사용하는 무기는 분명 아니었다. 범인은 가까운 거리에서 총을 쐈고, 케네디의 수술을 담당한 의사는 총알이 1센티미터만 뒤에서 발사되었어도 케네디가 살 수 있었을 뿐 아니라, 몇 주만 치료한 후에 선거운동을 다시 시작할 수 있었을 거라고 말했다.

총성이 울리는 순간에 주방 창고에는 이미 사람들로 가득했지만, 소리가 나자 더 많은 사람이 일시에 몰려들었다. 프랭크 맨키위츠는 다른 사람의 등에 기대어 울었고, 조지 플림턴, 빌 배리, 레이퍼 존슨, 루즈벨트 그리어는 시르한과 몸싸움을 했다. 그리어가 마침내 시르한을 제압한 후 권총을 빼앗았다.

존 F. 케네디와 마틴 루서 킹은 마치 사냥감처럼 먼 거리에서 파괴력이 강한 소총으로 암살당했다. 바비의 암살은 두 사람이 암살당했을 때보다 덜 놀라운 사건이었지만, 앞선 암살보다 더 밀접하고 끔찍하게 벌어졌다. 금속 테이블과 주방용 칼이 가득한, 마치 도살장 같고 폐쇄된 공간에서 농장의 가축처럼 가까운 거리에서 살육당한 것이다. 바로 옆에 거의 80명에 가까운 사람들이 있었다. 케네디 외에도 다섯 명이 더 다쳤고, 라디오 기자, 사진기자와 TV 카메라맨의 기록에 총격 순간이 담겼다. 다만 CBS의 짐 윌슨의 카메라는 벽에 부딪혀 고장 나는 바람에 비극의 순간을 담지 못했다. JFK가 일상적인 정치 일정으로 텍사스에 갔다가 암살당했을 때는 임기를 3년 가까이 마친 시점이었다. 킹 목사가 테네시주 멤피스에 청소노동자들의 파업을 지지하러 갔다가 총에 맞았을 때는 이미 자신의 업적을 분명하게 남긴 시점이었다. 하지만 바비가 암살을 당한 것은 그가 가장 큰 정치적 승리를 얻어낸 직후였다.

총에 맞는 순간에 너무나 많은 사람이 곁에 있었기 때문에 목격자의 진술과 사진, 영상필름이 무수히 많이 존재한다. 그 순간을 가장 극적으로 녹음에 담은 것은 뮤추얼 라디오방송국의 앤드류 웨스트 기자였다. 그는 주방 창고로 걸어가는 케네디를 따라가며 인터뷰를 하고 있었다. 녹음은 깨끗하지 않지만 웨스트는 이런 질문으로 인터뷰를 시작했다.

"의원님, 험프리 부통령이 대의원 숫자에서 앞서고 있는데 어떻게 대응하실 생각입니까?"

케네디가 말했다.

"처음처럼 다시 노력하면서…."

그 순간 총성과 비명이 들리자 웨스트가 말했다.

"케네디 상원의원이 총에 맞았습니다. 케네디 상원의원이 총에 맞았습니다. 이게 가능한 일입니까? 이게 가능한 일입니까? 그렇습니다, 신사 숙녀 여러분. 이게 가능한 일입니까? 정말로 총에 맞았습니다. 케네디 상원의원만이 아닙니다. 오, 맙소사. 케네디 상원의원과 또 다른 사람이. 케네디의 선거운동 사무장이 맞았습니다. 아마 머리에 맞은 것 같습니다. 제가 지금 바로 옆에 있고, 레이퍼 존슨이 총을 쏜 사람으로 보이는 남자를 붙들고 있습니다. … 범인은 아직도 손에 총을 들고 있습니다. 총구가 지금 저를 향해있습니다. 사람들이 손에서 총을 빼앗았으면 합니다. 조심하세요. 총을 빼앗으세요. … 총을 빼앗으세요. … 총에서 떨어지세요. … 총에서 떨어지세요."

"남자가 손을 펴지 않습니다. … 엄지손가락 잡아요. … 엄지를 잡아요. … 그 사람 엄지를 잡고. … 안 돼면 손가락을 부러뜨려야. … 총구를 피하세요. … 총 조심하세요. … 네. 됐습니다. 끝났습니다. 레이퍼, 총 잡으세요. 총 붙드세요, 레이퍼. 네, 이제 총을 놓치지 마시고."

"신사 숙녀 여러분, 이제 범인에게서 총을 빼앗았습니다. … 범인은 제 쪽에서는 보이지 않습니다. 누군지 보이지 않습니다. 케네디 상원의원은 지금 바닥에 쓰러져있습니다. 총을 맞았습니다. 이 상황은. 이 상황은. 잠깐만요. 그 사람을 붙잡으세요. … 오즈월드처럼 되면 안됩니다. … 레이퍼, 범인을 붙잡으세요. 사람들이 범인에게서 떨어지게 하세요. … 이 상황은. 비키세요, 비키세요, 물러서세요, 물러서세요. 상원의원은 지금 바닥에 쓰러져 있습니다. 피를 많이 흘리고 있습니다. 보기에 앞에서 총을 맞은 것 같습니다만, 정확하게 어디에 총을 맞은 건지는 볼 수가 없습니다."

시르한 시르한이 제압을 당한 후 사람들의 비명은 울음으로 바뀌었고, 분노의 고함은 "뒤로 물러나요!", "(의원님에게) 자리 좀 내줘요!" 같은 호소로 바뀌었다. 케네디의 손에는 식당 종업원이 건넨 묵주가 쥐어져 있었다. 사람들이 케네디의 넥타이를 헐겁게 풀고, 셔츠 앞을 열어두었고, 머리는 접은 양복 상의로 받쳐두었다. 에설은 곁에서 무릎을 꿇고 남편의 귀에 대고 작은 목소리로 이야기를 하고 있었다. 케네디의 가슴이 움직였고, 힘들게 숨을 쉬었다. 케네디는 정신을 차렸다가 다시 잃고, 정신을 차렸다가 다시 잃었다. 눈은 초점을 잃었다가 다시 또렷하게 초점을 되찾았다. 입술이 움직였다. 케네디는 식당 종업원에게 "다른 사람들은 괜찮"은지 물었다. 어떤 사람은 케네디가 "폴(슈레이드)은 다치지 않았나? 다른 사람들은 괜찮은가?"라고 말했다고 했다.

리처드 하우드는 케네디가 한 다리를 올리는 것을 봤다. 영국인 사진기자 해리 벤슨은 케네디가 "내 머리"라고 말하고 에설이 남편에게 "내가 옆에 있어요, 여보"라고 말하는 것을 들었다고 했다. 어떤 사람은 바비가 "잭(JFK) ⋯ 잭"하고 중얼거렸다고 했다. 응급차가 도착해서 케네디를 들것에 옮기자 케네디는 이렇게 말했다.

"하지 말아요. 들지 말아요."

찰스 퀸은 케네디가 "노, 노, 노, 노, 노"라고 말한 것으로 기억하고, 그 소리가 토끼가 "죽기 직전에 내는 비명"을 연상시켰다고 했다.

로버트 케네디의 암살에서 가장 충격적인 것은 케네디 본인을 포함해 아무도 충격으로 받아들이지 않았다는 사실이다. 헤이즈 고리는 "로버트 케네디가 바닥에 누워서 위를 바라보며 ⋯ 또렷한 정신으로, 그를 아는 사람들이라면 절대 잊지 못할 표정을 하고 있었습니다. ⋯ 무슨 일이 일어났는지 정확하게 알고 있었어요"라고 했다. 피트 해밀 기자는 바닥에 누워있는 케네디의 얼굴에서 "상황을 있는 그대로 편안하게 받아들이는" 표정이 스치는 것을 봤다. 항상 그랬듯 케네디는 눈으로 말했다. 그의 눈은 "무슨 일이 일어난 거야?"가 아니라, "이렇게 끝이 나는군"이라고 말하는 듯했다.

# 에필로그

많은 지지자에게 로버트 케네디의 선거운동은 주방 창고의 총성으로 끝났다. 위층 스위트룸에 남아있던 선거운동원에게는 TV에서 암살 소식을 접하면서 끝났다. "케네디가 살아나기만 하면 대통령으로 만들겠다"고 했던 월터 폰트로이와 호제이아 윌리엄스에게는 6월 6일 케네디의 사망 소식과 함께 선거운동이 종료되었다. 또 다른 사람들에게는 장례식과 함께 끝났거나, 관을 옮기는 사람들이 반짝이는 촛불을 들고 '아름다운 아메리카America the Beautiful'를 부르는 수천 명의 조문객을 지나 묘지로 향할 때 끝났다. 델라웨어주 풀밭에 서서 케네디의 장례 열차를 지켜보던 결혼식 신부 들러리들에게는 들고 있던 부케를 열차에 던지면서 비로소 끝났다.

케네디를 취재하던 기자단에게는 에설이 히코리힐의 자택에 기자들을 초대해서 작별파티를 연 6월 21일 금요일에 끝났을지도 모른다. 에설이 아이들과 하이애니스포트(케네디가의 저택이 있는 매사추세츠주의 작은 마을-옮긴이)로 출발하기 전에 연 파티였다. 그날 기자들은 에설을 알링턴 국립묘지에서 만나 케네디의 묘까지 자동차 행렬로 이동했고, 에설은 아이들과 함께 오픈카를 타고 행렬의 맨 앞에서 이동했다. 아이들은 꽃다발을 들고 있었다. 일행은 묘지에서 기도하고 꽃을 내려놓고 식사를 하기 위해 히코리힐로 이동했다. 기자들은 아이들과 함께 수영을 했고, 음료와 스테이크가 나왔다. 실비아 라이트는 "그냥 또 하나의 선거운동 이벤트"라고 상상할 수 있을 정도였다고 했다. 그들은 바비가 좋아한 노래 '꽃들은 전부 어디 갔을까Where Have All the Flowers Gone'를 부르며 파티를 마쳤다. 무덤으로 간 병사와 꽃으로 뒤덮인 무덤을 노래한 곡이었다. 6개월 후 몇몇 기자가 크리스마스이브에 히코리힐에 다시 찾아와 비가 퍼붓는 밖에 서서 크리스마스 캐럴을 불렀다. 예상대로 에설이 기자들을 집으로 초대했지만 그들은 마지막으로 인사만 하고 떠나겠다며 사양했다.

영화제작자인 찰스 구겐하임에게 케네디의 선거운동이 끝난 것은 늦은 8월 저녁, 그가 프레드 더턴과 함께 자신이 만든 케네디 선거운동 필름과 영상기기가 담긴 카트를 시카고의 콘래드 호텔 화물 엘리베이터에 밀어 넣었을 때였다. 학생들과 경찰은 도심에서 전투를 벌였고 (케네디 사후에 진행된 민주당 전당대회는 폭력으로 얼룩졌다-옮긴이) 그 결과 민주당은 그 후 몇십 년간 폭력과 무법천지라는 오명을 쓰게 되었다. 구겐하임과 더턴은 케네디의 선거운동을 담은 영상을 휴버트 험프리 부통령이 묵는 스위트룸에 가져와서 부통령 보좌관들에게 보여줬다. 부통령 측은 바비 케네디 지지자들이 막판에 테드 케네디를 후보로 끌어들일까 봐 전전긍긍하고 있었다. 영상을 보고 상영해도 좋을지, 좋다면 언제 하는 게 좋을지 결정하게 하려는 의도였다. 구겐하임은 "그게 마지막 장면이었습니다. 마지막 노력이었죠. 사람들은 모두 사라지고 우리만 남아서 흩어진 조각들을 줍고 있었습니다"라고 말했다. 구겐하임의 기록물은 전당대회에서 투표가 끝난 후 상영되었고, 영화가 끝났을 때 대의원들은 울음을 터뜨렸다.

6월 7일부터 17일까지 케네디의 선거운동 일정을 분 단위로 설명한 열한 페이지짜리 문서로 만든 보좌관들에게는 그 일정과 함께 선거운동이 끝났을 것이다. 케네디 대통령 도서관에 전시된 많은 자료가 가슴을 아프게 하지만, 어쩌면 이 문서가 가장 가슴 아픈 자료일 것 같다.

케네디가 엠버시 연회장을 나갈 때 주방 창고가 아닌 다른 경로로 나갔다면, 혹은 시르한이 총을 쐈을 때 머리를 1센티미터만 앞으로 움직였다면 어떤 일이 벌어졌을까. 그랬다면 케네디는 6월 7일 뉴욕 맨해튼 성 패트릭 성당에 놓인 마호가니 관에 누워있는 대신 로열 스위트룸 침대에서 동이 틀 무렵 일어나 미네소타주 세인트루이스로 비행기를 타고 가서 전당대회에 참석할 대의원들과 오찬 회동을 했을 것이다. 그리고는 뉴욕주 나이아가라 폭포로 가서 아름다운 봄날 오후 쏟아지는 폭포를 배경으로 서서 뉴욕주 예비선거를 위한 선거운동을 시작하는 연설을 했을 것이다. 롱아일랜드로 날아가 월트휘트먼 쇼핑센터 주차장에서 평상형 트럭 위에 올라 자신을 올려다보는 수천 명의 중산층 백인 유권자들에게 아메리카 인디언의 자살과 굶주리는 아이들에 대해 이야기했을 것이다. 그런 다음 자동차로 맨해튼에 있는 자신의 아파트로 이동해서 넥타이를 검은색으로 바꾼 다음 뉴욕 힐튼호텔에서 열릴 소방관협회 만찬에 참석해서 에설과 함께 춤을 출 예정이었다. 다음날은 자녀들과 함께 자전거를 타고 센트럴파크를 달릴 예정이었다. 일정에는 "맨해튼 가족 휴식. 센트럴파크 자전거 타기"라고 적혀있다. 아내와 아이들 대여섯 명이 케네디 가문 특유의 이를 활짝 드러내는 웃음을 띠고, 마치 투르 드 프랑스에 참가한 선수처럼 수백 명의 행인이 내민 손 사이로 자전거를 타고 달리는 모습이 사진에 찍혔을 것이다. 오후에는 롱아일랜드 베이쇼어에서 열리는 푸에르토리코인들의 날 행사에 셔츠 차림으로 참석해서 함께 행진할 예정이었다. 엄마들은 케네디에게 아기를 안아달라고 번쩍 들었을 것이고, 사람들은 "케네디 만세!"라고 외쳤을 것이다. 다음 일주일간에는 스테이튼섬과 맨해튼을 오가는 페리에서 내리는 출퇴근길 시민과 악수하고, 예시바대학교에서 졸업식 연설을 할 계획이었다. 메이시 백화점에서 점심시간에 쇼핑하던 사람들은 케네디를 보고 몰려들었을 것이고, 케네디가 작은 비행기를 타고 뉴욕주 북부의 도시를 돌아다니며 유세를 하면 1964년 상원의원 선거운동 당시 〈뉴욕타임스〉가 보도한 것처럼 "전례 없는 규모의" 인파가 "몰려들어 환호하고 잡아당기고 밀치는" 일이 일어났을 것이고, 규모는 그때보다 더 컸을 것이다. 6월 17일 월요일에는 비행기를 타고 나이아가라 폭포로 돌아가서 자동차 퍼레이드로 뉴욕주 버펄로로 향했을 것이다. 1966년 케네디가 버펄로에서 민주당 후보 지지 선거운동을 했을 때는 15만 명의 군중이 거리를 가득 채웠고, 경찰들은 인파 때문에 타고 있던 오토바이의 균형을 잡는 데 어려움을 겪었다. 케네디가 살아서 돌아왔다면 같은 일이, 아니 더 많은 일이 일어났을 것이었다. 오후 7시 45분에는 뉴욕 라과디아 공항으로 돌아와 대기 중이던 오픈카에 올라 뉴욕시의 할렘으로 이동했을 것이다. 캐나다에서 내려온 고기압이 도시를 뒤덮은 구름을 밀어내는 동안 케네디의 자동차 퍼레이드는 125가까지 이동했을 것이며, 미국 흑인과 케네디 사이의 로맨스는 절정에 달했을 것이다. 군중들은 경찰저지선을 뚫고 케네디에게 몰려왔을 것이고 케네디는 목이 쉴 때까지 "여러분의 도움이 필요합니다!"하고 외쳤을 것이다. 케네디의 손은 또다시 긁혀서 피가 났을 것이고, 구겨진 메모가 다시 케네디의 무릎을 덮었을 것이다. 자동차 퍼레이드는 남쪽으로 방향을 틀어 콜럼버스 대로를 따라 속도를 내면서 도심을 향했을 것이다. 모금행사장인 매디슨스퀘어가든에 들어서면 기다리던 청중이 큰 소리로 케네디를 맞이했을 것이다. 행사장 내 문이 모두 닫히고, 소리가 잦아들고, 일정이 끝났을 것이다.

케네디는 유령이 되어 사람들의 시야에서 사라졌다가 대통령 선거 때마다, 그리고 사람들이 5년에 한 번 케네디의 생일과 서거일을 기념할 때마다 다시 나타났다. 민주당 내에서 싸움이 벌어질 때면 케네디의 정신을 계승한다고 주장하는 정치인들이 유령을 불러냈다.

빌 클린턴 대통령은 자서전을 통해 그런 시도를 했다. 클린턴은 로버트 케네디가 "지미 카터 대통령이나, 내가 1985년에 출범을 도왔던 민주당지도자회의Democratic Leadership Council, 그리고 나의 1992년 대선 선거운동보다 앞선 최초의 뉴데모크래트(New Democrat : 민주당 내의 중도온건파로 경제성장친화적인 세력-옮긴이)이었다"면서, 로버트 케네디는 "진보정치는 새정치와 근본적인 가치 모두를 지지해야 한다는 사실을 본능적으로 이해하고 있었다"고 주장했다. 하지만 클린턴이 복지제도 개혁법에 서명하면서 삭감한 예산 중에는 가난한 아이들에게 주는 식료품할인권도 포함되었다. 그런 법안에 서명하면서 클린턴은 새로운 법안이 로버트 케네디의 정신을 계승한다고 주장했고, 케네디 사후에 태어난 케네디의 딸 로리 케네디는 클린턴이 아버지의 이름과 정신적 유산을 "모독했다"라고 비난했다. 클린턴 정부에서 일하던 피터 에델먼은 클린턴이 케네디의 말을 "강탈해 뒤틀었다"라며 "내가 생각하는 로버트 케네디의 새로운 진보주의는 오늘날의 정치에 존재하지 않는다"라고 비판하고 공직에서 사퇴했다.

2005년 11월 로버트 케네디 탄생 80주년을 기념하는 행사에서 존 케리, 힐러리 클린턴, 버락 오바마 등의 정치인이 했던 헌사에서는 누가 로버트 케네디와 가장 닮았냐는 이야기가 나왔다. 오바마는 "로버트 케네디가 지금 이 자리에 있었다면 우리를 정치적으로 제약하는 카테고리 어디에도 그를 포함시키기 힘들 거라 생각합니다"라고 말하면서, 어쨌거나 로버트 케네디는 "중도를 추구한다는 의미의 중도주의자"는 아니었다고 주장했다. 로버트 케네디라면 '뉴데모크래트'나 좌우의 눈치를 보는 클린턴 세력을 불편하게 생각했을 거라는 의미였다 (2005년 당시 대통령은 조지 W. 부시였고 오바마는 2009년 대통령에 취임했다-옮긴이)

행사 중 "로버트 케네디의 비전이 오늘날 어떤 의미가 있는가"라는 주제로 벌어진 패널 토론에서는 케네디의 연설문 작성을 담당한 제프 그린필드가 사회를 담당했다. 그린필드는 케네디의 정치철학을 "타인의 목을 밟고 있는 당신의 발을 치우라!"라는 말로 요약했다. 그는 케네디가 청중이 듣고 싶어 하는 것과 정반대되는 이야기를 할 때마다 "청중이 생각해보면서 마음을 바꾸는 게 '들리는' 듯" 했다고 말했다. 그린필드가 이 말을 하는 동안 자리에 있던 사람들이 요즘 정치인 중에 맨정신으로 그렇게 할 수 있는 사람이 어디 있겠느냐고 자문하는 소리가 들리는 듯했다.

당시 민주당 선거위원회 의장이었던 람 이매뉴얼 하원의원은 "키노트 청취자" 자격으로 패널에 있었다. 이매뉴얼은 로버트 케네디가 그 당시 민주당을 괴롭히고 있는 "가치의 문제"에서 자유로웠다고 주장했다. 1968년 당시만 해도 낙태는 불법이고 게이 인권운동도 없었기 때문이라는 것이다. 그는 자신이 10대의 통금, 교복, V칩을 사용한 인터넷 등급제 등의 "가치 어젠다"를 알리고 있다는 말도 덧붙였다. 하지만 이매뉴얼의 어젠다는 케네디의 "가치문제"였던 기아와 가난에 비하면 가벼운 이슈에 불과했다.

이매뉴얼은 클린턴 대통령이나 카터 대통령이 많은 공화당 정치인과 달리 종교적인 믿음에 의지해서 표를 얻지 않았고, 그렇다고 해서 다른 민주당 정치인처럼 자신의 종교를 회피하지도 않았다고 했다. 그 말의 의미는 로버트 케네디 역시 자신의 종교와 거리를 두지 않았다는 것이다. 그 말을 들은 제프 그린필드는 케네디의 신앙이 정치적인 견해 중 일정 부분 영향을 주기는 했지만, 그렇다고 그가 신앙을 "이용"한 적은 한 번도 없었다고 반박했다. 그린필드의 기억에 따르면 케네디가 신God을 언급한 건 단 한 번뿐인데, 그때 케네디가 한 말은 이랬다.

"오로지 신만이 미국의 문제를 해결할 수 있는데, 그분은 이번 대선에 출마하지 않으셨습니다." (원문에 따르면 케네디는 '그분'이라고 할 때 여성대명사 she를 사용했다. 기독교의 신이 철저하게 남성형을 사용한다는 것을 고려하면 케네디가 종교적 전통을 의식적으로 전복하려 한 것을 짐작할 수 있다-옮긴이)

사실 오늘날 미국의 정치인은 소속된 당과 상관없이 1968년 케네디가 들고나온 이슈를 사용해서 같은 주장을 하면서 대선에 출마할 수 있다. 케네디가 지적한 문제는 그 이후로 하나도 해결되지 않았기 때문이다. 2007년 6월 "서서히 죽어가는 삼각주A Slow Demise of the Delta"라는 제목의 〈워싱턴포스트〉 기사는 미시시피 삼각주 농부들의 수입을 늘리고 지역경제를 활성화하기 위해 투입한 연방정부의 지원금 중에서 흑인 농부에게 돌아간 것은 5퍼센트도 되지 않고, 나머지는 전부 백인이 소유한 상업화된 대형 농장이 가져갔다고 보도했다. 같은 달 〈뉴욕타임스〉에 실린 "인디언 보호구역, 젊은이들 연이은 자살과 자살 시도로 충격에 빠져"라는 기사는 사우스다코타주 파인리지에 인접한 로즈버드 보호구역의 부족 공무원들이 10대의 자살이 전염병처럼 확산되면서 비상사태를 선포했다고 보도했다. 이 기사를 쓴 에벌린 니에베스 기자는 "파인리지에서 벌어지는 상황은 인디언이 사는 지역에서 너무나 흔한 일"이라고 하면서 아메리카 인디언과 알래스카 원주민 청소년들의 자살률이 미국 평균의 세 배가 넘는다고 했다. 1968년 이후로 변함이 없는 숫자였다.

케네디가 암살되고 여러 날이 지난 후 CBS방송의 찰스 퀸은 멤피스에서 열린 조지 월리스의 선거유세에 참석한 남부 사람들을 인터뷰했다. 그들은 열렬한 월리스 지지자로 보였지만 케네디가 죽지 않았다면 월리스 대신 케네디를 지지했을 것이라고 밝혔다. 왜 그런지는 그들 스스로 설명하지 못했다. 한 사람은 "그냥 좋아요. 좋은 대통령이 될 거로 생각했습니다"라고 말했다.

로버트 케네디가 좋은 대통령이 되었을지 아니었을지는 알 수 없다. 분명한 것은 그가 선거운동 중에 수백만 명의 미국인에게 자신이 좋은 사람, 어쩌면 위대한 사람이라는 확신을 심어줬다는 사실 뿐이다. 월리스 지지자, 델라웨어주의 신부 들러리, 개리의 철강 노동자, 네브래스카주의 농부, 치카노 농장노동자가 케네디의 죽음에 그토록 슬퍼한 것은 케네디가 그들을 이용하려 하는 대신 교육하고, 분열 대신 화해를 시도하고, 그들에게 메시지를 주입하는 대신 그들과 대화하고, 그들의 지갑이 아닌 그들의 선한 마음에 호소하고, 안위를 약속하는 대신 희생을 요구하는 것을 느꼈기 때문이다. 그들이 케네디의 죽음을 애도한 이유는 그들이 상처 입은 나라를 치유하고 더러워진 명예를 회복시켜 줄 지도자를 간절히 바랐고, 다시금 숭고한 정신을 느낄 수 있기를 절실히 바랐기 때문이다.

닉슨 대통령(1968년 11월 민주당의 휴버트 험프리 후보를 누르고 당선되었다-옮긴이)은 추첨징병제, 모병제 등 케네디가 선거운동 중에 주장한 정책 중 일부를 받아들였다. 또한 기아와 인디언 인권처럼 케네디가 제기한 문제들에 대중의 관심이 증가하자 놀라울 만큼 진보적인 입법으로 대응했다. 하지만 닉슨의 베트남 정책과 캄보디아 폭격은 미국의 분열을 공고하게 했고 도덕적 상처를 더욱 깊게 만들었다. 베트남 전쟁은 1973년 파리 평화협정으로 끝났지만 케네디가 미국의 정신을 치유하기 위해 필요성을 주장한 국가적 화해와 도덕적 각성이 없는 종전이었고, 그 결과 전쟁에 참여하고 반대한 세대에 베트남은 고통스럽고 분열적인 이슈로 남았다.

로널드 레이건 대통령 임기 말기에 아서 슐레진저는 『로버트 케네디Robert Kennedy』라는 책의 서문에 이렇게 썼다.

"20세기로 들어오면서, 그리고 1930년대와 1960년에 그랬던 것처럼, 머지않아 댐이 무너질 것이다. 그 주기가 지켜진다면 1990년쯤에 미국인의 삶에 새롭고 자애로운 시대를 향한 돌파구가 마련될 것으로 기대할 수 있다. 그때가 오면 로버트 케네디의 이상은 더 이상 낯설게 느껴지지 않을 것이다."

댐은 아직도 터지지 않았다. 어쩌면 댐을 붙들고 있는 안일함, 이기심, 냉소주의가 너무나 단단해서 무너지지 않는 것일 수도 있다. 하지만 만약 무너지는 날이 오게 된다면 로버트 케네디의 이상과 그의 선거운동은 불현듯 우리에게 의미 있게 다가올 것이다.

# 감사의 말


로버트 케네디의 1968년 선거운동은 여러 재능있는 저널리스트가 취재했다. 잭 뉴필드, 줄스 윗코버, 데이비드 핼버스탬, 헤이즈 고리가 케네디와 케네디의 선거운동에 관해 쓴 책은 모두 훌륭하고 중요한 가치를 지닌다. 아서 슐레진저와 에번 토머스가 쓴 로버트 케네디의 전기도 그렇다. 슐레진저는 자신의 책에서 묘사한 사건 중 일부는 직접 목격했고, 토머스는 앞에서 언급한 저자가 간과한 케네디의 친구와 보좌관을 많이 찾아내어 인터뷰했다.

아직 출간하지 않은 케네디의 선거운동 취재기록을 보여주고 인용할 수 있게 해준 짐 스티븐슨에게 감사하고, 진 스타인에게도 감사를 전한다. 스타인은 케네디의 선거운동에 관한 구술사인 『미국의 여정 American Journey』을 위해 취재한 수백 편의 인터뷰를 보여주고 인용하게 해주었다. 이 인터뷰들은 케네디 암살 후 몇 달 안에 이루어진 것들이기 때문에 당시를 놀랍도록 생생하고 또렷하게 보여준다. 이 인터뷰 자료 중 일부는 스타인의 책에도 등장하지만, 다수는 이 책에서 처음 공개하는 것이다. 케네디 도서관의 구술사 기록보관소를 위해 제프 그린필드, 애덤 월린스키, 피터 에델먼, 프랭크 맨키위츠, 존 놀런, 짐 톨런을 인터뷰한 자료 역시 케네디의 사망 직후에 만들어진 것으로 중요한 가치를 갖고 있다. 짐 톨런은 그해 봄 케네디가 참여한 기억에 남을 만한 행사 312건의 상당수를 준비했다. 톨런이 들려준 295쪽짜리 구술사는 로버트 F. 케네디 구술사 기록보관소에 있는 가장 길고 자세한 구술사 중 하나고 그중 많은 내용이 이 책에서 처음 소개된다. 유타대학교에 있는 헤이즈 고리의 문서와 미 의회도서관에 있는 존 바틀로우 마틴의 선거운동 일기 역시 중요한 출처다.

나는 대면, 혹은 전화 통화로 100건이 넘는 인터뷰를 했다. 이제는 고인이 된 프레드 더튼은 그 해 82일 동안 그 누구보다 로버트 케네디와 오랜 시간을 보냈다. 더튼은 세상을 떠나기 전에 건강이 나빠지는 상황에서도 나와 여러 시간을 보내면서 자신의 구술사 두 편에 등장하는 내용에 대해 자세히 설명해주었다. AP통신 기자였던 조 모배트는 케네디와 함께 다니면서 선거운동 전체를 취재했고, 자동차 퍼레이드도 종종 동참했다. 이후 수십 년간 아무와도 인터뷰하지 않은 모배트는 내게 처음으로 입을 열었고, 그의 증언은 생생하고 감동적이었다.

내가 인터뷰한 사람들은 대부분 인디애나, 사우스다코타, 캔자스, 네브래스카에서 케네디의 선거운동을 했거나 저널리스트로 일한 사람이었고, 그해의 선거운동과 관련해서 거의 인터뷰를 한 적이 없던 사람들이었다. 그중 일부는 케네디와 아주 짧은 시간을 보낸 사람들이다. 함께 자동차 퍼레이드를 하거나, 기차를 타거나, 유세장에서 사회를 보며 후보를 소개하거나, 연설을 직접 들은 사람들이다. 나는 그들과 통화를 하거나 직접 만나 인터뷰를 하면서 케네디가 사우스다코타, 네브래스카, 인디애나에서 한 선거운동을 되짚어보았다. 그들은 나를 위해 많은 시간을 내어 기억을 나눠주었다. 그렇게 해준 인디애나주의 짐 오스본, 거스 스티븐스, 마이크 라일리, 셜리 에이믹, 네브래스카주의 프랭크 저먼, 사우스다코타주의 존 홀리 록에게 감사를 전한다. 또한 4월 4일 인디애나주 인디애나폴리스에서 케네디가 한 연설을 다룬 다큐멘터리를 제작한 돈 보그스는 내게 자신의 연구 내용을 공유해주었다. 보그스를 비롯해, 조지아주 애틀랜타의 킹 센터 직원들, 매사추세츠주 보스턴에 있는 존 F. 케네디 도서관의 섀런 켈리, 스티브 플로트킨, 제임스 힐, 로리 오스틴에게 고마움을 전한다. 훌륭한 편집과 통찰력 있는 조언을 해준 조지 호지먼에게 큰 신세를 졌다. 아쉽게도 이 책이 발행되기 몇 달 전에 편집자가 바뀌었지만 나는 호지먼에게서 작업을 이어받아 완성해준 데이비드 패터슨의 날카로운 최종편집에 안심할 수 있었다. 그리고 항상 그렇듯 내게 열정을 불어 넣어주고 격려와 현명한 조언을 아끼지 않은 나의 에이전트 캐시 로빈스가 큰 도움을 주었다.

# 참고문헌

Abernathy, Ralph David. *And the Walls Came Tumbling Down: An Autobiography.* NewYork: Harper & Row, 1989.

Beran, Michael Knox. *The Last Patrician: Bobby Kennedy and the End of American Aristocracy.* New York: St. Martin's Press, 1988.

Bloom, Alexander, ed. *Long Time Gone: Sixties America Then and Now.* New York: Oxford University Press, 2001.

Braden, Joan. *Just Enough Rope.* New York: Villard, 1989.

Brown, Stuart Gerry. *The Presidency on Trial: Robert Kennedy's 1968 Campaign and Afterwards.* Honolulu: University Press of Hawaii, 1972.

Bruno, Jerry, and Jeff Greenfield. *The Advance Man.* New York: Morrow, 1971.

CBS Television Network. CBS News Special: *Some Friends of Robert Kennedy.* June 7, 1968.

Chester, Lewis, Godfrey Hodgson, and Bruce Page. *An American Melodrama: The Presidential Campaign of 1968.* New York: Viking Press, 1969.

Clinton, Bill. *My Life.* New York: Knopf, 2004.

Clooney, Rosemary, with Raymond Strait. *This for Remembrance: The Autobiography of Rosemary Clooney, an Irish- American Singer.* Chicago: Playboy Press, 1977.

Collier, Peter, and David Horowitz. *The Kennedys: An American Drama.* New York: Macmillan, 1969.

Clymer, Adam. Edward M. *Kennedy: A Biography.* New York: Morrow, 1999.

Deloria, Vine, Jr. *Custer Died for Your Sins: An Indian Manifesto.* New York: Macmillan, 1969.

Dooley, Roger. *Robert Kennedy: The Final Years.* New York: Macmillan, 1969.

Edelman, Peter. *Searching for America's Heart: RFK and the Renewal of Hope.* Boston: Houghton Mifflin, 2001.

Ehrlichman, John. *Witness to Power: The Nixon Years.* New York: Simon & Schuster, 1982.

Eppridge, Bill, and Hays Gorey. *Robert Kennedy: The Last Campaign.* New York: Harcourt Brace, 1993.

Evanier, David. Roman Candle: *The Life of Bobby Darin.* New York: Rodale, 2004.

Evers, Charles, and Andrew Szanton. *Have No Fear: The Charles Evers Story.* New York: Wiley, 1997.

Fleming, Karl. *Son of the Rough South: An Uncivil Memoir.* New York: PublicAffairs, 2005.

Fusco, Paul. *RFK Funeral Train.* New York: Umbrage Editions, 2001.

Garrow, David J. *Bearing the Cross: Martin Luther King Jr. and the Southern Christian Leadership Conference.* New York: Morrow, 1986.

Germond, Jack W. *Fat Man in the Middle Seat: Forty Years of Covering Politics.* New York: Random House, 1999.

Gitlin, Todd. *The Sixties: Years of Hope, Days of Rage.* New York: Bantam Books, 1987.

Graves, Earl G. *How to Succeed in Business Without Being White: Straight Talk on Making It in America.* New York: HarperBusiness, 1997.

Grier, Roosevelt "Rosey." *Rosey: An Autobiography: The Gentle Giant.* Tulsa, Okla.: Honor Books, 1986.

Goodwin, Doris Kearns. *Lyndon Johnson and the American Dream.* New York: Harper & Row, 1976.

Goodwin, Richard N. *Remembering America: A Voice from the Sixties.* Boston: Little, Brown, 1988.

Gould, Lewis L. *1968: The Election That Changed America.* Chicago: Ivan R. Dee, 1993.

Guthman, Edwin O. *We Band of Brothers.* New York: Harper & Row, 1971.

Guthman, Edwin O., and Richard Allen, eds. *Collected Speeches.* New York: Viking Press, 1993.

Guthman, Edwin O., and Jeffrey Shulman, eds. *Robert Kennedy: In His Own Words: The Unpublished Recollections of the Kennedy Years.* New York: Bantam, 1988.

Halberstam, David. *The Unfinished Odyssey of Robert Kennedy.* New York: Random House, 1992.

Hamilton, Edith. *The Greek Way.* New York: Norton, 1930.

Hampton, Henry, Steve Froyer, and Sarah Flynn, eds. *Voices of Freedom: An Oral History of the Civil Rights Movement from the 1950s through 1980s.* New York: Bantam, 1990.

Heymann, C. David. *A Candid Biography of Robert F. Kennedy.* New York: Dutton, 1988.

Hilty, James W. *Robert Kennedy: Brother Protector.* Philadelphia: Temple University Press, 1997.

Jamieson, Kathleen Hall. *Eloquence in an Electronic Age: The Transformation of Political Speechmaking.* New York: Oxford University Press, 1988.

Johnson, Rafer. *The Best That I Can Be: An Autobiography.* New York: Doubleday, 1998.

Kaiser, Charles. *1968 in America: Music, Politics, Chaos, Counterculture, and the Shaping of a Generation.* New York: Grove Press, 1988.

Kaiser, Robert Blair. *"RFK Must Die!"* New York: Dutton, 1970.

Kennedy, John F. *Profiles in Courage.* New York: Harper & Brothers, 1964 (memorial edition).

Kennedy, Maxwell Taylor, ed. *Make Gentle the Life of This World: The Vision of Robert F. Kennedy.* New York: Harcourt Brace, 1998.

Kennedy, Robert F. *The Enemy Within.* New York: Harper & Brothers, 1960.

---. *The Unfulfilled Promise: The Speeches and Notes from the Last Campaign of Robert F. Kennedy, 16 March 1968 to 5 June 1968.* San Diego: M. J. Aguirre, 1986.

---. *Thirteen Days: A Memoir of the Cuban Missile Crisis.* New York: Norton, 1969.

---. *To Seek a Newer World.* Garden City, N.Y.: Doubleday, 1967.

Kimball, Penn. *Robert Kennedy and the New Politics.* Englewood Cliffs, N.J.: Prentice-Hall, 1968.

King, Coretta Scott. *My Life with Martin Luther King, Jr.* New York: Holt, Rinehart and Winston, 1969.

Kotz, Nick. *Let Them Eat Promises: The Politics of Hunger in America.* Englewood Cliffs, N.J.: Prentice- Hall, 1969.

Lawford, Patricia, ed. *That Shining Hour.* Hanover, Mass.: private publication of the Kennedy family, 1969.

Lewis, John, with Michael D'Orso. *Walking with the Wind: A Memoir of the Movement.* San Diego: Harcourt Brace, 1998.

Macafee, Norman, ed. *The Gospel According to RFK: Why It Matters Now.* Boulder, Colo.: Westview Press, 2004.

Mahoney, Richard D. *Sons and Brothers: The Days of Jack and Bobby Kennedy.* New York: Arcade, 1999.

Mailer, Norman. *Miami and the Siege of Chicago.* New York: Donald I. Fine, 1968.

Manchester, William. *The Death of a President.* New York: Harper & Row, 1967.

Martin, John Bartlow. *It Seems Like Only Yesterday: Memoirs of Writing, Presidential Politics and the Diplomatic Life.* New York: Morrow, 1986.

McCarthy, Abigail. *Private Faces/Public Places.* Garden City, N.Y.: Doubleday, 1972.

McGinniss, Joe. *The Selling of the President 1968.* New York: Trident Press, 1969.

Moldea, Dan E. *The Killing of Robert F. Kennedy: An Investigation of Motive, Means, and Opportunity.* New York: Norton, 1995.

Murphy, John M. " 'A Time of Shame and Sorrow': Robert F. Kennedy and the American Jeremiad." *Quarterly Journal of Speech 76* (1990): 404–7.

Navasky, Victor S. *Kennedy Justice.* New York: Atheneum, 1971.

Newfield, Jack. *Robert Kennedy: A Memoir.* New York: Dutton, 1969.

O'Brien, Lawrence F. *No Final Victories: A Life in Politics-from John F. Kennedy to Watergate.* Garden City, N.Y.: Doubleday, 1974.

O'Brien, Michael. *John F. Kennedy: A Biography.* New York: St. Martin's Press, 2005.

O'Donnell, Helen. *A Common Good: The Friendship of Robert F. Kennedy and Kenneth P. O'Donnell.* New York: Morrow, 1998.

Oppenheimer, Jerry. *The Other Mrs. Kennedy: Ethel Skakel Kennedy: An American Drama of Power, Privilege and Politics.* New York: St. Martin's Press, 1994.

Palermo, Joseph A. *In His Own Right: The Political Odyssey of Senator Robert F. Kennedy.* New York: Columbia University Press, 2001.

Rogers, Warren. *When I Think of Bobby: A Personal Memoir of the Kennedy Years.* New York: HarperCollins, 1993.

Royko, Mike. *Boss: Richard J. Daley of Chicago.* New York: Dutton, 1971.

Salinger, Pierre. *P.S.: A Memoir.* New York: St. Martin's Press, 1995.

Salinger, Pierre, Edwin Guthman, Frank Mankiewicz, and John Seigenthaler, eds. *An Honorable Profession: A Tribute to Robert F. Kennedy.* Garden City, N.Y.: Doubleday, 1968.

Sandbrook, Dominic. *Eugene McCarthy: The Rise and Fall of Postwar American Liberalism.* New York: Knopf, 2004.

Schaap, Dick. *R.F.K.* New York: New American Library, 1967.

Schlesinger, Arthur M., Jr. *Robert Kennedy and His Times.* New York: Random House, 1978.

Shannon, William V. *The Heir Apparent: Robert Kennedy and the Struggle for Power.* New York: Macmillan, 1967.

Shesol, Jeff. *Mutual Contempt: Lyndon Johnson, Robert Kennedy, and the Feud That Defined a Decade.* New York: Norton, 1997.

Sidorenko, Konstantin. *Robert F. Kennedy: A Spiritual Biography.* New York: Crossroad, 2000.

Sorensen, Theodore C. *The Kennedy Legacy.* New York: Macmillan, 1969.

Steel, Ronald. *In Love with the Night: The American Romance with Robert Kennedy.* New York: Simon & Schuster, 2000.

Stein, Jean, and George Plimpton. *American Journey: The Times of Robert Kennedy.* New York: Harcourt Brace Jovanovich, 1970.

Sullivan, William C. *The Bureau: My Thirty Years with Hoover's FBI.* New York: Norton, 1979.

Taraborrelli, J. Randy. *Jackie Ethel Joan: Women of Camelot.* New York: Warner Books, 2000.

Thomas, *Evan. Robert Kennedy: His Life.* New York: Simon & Schuster, 2000.

Unger, Irwin, and Debi Unger. *Turning Point: 1968.* New York: Charles Scribner's Sons, 1988.

vanden Heuvel, William, and Milton Gwirtzman. *On His Own. Robert F. Kennedy, 1964–1968.* Garden City, N.Y.: Doubleday, 1970.

White, Theodore H. *The Making of the President 1960.* New York: Atheneum, 1961.

---. *The Making of the President 1968.* New York: Atheneum, 1969.

Wilkins, Roger. *A Man's Life: An Autobiography.* New York: Simon & Schuster, 1982.

Wills, Garry. *The Kennedy Imprisonment: A Meditation in Power.* Boston: Little, Brown, 1981.

Witcover, Jules. *85 Days: The Last Campaign of Robert Kennedy.* New York: Putnam, 1969.

---. *The Making of an Ink- Stained Wretch: Half a Century Pounding the Political Beat.* Baltimore: Johns Hopkins University Press, 2005.

---. *1968: The Year the Dream Died.* New York: Warner Books, 1997.

Wofford, Harris. *Of Kennedys and Kings: Making Sense of the Sixties.* New York: Farrar, Straus and Giroux, 1980.

**라스트 캠페인** 미국을 완전히 바꿀 뻔한 82일간의 대통령 선거운동

초판 1쇄 2020년 8월 31일

**지은이** 서스턴 클라크
**옮긴이** 박상현
**편집** 박수민
**독자감수** 최재근 황병홍 이세현
**펴낸이** 박수민
**펴낸곳** 모던아카이브 · **등록** 제406-2013-000042호
**주소** 경기도 파주시 청석로 350
**전화** 070-8877-0479
**팩스** 0303-3440-0479
**이메일** do@modernarchive.co.kr
**홈페이지** modernarchive.co.kr

ISBN 979-11-87056-35-5 03300
이 도서의 국립중앙도서관 출판시도서목록(CIP)은 서지정보유통지원시스템 홈페이지(http://seoji.nl.go.kr)와 국가자료공동
목록시스템(http://www.nl.go.kr/kolisnet)에서 이용하실 수 있습니다.
(CIP제어번호: CIP2020034984)